edition suhrkamp

Redaktion: Günther Busch

Uwe Japp arbeitet am Seminar für Deutsche Sprache und Literatur der Pädagogischen Hochschule in Bonn; Klaus Laermann ist Assistent am Deutschen Seminar der Freien Universität Berlin; Ralph-Rainer Wuthenow ist Professor am Deutschen Seminar der Johann Wolfgang Goethe-Universität in Frankfurt am Main; Volker Müller, Dietrich Naumann und Hans Joachim Piechotta arbeiten am Deutschen Seminar der Johann Wolfgang Goethe-Universität in Frankfurt am Main.

Von der *Dialektik der Aufklärung* bis hin zu Foucaults *Wahnsinn und Gesellschaft* erscheinen zwei Argumente als typisch für die moderne Aufklärungskritik: Wiewohl allzu oft selbst in den der Aufklärung vorgehaltenen versteckten Irrationalismus einmündend, standen die Kritik am Allgemeinheitsanspruch einer abstrakten Vernunft und die Konfrontation aufklärerischer Modelle theoretischer Weltdeutung mit ihren praktischen Resultaten häufig im Brennpunkt der Diskussion. Geschichtsphilosophische Fragestellungen reichen dabei um so weiter in den Aufgabenbereich der Literaturwissenschaft hinein, als gerade die vernünftigen Subjekte und die optimale zukünftige Gesellschaftsordnung vielfach bevorzugter Gegenstand der aufklärerischen Literatur im 18. Jahrhundert waren: Die theoretisch und praktisch gewaltsame Identität von Bewußtsein und Gegenstand, Individuum und Gesellschaft und ihre allmähliche Auflösung bilden das Orientierungszentrum der Beiträge, die in diesem Band versammelt sind. Die Reise, die wesentlich von Erfahrung, Bewegung bestimmt ist und die Konfrontation eines ziel- und zweckgerichteten Interesses mit einer Fülle von Wirklichkeit bedeutet, zwingt das Bewußtsein, die Prinzipien seines Denkens offenzulegen.

Reise und Utopie
Zur Literatur der Spätaufklärung

Herausgegeben von
Hans Joachim Piechotta

Beiträge von Uwe Japp, Klaus Laermann,
Hans Joachim Piechotta,
Ralph-Rainer Wuthenow,
Volker Ulrich Müller, Dietrich Naumann

Suhrkamp Verlag

edition suhrkamp 766
Erste Auflage 1976
 Satz, in Linotype Garamond, Druck und Bindung bei Georg Wagner, Nördlingen. Gesamtausstattung Willy Fleckhaus.

Inhalt

Vorwort

In dem vorliegenden Aufsatzband zur Literatur der Spätaufklärung soll der historische Prozeß eines Scheiterns dargestellt werden, das wohl mehr an den Zeugnissen zahlloser Siege des vernünftigen Bewußtseins über den alten Aberglauben, Autoritätenwahn und die vermeintliche subjektive Willkür unangemessenen Denkens und Handelns als an geschichtlich überlieferten Niederlagen deutlich werden könnte: Vielfältig gebrochen in ihren Versuchen, das alte psychophysische Vermittlungsproblem Descartes' teils naiv rationalistisch, teils erfahrungsseelenkundlich zu bewältigen, hat die deutsche Aufklärung zu einem abstrakten Identitätsdenken gefunden, indem sie die unmittelbare Einzelheit und Vielheit des Sinnlichen entweder in die auch das Naturhaft-Kreatürliche dominierende universale kosmische Harmonie einbettete oder aber, nach der Befreiung des Denkens von derartigen metaphysischen Begründungen, Sinnliches überhaupt der Allgemeinverbindlichkeit von Staatsräson, Vernunftmoral und affektenhygienisierender Selbstkontrolle des gesunden Menschenverstandes unterwerfen wollte.

Hier gefaßt als der gesellschaftlich ausdeutbare Konflikt zwischen der Nützlichkeit allgemeiner Ideen einerseits, wie sie in einer mit der »unwiderstehlichen Gewalt« äußerer Gesetze ausgestatteten, freiheitlichen bürgerlichen Gesellschaft zu realisieren seien (Kant), und niederen, unmittelbaren Begehrungsvermögen fast instinktmäßig getriebener Individuen andererseits, zeigt sich das zentrale Verhältnis zwischen Vernunft und Sinnlichkeit in den Gegenständen unserer Diskussion, der Reise- und Utopieliteratur, auf besondere Weise: Noch radikaler als in Kants Bemerkung, daß der Mensch ein »Tier« sei, »das, wenn es unter anderen seiner Gattung lebt, einen Herrn nöthig« habe, »der ihm den eigenen Willen breche und ihn nöthige, einem allgemeingültigen Willen, dabei jeder frei sein kann, zu gehorchen«, stellt sich mit diesen beiden Themen auf einer jeweils anderen Bezugsebene das Problem der Subsumtion eines Nichtidentischen unter das Gesetz der Einheit; neben der Autobiographie entwickelt sich in der Literatur des 18. Jahrhunderts vor allem die Reisebeschreibung zu einem Problemfall der Vermittlung von praktischer Erfahrung und theoretischer Erkenntnis. Die Reise, die wesentlich von Erfahrung, Mobilität, bestimmt ist und die notwendige Konfrontation eines gerichteten Interesses (ohne Zweck und Ziel verließe sie ihren Ausgangspunkt nicht) mit einer Fülle zu verarbeitender Gegenstände impliziert, zwingt das Bewußtsein, Prinzipien seines Denkens offenzulegen. In diesem theoretischen Zusammenhang, der das Thema »Reise« vielfach erweitert, stehen die Arbeiten von U. Japp über Forsters Südseereise, von R. R. Wuthenow über die Reise des Rektor Fälbel (Jean Paul) und den Skeptizismusbegriff bei Lichtenberg, von H. J. Piechotta über die Beschreibung einer Reise durch Deutschland und die Schweiz von Nicolai sowie von K. Laermann über bürgerliche Raumerfahrung im Zusammenhang mit Überlegungen zu deutschen Reiseberichten am Ende des 18. Jahrhunderts.

Aus dem problematischen Charakter der von den Autoren ausgewählten literarischen Gegenstandsbereiche könnte zugleich deutlich werden, daß die einzelnen Aufsätze, die arbeitsmäßig unter den Begriff des Utopischen gefaßt wurden, in der Tat weniger literarische Produkte abhandeln, welche vollauf dem Anspruch des Genres, nämlich der Antizipation zukünftiger, versöhnter Lebenswelten, gerecht werden könnten. Es werden vielmehr Werke untersucht, die auf z. T. äußerst radikale Weise den Gedanken des Utopischen selbst zur Disposition stellen und damit den utopischen Geltungsbereich hinter sich lassen; auch der Begriff der »negativen Utopie« kann diese Wendung eines geschichtsphilosophischen Optimismus, wie er sich an zahlreichen Werken des 17. und 18. Jahrhunderts konstatieren läßt, nur unzureichend charakterisieren. Wie schon der von uns gewählte Zeitraum der Spätaufklärung erkennen läßt, eine literaturgeschichtliche Epoche, in der grundlegende Diskussionen über das tradierte Wirklichkeitsverständnis stattfanden, erscheinen den Autoren diejenigen Werke, die die einstmals postulierte Einheit von Individuum und Gesellschaft, Moral und Politik problematisieren, von besonderem Interesse. Als Versuche, utopische Modelle überhaupt zu verwerfen bzw. Kompromißlösungen im Spannungsverhältnis zwischen Hobbes' und Rousseaus naturrechtlichen Konstruktionen zu suchen, können dabei Wezels *Belphegor* (V. Müller) und die Staatsromane A. v. Hallers (D. Naumann) als ebenso schwierige Grenzfälle literarischer Klassifikation wie, inhaltlich, einer vom Begriff »Utopie« nahegelegten fragwürdigen gesellschaftlichen Synthesis angesehen werden.

Hans Joachim Piechotta

Uwe Japp

Aufgeklärtes Europa und natürliche Südsee. Georg Forsters ›Reise um die Welt‹

I. Anspruch der Aufklärung

Die Zeit der Aufklärung ist gespalten in eine epochale Terminierung und das Niveau eines kontinuierlichen Anspruchs. Im ersten Falle erscheint sie als das Forum liberalen Forschens, das sich ebensogut dieser wie einer anderen Zeit zuwenden kann. Im zweiten Fall aber verbindet sich der Begriff der Zeit mit dem der Geschichte, deren Verlauf gerade in jener Zeit entscheidend beeinflußt werden sollte, und zwar über die Spanne einer limitierten Sukzession hinaus bis zu jeweils zukünftigen Gegenwarten. Es handelt sich hierbei um einen Anspruch, den die Aufklärung selbst formuliert und den sie mit einer ganz neuen Radikalität den Nachfolgenden zumutet. In diesem Sinne ist, wie Kant sagt, die Aufklärung das eigentliche Zeitalter der Kritik, der sich alles unterwerfen muß. Die Aufklärung soll der Bruch in der Geschichte sein, der das Früher klärt und das Später anleitet. Sie lehnt das Verbindliche der Kontinuität ab, indem sie es begründen will. Dieses Paradox kann den gemeinten Anspruch in der Folge zwar wachhalten, aber es kann ihn nicht in seiner Positivität erhalten. Vielmehr verteilen sich die Positionen auf konkurrierende Theorien, die den Anspruch der Aufklärung als unbegründet ablehnen, die nach einer Verklärung eine Abklärung der Aufklärung fordern, die nach einer Zeit der Indifferenz die Anwendung der Aufklärung fordern, oder die zumindest erst die unrealisierten Potentiale einer unbefriedigten Aufklärung einholen wollen.

So verschieden diese Argumentationen sind, so unterstellen sie jeweils einen einheitlichen Begriff der Aufklärung, den man ablehnen, abklären, anwenden oder befriedigen könne. Sie zentrieren die Aufklärung. Selbst noch eine »Dialektik der Aufklärung« arbeitet an einer solchen Zentrierung, indem sie durchaus ein Zentrum annimmt, ihm nur divergierende Konsequenzen zuspricht. Nun ist richtig, daß die Aufklärung zu einer solchen Zentrierung herausfordert, sie selbst formuliert und in ihr Selbstbild integriert hat – und sich damit eben über ihre eigene Komplexität getäuscht hat. Wenn alles, was die bisherige Ordnung und ihre Erklärung ausmachte, sich einer neuen Kritik unterwerfen muß, wodurch legitimiert sich dann die Kritik, woher bezieht die Kritik ihren Maßstab und ihre Plausibilität? Der Bruch, der die Aufklärung in der Geschichte zu sein glaubte, wiederholt sich in ihrer Selbstbegründung, indem das von diffizilen Relationen durchkreuzte Vakuum, das die Radikalität der Negation hervorbrachte, allzu schnell mit der Positivität einer scheinbar voraussetzungslosen Vernunft aufgefüllt wurde. War aber diese Vernunft tatsächlich so voraussetzungslos, daß sie die Vorurteile und Irrtümer einer unbefragten Tradition und die profanen und göttlichen Evidenzen ihrer Herrschaft entsetzen konnte, um sie durch eine neue Klarheit zu ersetzen; oder war sie ein neues Vorurteil, war sie, wie Nietzsche vermutete, jener mit dem Erkennen und Empfinden verbundene Hochmut, der verblendende Nebel über die Augen und Sinne der Menschen legt?

Immerhin mußte das von dem Anspruch der Aufklärung aufgerissene Vakuum geschlossen werden. Nichts schien sich, wie *schließlich* die Aufklärung selbst und um so eher eine ihr rekonstruktiv folgende Metatheorie meinten, dazu mehr anzubieten als die Vernunft.

»Die Vernunft erschien tatsächlich voll Angriffslust auf dem Plan und wollte nicht allein Aristoteles nachprüfen, sondern jeden, der damals gedacht oder geschrieben hatte. Sie maßte sich an, mit allen früheren Irrtümern aufzuräumen und das Leben von neuem zu beginnen. [. . .] Was war sie, diese Vernunft? Die Ursache und insbesondere die letzte Ursache? Das zu sein, beanspruchte sie nicht mehr. – [. . .] Ihr Vorrecht war, klare und wahrhafte Grundsätze aufzustellen und daraus nicht minder klare und nicht minder wahrhafte Schlußfolgerungen zu ziehen. Ihr Wesen war, nachzuprüfen, und ihre vornehmste Aufgabe, alles Geheimnisvolle, Unerklärte, Dunkle anzugreifen und so die Welt durch ihr Licht aufzuhellen. [. . .] So mußte die Vernunft sich denn zunächst ans Aufräumen machen.«[1]

Der metikulösen Tätigkeit des Kritisierens, dieser negativen Ambition des Rationalismus, wuchs eine Dignität zu, die den hellen Schein klarer Positivität ausstrahlen konnte und so die Namen und Titel hervorbrachte, die um den Begriff der

Aufklärung zirkulieren: »Zeitalter der Vernunft«, »age of reason«, »age of enlightenment«, »siècle des lumières«.

Aber dieses Licht, mit dem die Vernunft alles aufhellen soll, woher kam es? War es tatsächlich so, wie Hazard sagt, daß die Vernunft plötzlich auf dem Plan erschien? Wenn man den Kult betrachtet, dessen Gegenstand die Vernunft bald werden sollte, scheint es so zu sein. Desorgues verfaßt eine Hymne:

»Vater des Welltalls, höchste Vernunft,/ [. . .] Du hast keine Vergangenheit, noch hast Du Zukunft,/ Und ohne sie zu bewohnen, erfüllst Du die Welten,/ Die Dich nicht fassen können.«

Der Absolutismus des Königs und der Absolutismus Gottes werden durch den Absolutismus der Vernunft ersetzt. Daß die Vernunft nicht nur die Aufklärung der Welt, sondern auch die Aufklärung der Aufklärung anleiten soll – das ist es, was wir Zentrierung nennen. Man kann sagen, daß sich die Aufklärung in dieser Zentrierung wiederzuerkennen suchte, und man kann sagen, daß sie lange Zeit, bis heute, in ihr wiedererkannt wurde. Aber man muß auch sagen, daß diese Operation eine retrospektive war, und als solche war sie eine Reduktion. Der Begriff der Vernunft erscheint in den Bildern der Zentrierung als eine ursprungsmythische Kraft, die Ursprung, Substanz und Mittel der Aufklärung zugleich ist. Die Begriffe gehen über in Synonymie: die Vernunft ist die Aufklärung. Damit ist schließlich der Punkt erreicht, an dem die Kategorie, die alles begründet, selbst nicht mehr begründet werden muß.

Aber diese grandiose Verklammerung ist nichts als ein Mythos, ein Mythos, der erst spät entsteht und vor allem das retrospektive Bild von der Aufklärung prägt. Tatsächlich war der Prozeß der Aufklärung ungleich differenzierter und komplexer. Optimistischer Fortschrittsglaube war häufig mit tiefem Skeptizismus verbunden.

»Der Rationalismus der Epoche kann nicht als statisch und sozusagen als ›Substanz‹ aufgefaßt werden, da sein ›Gehalt‹ sich in dem Maße ändert, in dem die Rationalisierung fortschreitet. [. . .] Die Auffassung, daß der radikale Bruch mit der Vergangenheit das Wesen der Aufklärung, ja, des 18. Jahrhunderts ausmache, hat zu einer Begriffsverwirrung geführt, die sich unter anderem auch darin äußert, daß das 18. Jahrhundert abwechselnd als Zeitalter der Vernunft, der Präromantik und des Irrationalismus bezeichnet wird. Wir können uns von diesen Widersprüchen nur durch die Einsicht befreien, daß die Aufklärung lediglich eine von mehreren

Strömungen des 18. Jahrhunderts ist, daß nur ihre programmatischen Ziele in einer allgemeinen Definition erfaßt werden können, und daß die radikal rationalistische und empirische Position nur selten eingenommen und behauptet wird. [...] Im allgemeinen treffen wir auf einen partiellen Rationalismus, mit dem sich deistische Züge mehr oder weniger bewußt und offen verbinden. Und selbst wenn das rationalistische und empirische Prinzip durchgeführt werden, so geschieht es stufenweise, unter Schwierigkeiten und mit zahlreichen Rückfällen in die Tradition, von der man sich loslösen will. Der radikale Neuanfang, die *tabula rasa* sind nur Programm; in Wirklichkeit verwendet man Ideen, die in Metaphysik und Theologie eine feste Prägung empfangen haben.«[2]

Die Konfrontation zweier Studien über die Aufklärung zeigt den Kontrast zwischen der Wiederholung einer programmatischen Selbstwahrnehmung und der diffizilen Situation ihrer Realisierung, zeigt den Unterschied zwischen einer naiven Annäherung an die Aufklärung in der Identifikation mit ihrer Zielvorstellung als eines völligen Neuanfangs und einer kritischen Rezeption, die einer reduzierenden Zentralisierung ausweicht, indem sie, mit gebotener Vorsicht, die thematische und methodische Einheit der Aufklärung als die eines partiellen Rationalismus zu bezeichnen vorschlägt. Dazu muß man berücksichtigen, daß der Rationalismus in verschiedene nationale Schulen verstreut war, mehr noch, daß kontinentale Transzendentalphilosophie und englischer Empirismus zunächst, so bei Locke und Leibniz, sich fremd gegenüberstanden, um erst allmählich die Erfahrung und das Apriori einander anzunähern. Diese Kontroverse durchzieht das 18. Jahrhundert und skandalisiert das Denken, das einerseits von der naturwissenschaftlich festgestellten einzelnen Tatsache fasziniert ist und andererseits die Idee eines Ganzen nicht preisgeben will. In diesem Sinne wünscht Friedrich Schlegel, daß »ein transzendentaler Linné« käme[3]; so läßt sich die Formel ergänzen: das 18. Jahrhundert sucht eine Verschränkung von partiellem Rationalismus und partieller Transzendentalphilosophie. Man wird sehen, daß auch Georg Forsters Werk ein Beitrag zur Verschränkung dieser Gegensätze ist, daß es aus dieser Spannung heraus seine Dynamik entwickelt.

Das Projekt einer Synthese bleibt als Aufgabe bestehen. Die Lösungsversuche verstreuen sich auf reziproke und komplettierende Hierarchisierungen. Bei Locke und Hume kommt zwar das gesamte Wissen aus der Erfahrung, aber beide empfinden den fundamentalen Mangel, daß sich aus den Erfahrungsdaten keine allgemeinen Gesetze ableiten lassen. Sensation und Reflexion als Vermögen der Erkenntnis reichen nicht aus. Locke zieht deshalb im 4. Buch seines Werkes *Über den menschlichen Verstand* die für seine Theorie gefährliche Konsequenz, die Intuition als allein Wahrheit garantierende Instanz zu erklären; wahres Wissen gibt es nur vom Nicht-Wirklichen: im Bereich von Größe und Zahl. Damit ist die Verbindung zwischen empirischem und intuitivem Wissen aufgelöst, weil sich die Intuition nicht auf die Natur- und Körperwelt anwenden lasse. Locke war, wie der Neukantianer Ernst Cassirer daraus folgerte, »Empirist aus Resignation«[4], und indem er den Dualismus zwar nicht löste, aber ihn exponierte, leitete er ihn einer anderen Lösung entgegen.

Zwar, so heißt es in der *Kritik der reinen Vernunft*, geht *der Zeit nach*, keine Erkenntnis in uns vor der Erfahrung vorher, aber:

»Erfahrung gibt niemals ihren Urteilen wahre oder strenge, sondern nur angenommene und komparative Allgemeinheit.« Dagegen sind Notwendigkeit und strenge Allgemeinheit »sichere Kennzeichen einer Erkenntnis a priori, und gehören auch unzertrennlich zueinander«.[5]

Aus dieser neuen Hierarchie folgt eine neue Betrachtungsweise der Natur, in der man nicht mehr lesen will ›wie in einem Buch‹; das induktive Sammeln und Beschreiben reicht nicht aus. Die sklavische Spur, die die Erfahrung der Natur in ihrer rezeptiven Haltung war, wird von einem neuen Selbstbewußtsein dominiert: die Vernunft scheint sich von der Natur zu emanzipieren, sie scheint sich ihr überzuordnen. Kants berühmte Formulierung kennzeichnet diese Revolution im Denken des 18. Jahrhunderts:

»Die Vernunft muß mit ihren Prinzipien nach denen allein übereinkommende Erscheinungen für Gesetze gelten können, in einer Hand, und mit dem Experiment, das sie nach jenen ausdachte, in der anderen, an die Natur gehen, zwar um von ihr belehrt zu werden, aber nicht in der Qualität eines Schülers, der sich alles vorsagen läßt, was der Lehrer will, sondern eines bestallten Richters, der die Zeugen nötigt, auf die Fragen zu Antworten, die er ihnen vorlegt.«[6]

Diese neue Selbstsicherheit einer Vernunft, die zwar vom Reichtum der Erfahrung und der Natur zehrt, aber zugleich eine autonomische Struktur ausbildet, die den Hegemonieanspruch des Natürlichen (und des Göttlichen) zurückweist, ist Teil jenes Emanzipationsprozesses, der insgesamt darauf abzielt, den Menschen von Einflüssen zu befreien, die er nicht seinerseits zu beeinflussen vermöchte. In diesem Anspruch formuliert sich zugleich der Angriff auf eine Vorstellung von der Natur, die als ursprungsmythische Dimension aller Partizipation durch den Menschen vorausliege und gegen eine einseitige szientifische Naturnähe als Induktion, die mit dieser Nähe die Entfernung von der Möglichkeit allgemeiner Gesetze meint. Solchermaßen bekommt auch das Herantreten an die ferne Natur, das sich im 18. Jahrhundert exemplarisch in den Reisen um die Welt, besonders der Entdeckung der Südsee, vollzieht, einen neuen Sinn. Diese Reisen erschöpfen sich nicht in der Erweiterung der Naturkenntnisse, sondern sie sind insgesamt mit einem philosophischen Anspruch verbunden, der sich in dem neuen Typus der philosophischen Reisebeschreibung einen die Epoche faszinierenden Ausdruck verschafft.

Aber gerade die räumliche Ausweitung der Natur als Objekt der Erkenntnis bzw. quasi-juridischen Befragung, die das aufgeklärte Europa in die natürliche Südsee trieb, zeigt deutlich, daß die botanischen und kolonisatorischen Interessen von dem einen Interesse an dem, was der Mensch sei, überlagert werden. Dieses überall wache Interesse am Menschen hat eine auffällige Konsequenz und mündet in einer inversen Figur sich durchkreuzender Begründungen: das Interesse am Menschen ist eines an der Natur, und das Interesse an der Natur ist eines am Menschen. Es ist keineswegs eindeutig, daß die Aufklärung das Zeitalter der Vernunft heißt, man kann sie ebensogut das Zeitalter der Natur nennnen.[7] Freilich nicht in dem naiv verstandenen Sinne eines »retour à la nature«. Im Gegenteil wird im 18. Jahrhundert der Begriff der Natur ebenso wie der Begriff der Vernunft im Zusammenhang mit der gesellschaftlichen Emanzipation gedacht. Die Aufklärung war ja nicht nur die negative Bewegung einer omnivoren Kritik, sondern ebensogut der Versuch, das durch die Kritik hergestellte Vakuum neu zu füllen, war, wie Dieckmann gesehen hat, der Wechsel von einer *pars destruens* zu einer *pars construens*.

Denn »es kam die Zeit, da die Angriffe gegen Vorurteile und die ununterbrochene Unterhöhlung der Tradition, der Institutionen, der früheren Überzeugungen, Ideen und Gebräuche ein Vakuum erzeugten. Zu diesem Zeitpunkt mußte eine neue Auffassung vom Menschen und von der Welt erarbeitet werden.«[8]

Die Mitte im Übergang von der Kritik zur Konstruktion ist die Frage – solche Fragen sind auch die Reisen um die Welt. Die Reisen sind in einem besonderen Sinne Fragen und Suche nach dem Menschen. So heißt es bei Kant: »Zu den Mitteln der Erweiterung der Anthropologie im Umfange gehört das *Reisen;* sei es auch nur das Lesen der Reisebeschreibungen.«[9] Und schließlich kann man die vier berühmten Fragen hören: Was kann ich wissen? Was soll ich tun? Was darf ich hoffen? Was ist der Mensch? Die ersten drei Fragen, sagt Kant, beziehen sich auf die vierte. In der Tat kreisen die ersten drei Fragen um die Möglichkeiten des Menschen, nach deren Bedingungen die vierte fragt. Und in der Tat skandalisieren sich an dieser vierten Frage wiederum die Auffassungen von der Aufklärung, die ihre Wahrheit in der Zentrierung auf die Vernunft suchen. Denn der Mensch ist vernünftiges *und* natürliches Wesen; er ist das komplizierte Resultat einer Verstreuung und einer Vermischung einer gesellschaftlichen »Natur« und eines gedachten Status *in puris naturalibus.* Im Denken der Aufklärung spielt die Frage nach dem, was am Menschen Natur, natürlich sei, eine ebenso große Rolle, wie die nach dem, was an ihm Vernunft, vernünftig ist. Dabei muß man ein Schwanken in den Zuweisungen und Bewertungen beachten. Es handelt sich um eine oszillierende Unsicherheit, die zwar im Begriff ist, die Vorstellung von der Natur und der Vernunft aus dem mittelalterlichen Begründungszusammenhang der Substanz zu lösen, die sich aber noch nicht sicher ist, wie eine relationale Bestimmung zu denken sei. So kommt es, daß man einerseits die Realisierung der Vernunft in der Entfernung des Menschen von einer tiernahen Naturhaftigkeit zu erkennen können meint, um andererseits in den Südseeinsulanern seine nicht-denaturierten, natürlichen Brüder erkennen zu wollen.

In diesem Sinne stoßen im 18. Jahrhundert das aufgeklärte Europa und die natürliche Südsee aufeinander; die dadurch aufbrechende Differenz markiert die Route der zahlreichen

Reisen um die Welt, der von Jacob Roggewein, der von Louis Antoine Bougainville, der von Don Juan de Langara y Huarte, der von Capitain Wallis, auch der von James Cook. Die Beschreibungen, die sich an diese Reisen anschließen, sind ein Gleiten auf dieser Route, und ihr Thema, sofern sie tatsächlich den Anspruch der philosophischen Reisebeschreibung erfüllen[10], ist nie allein die Aufzeichnung der Entdeckungen, sondern das beharrliche Eruieren einer Differenz. »Ich habe gelernt, die Natur über alles zu schätzen«, heißt es noch in Forsters Korrespondenz, »seitdem ich sie in Taheiti kennengelernt und in Europa an so manchen Orten vergebens gesucht habe.«[11] Wir wollen diesen kleinen, noch dazu privat adressierten Satz nicht überschätzen; aber um eine Suche nach der Natur handelt es sich tatsächlich. Und genau aus diesem Grunde ist die Reise um die Welt auch nicht nur eine Reise durch den Raum, sondern auch eine Reise durch die Zeit: zum Anfang, zu einem vorgesellschaftlichen Zustand, zu der wilden Natürlichkeit der Primitiven.

Ist das einfach Anti-Rationalismus? Schlägt an diesem Punkt der Fortschrittsglaube in die sinistre Position der Gegenaufklärung um? Das Licht der Aufklärung ist nicht mehr das *lumen naturale*. Es handelt sich vielmehr um eine komplexe relationale und perspektivische Brechung. Man muß deshalb hier eine weitere Komplizierung in Kauf nehmen. Die Frage der Aufklärung formuliert sich nicht nur in der Polarisierung von Vernunft und Natur, nicht nur in der bedauerlichen Distanz und der befremdenden Nähe zwischen einem aufgeklärten Europa und einer natürlichen Südsee, sie formuliert sich auch in der Zweideutigkeit ihres Naturbegriffes. Zunächst gilt dies für den Emanzipationsbegriff, wie Robert Spaemann von der aufklärerischen Philosophie her festgestellt hat:

»Die neue Ordnung der Emanzipation aus den alteuropäischen Strukturen wird vom Baron Holbach als ›Système de la nature‹ konstruiert, und der Abbé Morelly entwirft für sie einen ›Code de la nature‹. Aber«, so heißt es weiter, »die gleiche Bewegung, die sich als Emanzipation der Natur begreift, wird von anderen Autoren und manchmal sogar von denselben als ›Herausgehen *aus* der Natur‹ bestimmt.«[12]

Dem liegen zwei Geschichtskonzeptionen zugrunde. Einmal wird die Evolution der Menschheit als Denaturierungsprozeß verstanden – die Geschichte ist Geschichte der Repression, die beständig an der Natur verübt wird; deshalb heißt Emanzipation Befreiung der Natur. Andererseits ist die gleiche Geschichte natürlich, da durch die rationalistische Kritik am Übernatürlichen der Begriff der Natur unspezifisch geworden ist und folglich auch Repression natürlich, d. h. aus den Gesetzen der Natur ist. Hier heißt Emanzipation Befreiung von der Natur auf eine Gesetzgebung der Vernunft hin.[13] Diese Verbindung des Naturbegriffs mit dem Geschichts*prozeß* hat zum Teil ruinöse Konsequenzen. Die Ablehnung des Übernatürlichen führt zunächst zu einer inflationären Ausweitung der Natur, die schließlich zur Totalität wird. Damit wäre aber auch Vernunft ein Teil des Naturganzen und damit nicht verständlich, wie eine Gesetzgebung aus der Vernunft den Naturgesetzen als evolutionäre Alternative entgegengestellt werden soll. Andererseits wird in der Evolutionskonzeption der Denaturierung

»der Naturbegriff selbst zu einem Moment der Geschichtstheorie. War für die Antike das, was meistens geschieht, Kriterium für das, was als natürlich angesehen werden muß, so ist nun, was meistens geschieht, möglicherweise Folge eines Zustandes, der bereits aus einer Entfernung von der Natur resultiert. Was Natur dann heißt, muß also erst mit Hilfe irgendeiner Methode erschlossen werden, es zeigt sich nicht für die Empirie«.[14]

Man kann hier zwei Wege beobachten, die den nicht-empirischen Versuch einer Konstruktion des Natürlichen bezeichnen. Den einen Weg schlägt Rousseau ein. Der natürliche Mensch, heißt es bei ihm, ist ein Ganzes für sich. Der bürgerliche Mensch dagegen ist nur eine Brucheinheit und wird durch den Nenner, der der Staat ist, dominiert. »Die guten gesellschaftlichen Einrichtungen sind gerade die, welche den Menschen am meisten der Natur entfremden.«[15] Das ist der Status quo. Um aber die naturrechtliche Basis dieser Einrichtungen bestimmen zu können, muß man hinter die gesellschaftliche Entwicklung, hinter die Geschichte zurückfragen. Natur ist, wie Spaemann feststellt, also das Anfängliche. Hier nun setzt die Spezifik der Rousseauschen Methode, wie er sie im *Zweiten Discours* formuliert hat, ein. Das Zurückfragen muß eine radikale Abstraktion und Konstruktion sein. Die Natur läßt sich nicht, auch nicht auf den unschuldigen Eilanden der Südsee, in der Gegenwart finden. Hobbes' Radikalität, die von den politischen Institutionen abstrahiert, genügt nicht. Man muß *alle* Institutionen, die zur Bildung und Verbildung des Menschen beigetragen haben, hinter sich lassen. Zu den ersten Institutionen aber gehört die Sprache. Rousseau sucht nicht nur, wie die Reisen um die Welt, die schriftlosen Völker, er sucht den Menschen *vor* der Sprache. Das ist einer der Gründe, weshalb er an der »légende du bon sauvage« keinen Anteil hat. Die wilde Natürlichkeit der Südseeinsulaner, wie sie das 18. Jahrhundert durch die Reisenden kennenlernte, ist für Rousseau noch nicht der ursprüngliche Zustand der Natur. Diesen kann man nur durch eine hypothetische Konstruktion der Reflexion erreichen. Man sieht nebenbei, die naive Interpretation des »retour à la nature« im Sinne eines Zurückgehens in die Wälder ist gerade das Gegenteil der Rousseauschen Pointe. Aber diese Konstruktion verwickelt Rousseau in einen Widerspruch: das Zurückfragen hinter Reflexion und Wissen[16] auf einen Zustand vorsprachlicher *natürlicher* Spontaneität soll gerade vermittels der Reflexion geleistet werden. Der Begriff der »natura pura« ist nur durch eine sich aufgebende Vernunft zu erreichen. Das aber läßt sich nicht wissen, und, wie Rousseau sehr gut wußte, nicht leben.

Einen anderen Weg schlug Kant ein. Für Kant ist Natur nicht ein verlorener Zustand paradiesischer Unschuld. Glückseligkeit ist der Begriff, der in der Aufklärung die Evolutionskonzeptionen anleitet. Bei Kant wird sie zum Projekt einer sich selbst aufklärenden Menschengattung; es ist eine »tröstende Aussicht in die Zukunft«. Es ist die höchste Absicht der Natur, jenen weltbürgerlichen Zustand, die vollkommene Staatsverfassung, zu erreichen, dessen Realisierung die Menschengattung betreibt, indem sie »alle Keime, die die Natur in sie legte«, völlig entwickelt. »Man kann die Geschichte der Menschengattung im großen als die Vollziehung eines verborgenen Plans der Natur ansehen«[17]; das ist die Generalthese. Man sieht, wie in der Aufklärung sich die Perspektiven durchkreuzen. Bei Kant ist Natur nicht als durch den Prozeß der Zivilisation denaturierte vorgestellt, es gibt sie vielmehr bisher nur als Plan, als einen »Leitfaden«, der das Handeln anleitet, indem erst sich realisieren soll, was Natur ganz ist. Natur ist nicht mehr das Anfängliche, sondern das Zukünftige. Aber der Naturbegriff bleibt auch hier zweideutig, denn als der vorausprojizierte positive Zustand, in dem Glückseligkeit möglich sein können soll, ist Natur zunächst nur kongruent mit dem Ziel der Menschen*gattung*. Die Natur des einzelnen Menschen dagegen ist eine andere. Denn es »liegt die Anlage offenbar in der menschlichen Natur«, sowohl den gesellschaftlichen Zusammenhang zu suchen als auch sich zu vereinzeln. Dieser Antagonismus der ungeselligen Geselligkeit ist eine Präventivmaßnahme, derer sich die Natur bedient, um den Menschen daran zu hindern, in einem arkadischen Schäferleben den Auftrag der Natur zu vergessen, nämlich alle Keime, die sie in ihn legte, völlig zu entwickeln. Der soziale Sinn dieser Konzeption erfüllt sich nicht nur in der Suche nach dem Bewegungsgesetz der Evolution, sondern auch in der gesellschaftlich notwendigen Maßnahme, Arbeit, die, wie Michel Foucault bemerkt hat, im 18. Jahrhundert auf eine »ethische Transzendenz« gegründet wird, als einen normativen Wert vorzustellen. Im Gegensatz zu den Vorstellungen, in denen Natur mit Muße konnotiert war, gilt sie hier als Legitimation eines Zwanges zur Arbeit; verhindert werden soll gerade, daß der Mensch in arkadisch-natürlicher Idylle das durch Fleiß und mühselige Arbeit zu verwirklichende anthropologische Ideal um seine Ressourcen betrüge.[18] Die kantische Konzeption des Naturbegriffs hat noch eine weitere Zuspitzung. Diese kann man da sehen, wo zwar die Evolution durch einen Plan der *Natur* bestimmt ist, aber durch die *Vernunft* realisiert wird. An diesem Punkt gehen Natur und Vernunft schließlich ineinander über: Natur ist vernünftig und Vernunft natürlich.[19]

An diesen Bewegungen im Denken der Aufklärung, in denen Vernunft und Natur einander anziehen und abstoßen, in denen sie die wahre Natur in der Vergangenheit oder in der Zukunft sucht, sie in theoretischen Konstruktionen oder in fernen Ländern zu entdecken meint, wo sich geschichtsphilosophischer Pessimismus und Optimismus ständig vermischen, läßt sich eines lernen: weder der Anspruch noch die Wirklichkeit der Aufklärung lassen sich in der Zentrierung auf *ein* Zentrum erkennen. Natur und Vernunft, die Kriterien der höchsten Instanz abendländischen Denkens, wie sie Dieckmann nennt, durchkreuzen nicht nur sich selbst, sie verbinden sich auch mit Begriffen aus anderen Gebieten: der Religion, der Moral, der Ästhetik, der Metaphysik. Die Aufklärung, die die Welt in einem neuen Licht und in einer neuen Klarheit erscheinen lassen wollte, war sich über ihre eigenen Voraussetzungen keineswegs so im klaren, wie es im nachhinein häufig verstanden wird.[20] Vielmehr sind es die Problematik und die Leistung der Aufklärung, die häufig verwirrende und widersprüchliche Spur eines Scheiterns gezeichnet zu haben, die quer durch das Feld verlief, auf dem nicht ein Zentrum der Wahrheit anzutreffen war, sondern verschiedene Zentren miteinander konkurrierten. Das Scheitern wird überall da manifest, wo das Denken sich auf eine Zentrierung einließ. Die Bewegtheit des aufklärerischen Prozesses ist gerade aus dem Versuch zu erklären, die Faszination substantialisierender Zentralisierungen zu überwinden, um dafür das ungleich schwierigere Wagnis auf sich zu nehmen, Identitäten in Relationen zu transformieren und dort die Differenz zu suchen, wo man früher nur einen König, einen Glauben und ein Gesetz sah.

In dem Maße, wie die Aufklärung an der Autorität einer einheitlichen Überlieferung zu zweifeln begann, wurde sie auf das aufmerksam, was außerhalb dieser traditionellen Einheit lag. Diese Aufmerksamkeit erreicht schließlich eine das Zeitalter auszeichnende Valenz. Denn sie war schon vorher da, und man muß deshalb ebenso akzeptieren, daß die Entdeckungen fremder Länder, fremder Sitten und Lebensformen die Aufklärung vorbereitet haben. Am Anfang mag es eine Überraschung gewesen sein, daß da, wo man nur Anomie, animalische und vegetabilische Barbarei vermutet hatte, offenbar Lebensformen, sogar Kulturen waren, die in ihrer relativen Zufriedenheit und mit ihren anderen Vorstellungen von Vernunft, Natur und Religion eine implizite Herausforderung an das, wie Kant sagte, bis zum Überdruß zivilisierte Europa darstellten. Diese Entdeckungen dynamisierten den Prozeß der Aufklärung. Ignoranz oder zwanghafter Wille zur Integration des Fremden in die eigenen Ordnungsvorstellungen wandeln sich zu einer strategischen Offenheit, von der zahlreiche Argumentationen ihren Ausgang nehmen. Die provozierende Entdeckung eines Außerhalb wird zu einem Attraktionsstrom des Fremden, in dessen Sog die neuen Fragen und Zweifel formuliert werden. Dies ist der Zeitpunkt, »da das

Fremde und Ferne dem Eigenen als gleichwertig gegenübergestellt wird«.[21]

Das Fremde und Ferne sind dabei nicht immer durch eine räumliche Differenz gekennzeichnet. Auch das Fremde im europäischen Menschen wird zu einem der großen Themen der Zeit. Der Wahnsinn wechselt aus dem Raum reiner Abweichung in den seiner eigenen Wahrheit, die eng mit der Wahrheit der Vernunft verbunden ist.[22] Die Befragung des Wahnsinnigen, des Wilden und des Kindes durchkreuzt im 18. Jahrhundert die Suche des Menschen nach seiner Positivität. Sicher, man kann sagen, daß das 18. Jahrhundert ein Jahrhundert des Hominismus war, nur kann der Hominismus nicht mehr in der alten Souveränität die Erkenntnis anleiten, indem er den Menschen zum Maßstab macht, vielmehr wird er sich selbst zur Frage. Der Zweifel der Aufklärung, ob die Zivilisation eine Denaturierung, eine grandiose Verzerrung und Verdeckung des Natürlichen sei, lenkt die Aufmerksamkeit der Philosophen, Anthropologen und Pädagogen auf die Kerker der Irrenhäuser, die Südseeinseln und die Kinderstuben, wo sie eine entfesselte Vernunft, einen natürlichen Gesellschaftszustand und unverfälschte Bedürfnisse zu finden hoffen. Diese stammelnden, singenden und plappernden Stimmen, die so lange Zeit unbeachtet geblieben waren, vermischen sich jetzt mit dem hominististischen Diskurs und pluralisieren die Vorstellung vom Menschen.

Man sieht: die großen Begriffe Vernunft, Natur, Mensch, Kultur verlieren ihre alte Würde und Autonomie; sie können nicht mehr als Letztbegründungen der Geschichte und der Gesellschaft dienen, sondern müssen sich wechselseitig interpretieren und insgesamt auf die relativierende Erfahrung der Geschichte und der Gesellschaft bezogen werden. Als einen privilegierten Ort solcher wechselseitiger Interpretation und solcher relativierenden Erfahrung im 18. Jahrhundert muß man die Reisen und Reisebeschreibungen ansehen. Während man den Wahnsinnigen einsperren mußte, weil er gefährlich sein könnte, und das Kind unter der Obhut der Erzieher halten mußte, weil das Leben ihm gefährlich sein könnte, präsentiert sich der Wilde in seiner gänzlichen Unabhängigkeit und Selbständigkeit. Da man nicht genau wissen konnte, was am Wahnsinn verzerrte Spiegelung der Vernunft und

Reaktion auf die Zivlisation war, und was am Kind noch natürlich oder bereits Erziehung war, schien der Wilde das von europäischen Einflüssen völlig reine Bild einer *anderen* Kultur zu sein.

In der Begegnung des aufgeklärten Europas mit der natürlichen Südsee sollte die Entdeckung anderer Möglichkeiten mit der Aufklärung über die eigene Situation kongruieren. In dem philosophischen Diskurs, der als Reise*beschreibung* der Reise um die Welt nacheilt, mischen sich Beobachtungen und Projektionen. Die Frage, die in diesem Diskurs laut wird, ist eine doppelte: Was ist an Europa aufgeklärt? Und: Was ist an der Südsee natürlich? Und noch eine dritte Frage: Kann der Europäer überhaupt die Erfahrung einer Antwort machen? Schließlich eine letzte Frage: Wenn er diese Erfahrung machen kann, kann er sie dann auch beschreiben?

II. Beobachten und Beschreiben

Weder ist die Südsee reine Präsentation, noch ist die Wahrnehmung (und Beschreibung) der Europäer reine Perzeption gewesen. Zwei Bilder entstehen, aber keines ist die Wahrheit. Die Wahrheit muß man in der Bewegung dieser Begegnung, in der Entstehung zweier Bilder, die sich von Anfang an überlagern, suchen; und auch dann kann diese Wahrheit die Wahrheit über eine Täuschung sein. Kurz, man muß aus dem Geflecht interpretierender Relationen die Projektionen kultureller Themen und wissenschaftlicher Bedürftigkeit aussondern. Knapp zweihundert Jahre später erscheinen die Reisen des 18. Jahrhunderts bereits wieder als Begegnung mit einem reinen Schauspiel:

»Ich wünsche mir, zur Zeit der *wahren* Reisen gelebt zu haben, als sich in seiner ganzen Pracht ein Schauspiel offenbarte, das noch nicht verpfuscht, verseucht und verflucht war. [. . .] Was wäre schöner gewesen, im 18. Jahrhundert mit Bougainville, oder im 16. mit Léry und Thevet nach Rio zu fahren? [. . .] Doch kenne ich die Texte allzu gut, um nicht zu wissen, daß ich, wenn ich mich eines Jahrhunderts berauben würde, gleichzeitig auf Informationen und Merkwürdigkeiten verzichten müßte, die heute mein Denken bereichern. [. . .] In der Vergangenheit hätte ich mich einem gewaltigen Schauspiel gegenüber gesehen, von dem ich nichts oder fast nichts verstanden oder für das ich – was schlimmer gewesen wäre – nichts als Spott und Verachtung übrig gehabt hätte; in der Gegenwart aber jage ich den Spuren einer Wirklichkeit nach, die längst versunken ist.«[23]

Aber auch das ist eine Täuschung, denn schon im 18. Jahrhundert gab es dieses gewaltige Schauspiel nicht mehr. Als Georg Forster 1773 zum ersten Mal nach Tahiti kommt, sind die Europäer dort keine Unbekannten mehr, und auch ihr Einfluß ist in vielen Hinsichten bereits spürbar. Wenige Monate vor Forsters Ankunft war Don Juan de Langara y Huarte dagewesen, 1769 war Cook mit der Endeavour zum ersten Mal dort, 1768 war es Bougainville, 1767 Capitain Wallis, 1721 sieht man Jacob Roggewein unweit von Tahiti, 1615 nähern sich im Osten von Tahiti Cornelys Schouten und Jakob le Maire, und 1606 betritt Pedro Fernandez de Quiros als erster Europäer das Tahiti, das bei ihm noch Sagittaria hieß. Die Spuren welcher Wirklichkeit sind es, so muß man wohl fragen, die Forster 1773 bei seinem ersten und 1774 bei seinem zweiten Besuch auf Tahiti antrifft? Auf jeden Fall handelt es sich nicht mehr um ein unberührtes Naturschauspiel. Dies ist die eine Schwierigkeit, die das Beobachten problematisiert.

Die zweite Schwierigkeit liegt darin, daß Beobachten und Beschreiben ganz offensichtlich zweierlei sind. Forster berichtet von einem Vorfall auf Tahiti folgendes:

»Um diese Zeit erfuhren wir, daß *Maheine* die Tochter eines im Thal *Matavaï* wohnhaften Befehlshabers, Namens *Toperri*, geheyrathet habe. Einer unserer jungen See-Offiziere, von dem sich diese Nachricht herschrieb, rühmte uns, daß er bei der Verheyrathung zugegen gewesen, und die dabey vorgefallnen Ceremonien mit angesehen habe; als wir ihn aber um die Beschreibung derselben ersuchten, gestand er, ›daß sie zwar sehr sonderbar gewesen wären, doch könne er sich keiner insbesondere erinnern, wisse auch nicht *wie* er sie erzählen solle.‹ Auf solche Art entgieng uns eine merkwürdige Entdeckung, die wir bey dieser Gelegenheit über die Gebräuche dieses Volkes hätten machen können; und es war zu bedauern, daß kein verständigerer Beobachter zugegen gewesen, der wenigstens das was er *gesehen*, auch hätte *erzählen* können. (580)[24]

Diese Episode ist in vielfältiger Hinsicht interessant. Beschreiben und Erzählen werden synonym gebraucht. Das ist auf dem Hintergrund der zeitgenössischen Diskussion über die Beschreibungsliteratur nicht selbstverständlich. Es verweist in diesem Zusammenhang auf einen freieren Gebrauch der *Beschreibung*, die nicht auf Tatsachendokumentation eingeschränkt ist, sondern auch Eindrücke schildern, Stimmungen erzählen und Reflexionen einschalten darf.[25] Auf jeden Fall ist *Beschreiben* nicht als Gegensatz zum *Erzählen* und auch nicht, wie es später verstanden wird, als Gegensatz zum *Philosophieren* zu sehen. Die Erinnerung des Offiziers, auch das geht aus der Episode hervor, ist gerade deshalb so stumpf, weil er keine philosophischen Begriffe hat, denen er die flüchtigen Beobachtungen zuordnen könnte. So wie Forster diesen Offizier, weil ihm nicht das Wissen des 18. Jahrhunderts zur Verfügung stand, bedauert, bedauert zweihundert Jahre später Lévi-Strauss Forster, weil diesem nicht das Wissen des 20. Jahrhunderts zur Verfügung stand und er deshalb vieles nicht beschreiben konnte. Hinzu kommt die Kombination, daß ein ›verständiger Beobachter‹, der Forster war, zwar etwas *beobachtete* und es auch *beschreiben*, aber nicht *erklären* konnte. Dies trifft etwa auf die Mechanismen des Tausches zu, die Forster häufig mit den europäischen Gepflogenheiten der Gastfreundschaft vermischt. Der Zirkel von Geschenk und Gegengeschenk erscheint ihm als freundliche Geste, nicht, wie wir seit Marcel Mauss' Studien *Die Gabe* wissen, als Ausdruck einer frühen Form des Handels, die strengen Gesetzen unterliegt.

Bei Forster verdichten sich die Möglichkeiten eines verständigen Beobachters zum Programm der »philosophischen Reisebeschreibung« (13). Es ist dabei vor allen Dingen zu beachten, »daß man einerley Dinge oft aus verschiedenen Gesichtspunkten ansiehet« (15), was hier die Perspektiven des Seefahrers, also Cook, und des Landmannes, also Forster, betrifft, die ja dann auch zwei verschiedene Reisebeschreibungen vorgelegt haben. Das Philosophische dieser Perspektive erfüllt sich als anthropologisches oder hominististisches Interesse: »an Menschen und Sitten, als worauf der vornehmste Endzweck eines jeden philosophischen Reisenden vorzüglich gerichtet seyn soll«. (675) Auch Gerhard Steiner bemerkt das:

»Im Mittelpunkt seiner Schilderungen und Gedankenbewegungen steht immer wieder der Mensch . . . Überall forscht Forster nach den Grundlagen des Menschseins, er sucht die Züge der menschlichen Existenz katexochen zu erfassen und festzustellen, was dem Menschen im Sinne des Naturrechts ›natürlich‹ ist.«[26]

Man muß hier genau die Reihenfolge und die Richtung beachten. Der Hominismus ging vom Menschen aus, indem er in seiner Definition die Grundlage und den Maßstab der Erkenntnis hatte. An diesem Maßstab wird die Welt gemessen. Bei Forster ist es genau umgekehrt. Er geht nicht von dem aus, was der Mensch ist, da für ihn dieses einst souveräne Wissen im aufklärerischen Zweifel bodenlos geworden ist. Vielmehr beobachtet, interpretiert, analysiert und beschreibt er die verstreute Vielfalt der Sitten, Gewohnheiten und Merkwürdigkeiten, um von hier aus die das 18. Jahrhundert skandalisierende Frage: Was ist der Mensch? zu bestimmen. Das Wissen, mit dem Forster die Reise um die Welt antritt und das ihn jenem begriffslosen Seeoffizier so überlegen macht, ist ein problematisches Wissen. Es ist keine glatte Zentrierung, sondern ein intelligentes Verfügen über Themen, Konnotationen und Fragen. Der Mangel an einer unproblematischen Positivität führt dazu, die Negativität der Kritik zu positivieren:

»Jede Wiederlegung eines Vorurtheils ist Gewinn für die Wissenschaft; und jeder Beweis, daß eine herrschende Meynung des gemeinen Mannes irrig sey, ist ein Schritt zur *Wahrheit,* die allein verdient zum Besten der Menschen aufgezeichnet und aufbehalten zu werden.« (76)

In diesem Sinne spiegelt sich Forster auf seiner Reise nicht in einen anderen Raum des Wissens hinaus, er durchläuft vielmehr auf dieser Reise, die ihn von Europa entfernt, die Problematik der europäischen Aufklärung noch einmal.

Weder die zerstrittene Problematik Europas noch die schillernde Anmutung der Südsee können der Raum jener Wahrheit sein, auf der Suche nach der man die Welt umschiffte. Wenn es diesen Raum überhaupt gibt, dann ist es der *dazwischen,* jener Raum, den Forster betritt als der »Weltschiffer, der hier auf dem ungestümen Meere der Schriftstellerei herumgetrieben wird«[27]; es ist, mit den Worten Johannes Chrysostomos, »das Geschriebene, das eine zweitrangige Schiffahrt ist«. Was auf der Reise beobachtet und in ersten flüchtigen Notizen fixiert wird, das soll in jenem imaginären Raum, der der Beschreibung gewidmet ist, ein Werk werden. Man muß das Beobachtete nicht nur in eine Erzählung (eine Beschreibung, die gesprochen wird) transformieren (an dieser gleichsam elementaren Aufgabe scheiterte der Seeoffizier), man muß es in einem sehr genauen Sinne in eine *Beschreibung* transkribieren. Und plötzlich gewinnt die simple Tatsache, daß Beschreiben nicht Abschreiben heißt, große Bedeutung. Beim Abschreiben geht nichts verloren; es hat sein Ideal in der genauen Kopie, die sich letztlich für das Original nimmt. Aber man kann eine Reise nicht abschreiben. Damit beginnen die Schwierigkeiten, die zur Folge haben, daß es von einer Reise mehrere Beschreibungen gibt. Diese können zunächst nebeneinander herlaufen, einfach deshalb, weil verschiedene Beobachtungen beschrieben werden; sie können aber auch dasselbe beobachtet haben und es trotzdem verschieden beschreiben. So unterscheiden sich Bougainvilles und Forsters Beschreibungen von Tahiti.

Zwischen Beobachten und Beschreiben besteht ein Spielraum, zu dessen Überbrückung es keine genauen Regeln gibt. Chrysostomos verachtete deshalb die Schrift und nannte sie eine zweitrangige Schiffahrt. Er sah in ihr nur den Ausdruck einer jener vielen menschlichen Schwächen, die weit hinter den vollkommenen Möglichkeiten Gottes zurückblieben. Die Aufklärung teilt diese Einschätzung nicht; für sie ist im Gegenteil die Vakanz zwischen Beobachten und Beschreiben die Bedingung der Möglichkeit, daß die Schrift mehr sein könne als ein bloßes Abbild des Tatsächlichen, dann nämlich, wenn sie zum philosophischen Diskurs wird. Diesen weiten Umfang nimmt der Begriff der Beschreibung an. Gleichzeitig hält er an der engeren Bedeutung des akribischen Nachschreibens fest. Wie es später Alexander von Humboldt formuliert hat: »unmittelbare Anschauung« soll mit der »Einsicht in den inneren Zusammenhang« verbunden werden.[28] Nach Friedrich Schlegels Meinung ist das gerade die besondere Befähigung, die Forster aus der Reise um die Welt gewonnen hat; sie »mußte in der Seele des Jünglings den Grund zu jener Mischung und steten Verwebung von Anschauungen, Begriffen und Ideen legen, welche die Geisteswerke des Mannes so merkwürdig auszeichnete«.[29]

Zwischen Beobachten und Beschreiben liegen also zwei mögliche Verfahren: das der Adäquation und das der Synthese. Auch Forster hat hier eine Verbindung erreichen wollen.

Zunächst hätten die Philosphen dieses Jahrhunderts spekulative Systeme errichtet. Daraufhin setzt eine Entwicklung ein, die nur noch die Erfahrung beachtet:

»Endlich wurden es die Gelehrten müde, durch Declamation und sophistische Gründe hingerissen zu werden, und verlangten überhaupt, daß man doch nur Thatsachen sammeln sollte. Ihr Wunsch ward erfüllt; in allen Welttheilen trieb man Thatsachen auf, und bey dem Allem stand es um ihre Wissenschaft nichts besser. Sie bekamen einen vermischten Haufen loser einzelner Glieder, woraus sich durch keine Kunst ein Ganzes hervorbringen ließ.« (17)

Dagegen formulierte Forster seine Vorstellung des idealen Reisenden; der Hinweis auf den Leser verrät uns, daß er den idealen Beobachter mit dem idealen Beschreiber ineins denkt.

»Ein Reisender, der nach meinem Begriff alle Erwartungen erfüllen wollte, müßte Rechtschaffenheit genug haben, einzelne Gegenstände richtig und in ihrem wahren Lichte zu beobachten, aber auch Scharfsinn genug, dieselben zu verbinden, allgemeine Folgerungen daraus zu ziehen, um dadurch sich und seinen Lesern den Weg zu neuen Entdeckungen und künftigen Untersuchungen zu bahnen.

Mit solchen Begriffen gieng ich zur letzten Reise um die Welt zu Schiffe, und sammlete, soviel es Zeit, Umstände und Kräfte gestatten wollten, den Stoff zu gegenwärtigem Werke. Ich habe mich immer bemühet, die Ideen zu verbinden, welche durch verschiedene Vorfälle veranlaßt wurden. Meine Absicht dabey war, die Natur des Menschen so viel möglich in mehreres Licht zu setzen und den Geist auf den Standpunkt zu erheben, aus welchem er einer ausgebreitetern Aussicht genießt, und die Wege der Vorsehung zu bewundern im Stande ist.« (17)

Man braucht sich hier nicht dabei aufzuhalten, daß es sich um eine Unsicherheit der Epoche handelt, um jenes Schwanken zwischen Empirismus und Idealismus, die die beiden großen Positionen der Zeit markierten. Auf der einen Seite steht: Das Ganze ist das Wahre, auf der anderen: Die einzelne Tatsache ist das Gewisse. Ganz deutlich, beinahe wörtlich, kann man den Einfluß Lockes erkennen. Und auffälligerweise ist der empiristische Diskurs (das Sammeln und Verbinden der Ideen entspricht genau den Lokschen Begriffen von Sensation und Reflexion) hier vorherrschend. Der ganzheitliche Bezug auf den Menschen erscheint am Schluß ähnlich der lapidaren Reverenz vor der Vorsehung.

Der philosophische Diskurs, der in der Reisebeschreibung zwischen Beobachten und Beschreiben vermittelt, nimmt noch einmal eine andere Richtung und gewinnt an Präzision, indem er nach dem Maß sucht, »einzelne Gegenstände richtig und in ihrem wahren Lichte zu beobachten«. Das, was auf den Reisen so mühsam gesammelt wurde, sollte klassifiziert werden. Damit entstehen die klassifikatorischen Themen und Modi, deren großer Theoretiker Linné war. Im Bereich der Botanik wiederholt sich die philosophische Kontroverse des 18. Jahrhunderts: während Linné annahm, daß die gesamte Natur (zu der, wie man sehen wird, nicht nur die Pflanzen, sondern auch die Menschen gehören) nicht nur in einer Taxinomie erfaßt werden könne, sondern müsse, vertrat Buffon die (gegenteilige) Ansicht, daß die Natur zu vielfältig und reich sei. Buffon zog die hoministische Lösung vor und richtete den Blick wiederum auf das Ganze der Natur, deren Mittelpunkt der Mensch sei. Forster war mit beiden Richtungen bekannt, wenn auch weit besser mit Linné, in dessen Geiste er ausgebildet war, als mit Buffon, dessen *Histoire naturelle générale et particulière* (1749) er wahrscheinlich mit auf die Reise nahm.[30]

Des Ritters Carl von Linné vollständiges Pflanzenreich (12 Bde., Nürnberg 1777-1785)[31] hat im 18. Jahrhundert eine Faszination ausgeübt, die weit über die Disziplin der Botanik hinausging. Linneus, »der botanische Philosoph« (Herder) – kaum ein Wissenschaftler dürfte von Forster in der Reisebeschreibung häufiger und mit größerer Bewunderung erwähnt sein –, hatte ein System erdacht, das die Pflanzen im Welt-Maßstab erfassen sollte: ein Anspruch, der mit der Weltreise im erweiterten Sinne zusammentrifft. Alle Pflanzen der Welt sollten darin enthalten sein, wie die Weltreisen dem europäischen Wissen alle Zustände der Welt bekanntmachen sollten. Die Analogien zwischen botanischer Klarheit und humanwissenschaftlicher Erkenntnis waren mannigfaltig. Herder nennt ein Kapitel seiner *Ideen zur Philosophie der Geschichte der Menschheit* aus solchem epistemologischen Kontagium heraus: *Das Pflanzenreich unserer Erde in Beziehung auf die Menschengeschichte.* Darin waltet ein aufdringlicher Analogienreichtum von menschlichem Dasein und Flora. Die pflanzliche Metaphorik gewinnt eine eigentümliche Kraft: »Unsre Lebensalter sind die Lebensalter der Pflanze: wir gehen auf, wachsen, blühen, blühen ab und sterben.«[32] Wichtiger als diese naive Durchdringung wird jedoch das Pathos methodischer Exaktheit des neuen wissenschaftlichen Anspruchs. Diese Extrapolation auf andere Wissenschaftsgebiete verleiht der Botanik eine Dignität, die sonst der Philosophie vorbehalten war; mehr noch, im Denken des 18. Jahrhunderts wird eine Universalwissenschaft auf dem Fundament botanischer Methodik vorstellbar. »Die botanische Philosophie, die Pflanzen nach der Höhe und Beschaffenheit des Bodens, der Luft, des Wassers, der Wärme ordnet, ist also eine augenscheinliche Leiterin zu einer ähnlichen Philosophie in Ordnung der Tiere und Menschen.«[33] Diese Augenscheinlichkeit konnte Herder bereits an Forsters Reisebeschreibung gewinnen; z. B.: »Es ist natürlich, daß die Bewohner des heißen Erdreichs eine Neigung zur Faulheit haben« (68), oder: »Diese cörperlichen Vorzüge rühren zum Theil mit von der Beschaffenheit ihres Landes her.« (530) Diese Beispiele sind häufig; trotzdem hat Forster klimatische Einflüsse nie verabsolutiert; sie sind lediglich Hinweis auf den Charakter eines methodologischen Bezuges zwischen seiner »Lieblings-Wissenschaft, der Botanik« (412), und der Interpretation des Menschen. In einer Fußnote gibt Herder den unfehlbaren Hinweis auf Linné und deutet nunmehr explizit auf die mögliche Konstituierung einer »philosophia anthropologica« aus diesem Zusammenhang hin.

In Forsters zahlreichen Interessen und Kenntnissen nimmt die Botanik zweifellos einen privilegierten Platz ein. Er kann bereits in der *Reise um die Welt* (690, 738) auf ein nach der Rückkehr mit dem Vater gemeinsam geschriebenes Werk über die entdeckten neuen Pflanzen in der Südsee hinweisen: *Forsteri Nova Genera Plantarum in insulis maris australis detectarum,* 1775 (den Hauptanteil an diesem Buch hatte allerdings der Vater Johann Reinhold Forster). Seinen Vater, dem er beigesellt war, hat man »als einen Naturkundiger« auf die Reise geschickt. Er ist eigentlich nur als Ersatz für den im letzten Moment zurückgetretenen Herrn Banks hinzugezogen worden. Banks hatte Cook auf dessen erster Weltumseglung begleitet, seinerseits begleitet von Solander, einem Schüler Linnés. Aber Forster hat das Glück, daß er am Cap Dr. Sparrmann trifft, der »unter dem Vater der Kräuterkunde, dem großen Ritter *Carl von Linné* studirt« (92) hatte. Dieses, wie Foucault sagt, »empirische Klima« konnte im 18. Jahrhundert die Beobachtung als ein »exklusives Privileg der Sehkraft« etablieren.[34] Die Beziehung Beobachten–Beschreiben hat in diesem engen Sinne immer nur das *beschriebene Sichtbare* zum Resultat. Das war in der Tat Linnés Forderung, daß man alle Merkmale zurückweisen müsse, die weder für das Auge noch für die Berührung vorhanden sind. Die Einschränkung der Perspektive ist deutlich: »Beobachten heißt also, sich damit zu bescheiden zu sehen; systematisch wenige Dinge zu sehen.«[35] Es steht außer Frage, daß dieser Begriff des Beobachtens in der Beschreibung Forsters eine große Rolle spielt. Hierin muß man seine Nähe zum Empirismus sehen. Aber was Forster tun wollte, war: »Ein Blick in das Ganze der Natur.«[36] Er geht deshalb ebenso zweifellos über Linné hinaus und nähert sich der ganzheitlichen Methode Buffons. In diesem weiteren Sinne hat die Relation Beobachten–Beschreiben die *beschriebene Erkenntnis aus der Anschauung* zum Resultat. So wechselt in der Reisebeschreibung ein Niveau sinnlicher Genauigkeit mit einem Niveau intellektuierter Einheit. Zwischen diesen Niveaus, die die Forstersche Reisebeschreibung unterteilen, stehen dann Sätze wie: »Ich lenke nunmehro in die Erzählung wieder ein.« (893)

III. Doppelte Kritik

Ob der Sinn der Beschreibung sich in der sichtbaren Evidenz oder dem inneren Gesetz erfüllt, beiden Konzeptionen liegt die Vorstellung einer größten Nähe von Wort und Gegenstand zugrunde. Diese Vorstellung einer epistemologischen Intimität will Gerechtigkeit, sie will, daß man den Dingen gerecht werde, indem sie, so wie sie sind, zur Darstellung gebracht werden. Darin drückt sich das Verlangen nach einer neuen Objektivität aus, die nicht länger Vorurteilen und Dogmatismen glauben will, sondern auf die Stimme der Natur und der Dinge schlechthin hört. Aber ist das nicht eine neue Abhängigkeit, die der Souveränität der Vernunft entegegensteht? Kant wirft zunächst Locke vor, nicht das Einzelne, sondern der Verstand sei die Quelle allgemeiner Vorstellungen. Hegel geht dann noch einen Schritt weiter. Die Antwort auf das Woher? sei gar keine erschöpfende Behandlung der Frage, es komme vielmehr darauf an – wir verändern die Fragestellung leicht in Richtung auf unser Thema –, ob das, was durch Beobachtung in uns und durch Beschreibung außer uns ist, wahr ist. »Lockes Räsonnement ist ganz seicht; es hält sich ganz nur an die Erscheinung, an das, was ist, nicht was wahr ist. Den Zweck und das Interesse der Philosophie hat er ganz aufgegeben.«[37] Die kantische Bestimmung der Aufklärung als Zeitalter der Kritik kommt hierin aufs neue zur Geltung. Um zu bestimmen, was wahr und nicht nur richtig oder gewiß ist, muß man die unterscheidende Kraft der Kritik einführen. Man kann richtig beobachten und das Beobachtete richtig beschreiben; aber das muß noch nicht Wahrheit sein. Wahrheit ist vielmehr an einen Grad von Allgemeinheit gebunden, der nur von den philosophischen Grundbegriffen her erreicht wird. Wahrheit ist aber in dieser Weise keine höhere Meßtechnik, wie die Aufklärung gegen einen radikalen cartesianischen Rationalismus betonte, sondern sie ist stets auf den fundamentalsten Grundbegriff bezogen, um den Notwendigkeit und Zufall, Freiheit und Zwang zirkulieren: auf den Menschen. Wahrheit meint also nicht nur eine Wahrheit der Dinge, sondern deren Bedeutung für ein wahres Leben. Diese Verbindung der epistemologischen Pointe des Hominismus mit der Wertetradition des Humanismus ist insgesamt bezeichnend für die Aufklärung. So sagt Forster gegen jene Gelehrten, die »bis zum Unsinn nach *Factis* jagten«, sie verlören »jedes andre Augenmerk, und würden unfähig, auch nur einen einzigen Satz zu bestimmen und zu abstrahieren; so wie jene Mikrologen, die ihr ganzes Leben auf die Anatomie einer Mücke verwenden, aus der sich doch für Menschen und Vieh nicht die geringste Folge ziehen läßt.« (17) Zwischen den Vorstellungen eines falschen und eines wahren Lebens entscheidet die Kritik. Aber muß man, um das falsche Leben zu erkennen, nicht bereits das wahre kennen? Und ist nicht genau diese Differenz zwischen einem Falschen, das negiert wird, und einem Wahren, das man sucht, um es zu affirmieren, der Raum, in dem die Kritik sich bewegt und in einem ständigen Gleiten zwischen diesen beiden Polen ihre Urteile spricht?

Dazu kommen die im Laufe des geschichtlichen Prozesses

sich aushöhlenden und zerbrechenden Kohärenzen, deren eigene Logik unplausibel wird; so wird der Feudalismus, der auf einer intakten Agrikultur basierte, inkohärent, weil Handel und Industrie des Bürgertums jetzt eine wichtigere Rolle spielen und so die politische Legitimation des Feudalismus, den Absolutismus, unplausibel machen. Hier kann das aufgeklärte Bürgertum eine selbstsichere Form der Kritik finden, weil ihre Wahrheit bereits partiell von der Realität bestätigt wird. Aber diese Wahrheit hat nur die Bedeutung eines funktionellen Primats, noch nicht die einer positiven Erfahrung.

Die Aufklärung erfüllt sich nicht in der Kritik am Absolutismus; ihre wesentliche das Jahrhundert skandalisierende Problematik erreicht sie in der Kritik ihrer selbst. Darin erst erfüllt sie ihren Anspruch, radikaler Neubeginn zu sein; und nur so kann sie sich bis auf ihren Ursprung zurückbeugen, um dort die Natur zu suchen; nur so kann sie von sich einen Lauf der Geschichte seinen Ausgang nehmen sehen, in dem sich die Vernunft verwirklicht. Aber hier bricht wieder die Differenz auf, und die Kritik der europäischen Aufklärung muß erneut nach dem realen oder idealen Maß fragen, in dem ihre Wahrheit aufscheint und das ihr die Kraft zur Negation gibt. In dieser Situation *entdeckt* das aufgeklärte Europa die natürliche Südsee. Die Inseln der Südsee können im 18. Jahrhundert deshalb diese Bedeutung annehmen, weil sie realer und idealer Ort zugleich sind. Auch Forster gesteht angesichts Tahitis zu, »daß Herr von *Bougainville* nicht zu weit gegangen sey, wenn er dies Land als ein Paradies beschrieben«. (254) So wird die Südsee zur Folie der Kritik an dem absolutistischen und dem aufgeklärten Europa. Fürstliche Herrschaft und bürgerliche Unsicherheit scheinen gleichermaßen negiert in dem natürlichen Zustand der Südsee. Daraus entsteht der Mythos einer insularen Alternative. Adolf Overbeck und Heinrich Wilhelm von Gerstenberg planen 1777 die Auswanderung nach Tahiti, und sie bitten Johann Heinrich Voss, mit ihnen »die falsche Europäische Welt zu verlassen, und den glücklichen Gefilden eines zweyten Paradieses entgegenzueilen«. (Brief von Overbeck an Voss vom 17. 11. 1777) Selbst Claudius erwärmt sich für den Plan. Es entsteht zur selben Zeit eine ganze Reihe ähnlicher Projekte. Freilich wird dann letztlich nichts aus ihnen. Was bleibt, sind die poetische Verklärung der Südsee und die aufgeklärte Kritik an Europa. Zahlreiche Publikationen der Zeit dichten an der mythischen Vorstellung einer ›anderen Welt‹; diese ist allerdings »genauso eine fiktive exotische Position der Kritik wie die Reiche der ›edlen Wilden‹ in den Reiseromanen der Aufklärung«.[38]

Aber man muß hier aufmerksam lesen. Denn es gibt verschiedene Motive für die zahlreichen imaginären Reisen, die den wirklichen folgen, um sich mit diesen auf dem papierenen und schwer zu umgrenzenden Feld der Beschreibung zu verbinden. Zunächst gibt es einen politischen Grund, die Zensur, die es geboten sein ließ, die europäischen Verhältnisse nicht direkt zu kritisieren, sondern auf dem Umweg über die Verklärung einer besseren und natürlicheren Welt. Hier nimmt die Reise die Form einer zirkulären Figur an. Man entfernt sich von Europa nur scheinbar auf ein Ziel zu; die Reise hat jedoch kein anderes Ziel als die europäischen Verhältnisse: die scheinbare Beschreibung einer neuen Welt ist in Wirklichkeit die Kritik der alten. Damit ist auch das Interesse, das die Bewegung dieser zirkulären Reise bestimmt, eines an Europa.

Auf einer anderen Ebene ist das Interesse an der Südsee stärker, man träumt tatsächlich von einem Bruch in der Geschichte und einer Alternative. Aber wiederum sind die Gründe verschieden; pessimistische und optimistische Strömungen der Aufklärung formen diese translozierende Perspektive. Das geschieht aus der Erfahrung einer Enttäuschung und einer fundamentalen Ohnmacht. In dieser Perspektive wirkt der Topos von der Zivilisation als eine Denaturierung des ursprünglich natürlichen Menschen. In diesem Sinne sagt Dialogpartner B in Diderots *Supplément*: »Der Tahitianer steht am Anfang der Welt, der Europäer ihrem Greisenalter so nahe!«[39] Die Südsee wird zum Spiegel europäischer Resignation, die sie aber auch nicht brechen kann, weil der Abstand (die ganze Geschichte der Menschheit) zu groß ist.

Ist die mit der Perspektive auf die Südsee verbundene Vorstellung von einem Bruch in der Geschichte hier resignativ, so ist sie andererseits gerade das Potential einer umfassenden Hoffnung auf Veränderung, das insgesamt den abstrakten Willen zum Neubeginn in das aufklärerische Pathos des Aufbruchs überführt. »Verlangend in anders Land«, heißt es bei

Hölderlin. »Und hin nach Genua will ich«, oder: »Ich aber will dem Kaukasos zu«; die Konturen des anderen Landes verwischen sich, es wird zum allgemeinen Bild der Zukunft und der Weite der Welt. Diese Sicht impliziert die Vorstellung eines vorurteilsfreien Internationalismus, der für Hölderlin und Forster gleichermaßen bezeichnend ist.

Eine vierte, gleichsam materialere und positivere Ebene der Begründung für das Reisen und das Interesse an der Südsee kam hinzu. Der genaue Titel der Forsterschen *Reise um die Welt* lautet: *Dr. Johann Reinhold Forster's und seines Sohnes Georg Forster's Reise um die Welt, auf Kosten der Großbrittanischen Regierung, zu Erweiterung der Naturkenntniß unternommen und während den Jahren 1772 bis 1775. in dem von Capitain J. Cook commandirten Schiffe the Resolution ausgeführt.* (33) Die Formulierung »zu Erweiterung der Naturkenntnis« ist höchst doppeldeutig. Naturkenntnis heißt hier nicht immer auch Natur*erkenntnis,* und die reine Kenntnisnahme ist häufig bereits mit dem Projekt einer Inbesitznahme verbunden. Forster dachte zweifellos zunächst an die neuen Kenntnisse über Flora, Fauna und menschliche Gesellschaft, die er zur Bereicherung des Wissens und zur Aufklärung über die tatsächlichen Verhältnisse in der ganzen Welt von der Reise nach Europa zurückbrachte. Aber man darf nicht denken, daß diese wissenschaftliche Perspektive auch die der Regierung gewesen sei. Im Gegenteil gab es hier mehr als eine Gelegenheit zur Verstimmung. Schon auf der ersten Reise Capitain Cooks, auf der ihn Joseph Banks »aus Liebe zur Naturgeschichte« begleitete, mußte dieser einen Gehilfen (»einen Lehrling des berühmten Ritters von *Linné,* Namens *Solander*«) auf eigene Kosten mitnehmen. (18) Auf der zweiten Reise wurde Banks dann von der Regierung derart brüskiert, daß er von dem Vorhaben zurücktrat. An seine Stelle traten dann die beiden Forsters, und auch dieses Arrangement führte zu Verstimmungen, die bekanntlich darin endeten, daß Johann Reinhold Forsters Reisebeschreibung abgelehnt wurde (wie Georg Forster wohl zu Recht vermutet, galt diese Ablehnung auch den liberalen politischen Ansichten seines Vaters), er zudem das versprochene Anrecht auf die Kupferplatten entzogen, dafür aber einen Teil an den Unkosten geschenkt bekam. Die wohl ebenfalls bekannten Folgen dieser der Naturkenntnis so gar nicht freundlich gesinnten fürstlichen Machinationen waren eine abgrundtiefe Verbitterung und eine Menge Schulden, von denen beiden sich der ältere Forster sein Leben lang nicht recht erholte. Die weitere Folge aber war, daß Georg Forster es für seine Schuldigkeit hielt, »wenigstens einen Versuch zu wagen, an *seiner Stelle* eine philosophische Reisebeschreibung zu verfertigen«. (13) Auf Cooks dritter Reise endlich ist das Interesse der Regierung an der Erweiterung der Naturerkenntnis noch weiter zurückgegangen: »Es ward zu wiederholten malen vorgeschlagen, auch diesmal wieder Naturforscher auszuschicken, allein die Wissenschaft war nie des Ministers Object gewesen. Sie war ihm nach wie vor verächtlich, und folglich ward auf der neuen Reise kein Gelehrter geduldet.« (32) Das eigentliche Interesse der Regierung war die Entdeckung des vermuteten Festlandes auf oder unterhalb des 40. südlichen Breitengrades.

»Vor Capitain Cooks Rückkunft in der Endeavour hatte man noch behauptet, daß sich das feste Land im Süd-Meer bis zum 30sten Grad der Breite erstrecke, mithin unter einem günstigen Himmelsstrich belegen, und um deswillen ein wichtiger Gegenstand der europäischen Politik seyn müsse ... Um nun diesem Streit wegen eines solchen festen Landes ein Ende zu machen, gieng unsre Reise auf Befehl Sr. Königl. Grosbrittanischen Majestät vor sich.« (29)

Obwohl man bis zum 71° südlicher Breite vorstieß, wurde das erhoffte feste Land, die sogenannte *terra australis*, nicht gefunden, und Forster meinte, es gehöre zu den positiven und sicheren Resultaten der Reise, daß es das Land nicht gebe. Das war freilich nicht ganz richtig. Es gibt zwar die *terra australis*, die man sich in bewohnbaren und deshalb kolonisierbaren Breiten vorstellte, nicht, aber wenn Cook anstatt zwischen dem 100. und 110. Längengrad zwischen dem 60. und 80. südlich gesegelt wäre, hätte er auf die Süd-Shetland-Inseln und dann auf die Antarktis stoßen müssen. Man entdeckte dagegen einige neue Inseln, deren eine, wie Forster sagt, »zu einer europäischen Kolonie besonders wohl gelegen zu seyn« schien. (712) Man sieht, auch hier gibt es ein manifestes Interesse an der Südsee, das diese mit Europa verbindet. Die Europäer entdecken die Südsee nicht, um Europa zu kritisieren oder es zu vergessen, sondern um es zu vergrößern. Dieses letzte Interesse an der Südsee, das sie zu einem wichtigen

Gegenstand der europäischen Politik machen möchte, ist dann freilich auch am häufigsten von den aufklärerischen Philosophen, so von Diderot und auch von Forster, kritisiert worden.

Diese imperialistische Perspektive wird auch da kritisiert, wo sie sich nicht als offene Annexion bekundet, sondern als europäischer Eingriff in die natürliche Ordnung der Südsee interpretiert wird. Diese Zivilisationskritik äußert sich in Diderots *Supplément* in der *Abschiedsrede des Greises,* wo der alte Tahitianer Bougainville folgendes entgegenhält:

»Wir sind unschuldig, wir sind glücklich, und du kannst unserem Glück nur schaden. Wir folgten dem reinen Trieb der Natur; du aber hast versucht, seine Eigenschaften in unseren Gemütern auszulöschen. Hier gehört alles allen; du aber hast uns irgendeinen Unterschied von Mein und Dein – ich weiß nicht welchen – gepredigt etc.«[40]

Dasselbe Ethos und dieselbe Kritik finden sich in der vielleicht – einmal abgesehen von der Eingangsszene der Tahiti-Beschreibung – berühmtesten Stelle der Forsterschen Reisebeschreibung:

»Es ist würklich im Ernste zu wünschen, daß der Umgang der Europäer mit den Einwohnern der Süd-See-Inseln in Zeiten abgebrochen werden möge, ehe die verderbten Sitten der civilisierten Völker diese unschuldigen Leute anstecken können, die hier in ihrer Unwissenheit und Einfalt so glücklich leben. Aber es ist eine traurige Wahrheit, daß Menschenliebe und die politischen Systeme von Europa nicht miteinander harmonieren!« (281)

Die Forschung hat sich in der Folge leider allzu häufig damit abgegeben, dieses grobe Raster zu wiederholen: die aufklärerische Reiseliteratur entdeckt die Südsee, entdeckt sie im natürlichen Zustand der Unschuld, verklärt diesen, um sich dann umzuwenden und die europäischen Verhältnisse zu kritisieren. Verklärungstendenz auf der einen Seite, Zivilisationskritik auf der anderen: das sei die Beziehung zwischen aufgeklärtem Europa und natürlicher Südsee im 18. Jahrhundert gewesen.[41] Das allerdings ist eine Täuschung. Es ist vor allem eine viel zu einfache Struktur. Was darin nicht vorkommt, ist das aufgeklärte Europa selbst. Dieses verlagert sich quasi aus Europa heraus, um dieses in einem vorkritischen Zustand kritisieren zu können. Die Zivilisationskritik, die sich aus der Verklärung der Südsee herleitet, hat sich noch nicht selbst zum Gegenstand ihrer eigenen Kritik gemacht. Sie verschweigt sich auf den fernen Inseln. Das ist genau der Grund, weshalb sie diese zu einer Folie der Kritik braucht und sie nicht mit in den Zusammenhang der Kritik einbeziehen kann. Zugleich ist diese mittlere Position der Kritik immer eine Kritik der Denaturierung, die sie in einem Zurückgehen in der Geschichte bis auf ihren Ursprung aufzuheben hofft. Aber, was sogleich auffällt, muß sie nicht in der Entdeckung der Südsee diesen ursprünglichen Punkt, die Identität von Natur- und Gesellschaftszustand, gefunden haben? Muß sie nicht hier den Maßstab ihrer Operationen und die Lösung ihrer Fragen gefunden haben? Und ist sie nicht endlich am Ziel ihrer Suche, so daß sie sich jetzt beruhigen kann, ausgestattet mit einem reichen Arsenal an Antworten auf all die Fragen, die die europäischen Philosophen und Politiker immer noch beunruhigen? Das ist ganz offensichtlich nicht der Fall. Die naturherrschaftlichen und agrikolaren Restaurationsversuche des Physiokratismus haben ihren Einfluß und ihre erste Faszination bereits verloren. Im Jahr vor Georg Forsters Rückkehr von der Reise um die Welt ist François Quesnay gestorben. In diesem Umkreis erhalten sich noch verschiedene Themen, die den ländlichen Boden und die Luft betreffen. So spielen am Ende des 18. Jahrhunderts die pneumatischen Themen in der Resozialisierung der Kriminellen und der Heilung der Wahnsinnigen eine gewisse Rolle. Aber das sind Spuren, die sich schnell verwischen, um in romantische und irrationalistische Vorstellungen überzugehen, wo sie langsam zu schwer zu entziffernden kulturellen Sedimenten absinken.

Diese mittlere Position der Kritik, die aus dem Bild der natürlichen Südsee die Kriterien zur Kritik eines Europa, aus dem sie sich ausspart, gewinnen will, hat in der Tat kaum Folgen. Die durch die eigene Inkonsequenz verschuldete Aushöhlung ihrer möglichen Wirksamkeit wird bereits in dem unsicheren Schluß des Diderotschen *Supplément* deutlich, dessen Anfang in der Rede des tahitianischen Greises doch die Fronten von Natur und Denaturierung, Unschuld und Verderbnis so klar auf die Südsee und Europa verteilt hatte.

A: »Aber sagen sie mir zum Schluß: soll man den Menschen zivilisieren oder ihn seinem Instinkt überlassen?

B Erwarten Sie eine klare Antwort?

A Zweifellos.

B Wenn Sie ein Tyrann werden wollen, so zivilisieren sie ihn, vergiften Sie ihn, so gut Sie können, mit einer naturwidrigen Moral; . . . Wollen Sie ihn frei und glücklich sehen, so mischen Sie sich nicht in seine Angelegenheiten!«[42]

Das ist genau das Grundmuster der einfachen oder mittleren Kritik, die den idealen Naturzustand gegen ein vorkritisches und absolutistisches Europa ausspielt. Ausgespart ist darin die Frage nach den Möglichkeiten eines aufgeklärten Europa, das den Absolutismus bereits durch die Deklaration der Menschenrechte ersetzt hat. Es ist ja gerade die zentrale Frage der zahlreichen Geschichtsphilosophien jener Zeit, wie nach der Abschaffung der absolutistischen Tyrannei eine bürgerliche Geschichte möglich sein können soll. Das Problem ist, ob auch auf diese Frage der Naturzustand der Südsee die Antwort sein kann. Diderots Dialogpartner im *Supplément* entschließen sich zu einem ethnischen Opportunismus, der nichts entscheidet: »Man ziehe den Rock des Landes an, das man besucht, und bewahre den Rock des Landes auf, aus dem man stammt.« Diderots *Nachtrag zu ›Bougainvilles Reise‹* durchläuft eine bestimmte Strecke des Diskurses über die aufklärerische Kritik; aber er verläßt diesen Diskurs, bevor er eine entscheidende Wendung nimmt, bevor er auf sich selbst aufmerksam wird und bevor er die grundlegende Voraussetzung dieser Kritik in Frage stellt, um so erneut in die scheinbar klaren Fronten von Nord und Süd einen tiefen Zweifel und ein nicht zur Ruhe kommendes Fragen einzuschreiben.

Diese zu erwartende Wendung des Diskurses ist seine Radikalisierung zur komplexesten Form der Kritik, in der die Problematik der Aufklärung sich in ihrer ganzen Verwirrung darstellt. Diese Kritik löst die beunruhigende Erfahrung der Differenz nicht in eine zu entscheidende Alternative auf, sondern erhält sich in der Relationalität dieser Differenz. Sie ist doppelte Kritik. Sie ist dies, indem sie nicht eine Seite gegen die andere ausspielt, sondern auf beide gleichermaßen kritisch reagiert. Sie steigert sich zu einer Radikalität des Fragens, die sich in gefährlicher Weise von den alten und den neuen Positivitäten entfernt, um sich nur noch in der flüchtigen Koinzidenz sich durchkreuzender Erkenntnisse versammeln zu können. Diese Kritik operiert mit dem Risiko der Distanz zu ihrer eigenen Rolle. Und tatsächlich vertauscht sie die

Rollen, negiert, was sie eben noch affirmiert hat, und hofft doch, daß es irgendwo in dieser zersetzenden Intransigenz die Wahrheit gebe. Auf diesem Niveau der Radikalität gehört die Kritik am Absolutismus bereits zu den Voraussetzungen. Die doppelte Kritik ist zugleich Kritik an der Aufklärung und Kritik an der Südsee. Sie stellt die Fragen: Was ist das Aufgeklärte an Europa? und: Was ist das Natürliche an der Südsee? Sie bezweifelt damit die Evidenz dieser attributiven Zuordnungen.

Es gab andere Stimmen, die einer Interpretation der Zivilisation als Denaturierung eines ursprünglich Natürlichen widersprachen, so die von Friedrich Blumenbach, der die Frage stellte, ob nicht »das vermeinte Ideal des reinen Naturmenschen [. . .] durchaus nichts weiter, als ein stummer, blödsinniger Tropf« sei.[43] Aber man kann wohl mit Recht Forsters Reisebeschreibung als den differenziertesten Ausdruck der doppelten Kritik im Deutschland des 18. Jahrhunderts bezeichnen. In der Tat ist auch für ihn, worauf schon hingewiesen wurde, die Südsee Anlaß zur Kritik an Europa; doch ebenso ist für ihn der Vergleich mit Europa Anlaß zur Kritik an der Südsee.

Dem liegt zunächst eine Unterteilung der Wahrnehmung zugrunde. Beobachtet und dann beschrieben wird, so sollte man denken, das Auffällige, das Fremde, das seine Rechtfertigung, beschrieben zu werden, daraus bezieht, daß es ins Auge fiel und die Beobachtung auf sich zog; das geschieht da, wo sich das Unbekannte massiert, nicht dagegen auf der »einförmigen Seefahrt«, wo höchstens einmal »ein schönes Phänomenon« (130), wie das Süd-Licht, die Aufmerksamkeit erregt. Dies ist die Struktur der Verwunderung. Forster ›wundert‹ sich auf der Reise in dreifacher Weise. Erstens wundert ihn die Unterschiedlichkeit verschiedener Eingeborenenstämme, die in relativer Nähe voneinander leben. Woher kommen diese Unterschiede? Zweitens strukturiert die Verwunderung die Beobachtung da, wo sie das bemerkt, was in der Südsee nicht so ist wie in Europa. Warum essen die Frauen der Südsee getrennt von den Männern? Und drittens erscheinen im Spiegel der Verwunderung die Beobachtungen dessen, was in der Südsee ebenso ist wie in Europa. Nicht nur in Europa werden Kinder ermordet (Abortantia), dort ist es die »Verderbniß der Sitten«, sondern auch die Tahitier sind davon nicht freizusprechen, »so unerklärbar es auch beym ersten Anblick scheinen mag.« (617) Auf diesen drei Bahnen gleitet die Wahrnehmung Forsters.

In dieser komplexen Struktur wird bald deutlich, daß das Bild von der natürlichen Südsee täuscht. Auch Forster spricht, einer Erwartung und einem Stil der Zeit entsprechend, wenn er die Wilden betrachtet, davon, daß sie der »Stimme der Natur« (166) und dem »Trieb der Natur« (329) folgen, daß sie glücklich, unschuldig, kurz, daß sie »die unverdorbenen Kinder der Natur« (369) seien. Dies und die daran angeschlossene Zivilisationskritik könnte – und hat es häufig – dazu verführen, auch hier jenes grobe Raster wiedererkennen zu wollen, das zwischen ein kritisiertes Europa und eine verklärte Südsee einen Fluchtweg eingezeichnet hat. Diesen Fluchtweg gibt es aber bei Forster nicht. Denn wenn er auch mit der *Abschiedsrede des Greises* in Diderots *Supplément* da übereinstimmt, wo dieser das Eindringen der Europäer in den Bereich der Südsee als verhängnisvoll bezeichnet (Forster sieht allerdings auch hier noch eine andere Seite), so ist es gerade die besondere Einsicht der desillusionierenden doppelten Kritik in Forsters Reisebeschreibung, nachzuweisen, daß die Südsee keineswegs jenes zweite Paradies war, von dem man in Europa träumte, und daß sie schon gar nicht eine evolutionäre Alternative darstellen könne.

Wir sind unschuldig, sagt der tahitianische Greis zu Bougainville. Aber das kann nicht richtig sein, da sie, wie Forster berichtet, untereinander Kriege führen, um ihre Machtansprüche zu vergrößern.

»Wir konnten nicht absehen was einen Bewohner dieser Inseln, gleich dem Könige *O-Puni*, bewogen haben konnte, ein Eroberer zu werden? Nach der Aussage aller von *Borabora* gebürtigen Leute, war ihre Insel nicht minder fruchtbar und angenehm als jene, welche sie sich mit gewaffneter Hand unterworfen hatten. Sie können also durch nichts als Ehrgeiz dazu angetrieben worden seyn, so wenig auch dieser sich mit der Einfalt und dem edlen Character des Volkes zusammen reimen läßt. Es ist folglich ein neuer trauriger Beweis, daß selbst unter den besten Gesellschaften von Menschen große Unvollkommenheiten und Schwachheiten statt finden!« (351)

Wir sind glücklich, sagt der Tahitianer. Stimmt das schon

zumindest nicht für alle Tahitianer, wie steht es mit den weitaus ärmeren Neuseeländern oder den dumpfen Bewohnern von Tierra del Fuego? (921)

Wir folgten dem reinen Trieb der Natur, sagt der Tahitianer. Ist es die Natur, die sie zur rituellen Tötung der Kinder einer privilegierten Kaste anleitet? (617)

Hier gehört alles allen, sagt der Tahitianer. Und das ist nun der größte Irrtum. Die Eigentumsverhältnisse sind auf Tahiti streng geregelt. Forster berichtet allein von drei verschiedenen Klassen, wobei er, wie Steiner anmerkt, eine vierte gar nicht bemerkt haben dürfte. Von den Befehlshabern und Adligen, die sich um den *Aheatua*, den König, scharen, berichtet er etwa, daß sie »sich durch ihre große und dicke Statur auszeichneten, ein Vorzug, den diese Classe von Leuten ihrer trägen Lebensart und wohlbesetzten Tafel zu verdanken hat«. (283) Die Schweine gehören zu den

»wirklichen Reichtümern von Tahiti, doch darf man sie deshalb nicht für einen Hauptartickel des Unterhalts halten; denn in *dem* Betracht könnte diese ganze Thierart ausgerottet werden, ohne daß die Nation im Ganzen dabey verlöre, weil sie nemlich den Großen des Landes allein und außschließenderweise zugehören. [. . .] Der gemeine Mann kriegt äußerst selten davon zu kosten, und es bleibt ein Leckerbissen für ihn, ohngeachtet gerade diese Classe des Volks die Mühe allein auf sich hat, sie zu warten und zu mästen.« (291)

Man merkt diesen Beschreibungen an, daß sie das Resultat einer enttäuschten Erwartung sind. Enttäuscht wird das erwartete Bild von der Südsee. Dort, wo man eine uneingeschränkte Gleichheit anzutreffen hoffte, findet man eine starre soziale Hierarchie und ein kompliziertes System der Ungleichheit. Diese Beobachtungen nicht zu unterdrücken, um das idealisierte Bild der natürlichen Südsee zu bewahren, sondern gerade die zur zweiten Natur gewordenen gesellschaftlichen Verhältnisse aufzuzeigen, macht Forsters Integrität und das Wagnis seiner doppelten Kritik aus. Und tatsächlich häufen sich die Beispiele für soziale Ungleichheit, wie sie Forster etwa an jenem Mann von mittlerem Alter bemerkt, der sehr lange Nägel an den Fingern hatte. »Ich merkte auch bald, daß dies ein Ehrenzeichen ist, in so fern nemlich nur solche Leute *die nicht arbeiten*, die Nägel so lang wachsen lassen können.« (265) Die eklatanteste Erfahrung aber, die nachhaltig ein idealisiertes Südseebild zerstört und zu einer strengen Parallelisierung mit europäischen (»gesitteten«) Verhältnissen anleitet, machte Forster wohl mit dem »Tahitischen Fresser«. An dieser Stelle wird die doppelte Kritik direkt manifest als Empörung.

Forster und einige Begleiter kamen »zu einem hübschen Hause, in welchem ein sehr fetter Mann ausgestreckt da lag, und in der nachläßigsten Stellung, das Haupt auf ein höhernes Kopfkissen gelehnt, faullenzte. Vor ihm waren zwey Bediente beschäftigt seinen Nachtisch zu bereiten. [...] Inmittelst setzte sich eine Frauenperson neben ihn und stopfte ihm von einem großen gebackenen Fische und von Brodfrüchten jedesmal eine gute Hand voll ins Maul, welches er mit sehr gefräßigem Appetit verschlang. Man sahe offenbar, daß er für nichts als den Bauch sorge, und überhaupt war er ein vollkommenes Bild pflegmatischer Fühllosigkeit. Kaum würdigte er uns eines Seitenblicks und einsylbigte Wörter, die er unterm Kauen zuweilen hören ließ, waren nur eben so viel Befehle an seine Leute, daß sie überm Hergucken nach uns, das Futtern nicht vergessen mögten. Das große Vergnügen, welches wir auf unsern bisherigen Spaziergängen in der Insel, besonders aber heut, empfunden hatten, ward durch den Anblick und durch das Betragen dieses vornehmen Mannes nicht wenig vermindert. Wir hatten uns bis dahin mit der angenehmen Hoffnung geschmeichelt, daß wir doch endlich einen kleinen Winkel der Erde ausfündig gemacht, wo eine ganze Nation einen Grad von Civilisation zu erreichen und dabey doch eine gewisse frugale Gleichheit unter sich zu erhalten gewußt habe, dergestalt, daß alle Stände mehr oder minder, gleiche Kost, gleiche Vergnügungen, gleiche Arbeit und Ruhe mit einander gemein hätten. Aber wie verschwand diese schöne Einbildung beym Anblick dieses trägen Wollüstlings, der sein Leben in der üppigsten Unthätigkeit ohne allen Nutzen für die menschliche Gesellschaft, eben so schlecht hinbrachte, als jene privilegirten Schmarotzer in gesitteten Ländern, die sich mit dem Fette und Überflusse des Landes mästen, indaß der fleißige Bürger desselben im Schweiß seines Angesichts darben muß.« (275/276)[44]

Forster mußte während seines Aufenthalts auf Tahiti und den Societäts-Inseln die schmerzliche Erfahrung machen, daß dieser »Tahitische Fresser« nicht etwa ein Ausnahmefall war, sondern daß seine Privilegien die einer ganzen Klasse, der Errioys, waren.

Zudem trägt die scheinbare Idylle starke patriarchalische Züge, da die Männer »ihre Weiber durchgehends als Sclavinnen anzusehn« (443) pflegten.

»Du aber hast uns irgendeinen Unterschied von Mein und Dein – ich weiß nicht welchen – gepredigt«, sagt der tahitianische Greis. Er muß diesen Unterschied allerdings sehr wohl gewußt haben, denn es war in Tahiti üblich, die Wertgegenstände »ans Dach zu hängen, und die Leiter des Nachts statt eines Kissens unter den Kopf zu legen, um vor Dieben sicher zu seyn«. (762)

Freilich ist die Anklage, die Europäer hätten die natürlichen Sitten der Südseeinsulaner verdorben, nicht von der Hand zu weisen. Nicht nur der tahitianische Greis erhebt sie in jenem fiktiven Gespräch des *Supplément* gegen Bougainville, auch Forster beobachtet durchgehend Spuren dieses Einflusses. Es sind nicht nur die häufigen mittleren Scharmützel, die allerdings nicht selten mit dem Tod eines Eingeborenen enden, die Forster sagen lassen: »und so scheint es denn schon ein unvermeidliches Übel zu seyn, daß wir Europäer bey unsern Endeckungs-Reisen den armen Wilden allemal hart fallen müssen.« (723) Es ist vielmehr so, vermutet Forster, daß die häufigen Diebstähle auch durch die Bekanntschaft mit den neuen europäischen Waren begründet werden müssen. (313) So wird z. B. die flagrante Prostitution, die bis zum ausgesprochenen »Mädchen-Handel« geht, mit der Veranlassung »neuer Bedürfnisse« unter den Insulanern erklärt.

»Es ist Unglücks genug, daß alle unsere Entdeckungen so viel unschuldigen Menschen haben das Leben kosten müssen. So hart das für die kleinen, ungesitteten Völkerschaften seyn mag, welche von Europäern aufgesucht worden sind, so ists doch wahrlich nur eine Kleinigkeit in Vergleich mit dem unersetzlichen Schaden, den ihnen diese durch den Umsturz ihrer sittlichen Grundsätze zugefügt haben.« (207)

Wenn wir gesagt haben, daß Forster diesen Sachverhalt so *erklärt*, so ist das ein zu starker Ausdruck. Es heißt bei ihm vielmehr: »wir haben alle Ursach zu vermuthen«. Das ist keine bloße stilistische Manier, sondern eine sehr genaue Reaktion auf die durch den europäischen Einfluß entstandenen Verhältnisse. Diese begründen insgesamt eine Struktur der Verdeckung, die es für den Beobachter oft schwierig macht, zu unterscheiden, was genuin zu den Sitten und Gewohnheiten der Eingeborenen gehört, und was durch den Kontakt mit den Europäern erst hervorgerufen wurde. Diese Struktur der Verdeckung gehört mit zu dem Dilemma der Reisebeschreibung des 18. Jahrhunderts. Ihre eigentliche

Pointe hat sie allerdings da, wo sie politisch interpretiert wird. Doch man darf hierin nicht die Entstehung eines zweiten Mythos akzeptieren wollen, als ob erst die Europäer hätten kommen müssen, um Ehrgeiz, Ungleichheit und Ungerechtigkeit in die Südsee zu tragen. Forster läßt keinen Zweifel daran, daß es dies alles schon vorher in der Südsee gegeben hat. Die aus der Struktur der Verdeckung zu ersehenden europäischen Eingriffe in die Verhältnisse der Südsee müssen als eine zusätzliche Entfernung der Wilden von einem reinen Naturzustand gesehen werden, den sie vor der Ankunft der Europäer längst verlassen hatten – wenn es ihn überhaupt je gab und er nicht allein in der Rousseauschen hypothetischen Konstruktion seine Wirklichkeit hat.

Ist das Eindringen der Europäer in den Raum der Südsee verhängnisvoll, weil die Europäer die negativen Erscheinungen ihrer alternden, aber überlegenen Kultur den Insulanern zumuten, so sind doch diese längst in eine Dynamik verwikkelt, die sie unaufhaltsam auf jenen gesellschaftlichen Zustand zutreibt, der ihnen jetzt als Fremdherrschaft begegnet. Die gesellschaftliche Struktur der Ungleichheit wird unfehlbar eine Situation schaffen, in der die allein arbeitenden Tautaus sich gegen die allein faulenzenden Aheatuas erheben werden »und eine Revolution veranlassen«. Denn dies, so bemerkt Forster, sei der gewöhnliche Zirkel aller Staaten. (332) Die darin angelegte teleologische Perspektive wird von Forster nicht aufgegeben. Deshalb glaubt er auch, trotz der häufigen Exklamationen, daß es besser gewesen wäre, wenn Europa und Südsee einander fremd geblieben wären, daß die Europäer zu »wahrhaften Wohltätern« der Eingeborenen werden könnten; unter einer Voraussetzung allerdings: »wenn sich jemalen bey Kolonisten menschenfreundliche Gesinnungen vermuthen ließen.« (712) Diese Diskrepanz zwischen einem erreichten zivilisatorischen Niveau der größtmöglichen Verfügung über die Umwelt und einem nichterreichten Niveau der ethisch verantwortlichen Verwirklichung dieser Möglichkeiten ist für Forster die grundlegende Problematik des aufgeklärten Europa. Das daraus resultierende Dilemma tritt deutlich hervor in der Begegnung mit den Pesserähs, jenen »unglückseligen« Eingeborenen von Tierra del Fuego, denen es »so sehr an Verstand und Überlegung fehlt«, daß sie nicht imstande sind, sich gegen die dort herrschende Kälte zu schützen.

»Was die ärgste Sophisterey auch je zum Vortheil des ursprünglich wilden Lebens, im Gegensatz der bürgerlichen Verfassung, vorbringen mag; so braucht man sich doch nur einzig und allein die hülflose bedauernswürdige Situation dieser *Pesserähs* vorzustellen, um innig überzeugt zu werden, daß *wir* bey unser gesitteten Verfassung unendlich glücklicher sind!« (923)

Spricht hier der aufklärerische Optimismus, so folgt diesem doch sofort die kritische Einschränkung:

»Möchte das Bewußtseyn des großen Vorzugs, den uns der Himmel vor so manchen unserer Mitmenschen verliehen, nur immer zu Verbesserung der Sitten, und zur strengen Ausübung unserer moralischen Pflichten angewandt werden! aber leider ist das der Fall nicht, unsere civilisirten Nationen sind vielmehr mit Lastern befleckt, deren sich selbst der Elende, der unmittelbar an das unvernünftige Thier gränzt, nicht schuldig macht. Welche Schande, daß der höhere Grad von Kenntnissen und von Beurtheilungskraft, bey uns nicht bessere Folgen hervorgebracht hat!« (924)

In der ständigen Gegenüberstellung einer *noch nicht* erreichten Aufklärung und einer *nicht mehr* erreichbaren Natur entsteht das Bild (die Beschreibung) der Reise um die Welt. Europäische Kultur, Zivilisation und Ökonomie verdichten sich zum positiven Begriff einer Aufklärung als teleologischer Progression, der jeweils von der negativen Dimension politischer Imperialismen und eines ethischen Mangels durchkreuzt wird. Inmitten pathetischer Fragen und emphatischer Antworten findet man eine tiefreichende Skepsis.

IV. Skeptische Aufklärung

Das positive Resultat des zivilisatorischen Prozesses soll die größtmögliche Verfügung über die Umwelt sein. Insofern ist auch bei Forster die Emanzipation der menschlichen Gattung als ein Heraustreten aus der Natur gedacht. Diese Möglichkeiten der Verfügung, die den Menschen aus einer unmittelbaren Abhängigkeit von der Natur befreien, unterteilen sich in die Inventionen zur Realisierung praktischer Zwecke, so daß Planung möglich wird, und in die reflexive Bewältigung dieser Techniken. Wenn man so will, stehen hier die List der Vernunft und der kategorische Imperativ einander gegenüber. Der zivilisatorische Prozeß ist allerdings nur dann auch zivilisatorischer Progreß, wenn das praktische Handlungswissen mit dem reflexiven Legitimationswissen kompatibel ist. Die problematische Erfahrung, die Forster auf der Reise um die Welt macht, betrifft aber gerade das Auseinanderfallen dieser beiden Momente.

Die Reflexion, die sich an die Beobachtung der Pesserähs anschloß, steht nicht vereinzelt da. Auf der Insel Tanna gelang es den Europäern, den Eingeborenen ihr Mißtrauen zu nehmen. »Welch ein schätzbares Bewußtseyn, rief ich aus, auf solche Art das Glück eines Volkes befördert und vermehrt zu haben! welch ein Vortheil, einer gesitteten Gesellschaft anzugehören, die solche Vorzüge genießt und anderen mittheilt!« (799/800) Kurz danach ist das Verhalten der Eingeborenen wieder schlagartig verändert. Ein Soldat des Schiffes hatte einen Insulaner erschossen. Dazu Forster:

»Wie plötzlich, und durch was für eine ruchlose That waren die angenehmen Hoffnungen, womit ich mir, noch wenig Augenblicke zuvor, geschmeichelt hatte, nun nicht auf einmal vereitelt! Was mußten die Wilden von uns denken? Waren wir jetzt noch besser, als andere Fremdlinge? oder verdienten wir nicht weit mehr Abscheu, weil wir uns, unter dem Schein der Freundschaft eingeschlichen hatten, um sie hernach als Meuchelmörder zu tödten?« (801)

Diese schillernde Struktur einer Verschränkung von Optimismus und Pessimismus charakterisiert Forsters Position zum aufgeklärten Europa.

Andererseits gehört es zu den Resultaten der Reise um die Welt, daß die Vermutung, man könne das ethische Niveau, hinter das die Europäer so häufig zurückfallen, bei den Südseevölkern antreffen, in einer kontrastiven Alternativität nicht zutrifft. Die Südsee ist vielmehr in dem Sinne natürlich, daß sie den zivilisatorischen Status, der eine vernünftige Verfügung über die Natur erlaubt, noch nicht erreicht hat. Hier ist das Natürliche einfach ein Mangel. Auf der anderen Seite ist es aber nicht so, daß dieser Mangel eine höhere Natürlichkeit (im Sinne einer Projektion kultureller Werte) auf der Ebene des sozialen Verhaltens zur Folge hätte; vielmehr ist durchaus eine strukturelle Ähnlichkeit der politischen und ethischen Niveaus zu beobachten. Wenn der Begriff des Natürlichen überhaupt noch einen Sinn haben soll, so muß man sagen, daß die Südseeinsulaner, wenn auch nicht wie die Europäer, sich in einem deutlichen Abstand von einem reinen Naturzustand befinden. Bei diesem Stand der Diskussion wird allerdings endgültig fragwürdig, ob man diesen Zustand überhaupt am Anfang der Geschichte suchen kann. Die Beobachtung der tatsächlichen Verhältnisse in der Südsee zerstört den Mythos vom »bon sauvage«, und all die positiven Werte, die man an jenem Punkt einer absolut *ursprünglichen Natur* zu finden hoffte: Unschuld, Gleichheit, Gerechtigkeit, Glück, müssen jetzt anderswo gesucht werden.

Es vollzieht sich hier eine Wende im Denken, die eine Umwertung des Wissens einschließt. Das europäische Wissen, so zerrissen es auch in seinen Grundlagen und höchsten Verfeinerungen war, hatte einen soliden Kern ausgebildet, der das Resultat der jahrhundertelangen Suche der abendländischen Vernunft war, und der die Überlegenheit der zivilisierten Europäer über die wilden Insulaner ausmachte. Aber auch dieses Wissen wird jetzt bezweifelt; nicht deshalb, weil man sich fragte, ob es möglich, sondern weil man fragte, ob es wertvoll sei. Solange man denken – oder doch zumindest hoffen konnte, daß das Nicht-Wissen der Südseevölker kein Mangel sei, sondern die positive Garantie einer natürlichen Reinheit, die nicht von den aggressiven und zersetzenden Machinationen einer maßlosen Vernunft überschattet war, so lange konnte man diese künstliche Vernunft beschuldigen, die Ursache einer jahrhundertelangen Denaturierung des Menschen zu sein und damit sein gesittetes Unglück verschuldet zu haben. Das Wissen erscheint als Versuchung; es verzerrt jene ursprüngliche Naivität, in der alles klar und deutlich war. So verneinte Rousseau die Frage, ob das Wissen einen positiven Einfluß auf die Sitten gehabt habe. Vor allen Dingen sieht man im Wissen die Gefahr, den *Glauben an die Natur* auszuhöhlen. Hier vermischt sich zweifellos die aufklärerische Kritik mit biblischen Themen: die Vertreibung aus dem Paradies beginnt mit der Versuchung durch den Baum der Erkenntnis. In diesem Sinne spricht nochmals der tahitianische Greis zu Bougainville: »Laß uns unsere Sitten; sie sind vernünftiger als deine Sitten. Wir wollen das, was du unsere Unwissenheit nennst, nicht gegen dein unnützes Wissen eintauschen. Alles, was wir brauchen und was gut ist, besitzen wir ja.« Aber die Einfachheit dieser Erklärung hat ihre Kraft verloren. Sie gehörte selbst noch zu jenem Glauben an die Natur, von dem man hoffte, er würde sich in der Südsee bestätigen. Diesen Glauben, diese Hoffnung und diese Erwartung jedoch hatte die beschriebene Beobachtung zerstört. Freilich dauerte es einige Zeit bis die Leser des 18. Jahrhunderts bereit waren, die Erfahrung einer Naturferne der Südsee, die in den Beschreibungen auf einzelne Beobachtungen und Reflexionen verstreut war, zu akzeptieren. Aber in dem Maße, wie sich diese Lektüre durchsetzte, verlor die Kritik am Wissen ihre positive Grundlage. Man mußte akzeptieren, daß eine reine Natur lediglich in jenen Tableaus der Südsee, wie sie sich das Europa des 18. Jahrhunderts so gern ausmalte, nicht aber in der Südsee selbst anzutreffen war. Damit verfiel der Glaube an einen reinen Naturzustand am Anfang der Geschichte der Skepsis.

Man mußte die Suche nach der Natur an fixierten Orten im Raum (in der Südsee) und in der Zeit (am Ursprung) aufgeben und sie vielmehr dort suchen, wo das Naturrecht des 16. und 17. Jahrhunderts sie bereits gesucht hatte: im Menschen und in den gesellschaftlichen Institutionen. Die Natur ist nicht mehr jener Zustand, den der Mensch verlassen hat, sondern das ihm Vorausliegende, das er realisiert, indem er sich als Gattung realisiert. Natur ist nicht jene bildhafte Mythologie, die man ansehen und in die man hineinwandern kann; sie ist das unsichtbare Gesetz, das die Entwicklung anleitet. Auf dieser Ebene nähern sich Vernunft und Natur einander wieder an. Wissenschaftliche Ausbildung, sagt Forster, nebst allen ihren Folgen, gehört ohne Widerrede »zu den bestimmtesten Einrichtungen der Natur«.[45] Man sieht hier erneut eine kantische Argumentation: Natur ist (weil sie einen Plan, einen Leitfaden etc. darstellt) die Disposition zu höherer Kultur, die sich in der Entfaltung der Vernunft verwirklicht.

Das 18. Jahrhundert diskutierte das durch die Vernunft hervorgebrachte größtmögliche Verfügungswissen unter dem Begriff der Perfektibilität. Dessen Entgegensetzung zur Natur spiegelte die Entfernung zwischen dem aufgeklärten Europa und der natürlichen Südsee. Aber die Ansichten, die man sich in Europa vor Forsters Reisebeschreibung von der Südsee machte, begünstigten eine Vorstellung von der Natur, die in ihrer bildhaften Anmutung unwirklich war. Indem der Naturbegriff aus diesem bildhaften Zusammenhang herausgelöst wird, wird er zur Ursache und zum Ziel des Wissens. Perfektibilität und Natur – das ist die Spitze der Forsterschen Argumentation – sind kein Gegensatz, sondern die erste ist die bestimmte geschichtliche Realisierungsform der zweiten. Die Suche nach der Natur ist keine Alternative zur Geschichte mehr, sie ist diese selbst.

Es ist die Intellektualisierung des Naturbegriffs im Wissen, die die Auflösung des Gegensatzes von Perfektibilität und Natur möglich machte. Die Geschichte wurde gelehrte Geschichte.

»*Wahrheit* war die Botschaft, die alle großen Männer an die Menschheit zu verkündigen hatten; Wahrheit, Verhältniß der Dinge untereinander und zu uns. Sie entledigten sich getreu ihres Auftrags, und brachten uns Wahrheit, das Kleinod dem Weisen, das Schwerdt in eines Narren Hand. Doch, Nutzen und Mißbrauch haben ihre Gränzen: die Aufklärung aber schreitet von Erfahrung zu Erfahrung ins Unbegränzte fort.«[46]

Es handelt sich hier um eine angestrengte Rehabilitierung des Wissens. Man sollte nicht glauben, daß es im 18. Jahrhundert, dem Zeitalter der Enzyklopädisten, einer solchen Rehabilitierung bedurft hätte. Aber man darf nicht vergessen, daß jene mühseligen Unternehmungen, die das gesamte Wissen in einem Lexikon versammeln wollten, erst das Resultat einer Suche nach dem Wert des Wissens waren. Wenn die Aufklärung der Ignoranz des Mittelalters, das im menschlichen Wissen häufig nur die vermessene Karikatur einer göttlichen Allwissenheit sah, die Positivität eines selbstbewußten Wissens entgegenstellte, so muß man beachten, daß dieses neue Selbstbewußtsein von einer tiefgehenden Skepsis durchkreuzt wurde.

Konnte das tatsächlich ein Neuanfang sein, der, selbst indem er es kritisierte, doch noch dieses labyrinthische Gebäude des abendländischen Wissens zur Voraussetzung hatte? Und selbst diese Kritik, konnte sie sich denn anderer Mittel bedienen als der, die sie aus der Tradition gelernt hatte? War nicht diese junge Aufklärung undenkbar ohne das, was sie ablehnte, und war sie deshalb nicht eigentlich sehr alt? Dagegen erschien plötzlich an einem südlichen Horizont ein gänzlich junges

Leben, unbeschwert von einem belastenden Wissen, vielmehr ganz Ursprung, ganz Natur. Dieses Bild einer natürlichen Südsee drang in die Frage des aufgeklärten Europa ein, und in ihm schien sich eine wirkliche Alternative darzubieten. Dies war der Moment, in dem die Aufklärung an dem Wert des Wissens zweifelte. Die evolutionäre Alternative war nicht wirklich radikal; aber die Frage, die ihr zu Grunde lag, war es. Die Frage: Was kann ich wissen? war bereits ein Resultat der Antwort auf die Frage: Soll ich wissen? Es war das Wissen selbst, das diese Frage entschied, indem es die implizierte Alternative: Soll ich nicht vielmehr an die Natur glauben? gegenstandslos machte. Dieses Wissen kam von den Reisen um die Welt zurück und zeichnete in die attraktiven Tableaus von einer natürlichen Südsee die desillusionierenden Tatsachen des Krieges, des Diebstahls, der sozialen Ungleichheit und eines elementaren Mangels ein. Die Natur war nicht jener kompakte Zustand, an den man glauben konnte; man mußte sie erkennen, um zu handeln; man mußte wissen.

Insofern hat es die Beziehung zwischen einem aufgeklärten Europa und einer natürlichen Südsee nie in der Bedeutung einer historischen Tatsache gegeben. Sie war immer eine Figur des Denkens, des Zweifels und der Suche. Aber man darf auch nicht denken, daß es sich hier lediglich um eine kurzlebige Illusion, einen bedeutungslosen Irrtum handelte, der das Wissen für einen kleinen Moment in Gefahr brachte, seine Positivität zu verlieren, um dann zur Tagesordnung zurückzukehren. Die Tableaus der Südsee verloren zweifellos rasch an Bedeutung, nicht aber die Erfahrung einer Differenz, die das Wissen in jenem Raum zwischen zwei gleichermaßen fiktiven Positionen machte. Was die Aufklärung hinter sich ließ, war der Glaube, daß die Wörter in einem direkten Akt der Repräsentation die Dinge vertreten könnten. Die Wahrheit über die Wahrheit war vielmehr, daß sie ein Verhältnis sei: Verhältnis der Dinge untereinander und zu uns. Das Verhältnis sagt zugleich, was etwas ist und was es nicht ist; erst darin soll sich die ganze Wahrheit formulieren. Mit diesem Verschwinden der Evidenz gerät die Erkenntnis zugleich in ein grenzenloses Netz von möglichen Relationen, das jenen traditionellen Punkt der Sicherheit, an dem etwas die *ganze* Wahrheit sein solle, in eine geschichtliche Progression umschreibt. Auch in diesem Sinne schreitet die Aufklärung ins Unbegrenzte fort.

Das ist die Lehre der Differenz. Forster gibt uns ein deutliches Beispiel dafür. Es wäre naiv, das aufgeklärte Europa zu kritisieren, indem man die Position einer natürlichen Südsee einnimmt, um dann die Südsee zu kritisieren, indem man die Position Europas einnimmt. Wirklich aufgeklärt ist es dagegen, das Wagnis einer doppelten Kritik einzugehen. Die Erkenntnis einer Diskrepanz zwischen verschiedenen Niveaus der Perfektibilität und denen der ethischen Valenz ist dann allerdings die einer skeptischen Aufklärung.

Dieser Sachverhalt findet seine Ergänzung darin, daß sich der Fortschritt der Aufklärung in einem sehr präzisen Sinne fort*schreibt.* Denn die Wahrheit, die alle großen Männer an die Menschheit zu verkündigen hatten, dieses nunmehr so wertvolle Wissen, in dessen Suche sich die Aufklärung verwirklicht, ist noch nicht die Verwirklichung des Wissens und der Wahrheit selbst. Denn es gibt, wie Nietzsche sagen wird, furchtbare Mächte, die der wissenschaftlichen »Wahrheit« ganz anders geartete »Wahrheiten« mit den verschiedensten Schildzeichen entgegenhalten. Eine dieser Mächte ist die Macht selbst. Und es gehört zu den grundlegenden Einsichten der Forsterschen Reise um die Welt, daß politische und ökonomische Macht häufig sehr viel mächtiger ist als aufgeklärte Wahrheit. Auch das ist eine Differenz. Ihre Lehre ist eine skeptische Aufklärung.

Anmerkungen

1 Paul Hazard, *Die Krise des europäischen Geistes,* Hamburg 1939, S. 148/149. Siehe auch: P. Hazard, *Die Herrschaft der Vernunft. Das europäische Denken im 18. Jahrhundert,* 1944.

2 Herbert Dieckmann, *Religiöse und metaphysische Elemente im Denken der Aufklärung,* in: ders., *Studien zur europäischen Aufklärung,* München 1974, S. 266.

3 Friedrich Schlegel, *Athenäums-Fragmente,* in: ders., *Schriften zur Literatur,* München 1972, S. 63. Ein anderes Fragment exponiert das Unentschiedene dieser philosophischen Ambivalenz: »Es ist gleich tödlich für den Geist, ein System zu haben, und keins zu haben. Er wird sich also wohl entschließen müssen, beides zu verbinden.« A.a.O., S. 30.

4 Ernst Cassirer, *Das Erkenntnisproblem in der Philosophie und Wissenschaft der neueren Zeit,* 2. Bd., Darmstadt 1971, S. 259.

5 Immanuel Kant, *Kritik der reinen Vernunft*, Hamburg 1956, S. 40 (B 4).

6 Kant, *K.d.r.V.*, S. 18 (B XIII).

7 Das schlägt sich schon quantitativ nieder: »Von der Schrift ›Spectacle de la Nature‹ des Abbé Pluche aus den Jahren 1732 bis 1750 erscheinen bis zu Bernardin de St. Pierres ›Etudes de la Nature‹ von 1784 innerhalb von dreißig Jahren dreizehn wichtige Studien über die Natur. Später wird man in der Sozietät des Ancien Régime eine Gesellschaft anklagen, die widernatürlich war, weil sie den ›intentions de la nature‹ nicht gefolgt ist.« Wolf Lepenies, *Soziologische Anthropologie. Materialien*, München 1971, S. 98. Die Verbindung von Natur und Mensch zu dem Interesse am natürlichen Menschen findet sich ebenfalls bei Diderot: »Wollen Sie die kurzgefaßte Geschichte unseres ganzen Elends erfahren? So lautet sie: Es gab einmal einen natürlichen Menschen. In das Innere dieses Menschen hat man einen künstlichen Menschen eingeschmuggelt, und so ist im verborgenen eine Art Bruderkrieg entstanden, der das ganze Leben hindurch dauert.« Denis Diderot, *Nachtrag zu ›Bougainvilles Reise‹ oder Gespräch zwischen A. und B. über die Unsitte, moralische Ideen an gewisse Handlungen zu knüpfen, zu denen sie nicht passen*, Frankfurt 1965, S. 64. – Daß sich die Frage nach dem Menschen im 18. Jahrhundert derart philosophisch stellte, liegt auch daran, daß Anthropologie und Ethnologie im Zusammenhang der Wissenschaften noch keinen eigenen Platz gefunden hatten: »Mais au XVIIIe, le discours ethnologique et le discours anthropologique n'existent qu'a l'intérieur du discours philosophique en général.« Michèle Duchet, *Anthropologie et Histoire au siècle des lumières*, Paris 1971, S. 12.

8 Dieckmann, H., op. cit., S. 267.

9 Zit. n. Lepenies, op. cit., S. 97.

10 »Ich will glauben, daß das deutsche Publikum (vielleicht auch das hiesige) billig genug wird sein, den Unterschied zwischen mir und den gewöhnlichen Reisebeschreibungen zu erkennen, wenn es mir auch nicht nützen sollte.« Georg Forster, *Briefe, Werke* Bd. IV, hrsg. v. Gerhard Steiner, Frankfurt 1970, S. 36.

11 Forster, *Briefe, Werke* IV, S. 127.

12 Robert Spaemann, *Genetisches zum Naturbegriff des 18. Jahrhunderts*, in: *Archiv für Begriffsgeschichte* XI, 1967, S. 60.

13 So, aber detailierter, Spaemann, a.a.O.

14 Spaemann, S. 66.

15 Jean Jacques Rousseau, *Emil oder über die Erziehung*, hrsg. v. Th. Vogt und E. Fritsche, Langensalza 1872, S. 173/174. Im zweiten Discours *Über die Entstehung und die Gründe der Ungleichheit unter den Menschen* heißt es programmatisch: »Die Menschen sind schlecht: eine traurige und beständige Erfahrung überhebt uns dies zu beweisen. Dessen ungeachtet ist der Mensch von Natur gut, ich glaube es bewiesen zu haben.« Langensalza 1872, S. 122.

16 Daß Rousseau auch das Wissen und die Vernunft für nicht-natürlich hält, geht aus der ersten Preisschrift hervor, die 1750 von der Akademie zu Dijon mit dem Thema *Hat die Wiederherstellung der Wissenschaften und Künste zur Veredlung der Sitten beigetragen?* gestellt und von Rousseau mit nein beantwortet wurde, wofür er den Preis erhielt. Rousseau machte seine Ansicht bereits in der Umformulierung des gestellten Themas deutlich: ›Hat die Wiederherstellung der Wissenschaften und Künste zur Veredlung *oder Verschlechterung* der Sitten beigetragen?‹

17 I. Kant, *Idee zu einer allgemeinen Geschichte in weltbürgerlicher Absicht* (1784), in: *Kleinere Schriften zur Geschichtsphilosophie, Ethik und Politik*, hrsg. v. Karl Vorländer, Hamburg 1964, S. 16.

18 »Der Mensch will Eintracht; aber die Natur weiß besser, was für seine Gattung

gut ist; sie will Zwietracht. Er will gemächlich und vergnügt leben; die Natur will aber, er soll aus der Lässigkeit und untätigen Genügsamkeit hinaus, sich in Arbeit und Mühseligkeiten stürzen, um dagegen auch Mittel auszufinden, sich klüglich wiederum aus den letzteren herauszuziehen.« Kant, *Idee ...*, a.a.O., S. 10.

19 »Alle Naturanlagen eines Geschöpfes sind bestimmt, sich einmal vollständig und zweckmäßig auszuwickeln. Denn wenn wir von jenem Grundsatz abgehen, so haben wir nicht mehr eine gesetzmäßige, sondern eine zwecklos spielende Natur; und das trostlose Ungefähr tritt an die Stelle des Leitfadens der Vernunft.« Kant, *Idee ...*, a.a.O., S. 6.

20 Siehe z. B. Niklas Luhmann, *Soziologische Aufklärung*, in der gleichnamigen Aufsatzsammlung, Opladen 1972[3], S. 66: »Unter Aufklärung verstehen wir das Streben, die menschlichen Verhältnisse frei von allen Bindungen an Tradition und Vorurteil aus der Vernunft neu zu konstruieren – Bemühungen, die im 18. Jahrhundert ihren Höhepunkt hatten und danach rasch einer skeptischen Abwertung verfielen.« Dies ist eine Zentralisierung, die sich zwar in geläufigen Retrospektiven durchgesetzt hat, deshalb aber nicht schon die tatsächliche Komplexität der Aufklärung trifft.

21 H. Dieckmann, *Zu Diderots ›Supplément au voyage de Bougainville‹*, in: *Europäische Aufklärung*, S. 466.

22 Michel Foucault, *Wahnsinn und Gesellschaft. Eine Geschichte des Wahns im Zeitalter der Vernunft*, Frankfurt 1969. Wolfgang Promies, *Die Bürger und der Narr oder das Risiko der Phantasie*, München 1966. Uwe Japp, *Die Maßlosigkeit der Kriterien. Ist der Begriff der pathologischen Gesellschaft möglich?* in: *Ästhetik und Kommunikation*, Frankfurt 1972, Heft 9. Auch Lepenies, *Soziologische Anthropologie. Materialien*, S. 107, kommt auf jenen dritten Personenkreis zu sprechen, »aus dem die Anthropologie der Zeit ihre Anschauungen gewonnen hat; neben den Wilden und den Kindern sind es vor allem die Irren«. Eine weitere Entwicklung dieser Anschauungen bringt eine enge Verbindung zwischen dem Wilden und dem Kind zustande, nicht indem das Kind, weil es nicht mehr durch den defizitären Status des ›kleinen Erwachsenen‹ gekennzeichnet ist, als Wilder wahrgenommen würde, sondern indem die Wilden die Kinder der Evolution seien.

23 Claude Lévi-Strauss, *Traurige Tropen*, Köln/Berlin 1970, S. 20/21.

24 Die Seitenangaben im Text beziehen sich durchgehend auf: Georg Forster, *Reise um die Welt*, in: *Werke* I, hrsg. v. Gerhard Steiner, Frankfurt 1967.

25 Die Schwierigkeit, zwischen diesen verschiedenen Techniken der Reisebeschreibung zu vermitteln, hat auch Alexander von Humboldt, der im übrigen in dieser Hinsicht Forster als seinen Lehrmeister ansah, bemerkt: »Reichthum der Natur veranlaßt Anhäufung einzelner Bilder, und Anhäufung stört die Ruhe und den Totaleindruck des Gemäldes. Das Gefühl und die Phantasie ansprechend, artet der Styl leicht in eine dichterische Prosa aus.« A. v. Humboldt, *Ansichten der Natur*, 1. Bd., Stuttgart und Tübingen 1849 (2. Aufl.), S. VIII. Die Gefahr dieser »Ausartung« ist allerdings bei der szientifischen Prosa Humboldts weit geringer als bei Forster.

26 Gerhard Steiner, *Forsters ›Reise um die Welt‹*, in: Forster, *Werke* I, S. 1032.

27 Forster, *Briefe*, *Werke* IV, S. 127.

28 A. v. Humboldt, *Ansichten der Natur*, a.a.O., S. IX.

29 Friedrich Schlegel, *Georg Forster*, in: *Schriften zur Literatur*, a.a.O., S. 197. Auch die daraus sich aufdrängende Gefahr wird positiv bewertet, S. 202: »Widersprüche können sogar Kennzeichen aufrichtiger Wahrheitsliebe sein und jene Vielseitigkeit beweisen, ohne welche Forsters Schriften nicht sein könnten, was sie doch in ihrer Art sein sollen und müssen.«

30 Vgl. G. Steiner, *Forsters ›Reise um die Welt‹*, a.a.O., S. 1040.

31 Forster wird frühere Werke Linnés gekannt haben, wahrscheinlich *Caroli Linnaei Systema naturae sistens in regna tria naturae, in classes et ordines, genera et species redacta, tabulisque aeneis illustrata*, Leyden 1756.

32 Joh. G. Herder, *Ideen zur Philosophie der Geschichte der Menschheit* (1784-1791), Wiesbaden o. J., S. 67.

33 Herder, *Ideen . . .*, a.a.O., S. 69/70.

34 Michel Foucault, *Die Ordnung der Dinge. Eine Archäologie der Humanwissenschaften*, Frankfurt 1971, S. 174.

35 M. Foucault, Die Ordnung der Dinge, S. 175.

36 Georg Forster, *Ein Blick in das Ganze der Natur, Werke* II.

37 Georg Wilhelm Friedrich Hegel, *Vorlesungen über die Geschichte der Philosophie* III, *Werke* 20, Frankfurt 1971, S. 214.

38 Hans Blumenberg, *Die Legitimität der Neuzeit*, Frankfurt 1966, S. 123.

39 Denis Diderot, *Nachtrag zu ›Bougainvilles Reise‹*, a.a.O., S. 15.

40 Denis Diderot, *Nachtrag*, a.a.O., S. 18.

41 Besonders instruktiv für diese Vereinfachung ist das Buch von Horst Brunner, *Die poetische Insel. Inseln und Inselvorstellungen in der deutschen Literatur*, Stuttgart 1967. Dort heißt es S. 120: »Schon im Bericht Bougainvilles (1771) war Tahiti (Otahiti) als eine ›Insel der Seligen‹ erschienen. Forster setzt diese Verklärungstendenz fort.« Brunner destilliert dann aus Forsters Reisebeschreibung eine schematisierte Konfrontation der Ansichten zu Europa und der zur Südsee: »Europa: verderbte Sitten der civilisierten Völker; Südsee: erwünschte Insel; ausgestandene Mühseligkeiten, trüber Kummer, Vorstellungen von Krankheit und Schrecken des Todes, Sorgen, werden bei der Ankunft vergessen. Paradies; wunderbares Klima; die Bewohner vertrauensselig, sanft, gefällig; das ganze Volk gleichsam eine Familie; keine Standesunterschiede; keine Nahrungssorgen; Goldene Zeit; Kummer, Sorgen, Unglück gänzlich unbekannt; Unschuld, Unwissenheit, Einfalt, glückliches Leben.« S. 128/129. Dieses Schema kann man angesichts des Forsterschen Buches nur als eine gänzlich projektive Lektüre ansehen, die selbst teil hat an der Mythenbildung, die eine mittlere Position der aufklärerischen Kritik eingenommen hat. Das trifft aber auf Forster nicht zu. Brunner verfehlt gerade die Pointe der Forsterschen Beschreibung, wenn er sie auf dieses einfache Raster reduziert. Wenn Forster im 18. Jahrhundert tatsächlich häufig so projektiv verstanden wurde, so lag dem ein politisches Motiv zugrunde, das die Resignation selbst mit einer Illusion auszutreiben versuchte – auch wenn man dabei projektiv lesen mußte. Was für Motive mag es aber in einer wissenschaftlichen Arbeit des 20. Jahrhunderts für eine solche Lektüre geben? Dann häufen sich die Mißverständnisse. Forsters Beschreibung wird als Rousseauismus dargestellt. Dabei wird Rousseau falsch verstanden, der nicht daran dachte, den Zustand des bon sauvage zu verklären. Das deckt sich zwar mit Forsters eigenem Mißverstehen der Rousseauschen Theorie, deckt sich aber nicht mit den zahlreichen Stellen in der *Reise um die Welt* (682 und öfter), in denen Forster Rousseau (so wie er ihn verstand) gerade ablehnt. – Als eine Genugtuung muß man dagegen die genaue Lektüre Gerhard Steiners ansehen; s. dessen Nachwort, Forster, *Werke* I. Zur Verklärung der Südsee s. auch: W. Volk, *Die Entdeckung Tahiti's und das Wunschbild der seligen Insel in der deutschen Literatur*, Heidelberg 1934.

42 Denis Diderot, *Nachtrag*, a.a.O., S. 65.

43 Zit. n. W. Lepenies, *Soziologische Anthropologie. Materialien*, a.a.O., S. 106.

44 Angesichts dieser tatsächlichen insularen Verhältnisse in der Südsee wird die Fiktivität europäischer Inselvorstellungen um so deutlicher: »Unser Inselbewohner

lebt ein Gleicher unter Gleichen.« Friedrich Leopold von Stolberg, *Die glückselige Insel,* in: *Von deutscher Republik* II. 1775-1795, hrsg. v. Jost Hermand, Frankfurt 1968, S. 131. Stolbergs *Insel* ist antifeudale Kritik.

45 Georg Forster, *Cook, Der Entdecker,* in: *Werke* II, S. 107.

46 Georg Forster, *Cook, der Entdecker,* S. 113.

Klaus Laermann

Raumerfahrung und Erfahrungsraum. Einige Überlegungen zu Reiseberichten aus Deutschland vom Ende des 18. Jahrhunderts

I.

Wenn eine jahrhundertealte Geschichte, die jeder kennt, plötzlich anders erzählt wird, ist mit den Geschichtenerzählern etwas Entscheidendes vorgegangen. Sie haben nicht einfach nur ein neues Verhältnis zur Tradition gewonnen, sondern sie leben anders. In der überlieferten Form, in der die Geschichte so lange unverändert erzählt worden ist, paßt sie ihnen nicht mehr. Also verändern sie sie, bis sie wieder stimmt, bis sie selbst wieder das Gefühl haben, daß die Geschichte sie angeht, daß sie in ihr vorkommen.

Ein solcher Paradigmenwechsel ist besonders folgenreich und schwer zu vollziehen, wenn es sich um eine religiöse Geschichte handelt. Denn religiöse Geschichten unterliegen fast zu jeder Zeit dem Zwang, von einer Generation unverändert an die nächste weitergegeben zu werden. In ihnen drükken sich Sinnstrukturen aus, die unmittelbar als Muster der Lebenspraxis und Weltauslegung dienen sollen und daher konstant bleiben müssen. Gerade das Exemplarische der religiösen Geschichten bewahrt sie davor, allzu rasch verändert zu werden.

Wenn sich nun im Laufe des 18. Jahrhunderts mit der biblischen Geschichte vom verlorenen Sohn (Luk. 15,11-32) eine Veränderung vollzieht, so wird man aus dieser Veränderung ersehen können, was an dieser Geschichte unzeitgemäß geworden war. Wie kaum eine andere hatte sie über die Jahrhunderte hinweg dazu gedient, die Leute bei der Stange zu halten. Denn sie lehrte exemplarisch, daß es sich nicht lohne, sich in die Fremde zu begeben, daß das Reisen im Gegenteil ein Zeichen moralischer Verderbnis sei, weil es eine Entfernung aus dem Familienverband voraussetze, moralische Risiken mit sich bringe und unnötige Ausgaben zur Folge habe, die mit dem Verlust des ererbten Vermögens enden konnten. Daheimzubleiben war nach dieser Geschichte eine Tugend, heimzukehren das Ergebnis einer reuevollen Einsicht, die großmütig belohnt wurde.

Das Gleichnis vom verlorenen Sohn bezog also Stellung gegen das Reisen. Das war vor dem 18. Jahrhundert so wenig umstritten, daß es nicht eigens thematisiert wurde. Die entgegengesetzten Positionen, die sich seit der Reformation des Stoffes bemächtigten und ihn zu einem der beliebtesten des 16. und 17. Jahrhunderts machten, taten das aus anderen Gründen.

»Den Protestanten genügte es nicht mehr, den Sohn in Lebens- und Weltverlust vom Vaterhause ziehen zu lassen und als reumütigen Sünder in die Arme des gütig Verzeihenden zurückzuführen, sondern sie verschärften die Gegensätze zwischen dem älteren und jüngeren Bruder der Parabel zu jenem schweren Widerspruch zwischen Glauben und Werken. Weil Lutheraner damit die Rechtfertigung vor Gott allein durch den Glauben ohne Werke beweisen wollten, arbeiteten Katholiken den entgegengesetzten Sinn heraus.«[1]

Wurde im 16. und 17. Jahrhundert das *sola fide* zum Prüfstein der Parabel, so wird sie schon zu Beginn des 18. Jahrhunderts anders aufgefaßt. 1736 schreibt Voltaire sein Drama *L'enfant prodigue,* das zuerst 1738 im Druck erscheint und in den folgenden Jahren verschiedene weitere Auflagen erlebt. In diesem Drama findet eine Neuinterpretation der tradierten Geschichte statt. Der verlorene Sohn ist zwar auch hier noch der moralischen Gefährdung erlegen, der er in seiner Jugend ausgesetzt war. Auch er rebelliert gegen den Vater, weist die Liebe des ihm zugedachten Mädchens zurück und begibt sich in die Fremde, aus der er schließlich reumütig zurückkehrt. Anders aber als in den früheren Fassungen der Geschichte werden sein moralischer Verfall und sein ökonomischer Ruin nicht mehr religiös, sondern moralisch begründet. Mehrfach wird betont, daß es der schlechte Einfluß falscher Freunde war, der ihn hat scheitern lassen. Er selbst sagt:

»Jeune, égaré, j'avais tous les caprices;
De mes amis j'avais pris tous les vices.«[2]

Er ist zu einer Umkehr bereit, sobald es ihm gelingt, sich dem Einfluß seiner Freunde zu entziehen. Möglich wird ihm dies erst, als sie sich aufgrund seines unaufhaltsamen sozialen Abstiegs von ihm distanzieren. Da erst erkennt er seinen Irrtum:

»J'ai reconnu ma détestable erreur;
Le vice était étranger dans mon coeur:
Ce coeur n'a plus les taches criminelles
Dont il couvrit ses clartés naturelles.«[3]

Daß der Entschluß zur Heimkehr moralisch motiviert wird, entspricht nicht mehr dem traditionellen Interpretationsmuster der biblischen Erzählung.

Noch weniger entspricht ihm die Darstellung des daheimgebliebenen jüngeren Sohnes, der als so eitel, geldgierig und selbstgerecht erscheint, daß er im Stück als eine Mischung aus Midas und Narziß bezeichnet wird. Er trägt einen redenden Namen, Fierenfat, ist also überheblich und lächerlich prätentiös zugleich. Sein Geiz geht so weit, daß sein frühere Geliebte über ihn sagt: »Il vous fait l'amour en comptant son argent.«[4] Von seinem zukünftigen Schwiegervater wird er der »roi des pédants fades«[5] genannt. Er, dem sein Vater nach dem Fortgang des Ältesten die Präsidentschaft von Cognac gekauft hat, wird so negativ dargestellt, daß die Polizeizensur bei den ersten Aufführungen des Stückes eine Reihe von Änderungen des Textes verlangte.[6] Sie hatte dabei, wie so oft in ihrer Praxis, ein feineres Gespür für das Neue, als ihr selbst bewußt war. Die Begründung nämlich, die sie für ihre Eingriffe gab, Fierenfats Äußerungen seien eines Präsidenten unwürdig, trifft das Anstößige dieser Figur nicht. Aufregender als das Problem einer standesgemäßen Sprache dürfte an Voltaires Darstellung des daheimgebliebenen Sohnes der Umstand gewesen sein, daß er ihn gegenüber dem verlorenen Sohn abwertet. Diese Abwertung erstreckt sich vor allem auf seine Moral. Sein Geiz und seine prätentiöse Dummheit, so lehrt das Stück, sind moralisch verwerflicher als das Straucheln unter dem schlechten Einfluß zweifelhafter Freunde. Denn diese Untugenden, so wird unterstellt, stammen gleichsam aus ihm selbst und sind ihm nicht durch die Verhältnisse aufgezwungen. Wird also bei Voltaire bereits der jüngere Sohn gegenüber dem älteren moralisch verworfen, so wird das Reisen noch nicht eigens thematisiert. Voltaire verhält sich ihm gegenüber indifferent.

Thematisiert wird es dagegen ausdrücklich in Sternes Predigt *Über das Gleichnis vom verlorenen Sohne*, die zuerst 1760, in deutscher Übersetzung 1769 erschienen ist. In dieser Predigt legt Sterne dem Vater der beiden Söhne zunächst die Argumente in den Mund, die traditionell gegen den Aufbruch des älteren vorgebracht werden. Er redet von der »folly of so rash an enterprise«, von den »dangers of the journey«, von der »inexperience of his age« sowie von den »temptations« und »seductions«, denen er sich in der Welt ausgesetzt sehen wird.[7] Nach einer knappen Darstellung des Abschieds vom Vaterhaus wird breit geschildert, wie der Sohn sein Erbe vergeudet und verpraßt. Erst als er alles Geld ausgegeben hat, treibt ihn der Hunger (und nicht moralische Einsicht oder späte Reue) zur Rückkehr. Sein Vater, der ihn großmütig wieder aufnimmt, sieht, wie Sterne sagt, in der Erzählung seiner Reise den ungeschminkten Bericht eines guten Herzens, das sich der Welt nur allzu weit geöffnet hatte, während sein jüngerer Bruder angesichts der Freude des Vaters als kalter Stoiker erscheint, der für das Fest, mit dem die Rückkehr gefeiert wird, kein Verständnis hat.

Wichtiger aber als Sternes Darstellung der biblischen Erzählung ist die Nutzanwendung, die er aus ihr zieht. In ihr vollzieht er »some reflections of that fatal passion«, die nicht nur den verlorenen Sohn, sondern, wie er ausdrücklich sagt, viele Tausende nach ihm befallen hat und die, wie sich zeigen wird, ganz so unselig nicht sein kann. Sterne faßt diese Nutzanwendung in der folgenden Passage zusammen:

> »The love of variety, or curiosity of seeing new things, which is the same, or at least a sister passion to it, – seems wove into the frame of every son and daughter of Adam; we usually speak of it as one of nature's levities, tho' planted within us for the solid purposes of carrying forwards the mind to fresh enquiry and knowledge: strip us of it, the mind (I fear) would doze for ever over the present page; and we should all of us rest at ease with such objects as presented themselves in the parish or province where we first drew our breath.«[8]

Es wird also aus der Geschichte vom verlorenen Sohn eine Rechtfertigung der Neugier und der Leidenschaft abgeleitet, »alles zusammenzuraffen und in ein fernes Land zu ziehen«. Eine Parabel, die jahrhundertelang dazu gedient hatte, das Reisen zu verteufeln, muß bei Sterne auf einmal dazu herhalten, es zu legitimieren. Und diese Legitimation wird sogar so weit getrieben, daß die These unabweisbar erscheint, es sei ohne das Reisen unter den Menschen kein Geist zu weiterer Forschung und Einsicht zu erwecken.

Wie gut die Zeitgenossen die vollständige Verkehrung der traditionalen Auslegung dieser Parabel begriffen haben, zeigt ein kurioses Detail. Die Nutzanwendung, die Sterne aus der Geschichte vom verlorenen Sohn zieht, dient, ohne daß auf diese Geschichte noch irgend Bezug genommen würde, gleich zwei Reiseführern des späten 18. Jahrhunderts als Vorwort. Reichards *Handbuch für Reisende aus allen Ständen* und ein *Itinerarisches Handbuch oder ausführliche Anleitung, die merkwürdigsten Länder Europas zu bereisen, nebst einer Nachricht zu allen dazu erforderlichen Kenntnissen, und einer geographisch-statistischen Übersicht der gewöhnlichen Reiserouten und Postcourse, der vornehmsten Örter und deren Merkwürdigkeiten, der gangbarsten Münzsorten, Geldcourse, Maaße und Gewichte usw.*, das 1794 bei Ernst Felisch in Berlin erschien[9], enthalten in ihrer jeweiligen Einleitung kein Wort mehr vom verlorenen Sohn, wohl aber die aus dieser Geschichte für Sterne sich ergebende Konsequenz, daß es unmöglich ist, ohne zu reisen nennenswerte und ihrem Namen gerecht werdende Erfahrungen zu machen. Die Parabel vom verlorenen Sohn ist von nun an überflüssig geworden. In der Literaturgeschichte spielt sie, bis hin zu André Gides wenig überzeugendem Versuch, sie wieder zu erzählen, kaum noch eine Rolle. Ihre neue, die Tradition ins Gegenteil verkehrende Nutzanwendung, die das zuvor als gefährlich denunzierte Reisen als Voraussetzung jeder Welt- und Menschenkenntnis empfiehlt, kann fortan ohne sie bestehen. Das Reisen ist zwar, wie Reichard und der anonyme Herausgeber des *Itinerarischen Handbuchs* durch die Auswahl gerade dieses Vorworts erkennen lassen, nach wie vor legitimationsbedürftig; aber seine Legitimationsbedürftigkeit ist nicht mehr so groß, daß sie sich der Autorität eines biblischen Gleichnisses versichern müßte.

II.

Wie sehr sich das Reisen gegen Ende des 18. Jahrhunderts unterm Druck der veränderten gesellschaftlichen Verhältnisse aus dem Legitimationszusammenhang der Religion gelöst hat, belegt die wohl langweiligste Reisebeschreibung dieser Zeit. Sie stammt von Johann Caspar Lavater. Er hat sie 1794 unter dem Titel *Reise nach Kopenhagen im Sommer 1793. Auszug aus dem Tagebuch. Durchaus bloß für Freunde* herausgegeben.[10] Sie wäre zu Recht vergessen, wenn sich nicht gerade an ihr einige Grenzen der uferlosen und scheinbar konturenlosen Reiseliteratur der Epoche nachzeichnen ließen. Sie ergeben sich daraus, daß Lavater den Versuch unternimmt, unter den Bedingungen einer bereits weithin von den Prinzipien der bürgerlichen Aufklärung strukturierten literarischen Öffentlichkeit einen religiös legitimierten Reisebericht zu schreiben. Daß und wie dieser Versuch mißlingt, ist aufschlußreich für die Möglichkeiten der Reiseliteratur in dieser Zeit. Sie steht, so lehrt das Beispiel Lavaters, unter einem Öffentlichkeitsanspruch und Säkularisationszwang, dem sich auch diejenigen nicht ungestraft entziehen können, die es versuchen.

Lavaters Religiosität, so wird an der Kontroverse zu zeigen sein, die seine Reisebeschreibung ausgelöst hat, befindet sich von vornherein im Gegensatz zum Öffentlichkeitsanspruch der Aufklärung. Daß sie gleichwohl zu ihrer Zeit eine große Wirkung erzielen konnte, läßt darauf schließen, daß sie ein Bedürfnis aufgegriffen hat, das die Aufklärung nicht zu befriedigen vermochte. Es ist das Bedürfnis nach einer kollektiven religiösen Privatheit von Gefühlen und Empfindungen, die nicht über die Öffentlichkeit oder die Kirchen vermittelt sind, sondern sich aus der vorgeblich reinen Unmittelbarkeit persönlicher Begegnungen ergeben. Da nun freilich ein solches Bedürfnis in der Gefahr steht, sich in seiner Diffusität zu verlieren oder auf andere Ziele abgelenkt zu werden, bedarf es zu seiner dauernden Aussicht auf Befriedigung einer exemplarischen Figur, die ihm die Möglichkeit einer religiös inspirierten Begegnung verheißt und praktisch vorlebt. Zu einer solchen Figur war Lavater in den Augen seiner zahlreichen Anhänger geworden. Der Bericht über die Reise, die er 1793 auf Einladung des Grafen Bernstorf nach Kopenhagen unternahm, bezeugt das mit aller Deutlichkeit.

Gerade darum aber reizte dieser Bericht zum Widerspruch. In Knigge und Rebmann fand er zwei Parodisten, die ihn als ein Exempel besonderer Art für die Nachwelt aufgespießt haben. Beide fühlen sich durch Lavaters Schilderungen als Reiseschriftsteller herausgefordert und sehen in der *Reise nach Kopenhagen* einige Grundanforderungen an die Reiseliteratur ihrer Zeit verletzt. Der indirekten Bestimmungen wegen, die sie vornehmen, indem sie Lavater parodieren, bleiben ihre Angriffe auf dessen Reisebericht auch für heutige Leser interessant.

Kontrovers ist für Knigge und Rebmann bereits der Anspruch, den Lavater im Titel formuliert, wenn er ihn mit dem Zusatz »Durchaus bloß für Freunde« versieht. Diese Einschränkung begründet er in seiner *Vorrede an Freunde* wie folgt: »Ich sehe keine Möglichkeit, wie eine an sich ganz gemeine Sache, wie das Reisen eines Partikulars ist, dem Publikum als Publikum vorgetragen werden darf. Fürs Erste muß der Reisende unaufhörlich von sich selber sprechen. – Das geht nur im Kreise der Freunde an.«[11] Für Lavater also ist Reisen eine Privatangelegenheit, die privat darum zu bleiben hat, weil der Reisende das, was er erlebt, nur seinen Freunden, nicht aber einem breiten Publikum mitteilen sollte, dem die Wahrheit dieses Erlebens gleichgültig bleiben muß.

Knigge dagegen empört sich über diese Auffassung, weil er sie als anmaßend empfindet. Für ihn steht fest, daß Reisebeschreibungen nicht einem Freundeskreis, sondern dem Publikum vorgelegt werden müssen. Lavater, so unterstellt er, bezieht, indem er das Publikum ausschließt, einen elitären Standpunkt. Daher bezeichnet er ihn, dessen Meinung er in der Maske eines »hochfürstlichen Cammerjägers und Titular-Ratzenfängers« parodierend referiert, als falschen Propheten.

> »Es hat schon unser apostolischer Lehrer*** erklärt, daß er gar nicht begreifen könne, wie ein Particular auf Reisen solche Bemerkungen zu machen im Stande sey, die dem Publico vorgetragen werden dürften, indem er doch unaufhörlich von sich selber sprechen müsse. Dies wird nun zwar nicht jedermann einleuchten, der viel gute Reisebeschreibungen zu kennen glaubt, durch welche das Gebieth der Wissenschaften ist erweitert worden, und in welchen kaum der Person des Reisenden Erwähnung geschieht. Mir aber ist es sehr begreiflich, daß man nicht leicht unterlassen könne, unaufhörlich von sich selber zu reden.«[12]

Knigge spricht verstellt mit Lavaters Stimme. Indirekt fordert er von Reisebeschreibungen, daß sie das Nichtprivate privater Erfahrungen darstellen, um den Fortschritt der Wissenschaften zu befördern. Die Beschränkung der Reiseinformationen auf eine nur mit Freunden geteilte Privatsphäre, in der man allein von sich selbst sprechen darf, läßt er nicht gelten. Ihr steht der Publizitätsanspruch des Publikums entgegen, das es sich nicht bieten lassen kann, »Schriften lesen und bezahlen, aber nicht beurtheilen« zu sollen.[13] Die vom Autor versuchte Beschränkung der Leserschaft auf den Freundeskreis ist für ihn so lange unzulässig, wie ein Reisebericht über den Markt vertrieben und von den Lesern bezahlt wird. Findet eine solche Beschränkung dennoch statt, so kann sie nur das Ziel verfolgen, den Reisebericht der Kritik des Publikums zu entziehen und ihn gegen Einwände zu immunisieren. Sie wendet sich dann »gegen die Publicität, in so fern sie an das Licht zieht, was [. . .] im Stillen gethan und gesagt« werden sollte.[14]

Gerade im stillen aber und gegen jede Öffentlichkeit will sich Lavater rechtfertigen. Sein Reisebericht trägt Züge einer bigotten Beichte, weil er seinen Freunden Rechenschaft dafür schuldig zu sein glaubt, daß er sich ihnen auf seiner Reise vorübergehend entzogen hat. Indem er darlegt, daß er ständig nur mit anderen Freunden zusammen war, wird deutlich, wie sehr er das Reisen als Versuchung aufgefaßt haben muß. Unbewußt scheint er den Nachweis führen zu wollen, daß er den Gefahren der Öffentlichkeit, die er nur als moralische Versuchungen städtischer Anonymität erlebt haben dürfte, nirgends erlegen ist.

Sich von der Öffentlichkeit abzukapseln, ist aber für kaum eine literarische Gattung des späten 18. Jahrhunderts gefährlicher und törichter als für den Reisebericht. Denn dessen Aufgabe ist es, so argumentiert Knigge, dem Publikum Nachrichten aus der Fremde zu übermitteln und es über die Zustände in anderen Ländern zu informieren. Publizität ist sein Medium und kritisches Räsonnement sein Ziel. Die Informationen und Nachrichten, die ein Reisebericht liefert, sollen nicht einfach nur zur Kenntnis genommen und gewußt werden. Sie sollen vielmehr in Reflexionen, Gesprächen und Diskussionen innerhalb des Publikums verarbeitet werden. Dessen Bestreben, die eigenen gesellschaftlichen und politischen Zustände einer Kritik zu unterziehen, nimmt mit der Lektüre der Reiseliteratur einen notwendigen Umweg über die Fremde. Die gründliche Kenntnis der Verhältnisse in anderen Ländern soll zum kritischen Urteil über die des eigenen Landes befähigen. Die Publizitätspflicht der Reisebeschreibungen dient also der Materialbeschaffung im Prozeß der Selbstaufklärung einer literarischen Öffentlichkeit über ihre politischen Verhältnisse.[15]

Aber Lavaters Beschreibung seiner »Reise nach Kopenhagen« verstößt nicht nur darin gegen die Anforderungen, die das Publikum der Zeit an die Reiseliteratur stellt, daß sie eben dieses Publikum auszuschließen versucht. Lavater verletzt eine weitere Grundregel der Reisebeschreibung, wenn er, seiner Ankündigung in der Vorrede entsprechend, »unaufhörlich von sich selber« redet.[16] Zwar tun das auch die sentimentalen Reiseschriftsteller der Epoche[17], aber sie verzichten, indem sie von sich sprechen, gerade nicht darauf, ihre Erfahrungen mitzuteilen, sondern sind im Gegenteil darum bemüht, sie vor dem Leser auszubreiten. Lavaters Mitteilungen dagegen sind, verglichen mit denen anderer Reisebeschreibungen, unvorstellbar erfahrungsleer. Ihre Trivialität hat der Rezensent der *Oberdeutschen allgemeinen Literaturzeitung* folgendermaßen charakterisiert:

Eine Reise von Zürich nach Kopenhagen, so werde der Leser annehmen, sei gewiß »lang genug, um eine Menge wissenswerther Dinge anzutreffen – also! Was liefert Hr. Lavater von der Art? Nichts ist leichter zu sagen, lieber Leser, als dieß; denn mit einem Worte – Hr. L. liefert davon nichts – gar nichts, es sey denn, daß es für dich wissenswerth ist, zu erfahren, was für gottselige Gedanken Hr. L. im Wachen und im Traume gehabt, was er hier und da gesagt, gethan, geschrieben, oder habe sagen, schreiben und thun wollen, oder hätte können sagen, schreiben und thun, wie oft er im Wagen geschlummert, wann er eingeschlafen und aufgewacht sey, ob der Schlummer süß gewesen oder nicht, wo er ein christlich freundschaftliches Billetchen von einem christlichen Freunde oder Freundinn erhalten oder eines geschrieben, wie früh er ausgefahren, und wie spät er angelangt sey, wo er einigen Samen des Evangeliums ausgestreuet, und wie man ihn gedrängt, gezwängt, geängstigt und gequält habe, um hier ein Wort der Ermahnung, dort ein Wort des Trostes, hier eines des Glaubens, dort eines der Ruhe zu sprechen, wer ihm oder seiner Tochter einen Mantel, ein Tuch, Messer, eine Nadel, einen Kupferstich, einen Strohhut, Siegellack, Bleystift oder – guten Wein geschenkt habe.«[18]

Das bloß Private, so wird hier argumentiert, ist allein deshalb in einer Reisebeschreibung nicht mitteilenswert, weil es nicht von jedermann nachzuvollziehen und damit praktisch folgenlos ist. Was sich dem Interesse des Publikums entzieht, gehört nicht in eine Reisebeschreibung. Das Publikum definiert also über den formalen Publizitätsanspruch hinaus auch einen inhaltlichen Anspruch an die Reiseliteratur. Es will sich, wenn in dieser schon von Privatem die Rede ist, mit ihm in einer Weise identifizieren können, die ihm neue Erfahrungen zugänglich macht. Auch diesen Anspruch hat Lavater exemplarisch verletzt:

»Ein Viertel nach sechs Uhr waren wir in Münchweiler. Ich kämmte – verzeiht mir, Liebe, daß ich alles sage – mein Haar. Eine Arbeit, von welcher die Aktivität aller meiner Geisteskräfte für den ganzen Tag abhängt. Ich würde Alles Denkens unfähig werden, wenn ich zweymal vier und zwanzig Stunden nach einander mein Haar ungekämmt lassen müßte.«[19]

Knigges Parodie bestraft gerade diese Trivialität besonders hart:

»Gleich nach Tische – verzeiht mir, Liebe, daß ich alles sage – hatte ich recht reichliche Ausleerung; ein Geschäft, von welchem die Aktivität aller meiner Geisteskräfte für den ganzen übrigen Tag abhängt. In vier und zwanzig Stunden pflege ich gewöhnlich zwey auch wohl dreymal zu Stuhle zu gehn. Was dabey vorfällt, werdet Ihr Alle wohl ohne meine Beschreibung erraten, und daß es nicht immer auf gleiche Weise hergeht.«[20]

Die Erfahrungslosigkeit Lavaters hat ihren Grund darin, daß er sich, obwohl er reist, faktisch nicht aus seiner vertrauten Umgebung herausbegibt. Er sieht nichts, hört nichts, empfindet nichts als das, was er schon zu kennen scheint. Denn er verläßt auch während der Reise nicht den vertrauten Freundeskreis, mit dem er von Zürich aus durch Zirkelbriefe Verbindung hielt, die er an dreißig bis vierzig Orte zu schreiben pflegte und die an jedem dieser Orte von seinen Freunden mehrfach kopiert und weitergereicht wurden. Sein Freundeskreis behütet ihn vor der Welt, in der er sich gleichwohl bewegt. Durch die ständige Berührung mit ihm versucht er, der Erfahrung des Neuen oder Unvorhergesehenen, dem unvermittelten Kontakt mit den Dingen auszuweichen. Nur weil seine Freunde ihn vom Druck der Realität entlasten, kann er ununterbrochen in einer Weise von sich selber reden, die deutlich werden läßt, daß sich durch die Reise nichts in ihm verändert.

»Wer allenthalben derselbe ist – ist wahrhaft groß«[21], schreibt er in einer Sammlung von Sprüchen und Maximen, die dem Thema des Reisens gewidmet sind. Wahrhafte Größe wird ihm zum geraden Gegenteil der Erfahrung. Indem er sie allerorten reklamiert, provoziert er Kritik. In der Einleitung seiner Reisebeschreibung gesteht er, daß er seit seiner Reise nach Bremen im Jahre 1786 »Eckel« vor weiteren Reisen gehabt habe. Damals hatte Friedrich Nicolai ihn heftig angegriffen:

»Herr Lavater hat vor wenigen Monaten Deutschland das Schauspiel gegeben, daß er von Stadt zu Stadt zog, um den lauten Beyfall der Menge einzuärndten. Er predigte allenthalben unter erstaunlichem Zulaufe (auch da, wo man seinen Schweizerdialekt nicht verstand), er segnete die Kinder feyerlich ein (gerade als wenn sie seines Segens nöthig hätten), und verschmähte keine der kleinen Künste, welche auf kurze Zeit einen wandernden Apostel gefällig machen können.«[22]

Auch Rebmanns Kritik entzündet sich daran, daß Lavaters prätendierte Größe sich zur bloßen Pose stilisiert. Deren religiösen Faltenwurf bringt er mit seinem Spott durcheinander. Seine Parodie beginnt mit folgenden Sätzen:

»Meine Reise, die ich hier drucken lasse, ist eigentlich blos für Seher und Propheten bestimmt. Doch habe ich weiter nichts dawider, wenn auch andere verruchte Weltkinder sehen, welch ein großer Apostel ich bin, den der Herr in diesen schlimmen Zeiten erweckt hat, um die ungläubige Welt wiederzugebähren.«[23]

Lavater empfand wohl diesen Angriff ebenso wie die der Berliner Aufklärer, die ihn bezichtigten, indirekt den Katholizismus zu unterstützen, als »Versündigungen gegen alle Humanität«[24]. Er seinerseits zieh die Berliner des Atheismus und warf ihnen wahrheitswidrig vor, Proselyten zu machen, indem sie Unterschriften unter ein naturalistisches Glaubensbekenntnis sammelten. In seiner Reisebeschreibung tat Lavater alles, um sich vor der Kritik bloßzustellen und sie nachträglich ins Recht zu setzen.

Harmlos oder naiv mag es erscheinen, wenn er sich angesichts einer Bibelstelle, die er nicht versteht, »von einem Apostel selbst Auskunft und Erläuterung ausbitten mögte.«[25] Weniger harmlos dagegen ist es schon, wenn er über ein Nachtmahl notiert: »Kaum eine Minute gieng verlohren, daß nicht etwas

Nützliches gesprochen wurde. Mehr als Ein Gesicht war am Tische, ich sage, mehr als Eines, was mich ganz in die Zeiten Jesu und unter seine Nachfolgeschaft zurückversetzte.«[26] Dem Vorwurf vollends, als falscher Prophet durch Deutschland zu reisen, kann er sich nicht entziehen, wenn er überall verkündet, daß der »Apostel Johannes [. . .] noch auf Erden lebe« und (falls er, einer Bibelstelle entsprechend, wirklich gestorben sei) durchaus »entweder wieder auferweckt worden« sein könne »oder unsichtbar, (wie Moses oder Elias zur Zeit Christi) auf Erden leben, und die Sache des Herrn hienieden zu Seiner Hauptangelegenheit machen könne«.[27] Knigges Parodie verkehrt diesen Glauben Lavaters dahin, daß dieser selbst als Apostel Johannes angesehen werden möchte.[28] Nun wäre zwar Lavater ein solcher Anspruch vermessen erschienen, immerhin aber steht er nicht an, »von den wohlthätigen Absichten der Fürsehung« zu sprechen, »die durch diese meine Reise gewiß erreicht werden«.[29]

Nicht erst in dieser Formel tritt das Ineinander von Selbsterhöhung und Selbsterniedrigung zutage, das Lavaters Haltung bestimmt und seine Kritiker gereizt hat. Auf der einen Seite ist er, wie er sagt, durchdrungen von »dem lebhaftesten Gefühle meines Nichts«[30] und bezeichnet sich selbst als einen »im Rufe der Schwärmerei stehenden Ignoranten«.[31] Auf der anderen Seite beklagt er den »Mangel an Salbung, der so vielen unserer Philosophen, Theologen und Volkslehrer zur Last gelegt werden kann«[32] und von dem er sich in seiner Selbstdarstellung geradezu peinlich freimacht. Denn salbungsvoll sieht er sich überall im Mittelpunkt eines Interesses, das er um so stärker erweckt, je weniger er vorgibt, es erwecken zu wollen.

Daß sich seine religiös inspirierte Bescheidenheit mit praktischer Überheblichkeit nur zu gut verträgt, lehrt die folgende Episode:

> »Um halb Sechs verließen wir Meitingen. Schöner Abend! Zierliche weite Felder – Manche wohlgebaute Dörfer – Ein uns nachlaufendes Bettelkind, das nie auf uns blickte, immer bettelte, nie sahe, ob wir ihm geben, oder nicht geben wollten, frappierte uns als ein Bild so vieler Bether, die immerfort bethen, ohne sich um den, zu dem sie bethen, noch um die Erhöhrung ihres Gebethes zu bekümmern.«[33]

Wer sich angesichts eines bettelnden Kindes (und sei es, ohne sich dessen bewußt zu werden) in die Rolle Gottes phantasiert, verdient die Geißel der Parodie. Nach Knigges Meinung verdient sie bereits, wer eine Reisebeschreibung für die angemessene Form hält, von seinem Glauben zu reden. Denn Knigge unterstellt, daß Reisebeschreibungen prinzipiell nicht religiösen Zielen dienen können und grundsätzlich säkularisiert sein sollen. Sie dürfen sich nach seiner Auffassung auf keinerlei religiöse Autorität berufen und sollen sich generell an keiner anderen Autorität als der Erfahrung ihres Autors orientieren. Lavater hingegen entzieht sich der apriorischen Geltung der Empirie für die Reiseliteratur. Er versteht sich als religiösen Reisenden und definiert sein Selbstverständnis in einem *Taschenbüchlein für liebe Reisende* wie folgt:

»Religios nenn ich den Reisenden, dem keine Sichtbarkeit genug thut, der sich nach etwas Unsichtbarem umsieht, wie der Dürstende nach einem Brunnen, wie der Verirrte nach einem Wegweiser, wie der in der Finsterniß Tappende nach einem erfreuenden Lichtstrahl! Religios nenn ich den Streber nach etwas Einfachem und Ewigem, das einfacher ist, als Alles, was die fünf Sinnen einfach nennen.«[34]

Lavater bestreitet die Gültigkeit empirischer Erfahrung für seine Alltagsexistenz und findet es »zu wenig beherzigt, daß unsere ganze, häusliche, bürgerliche und sozietätische Existenz bloß auf dem Glauben an Autorität – an Tradition und Überlieferung beruht, und nie auf etwas unmittelbar Anschaubarem beruhen kann«.[35] Sein Vertrauen in die Autorität des Glaubens ist so groß, daß er ihm auch da noch Achtung und sogar Verehrung entgegenzubringen bereit ist, wo der Glaube dem Eindruck seiner Sinne offenkundig widerspricht. Er scheut sich nicht, die folgenden Sätze zu veröffentlichen: »Nichts bewundere ich mehr als die erstaunliche Glaubenskraft der Menschen. Aus diesem Gesichtspunkt find ich selbst in dem Aberglauben, das ist, in dem Glauben an das, was mir unglaublich scheint, etwas Verehrungswürdiges.«[36]

Mit diesen Sätzen disqualifiziert sich Lavater als Reiseschriftsteller. Das Eingeständnis einer Verehrung für den Aberglauben verletzt nicht bloß die für die Reiseliteratur konstitutive Geltung der empirischen Erfahrung; es ist darüber hinaus antiaufklärerisch und obskurantistisch. Knigge antwortet Lavater, daß Glaubensfähigkeit keine Kraft sein könne, denn es stehe fest,

»daß bey dem Glauben die Seele gar keine thätige Kraft äussert, sondern vielmehr sich leidend verhält, indem die Vernunft, aus Trägheit, Feigheit oder Unvermögen, weiter zu untersuchen, die Sache so annimmt, wie sie ihr vorgestellt wird. Was kann schwächer sein, als ein Geschöpf, daß nicht einmal für sich selbst zu sehn, zu hören, zu fühlen und zu denken den Muth hat, das dies Geschäft andern überläßt? O! das haben von je her die geistlichen und weltlichen Despoten recht wohl gewußt. Wenn vermehrte Glaubensfähigkeit die Kraft der Seele stärkte; so würden sie sich wohl gehütet haben, den Völkern Glauben einzubläuen.«[37]

Knigge unterstellt, daß der Verzicht auf eine empirische Orientierung nicht allein in Reisebeschreibungen (aber besonders in ihnen) die Anfälligkeit für einen Glauben erhöht, der das »sapere aude« der Aufklärung aus Schwäche preisgibt. Damit geraten die Reisebeschreibungen (und wiederum nicht nur sie) in die Gefahr, sich der Macht der traditionalen Autoritäten vorbehaltlos zu überantworten und von ihnen im Dienste des Obskurantismus und der Unterdrückung mißbraucht zu werden. Der Streit um den relativen Wert von Anschauung und Glauben in den Reisebeschreibungen der Zeit wird von Knigge mit uneingeschränkt politischer Absicht ausgetragen. Das Pathos der Empirie, das er der Reiseliteratur abverlangt[38], versteht sich als antitraditional und damit auch als tendenziell antidespotisch. Es rechtfertigt eine Neugierde, die nicht nach dem Herkommen fragt, sondern sich nach dem erkundigt, was die Geschichtsmächtigkeit des Neuen in sich trägt.

Gerade über diese Neugier verfügt Lavater nicht. Auch hierin verletzt er eine der Anforderungen, denen Autoren von Reiseliteratur in dieser Zeit (und bis heute) genügen müssen. Bereits bei Antritt seiner Reise nimmt er sich vor, »so wenig wie möglich von Frankreich« zu sprechen[39], also die Auswirkungen der Französischen Revolution, des beherrschenden politischen Ereignisses der Epoche, nicht zur Kenntnis zu nehmen. Daß er sie aus seinem Gesichtsfeld ausblendet, bezahlt er mit der beispiellosen Erfahrungslosigkeit, die ihm seine Kritiker vorhalten.

Wie jeder Versuch einer psychischen Neutralisierung wichtiger Ereignisse gelingt auch dieser nur halb. An mehreren Stellen schlägt Lavaters Absicht, zur Französischen Revolution keine Stellung zu nehmen, in eine Stellungnahme gegen die Revolution um. Hatte er 1791 in seinem *Lied eines*

Schweitzers über die französische Revolution, nicht ohne deren Auswüchse zu verurteilen, die politische Umwälzung in Frankreich gefeiert, so distanziert er sich von ihr bereits wenige Monate später. Er parodiert seine eigene Revolutionshymne und hält im Oktober 1792 in Zürich eine berühmt gewordene Predigt gegen die Revolution.[40] In seiner Reisebeschreibung beklagt er den »absurden Grundsatz der Egalität [...], der sich in Alles drängen will, und allenthalben Alles verdirbt«.[41] Schließlich gibt er seine selbstauferlegte Zurückhaltung preis und schreibt

> »ein Wort über den Demokratismus, und wie sehr sich edle, wahrhaft patriotische Herzen bey dieser so leicht verführenden Zeit – in achtzunehmen haben. Ich habe die traurige Bemerkung gemacht, daß kaum jemand ein betäubterer, unsinnigerer, intoleranterer, und despotischerer Demokrat wird, als die zärtesten Christen, wenn sie sich einmal durch allzuklare Ansicht der schrecklichen Folgen des Despotismus – und durch Hang zu Idealen haben hinreißen lassen, in einen Klub von Jakobinischen Demokraten zu geraten.«[42]

Diese dezidiert antidemokratischen (und das heißt zu dieser Zeit: konterrevolutionären) Zeilen sind direkt weder von Knigge noch von Rebmann parodiert worden.[43] Man wird aber in ihnen den eigentlichen Anlaß ihrer Parodien sehen müssen. Denn der Streit um die Reiseliteratur war für die republikanischen Schriftsteller, die sich auch nach 1793 noch offen oder verdeckt zur Französischen Revolution bekannten, ein Streit um mehr als um die angemessene Verwendung einer literarischen Gattung. Sie wehrten sich in ihren Angriffen dagegen, daß Lavaters Gestaltung des Reiseberichts ihnen mit einem der wichtigsten Medien ihrer politischen Wirksamkeit die schriftstellerische Existenz bestritt. Daß ihre Angriffe nicht ganz erfolglos blieben, zeigt der Umstand, daß Lavaters Reisebericht mit der Schilderung seiner Fahrt von Bayreuth nach Hof abbricht. Er hat es nicht gewagt, ihn in einem zweiten Band mit der Darstellung seiner Reise von Hof nach Kopenhagen fortzusetzen.

III.

Daß für die Literatur über Reisen innerhalb Deutschlands im letzten Drittel des 18. Jahrhunderts, von der hier und im folgenden die Rede sein soll, die Kategorie der Erfahrung konstitutive Geltung gewinnen konnte, ist an Voraussetzungen gebunden, die die emphatische Betonung des Reisens als Quelle aller Erfahrung zum ersten Mal im Verlauf der neuzeitlichen Geschichte einem sehr viel größeren Personenkreis als zuvor nachvollziehbar erscheinen lassen. Diese Voraussetzungen sind zunächst vor allem technischer, dann aber auch politischer Natur. Sie ergeben sich aus den objektiven Mitteln und Möglichkeiten des Reisens, die gerade zu dieser Zeit entscheidend revolutioniert worden sind.

Bis weit ins 18. Jahrhundert hinein war das Reisen zu Pferd die bevorzugte Reiseart.

»Im Mittelalter war es wohl allgemein üblich, *auf eigenen Pferden* zu reisen. [. . .] Der große Fortschritt in der Organisation des Reiseverkehrs, der, so viel sich feststellen läßt, in allen Ländern Westeuropas im 16. Jahrhundert sich bereits vollzogen hatte, war der, daß man weite Strecken ›auf der Post‹ reiten konnte. Mit dem Verkehrsinstitut, das wir heute dank einem historischen Zufall mit demselben Namen ›Post‹ bezeichnen, hat diese Einrichtung der ›Postpferde‹ nichts zu tun. Diese bestand vielmehr darin, daß stationenweise, also dort, wo zunächst nur eine Futter- oder Unterkunftsgelegenheit gewesen war, nun auch *Pferde zum Vermieten* bereit gehalten wurden. [. . .] Diese Mietpferde stellten entweder private Pferdeverleiher oder der Staat zur Verfügung. An dem Wesen der Verkehrseinrichtung änderte das nichts. Diese erschöpfte sich in der Möglichkeit, gegen eine Leihgebühr ohne eigene Rosse immer wieder frische Reittiere benutzen und dadurch natürlich die Reisedauer abkürzen zu können.« »Die Reitpost wie das Reisen zu Pferde überhaupt blieben das 18. Jahrhundert, jedenfalls bis in die Mitte des Jahrhunderts im Schwange.«[44]

Dann aber setzte sich eine für den gesamten Reiseverkehr bahnbrechende Neuerung durch: das Reisen im Wagen. Reiste noch zu Anfang des 16. Jahrhunderts »im Wagen nur, wer krank war oder allenfalls Frauen und Kinder«[45], so verbreitete sich diese Sitte im Laufe des 16. und 17. Jahrhunderts in dem Maße, wie die Straßen verbessert wurden. »Am Ende des 17. Jahrhunderts trat die Benutzung des Wagens wohl als ebenbürtige Form des Reisens neben das Reisen zu Pferde. Gleichzeitig bemächtigte sich in allen Ländern die Organisation dieser neuen Transportart und schuf für sie eine Reihe überall gleicher Verkehrseinrichtungen.«[46] Die Posthalter begannen, nicht mehr nur Reitpferde, sondern auch Wagenpferde, schließlich sogar die Wagen selbst den Durchreisenden gegen eine Mietgebühr streckenweise zur Verfügung zu stellen. War man bisher »auf der Post« geritten, so fuhr man nun »auf der Post«. Diese späterhin Extra-Post genannte Art zu reisen stellte gegenüber früheren Verkehrsformen bereits einen wesentlichen Fortschritt dar.

Die für das 18. Jahrhundert entscheidende Revolutionierung des Verkehrswesens fand jedoch erst seit der Jahrhundertmitte statt, als man dazu überging, die Ordinari-Post einzurichten. Darunter wurde ein regelmäßiger Rollwagenverkehr zwischen einzelnen Städten zu exakt festgelegten Zeiten verstanden, der unabhängig davon betrieben wurde, wie viele Reisende sich zu einer Fahrt jeweils einfanden. Die Revolutionierung des Fuhrwesens und des gesamten Reiseverkehrs, die mit der Einrichtung der Ordinari-Post einherging, kann man sich nur vor Augen führen, wenn man sich klarmacht, daß es mit ihr zum ersten Mal seit der Zeit des Römischen Kaiserreichs möglich wurde[47], über weite Strecken zu feststehenden Preisen und nach genau kalkulierbarem Fahrplan relativ sicher zu reisen.

Brachte in allen früheren Jahrhunderten das Reisen zu Pferd oder im Wagen (und vollends gar zu Fuß) ein nur schwer kalkulierbares Risiko mit sich, weil es eine ständige und nie genau vorhersehbare Gefahr für Leib und Leben, zumindest für den mitgeführten Besitz bedeutete, so entfällt mit der Einführung der Ordinari-Post ein erheblicher Teil dieses Risikos. Denn die Unsicherheiten und Gefahren des Reisens, die zweifellos nach wie vor bestanden[48], wurden mit der Durchsetzung regelmäßiger Postkurse nicht mehr nur dem einzelnen Reisenden zugemutet, sondern institutionell der Verkehrsanstalt angelastet, die die Reisen organisierte. Sie erstattete, was den Reisenden geraubt worden war.[49] Das hatte zumindest in England und häufig wohl auch in Deutschland zur Folge, daß die Reisenden, wenn sie unter die Räuber fielen, sich nicht wehrten; sie gaben ihnen ihr Geld und konnten relativ sicher sein, mit dem Leben davonzukommen.[50]

Überfälle auf Postkutschen scheinen am Ende des 18. Jahrhunderts zumindest im Rheinland nicht verübt worden zu sein. Denn voller Entsetzen berichtet der anonyme Verfasser des zweiten Teils der *Actenmäßigen Geschichte der Räuberbanden an den beyden Ufern des Rheins* von den in Frankreich »im Schwung gehenden Beraubungen der Briefposten und Diligencen«, die, wie er sagt, zu den Verbrechen gehören, »von denen unsere hiesigen Räuberbanden keine Ideen hatten«.[51]

Die relativ größere Sicherheit der Ordinari-Post gegenüber den Einzelreisen vor allem von Kaufleuten stellte ein vitales Interesse einer jeden Postanstalt dar. Um das Vertrauen ihrer Benutzer zu erhalten, mußte sie die von ihr vermieteten Verkehrsmittel gegen Gefahren aller Art schützen. Wenn sie für den Verlust der bei einem Überfall geraubten Güter haftete, bot sie den Reisenden damit ein Höchstmaß an Sicherheit. Bei der großen Ausdehnung des Verkehrsnetzes, das am Ende des 18. Jahrhunderts alle größeren Städte wenn nicht mit einer täglichen, so doch mit einer wöchentlich mehrmals verkehrenden Post verband, konnte diese Sicherheit nur eine Institution bieten, die über die entsprechenden Machtmittel verfügte.

Nicht allein aus diesem Grund wurde der Staat scheinbar naturwüchsig zum »obersten Fuhrherrn«.[52] Wo er die Fahrpost (wie in Preußen) nicht selbst einrichtete, vergab er ihre Einrichtung und ihren Betrieb als ein Privileg besonderer Art an eine kapitalistische Unternehmung (wie das Fuhrgeschäft der Thurn und Taxis). In jedem Fall aber hielt er sich für die Sicherheit des Reisens letzten Endes verantwortlich. Denn wenn sie bedroht war, tangierte das unmittelbar seine eigene innere Sicherheit.

Mit dem Ausbau eines engmaschigen Netzes von Landstraßen, den die Ordinari-Post voraussetzt und von sich aus beschleunigt, wird im 18. Jahrhundert die Funktion des Staates in einer technisch entscheidenden Weise modifiziert. Er wird in einem ungleich stärkeren Ausmaß als je zuvor in der Geschichte zur Territorialgewalt, d. h. er definiert seine Herrschaft nicht mehr ausschließlich als Gewalt über bestimmte Institutionen wie das Militär oder die Kirche sowie über bestimmte adelige Familienverbände und deren Untertanen, sondern er definiert sie als eine Gewalt über das gesamte Staatsgebiet. Mit der Selbstdefinition des Staates als Territorialgewalt wird der Ausschließlichkeitsanspruch staatlicher Herrschaft betont, der sich mit dem Absolutismus durchsetzt. Denn es gibt keine unumschränktere Form potentieller Machtausübung als die vollständige und jederzeit aktivierbare Kontrolle eines bestimmten Raumgebiets. Durch sie wird es möglich, alle auf diesem Gebiet befindlichen Personen, Institutionen und Objekte zu beherrschen. Um eine Herrschaft dieser Art zu gewährleisten, beansprucht der Staat mit dem Aufkommen der Ordinari-Post in allen europäischen Ländern das Beförderungsmonopol sowie die Hoheit über die Landstraßen. »Ohne besondere Erlaubnis des Staates,« so bestimmt das preußische Allgemeine Landrecht 1794, »darf sich niemand eine Verfügung über solche Straßen anmaßen«.[53] Die direkte oder indirekte Kontrolle der Verkehrsmittel ermöglicht es dem Staat, seinen Herrschaftsanspruch auf dem gesamten Staatsgebiet durchzusetzen. Die Territorialgewalt, die er von nun an ausübt, gewinnt kraft dieser Kontrolle eine ungleich größere Chance als zuvor, sich jederzeit an jedem Punkt des Staatsgebiets gegen jede andere Macht behaupten zu können. Diese Chance entwickelt sich aus der Logik seiner absoluten Herrschaft heraus zu der unbedingten Verpflichtung, überall einzuschreiten, wo der innere Frieden bedroht ist. Denn erst der nach innen befriedete Raum garantiert den Bestand eines Staates, der sich primär als Territorialstaat versteht. Aus dessen räumlich unumschränkten Machtchancen, die in der Hoheit über die Landstraßen ihren Ausdruck finden, erwächst die Sicherheit des Reisens. »Gegen den Genuß der dem Staate von den Landstraßen zukommenden Nutzungen«, sagt wiederum das preußische Allgemeine Landrecht, »ist er verpflichtet, für die Unterhaltung der Sicherheit und Bequemlichkeit derselben zu sorgen.«[54]

Auf der absolutistischen Endstufe des Feudalismus kommt es also zu einer Entwicklung, die die Verbesserung der Verkehrsmittel im Dienste einer zunehmenden Sicherheit des Reisens sowohl voraussetzt als auch im Interesse des Staates weiter fördert. Wie gut die Zeitgenossen diesen Zusammenhang begriffen haben, beweist die in vielen Reisebeschreibungen wiederkehrende Beobachtung, »daß man von guten Landstraßen [. . .] auf eine gute Regierung schließen könne«.[55] Unter diesem Gesichtspunkt wird auch verständlich, warum das umfassendste Nachschlagewerk der Epoche, Krünitz' Encyklopädie, dem Artikel über die »Landstraßen« mehr als einen ganzen Band reserviert.[56] Verständlich aber wird von hier aus vor allem, daß sich jeder Reisebericht am Ausgang des 18. Jahrhunderts in einer indirekt politischen Dimension bewegt. Denn die Etatisierung des Reiseverkehrs, die sich bis zur Jahrhundertmitte überall in Europa durchsetzt, bildet die materiale Grundlage der Blüte der Reiseliteratur in dieser Zeit. Daß sie als solche in den Reisebeschreibungen nur selten oder am Rande auftaucht, sollte nicht darüber hinwegtäuschen, wie sehr auch hier die Selbstverständlichkeiten einer Epoche deren Bewußtsein prägen.

Die Bürgerlichen verhalten sich bei der Darstellung ihrer Reisen durch Deutschland am Ende des 18. Jahrhunderts, als seien diese ihrer politischen Möglichkeit nach etwas mehr oder weniger Unproblematisches. Daß ihre Unternehmungen gerade das nicht waren, belegen sie selbst, indem sie unentwegt von ihnen berichten. Das Pathos der Erfahrung, das in diesen Reiseberichten zutage tritt, reflektiert kaum je darauf, daß nie zuvor in der Geschichte in diesem Umfang die Möglichkeit bestand, sich auf Reisen zu begeben, und daß die relative Sicherheit des Reisens wesentlich dadurch bedingt war, daß der absolutistische Staat für sie einstand.

Bis weit ins 18. Jahrhundert hinein war »alles Reisen die Sache winziger Minoritäten, spezifischen und handgreiflichen Zwecken unterworfen. Soldaten und Kuriere, Staatsmänner und Gelehrte, Studenten und Bettler, Pilger und Verbrecher waren es, die man auf den Straßen antraf, vor allem aber und immer wieder Kaufleute«.[57] In der traditionalen Feudalgesellschaft blieb das Reisen eine Angelegenheit von Spezialisten. Es war entweder mit einem relativ hohen oder mit einem überaus geringen Prestige verbunden. Neben der privilegierten Mobilität der Herrschenden oder ihrer Agenten gab es die unterprivilegierte derjenigen, die, aus welchen Gründen immer, nicht zu Hause bleiben konnten, wollten oder durften. Daß man ihnen mit Mißtrauen begegnete, wird darauf zurückzuführen sein, daß in einer traditionalen, und das heißt primär: agrarischen Gesellschaft alle diejenigen suspekt sind, die nicht durch Grundbesitz oder erzwungene Formen von Bodenständigkeit an bestimmte Räume gebunden sind.[58] Weil das Prinzip der sozialen Raumbindung in traditionalen Gesellschaften überaus stark ist, werden in ihnen diejenigen deklassiert, die, ohne durch besondere Privilegien dazu befugt zu sein, die sozialen Sphären durchkreuzen oder vermischen. Sie gelten als betrügerisch (wie die Händler und Kaufleute), als unzuverlässig (wie die Gaukler, Schauspieler oder Studenten), als schmutzig (wie die Bettler), als moralisch verwerflich (wie die Verbrecher) oder schließlich als gefährlich (wie die fremden Soldaten). Man mißtraut ihnen, weil sie nicht über einen festumrissenen Platz in der Gesellschaft verfügen und sich durch ihre Mobilität sozialer Kontrolle entziehen.

Seit der Mitte des 18. Jahrhunderts findet nun eine vollständige Neuorientierung der sozialen Wertvorstellungen in bezug auf die geographische Mobilität statt. Sie wird nicht länger einerseits als Privileg, andererseits als Deklassierung betrachtet, sondern wird in dem Maße, in dem sich das Bürgertum der mit ihr gegebenen Chancen bemächtigt, zwar nicht der Sache, wohl aber dem Anspruch nach eine Angelegenheit aller.

Daß diese neuerworbene Wertschätzung der Mobilität sowohl dem Feudaladel wie dem Bürgertum zugute kam, täuschte die Bürgerlichen über den relativen Vorteil hinweg, den sie ihnen gegenüber dem Adel bot. Sie erwarben faktisch die Teilhabe an einem Privileg, ohne es als solches anerkennen zu müssen. Das bot ihnen die Möglichkeit, sich der Illusion hinzugeben, was ihnen selbst nütze, sei allein deswegen schon in gleicher Weise für alle erreichbar.

IV.

Das Reisen ist am Ausgang des 18. Jahrhunderts eine Technik der indirekten Selbstbemächtigung des Bürgertums gegenüber dem Feudaladel. Indirekt ist diese Technik, weil sie sich weder in ihrer Intention, noch in ihrer Ausführung unumwunden gegen die herrschende Ordnung richtet und dieser dennoch entgegenarbeitet. Die bürgerlichen Reisenden dieser Zeit müssen sich das Recht auf Freizügigkeit nicht erst erkämpfen; sie nutzen vielmehr wie selbstverständlich den Spielraum der Mobilität, den ihnen die neuen Verkehrsmittel unterm Schutz des Absolutismus eröffnen.

Die Bewegung, die sie in die Gesellschaft bringen, verläuft in einer Dimension, die den bestehenden politischen Institutionen gegenüber zunächst neutral zu sein scheint. Denn sie reisen mit dem auf den ersten Blick unverfänglich anmutenden Bedürfnis, über alles, was sie sehen, einfach nur zu berichten. Kaum eine Reise scheint in dieser Zeit ohne die Absicht unternommen worden zu sein, ein Buch über sie zu schreiben.

Und doch ist in den Reisebeschreibungen der Schein der Neutralität den Einrichtungen des öffentlichen Lebens gegenüber auch da trügerisch, wo er sich bei näherem Hinsehen noch erhält. Denn selbst wo ein Autor das, was ihm begegnet, nur notiert, gewinnt das, was er aufschreibt, durch seine Veröffentlichung eine neue Qualität. Es wird zur Nachricht und tritt als solche in den Meinungsbildungsprozeß des Publikums ein.

Dessen Informationsbedürfnis war offenbar so groß, daß die Reiseliteratur wohl zu keiner Zeit in ihrer langen Geschichte eine solche Blüte erlebte wie am Ausgang des 18. Jahrhunderts. Jedes Referatenorgan verfügte damals über eine besondere Abteilung, um seinen Abonnenten die Fülle der Reiseberichte vorzustellen. Deren Verbreitung[59] wird man sich, gemessen am gesamten Bücherkonsum, als nicht weniger umfangreich vorzustellen haben als die Verbreitung, die heute etwa Kriminalromane erfahren. Neben den Büchern gab es eine Vielzahl von Zeitschriften, die ausschließlich Reisenotizen und kürzere Reisemitteilungen veröffentlichten. Aus der weiten Verbreitung der Reiseliteratur lassen sich einige Schlußfolgerungen im Hinblick auf ihre Funktion ziehen.

Das große Interesse an Reiseberichten verweist darauf, daß das subjektive Verlangen zu reisen bei den meisten Lesern weitaus größer gewesen sein muß als ihre objektiven Reisemöglichkeiten; die blieben wohl auch für die Angehörigen des Bürgertums, nicht zuletzt aus finanziellen Gründen, beschränkt. Insofern steckte in der Mobilität, die die Reiseliteratur unterstellt, noch immer ein Stück Ideologie.

Alles andere als ideologisch dürfte dagegen die Funktion der Reiseberichte für das Informationsbedürfnis der literarischen Öffentlichkeit gewesen sein. Ihnen fiel hier die Aufgabe zu, dem Publikum Nachrichten von den Lebensverhältnissen, und das heißt immer auch: von den gesellschaftlichen und politischen Zuständen in anderen Ländern, vor allem aber in anderen Teilen Deutschlands zu übermitteln. Aufgrund dieser Nachrichten hoffte sich das Publikum ein Urteil darüber bilden zu können, wie es selbst regiert wurde, ohne deshalb schon den Anspruch zu erheben, sich selbst zu regieren.

In der Funktion einer reinen Nachrichtenübermittlung berührte sich die Reiseliteratur mit einer Wissenschaft, die ihr ihren Ursprung verdankt, die sich aber bald darauf schon so weit von ihr fortentwickelt hat, daß kaum einer von denen, die diese Wissenschaft heute praktizieren, sich dieses Ursprungs noch erinnern mag.

Reiseberichte waren die wichtigste Informationsquelle der Statistik. Darunter verstand man im 18. Jahrhundert die von einzelnen Privatleuten betriebene Sammlung von Nachrichten über Staatseinrichtungen und »Merkwürdigkeiten« sowie die systematische Darstellung des gesamten staatlichen Lebens eines oder mehrerer Staaten in bezug auf ihre Verfassung, Verwaltung, Bevölkerung und wirtschaftlichen Verhältnisse. In ihrer ursprünglichen Form war die Statistik also eine Art vergleichender Staatenkunde. Sie war zunächst weniger arithmetisch als vielmehr empirisch orientiert und machte sich die umfassende Inventarisierung alles in den einzelnen Staaten Vorfindbaren zur Aufgabe. Die Berichte jedes einzelnen Reisenden dienten ihr zur fortlaufenden Komplettierung ihres Weltbildes.

Wie weit der Einfluß einer so verstandenen Statistik für das Verhalten der Reisenden verbindlich sein sollte, belegt das verbreitetste Reisehandbuch des späten 18. Jahrhunderts, Hans Ottokar Reichards *Guide des voyageurs.* Es rät in seinem allgemeinen Teil, der von Graf Berchtold verfaßt worden ist:

> »Un voyageur doit toujours être muni de papier, de plume et d'encre. [...] Tout ce qu'on voit et entend de digne d'être remarqué doit, autant que possible, être écrit sur le champ.«[60]

Reichard freilich schränkt die Forderung, alles aufzuschreiben, erheblich ein, wenn er dem Reisenden empfiehlt, sich zunächst mit bereits vorliegenden Darstellungen einzelner Länder vertraut zu machen. »Sans cela«, so sagt er, *»on court risque de ne copier pour son journal, que des observations déjà mille fois faites.«*[61] Um dem zu entgehen, hatte Graf Berchtold verlangt, man solle sich vor Antritt seiner Reise eine Liste mit durchnumerierten Fragen zusammenstellen, die man für klärungsbedürftig halte.[62] Das von ihm selbst veröffentlichte Reisehandbuch ist denn auch ein solcher Fragenkatalog zur vollständigen statistischen Erschließung eines Landes.[63] Mit diesem Katalog wollte er andere in die Lage versetzen, der

Forderung zu entsprechen, die er in seinem Beitrag zu Reichards *Guide des voyageurs* erhob:

»Si celui qui veut entreprendre des voyages n' est pas un polyhistor, il en doit avoir des talents. Il serait à souhaiter qu'aucun objet ne lui échapât.«[64]

Beherrschte das Gelehrtenideal eines Polyhistors, der aus der Nachrichtenfülle der Reiseberichte die umfassende Beschreibung eines Staates zusammenstellt, die statistische Literatur der Zeit, so lief sie Gefahr, sich in der schlechten Unendlichkeit der Materialanhäufung zu verlieren. So gibt etwa Büschings *Beschreibung seiner Reise von Berlin nach Kyritz in der Prignitz* nicht nur von jeder Stadt, über die die Reise führte, eine Aufschlüsselung der Einwohnerzahl nach Männern, Frauen, Söhnen, Töchtern, Gesellen, Knechten, Jungen, Mägden, Militärpersonen, Ausländern und Juden, sondern macht darüber hinaus genaue Angaben über die Zahl der Häuser, Kirchen, Scheunen und »Brannteweinblasen«. Neben dem jährlichen Ertrag einzelner Güter sowie der Art ihrer Bewirtschaftung wird der nach einzelnen Tierarten gesonderte Viehbestand ebenso aufgeführt wie (bei den Städten) die Zahl der metallenen und hölzernen Spritzen, Feuerleitern, Wasserkufen und endlich sogar die Zahl der vorhandenen Eimer.[65]

Der Detailversessenheit dieses statistischen Materials korrespondiert in anderen Veröffentlichungen seine Disparatheit. So enthält etwa Schlözers *Briefwechsel meist statistischen Inhalts* in seinem ersten Stück das folgende: Nachrichten über einige Personen in St. Petersburg; die Ankündigung der Veröffentlichung eines seltenen griechischen Manuskripts; ein Edikt des französischen Königs über Mischehen im Elsaß; Angaben über die Zahl der Rekruten, die in Rußland ausgehoben wurden; Bemerkungen über den Handel in der Ostsee; eine Notiz zu einem Detailproblem der byzantinischen Geschichte sowie die Nachricht von der Einrichtung eines Almosen-Amts in Dessau.[66]

Wer heute geneigt ist, ein solches Sammelsurium von Nachrichten zu belächeln, sollte gleichwohl wissen, daß die statistische Literatur der Zeit gelegentlich aus politischen Gründen verboten wurde. Denn bei der Arkanpraxis absolutistischer Kabinettsherrschaft waren die Informationen, die die Regierungen der einzelnen Länder besaßen, so wenig allgemein zugänglich wie die, die sie nicht besaßen. Wenn Bürgerliche sie auf ihren Reisen oder mittels einer ausgedehnten Korrespondenz sammelten, um sie als Nachrichten zu veröffentlichen, so war das indirekt ein Angriff auf das staatliche Informationsmonopol über die öffentlichen Angelegenheiten, die unterm Feudalabsolutismus eben gerade nicht öffentlich waren. Sie mußten dabei mit einiger Vorsicht zu Werke gehen.

»Überhaupt mercke«, so riet das »Große Universal-Lexikon aller Wissenschaften und Künste« dem Reisenden, »daß du nicht allzu große Begierde bezeigest, etwas zu erfahren, sondern erkundige dich dessen bey Gelegenheit, denn sonst möchtest du Verdruß davon haben, vor einen Spion gehalten werden, auch desto weniger dahinter kommen.«[67]

Ihrem Selbstverständnis nach wollten die statistisch orientierten Reiseschriftsteller nichts weniger sein als Spione. »Die Lust an statistischen Vergleichungen«, die Nicolai in seiner großen Reisebeschreibung kokett als seine »Erbsünde« bezeichnet[68], sollte nach ihrer Auffassung vielmehr dazu führen, daß nicht nur das Publikum, sondern auch die Regierenden über den Zustand des politischen Gemeinwesens informiert wurden. So betont Büsching in der Vorrede seiner *Reise von Berlin über Potsdam nach Rekahn,* daß seine Nachrichten über die Anzahl und den Ertrag der Manufakturen und Fabriken in der Kurmark »den Politikern erhebliche Dienste leisten« könnten.[69] Auch Nicolai spricht in dem *Schreiben an Herrn Kriegsrath Dohm,* das als programmatische Widmung dem ersten Band seiner Reisebeschreibung vorangestellt ist, von seiner Absicht, »durch Wahrheit Nutzen stiften« zu wollen, und von seiner »Begierde, gemeinnützig zu sein«, die ihn, wie er sagt, dazu getrieben habe, »alles möglichst zu verificiren« und nicht einfach irgendeinen »Nebenumstand aus der Acht« zu lassen.[70] Am deutlichsten umreißt Berchtold das Programm der statistischen Reisenden:

»Un voyageur philosophe considère sa patrie sous le même point de vue qu'il verroit un ami malade; il est occupé sans relâche à la recherche des moyens qu'il doit employer pour son rétablissement.«[71]

Die einzelnen Staaten geraten durch den Publizitätsdruck, der von den Veröffentlichungen der statistischen Reiseschriftsteller ausgeht, unter Zugzwang. Sie können sie nicht auf Dauer verbieten oder von der Zensur entstellen lassen; denn ihre zuständigen Organe bemerken sehr bald, daß sie ihnen wertvolle Informationen verdanken. Daher gehen sie seit der Jahrhundertwende dazu über, sich diese Informationen in eigener Regie zu verschaffen. Keineswegs zufällig wird zuerst im revolutionären Frankreich 1796 ein statistisches Büro eingerichtet, dem dann die anderen Länder folgen (Bayern 1801; Italien 1803; Preußen 1805; Österreich 1810). In dem Maße, in dem statistische Landesämter die Funktion erfüllen, die sich zuvor ein bedeutender Teil der Reiseliteratur zur Aufgabe gemacht hatte, verfährt die Statistik nicht länger empirisch-deskriptiv, sondern wird arithmetisch betrieben. Aus einem (wie immer neutralisierenden) Medium der Dokumentation unterschiedlicher Herrschaftspraxis in den verschiedenen Staaten ist damit ein in deren Dienst stehendes Verwaltungsinstrument geworden.

V.

Entscheidend für den Erfolg der Reiseliteratur am Ende des 18. Jahrhunderts dürfte jedoch weniger das Informationsbedürfnis der literarischen Öffentlichkeit gewesen sein als etwas weit Unauffälligeres. Entscheidend dürfte die für ihre Leser neue Raumerfahrung gewesen sein, die diese Literatur vermittelte.

Auszugehen ist bei ihrer näheren Bestimmung von der soziologischen Erkenntnis, daß der soziale Raum sich vom geometrischen grundlegend unterscheidet.[72] Soziale Nähe und soziale Distanz richten sich eher nach klassenspezifischen Zugänglichkeitschancen zu bestimmten sozialen Räumen als nach metrischen Entfernungen. Es wäre naiv, in einer literatursoziologischen Untersuchung den sozialen Raum mit dem geometrischen identifizieren zu wollen. Daß dies geschehen kann (und häufig genug geschieht), ist ein ideologisch ungemein folgenreiches Phänomen. Es verführt gerade angesichts von Reiseliteratur dazu, nicht mehr erkennen zu können, wovon diese Literatur redet.

Jeder Reisende durchmißt einen bestimmten Raum, und die Art, in der er von seiner Reise berichtet, ist eine wesentliche Bestimmung dieses Raumes. Setzt man diese Bestimmung unumwunden einer geometrischen gleich und sieht man sie als vollkommen spannungslos an, so wird man sie vor allem da nicht verstehen können, wo sie in der Tat spannungslos zu sein scheint. Man wird dann weder begreifen, wovon ein Reisender berichtet, noch auch, warum sein Bericht die Leser interessiert.

Am deutlichsten tritt die Spannung eines Reiseberichts dort hervor, wo ein Autor schildert, wie er selbst bzw. sein Held der bannenden oder verschlingenden Macht der Räume hat entkommen können. Das ist von keinem spannender überliefert als von Odysseus, »welcher so weit geirrt, nach der heiligen Troia Zerstörung, / Vieler Menschen Städte gesehen und Sitte gelernt hat, / Und auf dem Meere so viel' unnennbare Leiden erduldet«.[73] Es gilt aber gewiß auch für die Reisebeschreibungen des 18. Jahrhunderts, von denen hier ausdrücklich nicht die Rede ist, für die außerdeutschen und vor allem die außereuropäischen. Auch in ihnen dürfte das Glück des Davongekommenseins für die Spannung entschädigen, die sie durch die Schilderung der Gefahren fremder Räume erregen.

Nicht dagegen gilt es für jene Reisebeschreibungen, die sich mehr oder weniger ausschließlich der Darstellung von Reisen im deutschen Sprachgebiet widmen. Sie scheinen mit wenigen Ausnahmen in ihrer Raumerfahrung merkwürdig spannungslos zu sein. Sie kennen weder die Angst vor den bannenden Räumen noch die Macht der verschlingenden. Ihre Autoren gehen fast durchweg so vor, daß sie die Berichte aus den einzelnen Städten, die sie besucht haben, übergangslos aneinanderreihen. Dem Raum zwischen den Städten schenken sie nicht allzuviel Beachtung. Es sind, wie Johann Kaspar Riesbeck in den *Briefen eines reisenden Franzosen über Deutschland* 1783 kritisch bemerkt,

»gemeiniglich [. . .] Leute, die nur die großen Höfe besuchen. Da fahren sie die Heerstraßen her, fahren in ihren wohlverschlossenen Wagen, als wenn sie [. . .]dem Tod entfliehen wollten, brüten in dem Gewölke ihrer Ausdünstungen Grillen aus, die sie uns dann für echte Produkte des Landes geben, welches sie mit Extrapost durchreist haben, und haschen allenfalls am Stadttor, am Gasthof, bei ihrem Wechsler, bei einem Mädchen von gutem Willen, im Opernhaus oder bei Hofe ein Anekdötchen, woraus sie uns den Charakter und Geist eines Volkes gar geschickt herauszuklauben wissen [. . .] Man muß sich in alle Klassen des Volkes mischen, das man will kennenlernen. Selten tun das die Herren, die uns ihre Reisen beschreiben; selten können sie es tun. Gemeiniglich bleiben sie in dem engen Zirkel von Leuten, in den sie von ihrem Interesse, ihrer

Laune, ihrem Vergnügen, ihrem Stand und so weiter gezogen werden und sehen dann alles nur einseitig an.«[74]

Der Vorwurf der Einseitigkeit, den Riesbeck erhebt, trifft die Reiseliteratur seiner Zeit an ihrer empfindlichsten Stelle. Denn ohne sich offen zu diesem Programm zu bekennen, beansprucht sie zumeist, überall alles zu schildern. Wenn sich nun nachweisen läßt, daß ihr das nicht gelingt, so wird dieser Nachweis in der Dimension des sozialen Raums geführt. Dessen Begrenzung durch den »engen Zirkel«, in dem sich die Reisenden bewegen, war überaus deutlich an Lavaters Reisebericht hervorgetreten. An anderen Reisebeschreibungen ist sie weniger klar abzulesen; aber auch bei ihnen definiert sie die soziale Perspektive, aus der heraus ein Autor seinen Blick auf die Gesellschaft richtet.

Diese Perspektive ist für die weitaus meisten Reisebeschreibungen als die von gebildeten städtischen Bürgern zu charakterisieren, die (anders als Riesbeck unterstellt) in der Regel zum Hof keinen Zutritt haben und die sich (wie Riesbeck richtig sieht) den unteren Schichten der Bevölkerung wenn überhaupt, dann oft über Mittelsmänner nähern. Sie verlassen ihre soziale Sphäre so wenig wie die jungen Adeligen, die auf ihrer Cavalierstour die »Welt« kennenlernen und darunter wie selbstverständlich »le monde«, die höfische Gesellschaft, verstehen. Untereinander kennen sie sich entweder durch eine weitläufige Korrespondenz oder sie lernen sich durch die Empfehlungsbriefe kennen, die jeder Reisende an jedem Ort unbedingt vorweisen muß, um Zugang zur »guten« Gesellschaft zu erlangen. Selbst ein Mann wie Seume, der auf der niedrigsten Stufe der Reisenden aus den gebildeten Ständen rangiert, weil er nicht (wie allgemein üblich) mit der Post reist, sondern zu Fuß geht, um auch die unteren Klassen kennenzulernen, selbst ein solcher Mann, dem man unterwegs immer wieder sagt, daß er dem sicheren Tod entgegengehe – auch Seume also verzichtet keineswegs auf Empfehlungsbriefe.[75]

Für die meisten der übrigen Reisenden ist der soziale Raum, innerhalb dessen sie sich bewegen, durch diese Briefe begrenzt. Dennoch erheben sie implizit den Anspruch, daß er es nicht ist. Das ideologische Moment, das in diesem Anspruch steckt, nehmen nur Außenseiter wie Riesbeck wahr.

Es wird zu fragen sein, wie es mit der merkwürdigen Spannungslosigkeit zusammenhängt, die den Erfolg und die Verbreitung der Reiseberichte am Ende des 18. Jahrhunderts einem heutigen Bewußtsein einigermaßen unverständlich erscheinen lassen. Denn die Spannungen, die aus den Gefahren oder dem Exotismus fremder Räume erwachsen, gehören zu den Minimalanforderungen, die heute an Reiseberichte gestellt zu werden pflegen. Die Reiseliteratur, von der hier die Rede ist, kam aber offenbar anderen Erwartungen entgegen.

Ihr unausgesprochenes Ziel war es, den Beweis dafür anzutreten, daß sich eine Vielzahl voneinander verschiedener Räume durch das Reisen als Einheit erfahren ließ. Dieses uneingestandene Ziel begründete ihre Attraktivität. Denn aufgrund der politischen Zerrissenheit Deutschlands überschritt, wer in ihm reiste, notwendig Grenzen. Dabei machte er die befreiende Erfahrung, daß es jenseits der vielen politisch und religiös unterschiedenen Räume, denen die meisten seiner Zeitgenossen verhaftet blieben, einen einheitlichen und mehr oder weniger überall gleichen sozialen Raum gab, in dem er sich relativ ungehindert bewegen konnte.

Diese Erfahrung muß so aufregend und neu gewesen sein, daß sie viele der Reisenden dieser Zeit zu allerlei weltbürgerlichen Illusionen verführte. Programmatisch beschrieb sie Reichard in seinem verbreiteten Reisehandbuch von 1793. Es entbehrt nicht der Pikanterie und bezeugt die Weltferne dieses Weltbürgertums, wenn sich Reichard als Herausgeber des gleichzeitig erscheinenden reaktionären und konterrevolutionären *Revolutions-Almanachs* (1793–1803) außer auf Ehre und Gesundheit auf die Ideale der Französischen Revolution, auf Freiheit und Gleichheit beruft:

»Si j'avois à choisir un état, ce seroit l'état du voyageur, et si je désirois d'appartenir à une nation quelconque, ce seroit à la nation des voyageurs. De tous les états humains, qui existent sur ce globe, il n'y a point d'autre qui réunisse à ce degré, honneur, liberté, santé, égalité, et qui soit affranchi de toutes les entraves, que des nombreux égards et des vues politiques et particulières ne cessent de mettre, quand on vegète dans son pays natal.«[75]

Wie groß für die Reisenden des späten 18. Jahrhunderts das Erlebnis der Freiheit von den Fesseln gewesen sein muß, mit denen sie an bestimmte Räume gebunden waren, wird man nur verstehen können, wenn man sich vor Augen führt, daß in Deutschland unterm Feudalabsolutismus die Zersplitterung der Raumerfahrung außer durch die politische Zerstückelung des Landes durch bedeutende gesellschaftliche Faktoren bestimmt gewesen sein muß. Denn die feudalaristokratische Gesellschaft setzte den sozialen Raum unmittelbar als Herrschaftsinstrument ein. Wahrscheinlich hat kaum eine Gesellschaft soziale Distanz als die Grundlage aller Herrschaftsorganisation so ausgeprägt als räumliche Distanzierung aufgefaßt wie die höfische. Sie tat das mit einer Bewußtheit, mit einem Nuancenreichtum und einer Differenzierung, die heute um so schwerer nachzuvollziehen sind, als unsere soziale Raumwahrnehmung, soweit sie uns überhaupt zu Bewußtsein gelangt, der ihren gegenüber relativ undifferenziert bleibt.

Stellen wir uns heute die höfische Gesellschaft als hierarchisch strukturiert vor, machen wir ungewollt sogleich den Fehler, diese Hierarchie als geometrische Projektion in Form einer Pyramide oder eines Kegels zu visualisieren. Als solche haben sie die Feudalaristokraten des 18. Jahrhunderts ganz zweifellos nicht erfahren; denn sie verfügten über eine ausgeprägtere Wahrnehmung des sozialen Raums. Er muß für sie, im Gegensatz zur Starre eines geometrischen Schemas, etwas durchaus Lebendiges besessen haben. Der gesellschaftliche Raum des Hofes und die nuancenreich abgestufte Verfügung über ihn waren für sie unmittelbarer Ausdruck ihrer eigenen sozialen und politischen Machtchancen. Insofern ist ihre soziale Raumwahrnehmung sehr viel deutlicher personenbezogen gewesen, als es die unsere zu sein scheint, die sich (glaubt man der herrschenden Ideologie) angeblich nur nach geometrischen Mustern orientiert.

Im sozialen Raum des Hofes entfalteten die Feudalaristokraten ihre Repräsentation. Diese war für sie nicht reiner Luxuskonsum, sondern ein jederzeit prekärer und ungemein aufwendiger Kampf um soziale Anerkennung. Vor allem aber war sie ein Kampf um die Nähe zum Herrscher als dem einen Machtzentrum, von dem sie sich abhängig wußten. Weil der Raum ihrer Gesellschaft für sie zugleich Kampfplatz und Distanzierungsmittel war, konnten sie ihn nur als jederzeit mobiles Spannungsfeld und nicht als Medium einer starren, weil fraglos vorgegebenen Zuordnung von gesellschaftlichen Rängen begreifen. Es mußte für sie entscheidend sein, sich einer höhergestellten Person (dem Fürsten vor allem) eher, häufiger oder gar vertraulicher nähern zu dürfen als andere, einen Gruß zu erwidern, statt ihn entbieten zu müssen, sitzen zu können, während andere zu stehen hatten, oder zu einem bestimmten Raum vor einem anderen Zutritt zu haben. »Die differenzierte Durchbildung des Äußeren als Instrument der sozialen Differenzierung, die Repräsentation des Ranges durch die Form« war ihnen eine lebensnotwendige Selbstverständlichkeit.[77] Denn von ihr hing ihre soziale Existenz ab.

Die Etikette als gesellschaftliches Distanzierungsmittel regelte jede Nähe und Entfernung zwischen ihnen. Ihre heute oft unverständlich erscheinende Differenziertheit legte eine sorgsam abgestufte Verfügungsgewalt über soziale Räume fest. Sie war der subtilste Ausdruck der agrarischen Grundlage feudalaristokratischer Herrschaft, denn in ihr wurde die unterschiedlich große Verfügung über Landbesitz zur je verschiedenen Beherrschung zeremoniell getrennter Sozialräume stilisiert. Zugleich läßt sich an ihr ablesen, daß sich der soziale Raum des Hofes im Bewußtsein dieser Gesellschaft nur indirekt auf den agrarischen der gesellschaftlichen Produktion bezog. Um in den Räumen der höfischen Gesellschaft Einfluß zu gewinnen, war Landbesitz meist eine zwar notwendige, keineswegs jedoch eine hinreichende Bedingung. Er konnte durch andere Medien des Statuserwerbs, etwa durch besondere politische oder militärische Fähigkeiten, ergänzt oder gar ersetzt werden.

Die Etikette war aber nicht nur ein Distanzierungsmittel, sondern weit eher noch ein Mittel der genau kontrollierbaren gesellschaftlichen Differenzierung. Denn sie ermöglichte es, daß innerhalb der höfischen Gesellschaft aufgrund von äußerlich minimalen symbolischen Unterschieden und Präferenzen »jeder einzelne abgehoben von jedem anderen« erschien.[78] Sie war zugleich so stabil und flexibel, daß jeder in der Prestigekonkurrenz aller sein wechselndes Verhältnis zu seinen Konkurrenten an ihr überprüfen konnte.

Aus den detaillierten Funktionen des Zeremoniells resultierte die für diese Gesellschaft charakteristische Kleinkammerung der sozialen Räume. Sie wurden durch deutlich markierte Schwellen getrennt, denen die Aufgabe zukam, die je verschiedenen Zugänglichkeitschancen der Gesellschaftsmitglieder zu diesen Räumen anzugeben. In der Diskontinuität des Gesellschaftsraums drückte sich die für Feudalaristokraten grundlegende Überzeugung von der gesellschaftlichen Ungleichheit der Menschen aus. Weil sie ihn wie selbstverständlich als Medium der Herrschaftssicherung und Herrschaftsrepräsentation handhabten, mußte ihnen der Raum als ebenso inhomogen erscheinen wie die Gesellschaft.

Wenn sich nun an den bürgerlichen Berichten über Reisen innerhalb Deutschlands eine ganz andere Erfahrung des sozialen Raums ablesen läßt, so mag die Vermutung gerechtfertigt erscheinen, daß gerade diese Erfahrung es war, die die breite Wirkung der Reiseliteratur am Ende des 18. Jahrhunderts ausgelöst hat. Die Reisenden und ihre Leser machten in diesen Berichten die Entdeckung, daß der Verbindlichkeitsdruck der zeremoniell geregelten Trennung von Sozialsphären für sie nicht in gleicher Weise galt wie für die Feudalaristokraten. Zum einen richtete er sich nicht mit gleicher Intensität auf ihren Lebensbereich, zum anderen konnten sie sich ihm, wie die Reisen lehrten, entziehen.

Denn der soziale Raum, innerhalb dessen die Reisenden sich bewegten, war im wesentlichen nicht der Hof, sondern die Stadt. Daß beide keineswegs miteinander identisch waren, vielmehr deutlich voneinander getrennt blieben, fällt an den Reiseberichten auf den ersten Blick weniger auf, weil es in Deutschland zumeist Residenzstädte waren, die die Reisenden besuchten. Da sie zum Leben des Hofes keinen Zutritt hatten, sahen oder hörten sie nur selten selbst, was sie von ihm in Erfahrung brachten. Wenn sie sich nicht damit zufriedengaben, die Auswirkungen der feudalabsolutistischen Herrschaft außerhalb des Hofes zu beschreiben, waren sie, wie die übrigen Untertanen, auf Gerüchte oder Anekdoten über die Herrschenden angewiesen.

Entschädigt wurden sie für diese Beschränkung durch die innerstädtische Freizügigkeit. Waren für die Feudalgesellschaft des Hofes die exakt abgestuften Zugänglichkeitschancen zu bestimmten sozialen Räumen von grundlegender Bedeutung, so scheint für die Bürgerlichen in den Städten dieses Problem nicht zu bestehen. Sie erwecken den Eindruck, als gebe es nur den einen, überall gleichen Raum, in dem sich jedermann ohne Furcht vor Sanktionen frei bewegen kann. Dieser Raum, so wollen sie glauben machen, ist ihnen an jedem Punkt nicht nur uneingeschränkt, sondern auch gefahrlos zugänglich. Er bietet ihnen zugleich größere Ausweichmöglichkeiten vor sozialer Kontrolle, als sie die Adeligen am Hof besitzen.

Die einzelnen Raumteile verhalten sich in ihren Berichten additiv zueinander und können problemlos summiert werden. Daher ist die Reihung das charakteristische Stilmittel dieser Reiseliteratur. Sie gibt vor, keine Hierarchie der sozialen Räume zu kennen, keine zeremoniell markierten Sozialschwellen wahrzunehmen, sich an keine durch Etikette geregelten Disjunktionen und Berührungsverbote zwischen den sozialen Sphären halten zu müssen. Ihrem ideologischen Anspruch gemäß entfällt für sie die herrschaftliche Differenzierung des Raums der Gesellschaft. Es gibt in ihr nicht die Vielzahl qualitativ prinzipiell voneinander geschiedener Räume, sondern der soziale Raum wird in ihren Beschreibungen als kontinuierlich und homogen vorgestellt.

Er ist für sie, einer eher beiläufigen Definition Kants entsprechend, »die Vorstellung einer bloßen Möglichkeit des Beisammenseins«.[79] Diese Definition unterschlägt zwar nicht die Trennungen im Raum, die auch einem bürgerlichen Bewußtsein als soziale Distinktionen unerläßlich sind, aber sie ordnet das Getrennte nebeneinander. Deutlich betont sie damit ein egalitäres Moment. Sie besteht darauf, daß im Raum jeder seinen Platz neben allen übrigen beanspruchen und einnehmen darf.

Gerade dieses egalitäre Moment der Raumerfahrung muß für die große Beliebtheit der Reiseliteratur am Ende des 18. Jahrhunderts von ausschlaggebender Bedeutung gewesen sein. Wie andere Ideologeme ist es zwieschlächtig in seiner Wirkung.

Auf der einen Seite vermittelt es, wie jede bürgerliche Proklamation von Gleichheit, die Illusion, daß die Egalisierung der Bürger im sozialen Raum notwendig die Gleichheit der übrigen Gesellschaftsmitglieder nicht etwa nach sich ziehe, sondern unmittelbar bedeute. Es verführt dazu, den Schein der Unbegrenztheit des dargestellten Sozialraums für bare Münze zu nehmen und über dessen reale Begrenztheit hinwegzusehen. Auf der anderen Seite ist das egalitäre Moment der Raumerfahrung für die merkwürdige Spannungslosigkeit verantwortlich, die uns an den Reiseberichten des späten 18. Jahrhunderts befremdet. Daß gerade sie zu deren Erfolg entscheidend beigetragen hat, ist heute um so schwerer zu verstehen, als unserer Raumerfahrung die Spannungslosigkeit selbstverständlich und langweilig geworden ist, die in jener Epoche zum ersten Mal im Verlauf der europäischen Geschichte einem breiteren Publikum erfahrbar wurde. Verständlicher wird sie jedoch, wenn man sie als Ausdruck des Gegensatzes zur feudalabsolutistischen Handhabung des Raums als Herrschaftsmittel auffaßt.

Das soll nun nicht heißen, daß den zeitgenössischen Lesern, denen diese Spannungslosigkeit Vergnügen bereitet hat, der Grund ihres Vergnügens bewußt geworden wäre. Die frohe Botschaft, die ihnen die Reiseberichte aus einer nur allzu nahen Ferne brachten, dürfte von ihnen bloß halb verstanden worden sein. Während sie nur meinten, ihr Informationsbedürfnis zu befriedigen, wurde ihnen in Wirklichkeit beigebracht, daß sich eine der wichtigsten Herrschaftstechniken des Feudalabsolutismus, die räumliche Distanzierung als symbolischer Ausdruck eines Gewaltverhältnisses, durch das Reisen neutralisieren ließ. Wenn nämlich, wie die Reiseberichte lehrten, jedem Raum gleiches Recht widerfahren konnte, schien sich ein herrschaftliches Privileg bestimmter Räume gegenüber anderen nicht länger aufrechterhalten zu lassen. Damit schien die Macht der Räume über die Menschen endgültig gebannt. –

Wie vollständig diese Befreiung im Bewußtsein der Zeitgenossen gewesen sein muß und wie sehr sie sich bis heute erhalten hat, zeigt uns unsere Unfähigkeit, die Macht der Räume als Problem überhaupt noch zu erkennen und ernstzunehmen. Daß die große bürgerliche Philosophie von Descartes bis Kant den Raum als zentrales Thema behandelte[80], mag als Hinweis darauf genügen, daß dieses Problem den Menschen des 18. Jahrhunderts weit fragwürdiger erschien als uns, die wir es ignorieren oder den Faschisten überlassen. Wenn uns der Raum kein Problem mehr zu sein scheint, so ist das einer der deutlichsten Beweise dafür, welche Veränderungen sich beim Übergang vom feudalaristokratischen zum bürgerlichen Typus sozialer Herrschaft vollzogen haben.

Denn die Macht der Räume konnte am Ende des 18. Jahrhunderts nicht allein durch das Reisen neutralisiert werden. Dieses hatte vielmehr eine grundlegende Veränderung in den symbolischen Ausdrucksmitteln gesellschaftlicher Herrschaft zur Voraussetzung, in deren Gefolge es sich über die Jahrhunderte hinweg ausgebreitet hatte. Wenn die soziale Raumbindung im Bewußtsein des Bürgertums allmählich an Bedeutung verlor, so wurde das möglich, weil sich mit dem Geld die Macht eines neuen, spezifisch bürgerlichen Ausdrucksmittels gesellschaftlicher Herrschaft stärker als zuvor in allen Lebensbereichen durchsetzte.

Seit jeher war es Sache der Kaufleute und Händler gewesen, mit dieser Macht zu rechnen. Sie nahmen dafür das Mißtrauen in Kauf, das man ihnen traditionell entgegenbrachte. Dieses Mißtrauen dürfte neben ihrer Ehrlichkeit der eigenartigen Abstraktheit und Mobilität des Geldes gegolten haben. Denn die Händler erbrachten stets von neuem den Beweis, daß das Geld als Mittel sozialer Herrschaft an Reichweite, Dauer, Kalkulierbarkeit und Sicherheit einer bloßen Trennung sozialer Sphären überlegen ist. Seine Überlegenheit resultiert vor allem daraus, daß es in keiner Weise an bestimmte Räume gebunden ist. Es kann sie vielmehr überall gleichmäßig durchdringen, vermag sich ihnen aber ebensogut zu entziehen. Es kann sich in jeden von ihnen verwandeln und aus einer solchen Verwandlung jederzeit in seine Geldgestalt zurückkehren. Es kann die Macht der traditionalen Räume scheinbar durch einfachste Kalkulationen brechen. Es kann Entfernungen überbrücken und Leute einander nahebringen, die weder etwas voneinander wissen, noch etwas voneinander wissen wollen. Vor allem aber kann es soziale Räume in Bewegung bringen.

Das ist die Rolle, die es am Ende des 18. Jahrhunderts in zuvor ungekanntem Ausmaß übernahm. Zum ersten Mal in der Geschichte wurde es zu dieser Zeit als Kapital in Form größerer Investitionen massiert eingesetzt, um zu mehr Geld zu werden. Es brachte dabei eine sändig wachsende Zahl von Menschen unter seine Gewalt und zwang sie an Orten zusammen, durch die diese Menschen ihrer traditionalen Raumbindung entrissen wurden. –

Die Mobilität, die das Kapital ihnen abverlangte, war (und ist bis heute) die Kehrseite des Reisens. Die Begrenztheit der sozialen Perspektive der Reisebeschreibungen, von denen hier die Rede ist, zeigt sich nicht zuletzt daran, daß sie das Verhältnis von freiwilliger und erzwungener Mobilität, das sich mit dem Beginn des industriellen Kapitalismus als Problem stellt, weder bemerken noch gar reflektieren. Die bürgerlichen Reisenden des 18. Jahrhunderts genießen ihre Freiheit von der Macht traditionaler Räume, ohne sich allzu viel darum zu kümmern, wem außer ihnen sie nützt.

Aber noch in der Negation bleiben die meisten von ihnen der Macht des Raums verhaftet. In ihren Berichten überlagert sie die Macht der Zeit.[81] Die Anstrengung, ihre zersplitterte Raumerfahrung zu überwinden und auf ihren Reisen die Vielzahl der Räume in einen zu integrieren, läßt sie die Zeit vergessen. Details, die einer raschen Veränderung unterliegen, gewinnen für sie häufig eine Bedeutung, die sie kaum je hätten annehmen können, wenn die Reisenden sich von der Möglichkeit einer solchen Veränderung Rechenschaft abgelegt hätten.

Die Vernachlässigung des Zeitfaktors in den Reiseberichten zeigt sich vor allem daran, daß unbedeutende Nebenfiguren mit einer Ausführlichkeit Erwähnung finden, als komme ihnen ein über den Augenblick hinausgehendes Interesse zu. So empfiehlt etwa Nicolai jedem Donaureisenden den Regensburger Schiffer Johann Hörndl und dessen Vertreter Naimer, als könne er beiden damit das ewige Leben schenken.[82] Andere Autoren versäumen nicht, jeden Kaufmann, Gelehrten oder Geistlichen, den sie besucht haben, eigens zu erwähnen. Zum Dank für empfangene Gastfreundschaft wird diesen Personen durch ihre Erwähnung in einem Reisebericht wie Ortsheiligen ein kleines Votivtäfelchen verehrt, das sie für ihre Mühe entschädigen und sie der Macht des Vergessens entreißen soll.

Soweit die Reisenden sich als Statistiker der bloßen Inventarisierung alles Vorhandenen widmen, haben sie ein naives Verhältnis zur Zeit. Sie scheinen zu glauben, daß nach der Sammlung alles dessen, was ihnen gegenwärtig ist, die Beziehung sich umkehren lasse und das Gegenwärtige alles werde. Mit diesem Glauben verfallen sie dem Bann des Raumes über die Zeit. Der vermeintlich vollkommen entqualifizierte Raum, der ihnen die emphatisch begrüßte Freizügigkeit zu garantieren schien, gibt sie nicht mehr frei. Sie erstarren in ihm, weil sie ihn als so wenig veränderlich begreifen wie sich selbst.

Dieser Gefahr entgehen nur diejenigen Reiseschriftsteller, die die Geschichte als die Macht erleben und darstellen, die sich in den Räumen, die sie durchmessen, verkörpert. Sie erst gibt ihren Beschreibungen eine Richtung und ein Ziel. Über die literarische nicht nur, sondern vor allem über die politische Qualität einer jeden Reisebeschreibung entscheidet, ob ihr Autor der Macht des Raumes verfallen ist oder ob er in ihr die lebendige Macht der Zeit zu erkennen vermag. Es zeugt für die Größe der republikanisch orientierten Reiseschriftsteller Forster, Knigge und Rebmann, daß sie nicht stehenbleiben bei der Überwindung der feudalabsolutistischen Trennung der Räume, sondern die Macht der historischen Entwicklung, die sie schreibend befördern, erkennen und auf ihrer Seite wissen.

Anmerkungen

1 A. Dörrer, *Der verlorene Sohn. Ein Beispiel landschaftlicher Spielentfaltung*, in: *GRM* 24 (1936), S. 24; vgl. auch Franz Spengler, *Der verlorene Sohn im Drama des 16. Jahrhunderts*, Innsbruck 1888; Adolf Schweckendieck, *Bühnengeschichte des verlorenen Sohnes in Deutschland*, 1. Teil (1527-1627), Leipzig 1930 (= Theatergeschichtliche Forschungen Bd. 40), sowie Kurt Michel, *Das Wesen des Reformationsdramas entwickelt am Stoff des verlorenen Sohnes*, Phil. Diss. Gießen 1934. Die Entwicklung des Motivs vom 18. Jh. bis hin zu Gide und Rilke, in dessen *Malte* es ebenfalls auftaucht, scheint bisher nicht untersucht worden zu sein.

2 Voltaire, *L'enfant prodigue*, in: *Oeuvres complètes*, Paris 1883 ff., Bd. III, S. 496.

3 Voltaire, a.a.O., S. 497.

4 Voltaire, a.a.O., S. 454.

5 Voltaire, a.a.O., S. 468.

6 Vgl. die Anmerkungen des Herausgebers in: Voltaire, a.a.O., S. 441, 485 f.

7 Laurence Sterne, *The Prodigal Son*, in ders., *Memoirs of Mr. Laurence Sterne. The Life & Opinions of Tristram Shandy. A Sentimental Journey. Selected Sermons and Letters*, hg. Douglas Grant, London 1950, S. 676.

8 L. Sterne, a.a.O., S. 680.

9 Hans Ottokar Reichard, *Handbuch für Reisende aus allen Ständen*, Leipzig 1784, S. 19-23, und (Anonym.), *Itinerarisches Handbuch oder ausführliche Anleitung, die merkwürdigsten Länder Europas zu bereisen, nebst einer Nachricht zu allen dazu erforderlichen Kenntnissen, und einer geographisch-statistischen Übersicht der gewöhnlichen Reiserouten und Postcourse, der vornehmsten Örter und deren Merkwürdigkeiten, der gangbarsten Münzsorten, Geldcourse, Maaße und Gewichte usw.*, Berlin 1794, S. 1-6.

10 Johann Caspar Lavater, *Reise nach Kopenhagen im Sommer 1793. Auszug aus dem Tagebuch. Durchaus bloß für Freunde*, o. O. u. J. (Hamburg bei Gundermann 1794).

11 Lavater, a.a.O., S. 3.

12 Joach. Melchior Spießglas, hochfürstlicher Cammerjäger und Titular-Ratzenfänger in Peina (i. e. Adolph Frhr. von Knigge), *Reise nach Fritzlar im Sommer 1794. Auszug aus dem Tagebuch. Durchaus bloß für Freunde,* o. O. u. J. (1975), S. 4.

13 Knigge, a.a.O., S. 3.

14 Knigge, a.a.O., S. 6.

15 Vgl. Jürgen Habermas, *Strukturwandel der Öffentlichkeit,* Neuwied 1962, S. 62 ff.

16 Lavater, a.a.O., S. 3.

17 Vgl. Peter Michelsen, *Laurence Sterne und der deutsche Roman des achtzehnten Jahrhunderts,* Göttingen 1962.

18 *Oberdeutsche allgemeine Literaturzeitung,* Bd. 2 (1795) St. CIX vom 14. 9. 1795, Sp. 537.

19 Lavater, a.a.O., S. 78 f.

20 Knigge, a.a.O., S. 61 f.

21 Johann Caspar Lavater, *Andenken an liebe Reisende,* Basel 1859, S. 16, Nr. 32.

22 Friedrich Nicolai im *Hamburgischen Korrespondenten* vom 16. 9. 1786, zitiert nach: ders., *Anmerkungen über das zweite Blatt von Herrn P. J. M. Sailers zu Dillingen Märchen,* in: *Beschreibung einer Reise durch Deutschland und die Schweiz im Jahre 1781,* 12 Bde., Berlin und Stettin 1783-1796, Bd. VIII (1787) Anhang S. 51.

23 *Probe einer Reise des Apostels Johannes durch Deutschland, blos für Seher und Propheten,* in: *Das neue graue Ungeheuer,* herausgegeben von einem Freund der Menschheit (i. e. G. F. Rebmann), Altona (bei Aloys Schirach und Compagnie) 1795, S. 72.

24 Lavater, *Reise* . . ., S. 15.

25 Lavater, a.a.O., S. 68.

26 Lavater, a.a.O., S. 148.

27 Lavater, a.a.O., S. 224 f.

28 Knigge, a.a.O., S. 112 f.; vgl. ähnlich auch Rebmann, a.a.O., S. 73 und 79.

29 Lavater, a.a.O., S. 251.

30 Lavater, a.a.O., S. 63.

31 Lavater, a.a.O., S. 50.

32 Lavater, a.a.O., S. 166.

33 Lavater, a.a.O., S. 230.

34 Johann Caspar Lavater, *Taschenbüchlein für liebe Reisende oder Andenken,* o. O. 1790, zitiert nach: ders., *Ausgewählte Werke,* hg. E. Staehelin, Bd. 3, Zürich 1943, S. 260.

35 Lavater, *Reise* . . ., S. 96.

36 Lavater, a.a.O., S. 98.

37 Knigge, a.a.O., S. 66 f.

38 Knigge, a.a.O., S. 27.

39 Lavater, *Reise* . . ., S. 21.

40 Vgl. Lavater, *Lied eines Schweitzers über die französische Revolution,* in: *Ausgewählte Werke,* hrsg. E. Staehelin, Bd. 4, Zürich 1943, S. 2-6 und 11-14 bzw. 15.

41 Lavater, *Reise* . . ., S. 212.

42 Lavater, a.a.O., S. 339 f.

43 Vgl. immerhin Knigge, a.a.O., S. 135, und Rebmann, a.a.O., S. 79.

44 Werner Sombart, *Der Moderne Kapitalismus,* 4. Aufl., Bd. II/1, München und Leipzig 1921, S. 259 ff.

45 Sombart, a.a.O., S. 261.

46 Sombart, a.a.O., S. 262.

47 Vgl. Heinrich von Stephan, *Das Verkehrsleben im Altertum,* in: ders., *Das Verkehrsleben im Altertum und im Mittelalter,* hg. Gottfried North, Goslar und Braunschweig 1966 (zuerst 1868).

48 Vgl. etwa die Schilderung der Überfälle des Schinderhannes und der Mersener Bande auf Kaufleute in: B. Becker, *Actenmäßige Geschichte der Räuberbanden an den beyden Ufern des Rheins.* Erster Theil. Enthaltend die Geschichte der Moselbande und der Bande des Schinderhannes, Cöln 1804, No. 2, S. 24 f. sowie (Anonym.), *Actenmäßige Geschichte der Räuberbanden an den beyden Ufern des Rheins.* Zweyter Theil. Enthaltend die Geschichte der Brabäntischen, Holländischen, Mersener, Crevelder, Neußer, Neuwieder und Westphälischen Räuberbande; aus Criminal-Protokollen und geheimen Notitzen des Br. Keil, ehemaligen öffentlichen Anklägers im Ruhr-Departemente, zusammengetragen von einem Mitglied des Bezirksgerichts in Cöln, Cöln 1804, S. 94 ff.; vgl. ferner: Günther Kraft, *Historische Studien zu Schillers Schauspiel »Die Räuber«. Über eine mitteldeutsch-fränkische Räuberbande des 18. Jahrhunderts,* Weimar 1959.

49 Vgl. Heinrich Stephan, *Geschichte der preußischen Post von ihrem Ursprunge bis auf die Gegenwart,* Berlin 1859, S. 269 f.

50 Vgl. Woldemar Friedrich Graf von Schmettau, *Über Straßenräuberei und Unsicherheit der Landstraßen,* in: *Kleine Reisen. Lektüre für Reise-Dilettanten,* Hrsg. Hans Ottokar Reichard, Bd. 6, Berlin 1789, S. 166 (Auszug aus der Göttinger Akademiepreisschrift: *Welches sind die leichtesten, sichersten und wohlfeilsten Mittel, die Heerstraßen wider Räubereien und Gewaltthätigkeiten zu sichern?,* Hannover 1789).

51 (Anonym.), *Actenmäßige Geschichte . . .,* S. 322.

52 Sombart, a.a.O., S. 263.

53 *Preußisches Allgemeines Landrecht,* Zweiter Teil, Titel 15, Erster Abschnitt, § 2 zitiert nach: Germershausen, Seydel, *Wegerecht und Wegeverwaltung in der Bundesrepublik Deutschland und deren Ländern,* 2. Bd., 5. Aufl., bearbeitet von Ernst Anton Marschall, Köln, Berlin, München, Bonn 1961, S. 267.

54 *Preußisches Allgemeines Landrecht,* a.a.O., § 11, S. 268.

55 Anselmus Rabiosus der Jüngere (i. e. G. F. Rebmann), *Wanderungen und Kreuzzüge durch einen Theil Deutschlands,* Altona 1795, S. 73.

56 Johann Georg Krünitz, *Oekonomisch-technologische Encyklopädie oder allgemeines System der Stats- Stadt- Haus und Land-Wirthschaft und der Kunstgeschichte in alphabetischer Ordnung,* Bd. 62 und 63, Berlin 1794.

57 Hans Magnus Enzensberger, *Eine Theorie des Tourismus,* in: *Einzelheiten,* Frankfurt/Main 1962, S. 153.

58 Vgl. Georg Simmel, *Soziologie. Untersuchungen über die Formen der Vergesellschaftung,* 4. Aufl., Berlin 1958, S. 510.

59 Vgl. Helmut Peitsch, *Ansätze zu einer revolutionär-demokratischen Politisierung der Menschheitsperspektive. Georg Forsters Reisebeschreibung ›Ansichten vom Niederrhein‹,* in: Westberliner Projekt, *Grundkurs 18. Jahrhunderts,* hrsg. v. Gert Mattenklott und Klaus R. Scherpe, Kronberg/Ts. 1974, S. 218 f. (= Literatur im historischen Prozeß, Bd. 4/1), sowie Marlies Prüsener, *Lesegesellschaften im 18. Jahrhundert. Ein Beitrag zur Lesegeschichte,* in: *Archiv für Geschichte des Buchwesens* 13 (1973), und Rolf Engelsing, *Der Bürger als Leser. Die Bildung der protestantischen Bevölkerung Deutschlands im 17. und 18. Jahrhundert am Beispiel Bremens,* in: *Archiv für Geschichte des Buchwesens* 3 (1961), Sp. 205-368.

60 *Observations générales et pratiques sur les voyages par M. le Comte de Berchtold*, in: Hans Ottokar Reichard, *Guide des voyageurs en Europe*, Bd. II, Seconde partie, Weimar 1793, S. 27.

61 Reichard, *Guide* . . ., S. 49.

62 Vgl. Berchtold, *Observations*, S. 28.

63 Leopold Graf Berchtold, *Anweisung für Reisende*, aus dem Engl. übers.; Hrsg. J. J. Bruns, Braunschweig 1791 (usprgl.: *Essay to direct and extend the Inquiries of patriotic Travellers*, London 1789).

64 Berchtold, *Observations* . . ., S. 17.

65 Vgl. Anton Friedrich Büsching, *Beschreibung seiner Reise von Berlin nach Kyritz in der Prignitz*, Leipzig 1780, S. 328 ff.

66 Vgl. August Ludwig Schlözer, *Briefwechsel meist statistischen Inhalts*, I. Stück, Göttingen 1775.

67 Artikel *Reisen*, in: *Großes Universal-Lexikon aller Wissenschaften und Künste, welche bishero durch menschlichen Verstand und Witz erfunden wurden*, Leipzig und Halle 1732-1750, Bd. XXXI (1742), Sp. 380; ähnlich auch Berchtold, *Observations* . . ., S. 28.

68 Nicolai, *Beschreibung* . . ., Bd. X, Berlin und Stettin 1795, S. 114.

69 Anton Friedrich Büsching, *Beschreibung seiner Reise von Berlin über Potsdam nach Rekahn unweit Brandenburg, welche er vom dritten bis achten Junius 1775 gethan hat*, 2. stark vermehrte Ausg., Frankfurt und Leipzig 1780, S. 5.

70 Nicolai, *Beschreibung* . . ., Bd. I, Berlin und Stettin 1783, S. IX.

71 Berchtold, *Observations* . . ., S. 46.

72 Vgl. Pitirim A. Sorokin, *Sociocultural Causality, Space, Time*, 2. Aufl., New York 1964, S. 97 ff., insbesondere S. 144 ff. Zur Raumaufteilung in unmittelbaren Interaktionen vgl. Sherri Cavan, *Liquor License. An Ethnography of Bar Behavior*, Chicago 1966, S. 88 ff.; Nancy Jo Felipe / Robert Sommer, *Invasion of Personal Space*, in: *Social Problems* 14 (1966), S. 206-214; Robert Sommer, *Sociofugal Space*, in: *The American Journal of Sociology*, 72 (1967), S. 654–660; Philip D. Roos, *Jurisdiction. An Ecological Concept*, in: *Human Relations* 21 (1968), S. 75–84; Miles Patterson, *Spatial Factors in Social Interactions*, in: *Human Relations* 21 (1968), S. 351–361; Robert Sommer, *Personal Space: The Behaviorah Basis of Design*. Englewood Cliffs/N.J. 1969.

73 Homer, *Odyssee*, übers. von Johann Heinrich Voß, bearb. E. R. Weiß, Berlin und Leipzig o. J., S. 7.

74 Johann Kaspar Riesbeck, *Briefe eines reisenden Franzosen über Deutschland an seinen Bruder in Paris*, Hrsg. Wolfgang Gerlach, Stuttgart 1967, S. 11 f. (zuerst: Zürich 1783).

75 Vgl. Johann Gottfried Seume, *Spaziergang nach Syrakus im Jahre 1802*, in: ders., *Prosaschriften*, Darmstadt 1974, S. 188 und 340 (zuerst 1803).

76 Reichard, *Guide* . . ., S. 56.

77 Norbert Elias, *Die höfische Gesellschaft. Untersuchungen zur Soziologie des Königtums und der höfischen Aristokratie*, 2. Aufl., Darmstadt und Neuwied 1975, S. 98.

78 Elias, a.a.O., S. 158.

79 Immanuel Kant, *Kritik der reinen Vernunft*, in: *Werke*, hg. W. Weischedel, Bd. II, Darmstadt 1963, A 374, S. 379.

80 Vgl. Heinz Heimsoeth, *Der Kampf um den Raum in der Metaphysik der Neuzeit*, in: *Studien zur Philosophie Immanuel Kants. Metaphysische Ursprünge und ontologische Grundlagen*, Köln 1956, S.Köln 1956, S. 93-124 (= Kantstudien.

Ergänzungshefte 71), sowie Friedrich Kaulbach, *Die Metaphysik des Raumes bei Leibniz und Kant,* Köln 1960 (= Kantstudien. Ergänzungshefte 79).

81 Vgl. Paul Tillich, *Der Widerstreit von Zeit und Raum,*in: *Auf der Grenze. Aus dem Lebenswerk Paul Tillichs,* München und Hamburg 1962, S. 153–162.

82 Vgl. Nicolai, *Beschreibung . . .,* Bd. II, Berlin und Stettin 1783, S. 411.

Hans Joachim Piechotta

Erkenntnistheoretische Voraussetzungen der Beschreibung: Friedrich Nicolais Reise durch Deutschland und die Schweiz im Jahre 1781

Einleitung

Ein »Monsterwerk«, wie ein neuerer Biograph anmerkt, ist Gegenstand des vorliegenden Aufsatzes. Es handelt sich um die zwölfbändige *Beschreibung einer Reise durch Deutschland und die Schweiz im Jahre 1781. Nebst Bemerkungen über Gelehrsamkeit, Industrie, Religion und Sitten* des Berliner Aufklärers Friedrich Nicolai. Zunächst interessieren an diesem Projekt, das Nicolai in den Jahren 1783 bis 1796 publizierte, weniger die empirischen Reisedaten, der Verlauf der Reise selbst, deren einzelne Stationen zumindest der Leser auch in diesem Aufsatz kaum behandelt finden wird, als vielmehr die organisierenden Erkenntnisprinzipien, die der Autor den Gegenständen der Erfahrung zu applizieren sucht; »Industrie, Gelehrsamkeit, Sitten« usw. sind zugleich als durchaus praktische Kategorien zu interpretieren, wobei anzumerken ist, daß ihr vernunftkritischer Anspruch wesentlich weiter als auf die sorgfältige Vereinheitlichung der Wirklichkeit zielt. Diese im Verlauf der Erörterung allerdings mehr und mehr problematisch werdenden Einzelinstanzen zur Homogenisierung mannigfaltiger Erscheinungen müssen bei näherer Betrachtung als bloßes Derivat der einen grundlegenden Kategorie bestimmt werden, welche als Überzeugung der immer schon vorausgesetzten Einheit von Bewußtsein und Gegenstand die Nicolaische Reisebeschreibung in entscheidender Weise prägt. Tatsächlich – und das mag die hiermit bezeichnete Identitätskonstruktion Nicolais zunächst stützen – kann es einer methodisch bewußten Aufarbeitung der auf der Reise gesammelten Erfahrungen nicht darum gehen, Wahrnehmungen, disparate Beobachtungen entweder bloß zu reproduzieren oder ihnen ein »an der Wirklichkeit« bemerktes, äußerliches Strukturschema unterzulegen; wie Nicolai kommt es auch den avanciertesten Vertretern der Reisebeschreibung im 18. Jahrhundert darauf an, die subjektive Bestimmtheit von Wirklichkeit im Sinne der Identität zwischen einem allgemeinen Ich und dem Gegenstand zu thematisieren. Von diesem Standpunkt aus rechtfertigt sich nicht nur das praktische Interesse, das wir an den obengenannten Kategorien feststellten, sondern auch unsere in diesem Band versuchte Beschäftigung mit Produktionen, deren Aussagen über dem theoretischen Niveau eines naiv-rationalistischen oder empiristischen Wirklichkeitsverständnisses zu liegen scheinen. Um so mehr führen die in der Nicolaischen Reisebeschreibung vorliegenden Resultate seine erkenntnistheoretischen und logischen Prämissen ad absurdum, denen zufolge auch der zeitgenössische Leser etwas anderes als die teils völlig disparate Flut von Einzelinformationen, Statistiken, ermüdenden Auseinandersetzungen des Autors mit seinen Kritikern usf. hätte erwarten dürfen. In der Tat setzt sich ein Großteil der Reisebeschreibung Nicolais aus eben jenen belanglosen, aneinandergereihten Faktizitäten zusammen, die ihr von der Notwendigkeit strengster Systematisierung überzeugter Kommentator von vornherein distanziert haben wollte. Dieser eigentümliche Umschlag eines an der völligen Subsumtion von Mannigfaltigem unter vorausgesetzte Zwecke orientierten Identitätsprinzips in sein Gegenteil – das unendlich monotone Chaos von geographischen Messungen, technischem Detailwissen, demographischen Aufzählungen, intrikaten seitenlangen Anmerkungen und Korrekturen all dieser Momente – ist das Thema dieses Aufsatzes.

Wiewohl der Bruch zwischen vernünftigen Dispositionen und dem schließlich in der Beschreibung sich durchsetzenden empirischen Material es überflüssig erscheinen läßt, die fünf- oder sechstausend Seiten des Nicolaischen Werkes zusammenfassen zu wollen, mag eine kurze Information vorausgeschickt werden; Nicolai unternahm seine Reise mit seinem ältesten Sohn von Mai bis November 1781. Die Route führte von Berlin über Wittenberg, Leipzig und Jena nach Franken und Österreich, von Bayern aus ins Elsaß nach Hessen, Hannover und Braunschweig. Der Bericht selbst endet im 12. Band mit der Beschreibung St. Blasiens.

Wenn wir die Aufzählung dieser bewältigten Reisestationen

auf die Perspektive der vorliegenden Arbeit zurückführen, so wäre abschließend darauf hinzuweisen, daß gerade Nicolais vielfach begegnender Versuch, eigene Intentionen hinter einer ungeheuren Masse von objektiven Fakten und abgehandelten Weltgegenden zu verbergen, daß die Integration von Wirklichkeit in einen Schematismus rationaler Zwecke und Ordnungssysteme dem erkenntnistheoretischen Ansatz die Legitimität einer Frage verleiht – der Frage nach dem Zustandekommen jenes bemerkenswerten Widerspruchs zwischen den in der Nähe eines Affektionsmodells empiristischer Prägung und identitätsphilosophischer Konstruktionen stehenden Prämissen der Reisebeschreibung. Indem es darum geht, gewissermaßen die allgemeinste Bewegung des Nicolaischen Denkens zwischen Vernunftdogmatismus und krudester Empirie herauszuarbeiten, könnten die damit notwendig verbundenen Abstraktionen der Argumentation im Hinblick auf die hier versuchte systematische Kritik verständlich werden.

I. Konstruktion abstrakter Identität

»Ein jeder Reisender sollte, ehe er die Reise antritt, den Zweck derselben wohl überlegen und festsetzen; denn wer alles sehen und thun will, sieht und thut nichts. Freylich kann alles für einen denkenden Mann sehenswürdig seyn, aber wenn er sich nicht zu sehr zerstreuen, und eine beschränkte Zeit gut eintheilen will; so muß er, was ihm nicht dienet lieber ganz weglassen, und sich auf das einschränken, was seinem Zwecke gemäß ist. Wenn derjenige, welcher reisen will, um Ackerbau und Manufakturen kennen zu lernen, Gemäldesammlungen sieht, wovon er vorher keine Kenntniß hatte; wenn der Maler und Kunstliebhaber, Naturalienkabinette besieht, ohne die Naturhistorie zu verstehen; und wenn der Kenner der Naturhistorie zu Soldatenmanövern reitet, ohne zu wissen, was Taktik ist: so können alle diese Reisende wohl mit Dingen solcher Art ihre Zeit ganz angenehm hinbringen, werden aber keinen Nuzzen von ihrem Angaffen haben, und vielmehr, wenn ihnen nicht etwan sehr viel Zeit zu ihrer Reise übrig ist, dadurch abgehalten werden, Dinge zu betrachten, die ihnen wirklich nützlich gewesen seyn würden.«[1]

Gegen die allerdings problematische Annehmlichkeit des »Angaffens« und »Zerstreuens« als unmittelbare Wahrnehmung einer dem gedankenlosen, teils auf »unüberlegte[n] Reisen ins Ausland«[2] sich verzettelnden Reisenden gegenüberstehenden chaotischen Mannigfaltigkeit von Welt setzt Nicolai die Festigkeit des teleologisch bestimmten Zwecks (Deutschland kennen zu lernen), die Orientierung des an einzelnen Gegenständen sich abarbeitenden Bewußtseins auf ein allgemeines »Ende«, welches sich den Anfang der Reise und den gesamten Weg möglicher Erfahrung von vornherein unterwirft. Als implizit teleologisches Moment nämlich, mit dem die Reise als durch das vorausgesetzte Ziel vollständig determiniertes Geschehen erscheint, tritt der Zweck hier als Ursache (causa finalis), zugleich als Postulat der Homogenität von zeitlich wie interessenmäßig gebundenem Bewußtsein und Wirklichkeit auf. In dieser rein *endlichen* Bestimmung des Bewußtseins, der Beschränkung durch »Zeit« und Kapazität spezialisierten Wissens (»Ackerbau und Manufaktur«, »Maler und Kunstliebhaber«, »Kenner der Naturhistorie« etc.) jedoch liegt, daß der Zweck als die vom äußerlichen Dasein zunächst geschiedene subjektive Voraussetzung allen sinnvollen Handelns auf die Empirie, d. h. das Gegenteil von Willensfreiheit und Praxis, reduziert wird und einerseits die Differenz aufgibt, andererseits aber, indem seine Unmittelbarkeit zur ausschließenden Allgemeinheit erhoben wird, gerade damit *Herrschaftswillen* verkörpert. Indem Nicolai sich in die Abhängigkeit von empirischen Bedingungen begibt und diese in ihrer fast *unterschiedslosen Beliebigkeit* – denn nichts anderes drückt sich im äußerlichen Dasein aus – dem Motiv der Reise überordnet, kehrt seine Programmatik des Zwecks zu dem von ihr ausdrücklich verworfenen Ausgangspunkt der unmittelbaren Wahrnehmung zurück, zur ziellosen Zwecklosigkeit, aus welcher das Bewußtsein nur mit Hilfe des *Willküraktes* der Erklärung partikularer Interessen, zufälliger Meinungen und unmittelbarer Bedürfnisse zum Allgemeinen heraustreten kann. Der subjektive Zweck bzw. *das Motiv* als Ausdruck der Entscheidungsfreiheit zwischen zumindest zwei Möglichkeiten verformt sich unter der Prämisse endlicher Bestimmungen, welche das Motiv auf Empirie fixieren bzw. letztlich zum Mittel *anderer*, gerade im »Weglassen des Undienlichen« sich durchsetzender unlauterer Absichten machen, in die Anerkennung des Sinnlichen als die das Motiv von außen her einzig diktierende Ursache. Doch zugleich vermag diese am Begriff des »endlichen« Zwecks demonstrierte, vom aufgeklärten Bewußtsein ignorierte Bewegung: Zerstörung des Motivs und

Rückkehr zur Unmittelbarkeit den einmal gefaßten Vorsatz Nicolais, an der zwar willkürlichen, aber zur ebenso unumstößlichen Notwendigkeit erklärten Selektion von Reiseerfahrung, am »Weglassen« des »Undienlichen«, »Unzweckmäßigen« und »Unnützen« festzuhalten, nicht völlig aufzuheben; im bornierten Beharren auf dem *formalen* Zweck, der sich seine Intentionen und deren »Übersetzung in die Objektivität« von der Empirie, d. h. dem Zufälligen, *Partikularen* vorschreiben läßt, konstruiert das Bewußtsein *abstrakte Identitäten*, die eben jene Partikularitäten reproduzieren und Objektivität dem »Raster« eines blinden, seines Widerspruchs nicht bewußten, *normativen Denkens*, »Überlegens« und »Festsetzens« unterwerfen. Was gegen chaotische Mannigfaltigkeit zur Absicherung der Möglichkeit von Erfahrung gewendet wurde, der endliche, ins formale Wollen übergehende Zweck, stellt sich auch von dieser Seite her als Herrschaft dar, die die Identität von Denken und Sein, Theorie und Praxis nicht mehr entwickelt, sondern abstrakt als immer schon *vollendete*, weil unmittelbar gegebene voraussetzt. Indem der endliche Zweck (bzw. der formale Wille) einerseits in der Unmittelbarkeit empirischer Fixierung befangen ist, aus deren willkürlicher Verabsolutierung er die eigenen Herrschaftspositionen bezieht, andererseits also stets »bei sich« zu bleiben sucht, geht es ihm in diesem Zusammenhang schon nicht mehr um das Problem der »Zweck*mäßigkeit*«, der notwendigen Annahme einer *Analogie* zwischen zweckgerichtetem menschlichen Handeln und »gerichteter« Organizität einer »verläßlichen« Natur, also um die Auswahl der geeigneten Mittel zur Erreichung des eigentlichen subjektiven Ziels und ihren in Rücksicht auf Gegenständlichkeit vorgenommenen Gebrauch – erscheinen diese doch in bloßer, *differenzloser Einheit*, die sich auf »Gegenstände«, d. h. den Unterschied, als bereits in ihrem Geltungsbereich befindliche Bestimmungen bezieht: Unter dieser Voraussetzung der abstrakten Identität von partikularen Zwecken und selegierter Wirklichkeit führt Nicolais gewiß nicht naiver Versuch, über die Bestimmung des an den Zweck geknüpften *Nutzens* bzw. der *Gemeinnützigkeit* den allgemeinen, objektiven Charakter seines Denkens zu belegen, wiederum zu leeren Abstraktionen, deren Wahrheit außer jeder Diskussion steht. Wie oben dient dabei gerade die

»schlagende«, unmittelbare *Evidenz* des Nützlichen, d. h. die der aus dem endlichen Zweck notwendig resultierenden Unmittelbarkeit empirischer Fixierung korrespondierende, höchst fragwürdige »Sicherheit« eines Affekts, als Nachweis:

»Die Gemeinnützigkeit eines solchen Werk's [d. Reisebeschrbg. d. Verf.] fiel mir freilich gar sehr in die Augen.«[3]

»Selbst das Publikum in Nürnberg [. . .] scheint nach näherer Überlegung mir die Gerechtigkeit widerfahren zu lassen, daß ich Wahrheit und Gemeinnützigkeit [. . .] zum Zwecke hatte.«[4]

Waren »Zweck«, »Zweckmäßigkeit«, »Nutzen«, die gegen »Zerstreuung« ausdrücklich gewendeten Intentionen reflektierter Welt- und Reiseerfahrung noch als Ausdruck der erkenntnistheoretisch und geschichtsphilosophisch ausdeutbaren Einsicht in den Konstitutionscharakter von unmittelbarer Wahrnehmung einerseits, Geschichtlichkeit von Bewußtsein und motiviertem Handeln andererseits zu werten (»[. . .] wer alles sehen und thun will, sieht und thut nichts«), so zeigt sich hier in den auf Unmittelbarem aufbauenden Formulierungen (»[. . .] fiel mir freilich gar sehr in die Augen«; »[. . .] mir die Gerechtigkeit widerfahren[!] zu lassen«), daß dieses zu Recht auf allgemeinen Voraussetzungen insistierende Bewußtsein in ein Affektionsmodell zurückgefallen ist: Indiz für die hin- und hertaumelnde Bewegung des Reisenden Nicolai zwischen quasirationalistischen Identitätskonstruktionen und Empirismus. Diese Bewegung wird an der Erörterung des Vernunft- und Wahrheitsbegriffs Nicolais deutlicher hervortreten. Denn tatsächlich ist sich Nicolai bei seinem Versuch, das Bewußtsein an bestimmte endliche Voraussetzungen zu binden, der Kritik an Konstruktionen rein individueller, *nichtidentischer Bestimmungen,* etwa im Sinne disparater Eindrücke, nicht bewußt; dies meint, daß seine Setzungen normativer zweckrationaler Denk- und Erfahrungsregeln eben nicht der Reflexion auf die vorgängige »Formierung« des Erfahrungsmaterials genügen, der Erkenntnis nämlich, daß schon die einfachste Empfindung, will sie nicht unterschiedslos in einem beständigen Chaos von Sinneseindrücken verbleiben, differenzbildenden Voraussetzungen im Bewußtsein unterworfen sein muß, die überhaupt erst einen identischen Gegenstandsbereich, die Isolierung eines einzelnen Gegenstandes aus dem sinnlichen Totalzusammenhang, konstituieren können. Gerade die

Furcht vor dem Einbrechen des Nichtidentischen und die Ignoranz gegenüber dem Differenzgedanken, der selbst natürlichem Bewußtsein und unmittelbarem Handlungssinn vorgeordnet ist, bestimmen Nicolais Anstrengung, im endlichen Zweck Erfahrung abzusichern.

Was anhand des Zwecks und des Begriffs der Zweckmäßigkeit bei Nicolai als Regression des Bewußtseins zur abstrakten Identität eines Wirklichkeit eingrenzenden, normativen Denkens beschrieben wurde, bestimmt sich im Hinblick auf den Gegenstand *Reise* als der Versuch, konkrete *Erfahrung*, besonders die Erfahrung der *Bewegung*, zu distanzieren. Unter dem Primat starrer Zwecke stehend, dient die Erfahrung von Welt lediglich der *Bestätigung* des engen Horizonts eines Mannes, dem das Verständnis für Emotionalität und abweichende Verhaltensweisen um so mehr fehlen mußte, als die Aporien seines Denkens in Form der ständig neuen Bedrohung durch das von ihm ausgegrenzte »Undienliche«, »Unnütze«, hervortraten. Martin Sommerfeld[5] erwähnt im gleichen Zusammenhang einen Brief Nicolais an Iselin vom 26. 11. 1768, in dem Nicolai bekennt, daß auch er bisweilen »einen lebhaften Fluß von Vorstellungen ohne Ordnung und Beziehung« empfinde, den er durch ein »niederschlagend Pulver« zu beruhigen suche.[6] Indem die vorausgesetzten Zwecke, Nicolais Anspruch nach, durch Erfahrungen prinzipiell nicht veränderbar sind, erscheint die Reise zunächst als Medium und Informationsträger stets gleicher Gegenstände:

»Gelehrsamkeit, Industrie, Religion und Sitten«, wie es im Untertitel der Reisebeschreibung heißt. Oder noch bestimmter in der Entgegnung auf die Kritik eines »gewisse[n] Exjesuit[en] P. Andres in Würzburg«[7] an der vorgeblichen Unverhältnismäßigkeit Nicolaischer Religionskritik: »Es ist aber sehr ungereimt, zu sagen, der Hauptplan meiner Reisebeschreibung gehe auf den Katholizismus. Jeder vernünftige Leser muß sehen, daß ich mein Hauptaugenmerk [. . .] auf den wahren Zustand der Länder, auf Industrie, Manufakturen, auf Künste, auf Gelehrsamkeit, auf Sitten, gerichtet habe . . .«[8]

Unabhängig davon, inwieweit sich innerhalb der identischen Konstruktionen Nicolais »andere« Intentionen, wie oben bemängelt, durchsetzen, ist festzuhalten, daß sowohl der »Hauptaugenmerk« (!) als verräterische Programmatik einer wiederum an der Unmittelbarkeit des Gesehenen fixierten, gleichwohl wesentlichen »Hauptsache« wie auch die Formulierung des »wahren *Zustand*[s]« die Ausrichtung von Erfahrung auf gewissermaßen »festgeschriebene« vereinzelte Gegenstandsbereiche beinhalten. Dieser normativen Weltsicht gegenüber muß die »disziplinlose« Bewegung des Reisenden, die Fahrt des Abenteurers[9] ins Offene, noch nicht subsumierte »Fremde«, nicht nur als eine irrelevante Angelegenheit, sondern als ein verantwortungsloses Risiko, als das *Schädliche* schlechthin erscheinen, wie umgekehrt eine reflektierte, arbeitsame *Häuslichkeit*[10], die sich der Resultate ihres Schaffens stets sicher ist, zum positiven Bild stilisiert wird: Eine eigenwillige, selbst kleinere Details prägende Metaphorik des »behausten Zustandes«, dem neue Erfahrungen ebenso fremd sind wie Bewegungen, gesellschaftliche und psychologische Entwicklungen, durchzieht die gesamte Reisebeschreibung. Wie in der lakonischen Anmerkung über einen Nürnberger Privatastronomen versucht diese Metaphorik, den mit wahrhaft »gefährlichen« Vorstellungen belasteten Gegenständen, welche, wie hier, dem neugierigen Bewußtsein das Bild grenzenloser Räume, die Chimäre von der Fremdheit eines unerschlossenen Alls aufdrängen könnten, jegliche Faszinationskraft zu entreißen; kurz: »Der bekannte Herr D. Kordenbusch observirt sehr fleißig in seinem eigenen Hause.«[11]

In diesem Satz steht das Motiv des Hauses, aus dessen Sicherheit heraus Beobachtungen gewagt werden, als eine Denkfigur abstrakter Identität gegen die bewegten Bilder »inferiorer« (Reise-)Erfahrung; Reisen aber heißt, zumindest über die Schwelle des eigenen Hauses treten – und woran besser als an einem, das wesentlich Bewegung, Erfahrung, d. h. Problematisierung eigenen Selbstverständnisses ist, läßt sich dieser Konflikt zwischen abstrakter Identität und Nichtidentischem explizieren? Da die Erfahrung nur in Form der Synthese von starrer Prämisse und subsumiertem Gegenstand – im emphatischen Sinne einer bereits vollzogenen »Versöhnung« von Vernunft und Sinnlichkeit – auftauchen soll, lautet also das eigentliche große Thema der Nicolaischen Beschreibung: *Wie ist unter der Voraussetzung des Reisens ein Zuhausebleiben möglich?*

»Ich wollte auf dieser Reise auch einen *Wegmesser* haben, ein Instrument, das billig jeder Reisende, der mit eigenem Wagen reiset, haben sollte. Mit einer geringen Mühe kann man dadurch der Geographie nützlich werden; und wenn oft wiederholte Messungen dieser Art geschähen, würden wir von den Entfernungen der Oerter und folglich von der Größe der Länder richtigere Begriffe bekommen, als aus den meist noch sehr unvollkommenen Karten. [. . .] Ich zog nun Herrn Catel zu Rathe, einen Kaufmann, der eine treffliche mechanische Erfindungskraft hat. [. . .] Herr Catel hatte die Gefälligkeit, für mich ein neues Instrument dieser Art zu erfinden [. . .]. Dieses Instrument hat seinem Endzwecke sehr genau entsprochen.«[12]

Der Catelsche Wegmesser, ein Instrument, das Nicolai vor Beginn seiner Reise an der Hinterachse seines Reisewagens anbrachte (siehe die Grafik), scheint noch am ehesten der Forderung nach Wahrnehmung des Bewegungsmomentes in der Reise zu entsprechen; präzise notiert der Wegmesser die zurückgelegten Distanzen und selbst die dem eigentlichen Zweck mehr abträglichen »Stöße auf steinigten Wegen«[13] sowie die »Ungeschicklichkeit der Werkleute, die ihn unterwegs reparieren sollten«[14], registriert er auf seine Weise, indem er hin und wieder zerbricht und den Reisenden Nicolai in nicht unbeträchtliche Verlegenheit hinsichtlich des tatsächlich bewältigten Weges setzt. Doch so wenig wie der Wegmesser die konkrete Erfahrung von Wirklichkeit für das Subjekt ersetzen kann, indem er die Gegenstände als fremde, unterschiedslose Dinge passieren lassen muß, so wenig reagiert die gleichgültige Mechanik auf das, was *zwischen* den durch eine bestimmte Umdrehungsanzahl bedeuteten Distanzpunkten auf der Landkarte tatsächlich vorliegt. Die resultierende Strecke ist durch die zwei Punkte und die Entfernungsangabe hinreichend bestimmt, so daß das Zustandekommen einer jeweiligen Distanz, mögliche Umwege und Hindernisse, die auch Gegenstand »nützlicher Geographie« sind, notwendig herausfallen: Gerade das exakte Konstatieren vorgefundener Distanzen, unabhängig von der besonderen Beschaffenheit des Wegs und des Zielorts, überläßt ihre Überwindung in der Bewegung von Stadt zu Stadt dem Zufall; der Catelsche Wegmesser als Meßinstrument, mit dem die Reise auf die abstrakte Kategorie der Distanz hin bestimmt und Erfahrung auf die gleichmäßig umgehenden Zeiger seiner Sichtskala projiziert werden, genügt nicht der Bewegung, sondern allenfalls dem sich Bewegenden, der seine Befriedigung in der korrekten

Taf. IV.

Abbildung des von Herrn Catel, 1781. erfundenen Wegmessers.

Fig. 1.

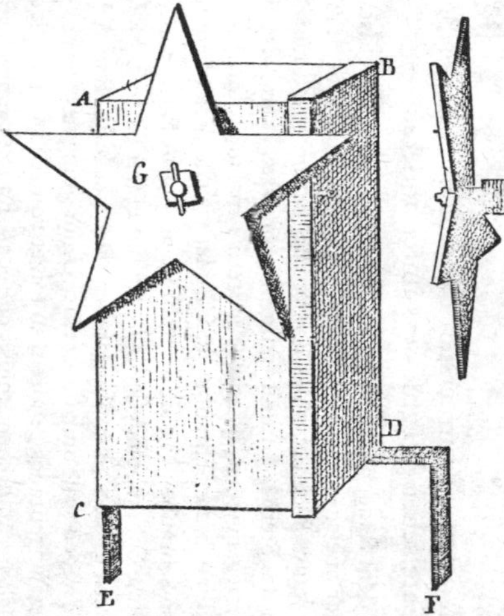

Fig. 2.

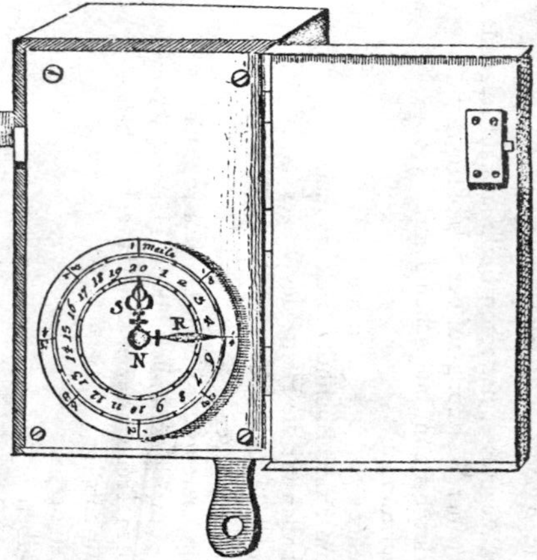

Fig. 3.

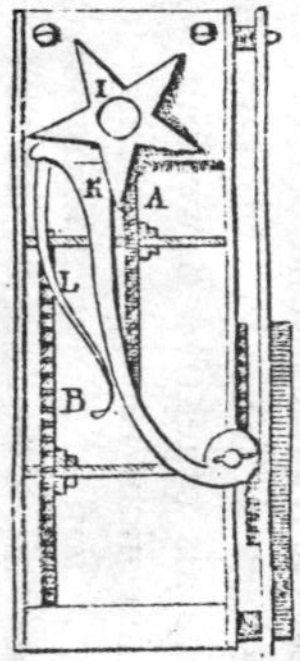

F. C. Catel. inv. et del.

Zu Nicolai R. B. Ir Theil. Beil: I. 1. S. 19.

Wiedergabe von Entfernungen, vor allem der Funktionsweise des Gerätes selbst zu finden scheint – »Bewegung« tritt auf irgendwo zwischen Hosenbund und der »Gegend des Knies«: Der Wegmesser erfüllt die Erfordernisse des Reisenden, nicht die der Reise als objektive Bewegung oder, präziser, eines Reisenden, der nicht reist. Im Auseinanderfallen von Objekt und Subjekt, dem die Vermittlung zwischen der inneren Sphäre seiner vom Zweck und Nutzen lebenden Freiheit und »äußerer« Wirklichkeit nicht gelingt, realisiert sich das Nicolaische *Reiseparadoxon*.

»Mein Wegmesser hatte von Berlin aus auf folgende Art gezeigt

Von meiner Wohnung auf der Schloßfreyheit in Berlin, bis zum Hallischen Thore	$^{5}/_{16}$ Meil.
Bis Saarmund	$4\,^{1}/_{8}$
Bis Belitz	$6\,^{6}/_{32}$
Bis zum Dorfe Buchholz (welches man gewöhnlich für die Hälfte des Weges zwischen Belitz und Treuenbriezen hält)	$7\,^{15}/_{32}$
Bis Treuenbriezen	$8\,^{25}/_{32}$
Bis zum ersten sächsischen Dorfe Kroppstädt, welches man gewöhnlich für die Hälfte des Weges zwischen Treuenbriezen und Wittenberg hält	$11\,^{1}/_{4}$
Bis Wittenberg	$13\,^{18}/_{64}$
Bis Kemberg	$14\,^{26}/_{32}$
Bis Düben	$18\,^{28}/_{32}$
Bis zum Dorfe Pretz	$20\,^{1}/_{2}$
Bis Leipzig	$22\,^{12}/_{32}$.«[16]

In der Beilage zum ersten Band heißt es in der Beschreibung des Catelschen Wegmessers unter anderem:

»An dem Rade, hinter welchem die Maschine befestigt ist, befindet sich an einer Speiche ein eiserner Stift, (*) in solcher Höhe, daß er den Stern fassen kann. Wenn also das Rad einmal herum gehet, faßt der Stift einen Flügel des Sternes G, und treibt ihn vorwärts. Wenn also das Rad 5 mal herum gegangen ist; hat sich der Stern 1 mal um seine Axe gedrehet, und folglich auch die Schraube ohne Ende, welche daran befestiget ist.

Diese Schraube ohne Ende greift in ein Rad A Fig. 3 von 40 Zähnen. Da nun diese Schraube bey jeder Umdrehung nur einen Zahn fasset, so muß der Stern G sich 40 mal umdrehen, wenn sich das Rad A [. . .] um seine Axe bewegen soll; und, da zu einer Umdrehung des Sternes 5 Umdrehungen des Wagenrades gehören, so folget von selbst, daß sich das Wagenrad 200 mal herumdrehen muß, ehe das Rad A einmal um seine Axe kömmt.«[17]

Die Subsumtion von Welt unter die Beziehung von jeweils zwei entfernten Punkten, mit denen das »Dazwischenliegende« negiert und zugleich die Forderung nach »richtigeren Begriffen« ad absurdum geführt wird, enthält wiederum einen Widerspruch, an dem die Forderung Nicolais nach »geographischer Nützlichkeit« scheitert. Denn dies abstrakte Verhältnis von Punkt zu Punkt, ausgedrückt in Meilen, wird selbst insofern beliebig, als es hier letztlich zu nichts anderem dient, als die (in langatmigen historischen Exkursen untermauerte) Funktionstüchtigkeit des Catelschen Wegmessers, seinen Vorzug vor anderen ähnlichen Meßgeräten, zu beweisen.[18] Indem die räumliche Beziehung ihrer wenigstens noch auf entlegene Faktizität von Ortsnamen gerichteten Aussagekraft beraubt wird und Geltung nur im Hinblick auf den Perfektionsgrad einer Mechanik beanspruchen kann (»Es muß also, wenn der Zeiger R [. . .] einmal herumgehen soll, das Wagenrad sich $1566^{2}/_{3}$mal um seine Axe drehen« etc., ebd.), wird noch einmal von Geographie abstrahiert; an die Stelle bestimmter Distanzen zwischen bestimmten »Örtern« tritt die Verifikation bewegender, ineinandergreifender Zahnräder und mechanischer Transmissionen anhand beliebiger Beispiele aus beliebigen Weltgegenden. Wegmesser und objektive Bewegung setzen einander nicht voraus. Insofern hier zwischen methodischer Prämisse (Messung des Wegs) und Gegenständlichkeit keine Vermittlung stattfindet, werden die einzelnen Stationen der Reise, wie deren Bewegung selbst, zu kontingentem Dasein; dies hat Konsequenzen auch für den in seiner Isoliertheit scheinbar genau definierten »ruhigen« Endzweck, für das Abstraktum selbst – Entfernung, Größe etc. –, das, gerade weil es sich der Beziehung zu bestimmten Objekten: dem Sich-Messen an anderem – entzogen hat, in der ursprünglichen Beziehung, im Wegmesser, steckenbleibt. Geographie, Größe etc. werden ihrerseits zu unsinnigen Bestimmungen, zu Anhängseln einer funktionstüchtigen, selbstgenügsamen Mechanik. Der Versuch, die gewonnene Kategorie noch einmal zu instrumentalisieren, führt dazu, daß die Bewegung bestimmter Zeiger und Zahnräder im Innern des Wegmessers gewissermaßen als »Forderung« an das Wagenrad, sich entsprechend zu drehen, weitergereicht wird: »und, da zu einer Umdrehung des Sternes 5 Umdrehungen gehören, so folget von selbst, daß sich das Wagenrad 200 mal umdrehen muß, ehe das Rad A 1 mal um seine Axe kömmt.«[19] Die seitenlangen intrikaten Berechnungen von mechanischen Übersetzungsverhältnissen werden zum Selbstzweck und lassen, in paradoxer Verkehrung von Ursache und Wirkung, die von der Wegstrecke abhängigen Umdrehungen des Rades ihrerseits in Abhängigkeit von den Funktionsprinzipien des Catelschen Wegmessers geraten: Mit dieser auf den Kopf gestellten Beziehung wird der Wegmesser geradezu zur Bedingung der Möglichkeit von Entfernung – wird die Wissenschaft Geographie, legitimerweise vergleichbar jenem Zeiger, »der bei jeder Meile wieder auf 0 zu stehen kömmt«, zur Messung der Entfernung zwischen Nichts und Nichts.

»Auch ist es sehr nöthig, daß Niemand eine beträchtliche Reise ganz *unvorbereitet* antrete. Wer an einen Ort kommt, und von demselben weiter nichts weiß, als was ihm etwa die gewöhnlichen Cicerone, die Miethlakaien sagen, wird oft gerade das nicht thun, *was er hätte thun sollen.* Die zu Hamburg gedruckten Europäischen Reisen sind hierinn für einen Reisenden ein sehr nützliches Handbuch, das ich auch selbst gebraucht habe. Es kann aber doch mehr, bloß dem *neugierigen Reisenden* dienen (in Sterne's Verstande), der alles, was für merkwürdig gehalten wird, die *Musterung will passiren* lassen. Wer einen *festgesetzten Zweck* hat, dem ist es nicht hinlänglich.

Ich hatte, nachdem ich den Weg, den ich nehmen wollte, festgesetzt, und die Zeit, welche zur eigentlichen Reise nöthig war, berechnet hatte, die Zeit unsers Aufenthalts an jedem Orte ungefähr bestimmt. Ich machte nunmehr ein Verzeichniß der Gelehrten und anderer merkwürdiger Personen, die wir besuchen wollten; ich zeichnete die Sehenswürdigkeiten auf, welche unserm Zwecke nach die nothwendigsten waren, und was wir sonst an jedem Orte verrichten, oder wornach wir uns erkundigen wollten. Ich bediente mich dazu nicht bloß der gewöhnlichen Handbücher; sondern mein Sohn hatte auf meine Veranlassung aus vielen Sammlungen und Büchern allerhand Art, viele Nachrichten von neueren Veränderungen und Anstalten in verschiedenen Städten und Ländern zusammen getragen, und die Bücher citiert, wo sie angezeigt werden, so daß wir im Nothfalle an Ort und Stelle weiter nachschlagen konnten. Ich hatte auch handschriftliche Anmerkungen über verschiedene beträchtliche Städte und Länder erhalten, und befragte mich mündlich über manche Sachen bey einsichtsvollen Leuten, welche ehedem gereiset waren. Nachdem ich alles dieses in Ordnung gebracht hatte, verglich ich das, was ich an jedem Orte zu verrichten hatte, mit der dazu gegebenen Zeit, und änderte diese, wo es nöthig war, ab. Da ich das Glück habe, fast in allen etwas beträchtlichen Städten Deutschlands mit Männern von Kenntnissen und Talenten in Korrespondenz zu stehen; so sah ich mir an jedem Orte vorher diejenigen Personen aus, die ich ersuchen wollte, mir vorzüglich zu meinen Zwecken behülflich zu seyn. Aus dieser Vorbereitung haben wir sehr großen Nutzen gehabt. Wir haben gewiß dreymal mehr beobachtet, als mancher anderer Reisender in eben der Zeit hätte beobachten können. An jedem Orte wo wir ankamen, lag so zu sagen *auf Einem Blatte vor uns,* was wir zu verrichten hatten; und da auch die dazu nöthige Zeit bestimmt und angemessen war, so konnte es wirklich geschehen.«[20]

Die Identität von Zweck und Welt wird strenger gefaßt; methodisches Vorgehen läßt mögliche eigene Erfahrung in Bergen von Handbüchern, Weg- und Zeitberechnungen, Korrespondenzen untergehen: Vom Schreibtisch aus wird der fragwürdige Reichtum gegenständlicher Welt entwickelt. Das rezeptive Moment in der Erfahrung tritt hinter konstitutiven Verstandesbestimmungen so weit zurück, daß »Handbücher«, Nachrichtensammlungen, Korrespondenzen nicht nur über die Auswahl der »sehenswerten« Objekte der Anschauung entscheiden, sondern, sofern diese nur in der abstrakten Identität von Zweck und Wirklichkeit Bestand haben, Objekte gewissermaßen erst »hervorbringen« bzw. in ihrem Sein negieren; so wie insbesondere die Zeitberechnungen dazu dienen, eine vordergründige Unabhängigkeit und Freiheit des Bewußtseins von den in ihrer Gleichgültigkeit gesetzten Dingen zu bezeugen, fungieren die anderen Dispositionen Nicolais, über die Vorstrukturierung des Erfahrungsmaterials hinaus, als Mittel zur *Distanzierung* der Gegenstände selbst: Ein Gelehrtenverzeichnis und die Zusammenstellung »anderer merkwürdiger Personen« abstrahieren sowohl davon, daß das Urteil der Gelehrsamkeit bzw. Merkwürdigkeit doch nur das *Resultat* der mit den konkreten Individuen gesammelten Erfahrungen und Erkenntnisse sein kann, als auch von allen anderen Menschen, die dem Reisenden notwendig begegnen.
Das abstrakte Vorverständnis davon, was dem Zwecke nach »Sehenswürdigkeit« ist, ohne es je, außer in Handbüchern, gesehen zu haben, triumphiert auch in den Situationen, wo der »Nothfall« mangelnder Orientierung eingetreten ist; ein Nachschlagen »an Ort und Stelle« verhindert, daß diese Verlegenheit in ein neugieriges Interesse gegenüber dem aus seiner

Bindung an Abstraktionen momentan entlassenen Gegenstand ausufern könnte. Während hier das Objekt der Anschauung seiner *unmittelbaren Gegenwart*, zugleich Erfahrung der Notwendigkeit zur Aufmerksamkeit gegenüber einem, *diesen* Platz und *diesen* Zeitpunkt ausfüllenden Gegenstand beraubt wird, verflüchtigt sich die Reise selbst in ein immer schon *vergangenes*, notwendig aber zum Untergang verurteiltes kontingentes Dasein, dessen Bewegung nur in einem »Sich-Einpassen« in Abstraktionen und einem spurlosen Verschwinden in demselben besteht: Die Verifikation des abstrakten Vorverständnisses anhand der Reise ist die Falsifikation der Reise. In diesem Sinne beruft sich Nicolai auf »einsichtsvolle [. . .] Leute [. . .], welche *ehedem* gereiset *waren*«[21], und dieser gleichsam programmatisch formulierten Distanzierung eigener Erfahrung entspricht, daß er die Darstellung der Beziehung zwischen möglichen Gegenständen der Erfahrung (Gelehrte, Sehenswürdigkeiten, Institutionen etc.) und methodischen Vorüberlegungen (Handbuch, Korrespondenzen, Grundrisse)[22] in der Vergangenheitsform, vor allem der Vorvergangenheit, abhandelt. Die Methode seines Vorgehens ist zugleich das Fazit.

Sowie in dieser höchst widersprüchlichen Relation, für die das eine Moment des Gegenstandes gegenüber der dominierenden rationalen Disposition des Bewußtseins in keiner Weise konstitutiv ist, setzt sich die abstrakte Ordnung des Einteilens, Festsetzens, Bestimmens über die als »Zeitvergeudung« denunzierte Erfahrung eines Fremden leicht hinweg: Auf einer anderen, von Nicolai direkt benannten Ebene grenzt sich diese Ordnung, die zum Selbstzweck geworden ist, von der Neugierde ab, wie sie »in Sterne's Verstande«[23] als Charakteristikum des Reisenden begegne. Schärfer als dies in der Anfangsreflexion Nicolais über den Zweck der Fall war, werden zwei erkenntnistheoretische Positionen, Empirismus und Rationalismus, voneinander abgesetzt. Zwar stellt auch die Neugierde, wie die Prämisse der zweckbestimmten Ordnung Nicolais, als Bereitschaft zur Rezeption von Welt eine subjektive Bestimmung des Bewußtseins dar; sie unterscheidet sich aber von der Wirklichkeit und Erfahrung restringierenden »rationalistischen« Weltanschauung zunächst darin, daß sie einerseits die sinnliche Affizierung des Bewußtseins durch

»Außenwelt« zum Prinzip ihres Wissens macht, andererseits den Blick aufs Unbekannte, Fremde, d. h. noch nicht unter den starren Schematismus Subsumierte, richtet: In der scheinbaren Unmittelbarkeit einer leeren Spontaneität des Subjekts, das sich sowohl mit den Möglichkeiten seines Heraustretens aus dem »Altbekannten« beschäftigt (dies ist sein Motiv), als auch die *bestimmte* Richtung seines Tuns, die Aufmerksamkeit gegenüber einem einzelnen Gegenstand, von Objektivität bewußt vorgeben läßt, erscheint die Neugierde als die »tabula rasa« des Empirismus: Indem Nicolai die fraglos berechtigte Kritik an dieser, dem Affektionsmodell Lockes entlehnten Annahme eines »leeren Blattes ohne Schriftzeichen« radikalisiert und dabei das Verdienst des Empirismus unterschlägt, mit der psychologischen Ausdeutung des Bewußtseins als reflektierende »Seele« die Erfahrung der in die vorgebliche Vernunftautonomie des Einzelnen einbrechenden Prozesse immerhin artikuliert zu haben, kommt er zu einer *analogen* Konstruktion; enthielt der Begriff der Neugierde nämlich das unvermittelte Gegenüber von »tabula rasa« und »Außenwelt«, und resultierte aus der Affektion durch isolierte Sinneswahrnehmungen die Schwierigkeit der Konstitution einer Allgemeinheit und Notwendigkeit aufweisenden wissenschaftlichen Erkenntnis, die sich weder ihrer »universallogischen Schlüssigkeit«[24] noch der Existenz einer identischen Objektwelt sicher sein kann, so stellt sich für Nicolai, von anderer Seite her, dasselbe Problem: Wenn das Bewußtsein nicht mehr jenes weiße Blatt Papier sein soll, sondern mit den Schriftzeichen rationaler vorgegebener Dispositionen (Zweck, Ordnung) so weit ausgefüllt ist, daß Gegenständlichkeit auf »*Einem* Blatte« [!] identischer Prämissen erscheint, erhebt sich die Frage, wie das Bewußtsein dazu kommen könne, als Ergebnis seines Denkens unterschiedene Bestimmungen, d. h. etwas anderes, als es selbst ist, zu erhalten – wie es dann noch Wissen von einem Anderen, d. h. von *Objekten*, genannt werden könne.

Nicht sowohl im Hinblick auf die oben schon ausgeführte Kritik am endlichen Zweck und der notwendigen Partikularität Nicolaischen Denkens, das von empirischen Bestimmungen ausgeht, als gerade angesichts der einseitigen Berücksichtigung der vorgeblich »rein subjektiven« Seite von Theorie und

Praxis (»An jedem Orte wo wir ankamen, lag so zu sagen auf Einem Blatte vor uns, was wir da zu verrichten hatten«[25]) wird die Konstitution von Gegenständlichkeit zum unlösbaren Problem. Es handelt sich dabei nicht um die Kritik an der Auswahl, dem »Weglassen« des Unzweckmäßigen, sondern an dem, was innerhalb des durch Auswahl hervorgebrachten identischen Bereichs noch mit dem Anspruch auf gegenständliche Wahrheit auftritt. Dies meint, daß Objektivität mit der vorausgesetzten Wahrheit des Zwecks als einer alle Unterschiede negierenden Kategorie grundsätzlich nicht vereinbar ist; daß selbst jene auf konforme Gegenstandsbestimmungen hin homogenisierte, reduzierte »Restwirklichkeit« als das letztmögliche Zugeständnis an den von der Sekundärliteratur vielfach beschworenen »Realitätssinn« Nicolais[26] an der abstrakten Identität zugrunde gehen muß oder, positiv formuliert: Das abstrakt identische Bewußtsein selbst ist alle Wirklichkeit und, im Sinne der Gleichheit mit sich selbst, die ganze und einzige Wahrheit.

II. Konstruktion reiner Identität

Die im Verlaufe der Diskussion anhand des endlichen Zwecks, der Zweckmäßigkeit, des Reisemotivs, der Erörterung des Wegmessers sowie der Konstitutionsproblematik hervorgetretenen zwei Bewegungen – Reduzierung subjektiver Bestimmungen auf Unmittelbarkeit, Evidenzen einerseits; Selektion und Entstofflichung von Gegenständlichkeit sowie Realisierung des sich selbst gleichen Bewußtseins andererseits – sind Ausdruck des Vernunft- und Wahrheitsbegriffs Nicolais. Als die aus der verborgenen Unmittelbarkeit des (endlichen) Zwecks rührende Gewißheit der Vernunft, selbst alle Wahrheit und Wirklichkeit zu sein, stellt dieses reine Identitätsdenken den eigentlichen Ausgangspunkt der Reisebeschreibung dar. Von Nicolai ebenso ignoriert wie die obengenannten Bewegungen, die sich innerhalb seiner methodischen Vorüberlegungen durchsetzen, bildet diese auf der Einheit von Wahrheit und Gewißheit gründende Ausprägung problematischer Rationalität den geistigen Hintergrund, aus dessen näherer Explikation sowohl der Sinn der abstrakt-identischen Konstruktionen als auch ihr notwendiger Zerfall, das Auseinandertreten der intendierten Einheit in unterschiedliche, radikal getrennte Momente, erhellt. Forderte schon der durch Erfahrung prinzipiell unveränderbare »Zweck« als vernünftige Programmatik des gegen jede »Zerstreuung« und Neugier energisch vorgehenden Reisenden einen Wahrheitsbegriff heraus, der sich gegen die Möglichkeit nichtidentischer Bestimmungen von vornherein abdichtet, so verwies schließlich die von Gegenständlichkeit überhaupt abstrahierende Kategorie der Distanz auf ein allumfassendes Identitätsdenken, welches, naiv und konsequent zugleich, die Einheit von Denken und Sein postuliert. Da z. B. der starre Zweck in seiner Bestimmtheit durch Objektives als ein von ihm selbst Unterschiedenes, ihm noch Gegenüberstehendes, bereits korrumpiert und angesichts dieser Differenz der steten Gefahr des Eindringens anderer, neuer Absichten ausgesetzt wäre, muß Nicolai mit der eigenen Absicht des »offenherzigen Entdeckens der Wahrheit«[27] ernstmachen: Im Beharren auf der Irreversibilität eigener Vorsätze liegt, daß Wahrheit nur unter der Voraussetzung der aufgehobenen Differenz zwischen Subjekt und Objekt, d. h. einer Einheit, in der diese beiden Begriffe nicht einmal mehr auftauchen, möglich sein könne. Die Distanzierung von Erfahrung, Bewegung, wie sie als Grundbestimmung auch der anderen Denkfiguren – Handbuch, Korrespondenz, »Häuslichkeit«, Wegmesser – begegnete, läßt nur noch den Rückzug auf die durch absolute Freiheit von den Dingen gekennzeichnete Sphäre des »reinen Bewußtseins« zu, welches sich bei Nicolai freilich bloß im emphatischen Aussprechen zweifelsfreier Wahrheiten artikuliert:

»Ein würdiger Gottesgelehrter schrieb in meines Sohnes Stammbuch: Zuwachs an Kenntniß ist Zuwachs an Schmerz. [. . .] Oft hat ein redlicher Wahrheitssucher Bekümmerniß; aber sie wird ihm belohnt, durch die vorzüglichere Kenntniß der Wahrheit, welche endlich durch fortdauerndes Untersuchen so befestigt wird, daß vor ihr alle Zweifel verschwinden.«[28]

Betonte die kritische Aussage des Theologen den Differenzgedanken in dem Sinne, daß das Heraustreten des natürlichen Bewußtseins aus seiner Unmittelbarkeit mit dem stetigen Aufbrechen des Gegensatzes von Theorie und Praxis, der Negativität des Selbst, verbunden ist, so hebt Nicolai einseitig die Möglichkeit einer *abschließenden Versöhnung* in der zweifelsfreien Einheit der Vernunftwahrheit hervor; gerade so, als handle es sich um eine absolute Vernunft, die nur zu Tage gefördert werden müsse, um diese Differenz, die sich im Zweifel als Erkenntnis der historischen Bedingtheit und Veränderbarkeit von Wahrheit ausdrückt, als obsolete Verirrung des Bewußtseins zu beseitigen. »Bekümmerniß« weiß sich als empirisches, dem Wahrheitsuchenden »oft« in Gestalt von Arbeitsschwierigkeiten, Krankheit und ideologischen Rankünen begegnendes Problem gegen die Gesetzmäßigkeit perfektibler Vernunft gar nicht zu behaupten und geht, wie der Zweifel, im »Belohnen« zugrunde; radikaler noch, die *Sicherheit* der Versöhnung, der feste Glaube Nicolais an die Vervollkommnung menschlichen Denkens, schließt bereits das Faktum realisierter »Versöhntheit« bzw. Vollkommenheit ein: Perfektibilität setzt die Perfektion einer fertigen, zweifelsfreien Wahrheit allemal voraus – mit der leichtfertigen Stillstellung des Zweifels nimmt Nicolai die reine Einheit von Subjekt und Objekt als bereits gegeben vorweg.

Bezeichnend bleibt auch hier, daß die Unkenntnis der eigenen erkenntnistheoretischen Prämissen, wie oben gezeigt, nichts an jener immanenten Notwendigkeit ändert, mit der die verborgene Dynamik Nicolaischen Denkens – der Konflikt zwischen Abstraktionen und konkreter Reiseerfahrung, vorgeblicher Allgemeinheit und Fixierung des Bewußtseins auf Unmittelbares – diese noch radikaleren Positionen hervortreibt, die sich an entscheidenden Bruchstellen der Argumentation über die »redliche« »mens auctoris« hinwegsetzen: Nicolais verständnisvolles Eingehen auf die Stammbucheintragung des Theologen erweist sich insofern als Schein, als er den Zusammenhang von Erkenntnis und Leiden in der Festsetzung des Einheitsgedankens abstrakt negiert. Die unvermittelte Gegenüberstellung zweier Aussagen, das Niederzwingen einer Abstraktion durch eine andere, korrespondiert der Struktur eines identischen Vernunft- und Wahrheitsbegriffes, der sich um seiner allgemeinen Verbindlichkeit willen nicht auf anderes einlassen darf, sondern auf *tautologische* Selbstdarstellung angewiesen bleibt, wie sie in aller Naivität in einem Satz aus der von Nicolai freudig zitierten Autobiographie »des berühmten Herrn Kollegienrath Weikard«[29] entgegentritt. Nicolai führt aus:

»Er [Weikard, d. Verf.] sagt S. 57, als er angefangen habe zu denken, sey sein Glaubensbekänntniß gewesen: ›Ich glaube alles was wahr ist, und vermuthe sehr wahrscheinlich, daß das meiste, was man mich bisher hat glauben gemacht, platte Unwahrheit ist.‹«[30]

Auch die Benennung der bisherigen Glaubensinhalte als »Unwahrheit« hat tautologischen Charakter; indem die Bewegung vom Unwahren, Unwirklichen zur Wahrheit in ein »Glaubensbekenntnis« als Anfang des Denkens zusammengezogen und in dieser abrupten Ursprünglichkeit nicht mehr auf das Werden kritischer Vernunft eingegangen wird, wird Wahrheit aller Kriterien, bis eben auf das des Wahren selbst, beraubt. So läßt die Abstraktion von allem anderen im Glauben, von der Wahrheit »alles und nichts«[31] übrig: alles in dem Sinne, daß anstelle der Differenz, des Zweifels als Möglichkeit eines anderen, die umfassende reine Einheit von Denken und Sein, die ganze Wirklichkeit, getreten ist; nichts aber auch deshalb, weil mit der Abstraktion von anderem zugleich die Fundierung des Nicolaischen Wahrheitsbegriffs, sei es in der Darstellung seiner Genese im historischen Prozeß oder seiner praktischen Erprobung am Objektiven, unmöglich wird. Nur um den Preis der abstrakten Setzung und Entleerung eines unmittelbar Wahren durch Glauben und Offenbarung kann Zweifelsfreiheit im Sinne einer geschlossenen Einheit konstituiert werden – ein Wahrheitsanspruch, durch dessen konsequente Einlösung das Bewußtsein auf jenes Niveau des Wissens zurückverwiesen wird, welches ihm zuvor als das »Alles und Nichts« unsystematischer Reiseerfahrung kritikwürdig schien: Je leerer diese Wahrheit, desto unangreifbarer ist sie.
Erscheint in diesem Zusammenhang der Glaube als ein durch prinzipielle Offenheit gegenüber beliebigen Inhalten ausgezeichnetes Medium, in dem eben alles Wahrheit sein kann, in dem die notwendige Sicherheit und grenzenlose Bereitschaft des »Dafürhaltens« liegt (»Dem Glauben kommt [. . .] aller Inhalt zu, denn in seinem ruhigen Elemente des Denkens gewinnt jedes Moment Bestehen«[32]), so dient das damit verknüpfte ursprüngliche Anfangs-Moment des Denkens dazu, von Geschichte und wandelnder Geltung partikularer Wahrheiten zu abstrahieren: Hier spricht sich zum ersten Male das Bewußtsein einer Wahrheit aus, die sich aus der Scheinwelt der Lüge in die reine, einfache Einheit – sich selbst – zurück-

zuziehen sucht, ohne sich dabei näher auf die Art und Weise seines Zustandekommens reflektierend einzulassen. Doch gerade die Verdrängung dieses Wegs, die als allgemeinste Struktur des Nicolaischen Denkens durchaus der Abstraktion von Bewegung in der Reise entspricht, wird zur negativen Bestimmung, von der die reine Einheit von Denken und Sein nicht loskommt. Denn einerseits tritt zwar das Nicolaische Denken mit dem Anspruch der Vernunft auf, in dem Sinne, daß die Bestimmungen des Bewußtseins – z. B. Zweck, Zweckmäßigkeit – ebensosehr Bestimmungen der Wirklichkeit seien, andererseits aber bleibt diese Vernunftidentität, welche, wie oben anhand der typischen Denkfiguren Nicolais gezeigt, ihre Herkunft aus bewältigten »inferioren« Stufen des Bewußtseins furchtsam ableugnet, selbst einer Unmittelbarkeit verhaftet, die sie zu bedenkenlosem Vermuten, zu Meinungen und Wahrnehmungen verleitet; diese Vernunft, die Erfahrung als das Wissen von einer sich in Differenz zum Bewußtsein haltenden Gegenständlichkeit gewaltsam distanziert und sich als eine immer schon vollendete präsentieren möchte, verkörpert daher nur die *unmittelbare Gewißheit*[33], alle Wahrheit und Wirklichkeit zu sein. Bestimmte sich anfangs Unmittelbarkeit als uneingestandene Prämisse z. B. des endlichen Zwecks, der sich im Gestus des Allgemeinen hielt, so resultiert sie hier aus einem *Vergessen* der eigenen Geschichte, die ihr Auftreten wie ihren Anspruch auf Identität von Denken und Sein bedingt. Doch ist es nicht Vergeßlichkeit, sondern, im Sinne einer Furcht vor der Erinnerung, die bewußte Weigerung, aus der Unmittelbarkeit nicht verarbeiteter Erfahrungen herauszutreten, die die Vernunft Nicolais prägt; als unmittelbare Rationalität, die unter Wahrheit das versteht, was sich im eigenen Ich an Glaubensinhalten, »wahrscheinlichen Vermutungen« verdichtet hat, beruft sich Vernunft stets auf die »Sicherheit« realisierter Einheit, mit deren innerer Gegensatzlosigkeit sowohl die Vernichtung aller als bloße Sinnlichkeit denunzierten Erfahrung als auch die Unmöglichkeit, eigene Unmittelbarkeit zu durchschauen, verbunden ist. Nicolai genügt es, Unmittelbarkeit aufgrund ihres Widerspruchs, des Auseinanderfallens disparater chaotischer Sinnesdaten, und das heißt schließlich: aufgrund der damit angezeigten *Differenz* im unsystematisierten Wissen, dem Wahrnehmung, Erfahrung, Vorstellung bedenkenlos zugerechnet werden, aus der Diskussion herauszunehmen: Gerade die abstrakte Distanzierung sinnlicher Wahrnehmung führt freilich zur völligen Hilflosigkeit der Vernunft, die in blinder Ignoranz gegenüber schlechter Unmittelbarkeit die Kraft zur Überwindung, zur bestimmten Negation des Sinnlichen, schon nicht mehr aufbringen kann. Ja, es muß allen beliebigen, zufälligen Momenten des Bewußtseins, insofern sie innerhalb der Vernunfteinheit unvermittelt auftauchen, im Vertrauen auf die unbezweifelbare Wahrheit derselben volle Freiheit gewährt werden: In der scheinhaften Sicherheit der Vernunftwahrheit gleichgültig geworden, liefert sich reine Einheit, die sich auf Unmittelbares nicht mehr reflektierend bezieht, sondern alles dem Bewußtsein gegenüberstehende, nichtidentische Sein aufgehoben hat, der Partikularität des Wahrnehmens, Vorstellens und Meinens aus: ihr Untergang ist von ihr selbst beschlossene Sache.

Die Wahrheit Nicolais, vor der alle Zweifel schwinden, verweist auf eine Einheit, die, da Wahrheit als Bestimmung des untersuchenden, »reinen« Bewußtseins dem auf ein Anderes, Objektives verweisenden Zweifel (denn dieser kann nicht als Widerspruch im Bewußtsein selbst liegen) entgegengesetzt war, lediglich als Identität von Denken und Sein bestimmbar ist; weil der Vernunftglaube Nicolais aber wesentlich die unmittelbare Gewißheit ist, alle Wahrheit und Wirklichkeit zu sein, und die Identität von Bewußtsein und Gegenstand nur abstrakt, weil voraussetzungslos, ist, artikuliert er sich in Behauptungen als Form derjenigen partikularen Wahrheit, welche auch im Vorstellen, Wahrnehmen und Meinen liegt – als Wahrheit und Wissen von Gewißheit: In dem Glauben, damit Realität selbst als vollendete, allgemeine, aufgezeigt zu haben, reduziert sich Vernunft auf den dieser Gewißheit inhärenten Satz: Ich = Ich als allgemeinsten Ausdruck der an Unmittelbarkeit fixierten reinen Einheit von Denken und Sein. Identitätsdenken verwirklicht sich hier in der Besinnung auf die eigene selbstsichere Autorität:

»Ich empfinde sehr tief alles, was wider die gesunde Vernunft ist; und es ist nun einmal meine Art, [. . .] daß ich meinen Unwillen über schlechte Handlungen nicht verbergen mag. [. . .] Mit allerhand kahlen Worten um den Brey herumzugehen, zu mildern, unbestimmt vorzutragen, mit schwankenden Wendungen von der einen Seite so viel zu nehmen als man von der anderen giebt, scheinbar beruhigen zu wollen, wenn im Grunde keine Ruhe zu finden ist, widersteht mir [. . .]. Meine Art ist jedem Gegenstand gerade ins Gesicht zu sehen: Nil admirari! Nil timere! Ich suche jeden Gegenstand gründlich kennen zu lernen, [. . .] auch den geringsten Umstand nicht zu vernachlässigen, der ihn in ein helleres Licht setzen kann [. . .]. Wenn ich nun den Gegenstand in ein *helles Licht* gesetzt habe; so verlange ich auch, daß man das Licht nicht verdunkle, daß man sich in *meinen* Gesichtspunkt setze, und nicht schief mit gebrochenen Stralen das vorstelle, was ich in gerader Linie betrachtet habe. Ich habe [. . .] sehr hell beleuchtet, und nun gehe ich von meinem Standpunkte, von der ganzen Masse meiner mit vieler Mühe erworbenen Kenntnisse aus [. . .]. Was will man mehr von mir?«[34]

In der Tat ist wohl von einem Bewußtsein, dessen Wahrheit sich in der Empfindung der Vernunft, im Ich, organisiert hat, nicht *mehr* und *nichts anderes* zu verlangen, tritt es doch mit dem ultimativen Anspruch »gründlicher Kenntnisse« über die »geringsten Umstände« des jeweiligen Problems auf. Wie sollte auch im »hellen Licht« des Ich, mit dessen Wahrhaftigkeit die erschöpfende Behandlung aller Aspekte des Gegenstandes, mithin das Nicht-Sein verborgener *anderer* Bestimmungen kategorisch gesetzt ist, ein »Mehr« bzw. »Anderes« Bestand haben? Wie sollte dieses »reine« Ich, das in Art und Wesen sich als vernünftige Einheit perfekten Wissens definiert hat, den Unterschied bzw. den Zweifel an sich erfahren? Indem das »Nil« falscher Bewunderung und Furcht als wesentliche Maxime eines die trügerische Herrschaft überwältigender Gegenstände souverän durchschauenden und auflösenden Selbstbewußtseins bestimmt wird, ist per definitionem ein Irrtum ichsagender Vernunft ausgeschlossen. Freilich geht schon in diese Voraussetzung, von *der* aus die Forderung Nicolais, sich in seinen Gesichtspunkt zu versetzen, durchaus konsistent erscheint, ein negatives, widersprüchliches Moment mit ein, das als *Un*willen über »schlechte Handlungen«, schwankende Wendungen, Unbestimmtheit und Unruhe des Denkens die intendierte Einheit des vernünftigen Ich zu gefährden droht. Da diese aber ihre unüberwindliche Autonomie gegenüber allem Anderen (das Schlechte, Herumreden, Unbestimmtheit, Schwanken, Unruhe, gebrochene Reflexion etc.) weiter behauptet, welches entweder gar nicht ist oder, insofern ihm *ausdrückliche Existenz* zugestanden wird, ja nur *innerhalb der allumfassenden Einheit von Denken und Sein* hervorzutreten imstande ist, kann jenes Andere nicht mehr als ein *»Äußerliches«* bestimmt werden; das dem vernünftigen Ich begegnende schlechte Bewußtsein ist ein *Moment seiner selbst.* Identität, die im Augenblick ihrer Verwirklichung in die Klage über die Schlechtigkeit und Bedürftigkeit unaufgeklärten Bewußtseins ausbricht, muß sich dem Vorwurf stellen, mit dem Nichtidentischen zugleich sich selbst, d. h. die unbedingte Autorität eigenen Denkens, zu verwerfen.

Damit ist das »Ich« Nicolais an seinem eigenen Anspruch, um der Wahrheit willen in reiner Selbstbezüglichkeit zu verharren, kritisch zu messen. Als Autorität hat das Ich nur sich selbst zum Gegenstand; seine Wahrheit und Wirklichkeit besteht darin, sich bei sich selbst zu erhalten. Doch indem Ich sich Gegenstand ist, ist ein Ich für ein Anderes oder ein Anderes als Ich ist Gegenstand des Ich. Schon aus der Form des Satzes Ich = Ich -Subjekt-Prädikat-Objekt- resultiert der Unterschied, resultiert weiter, daß, weil ein absolut Identisches nicht zu sich selbst in ein Verhältnis treten kann, für die reine Einheit der Vernunft ein Anderes das Unvernünftige, Unwahre ist, welches sie aber ebensosehr selbst ist. Damit gibt unmittelbare Rationalität, als Versicherung und bloße Behauptung, alle Wahrheit und Wirklichkeit zu sein, nicht nur die *Realität* andersartiger, sondern auch eigener Unvernunft zu, ohne allerdings die Abwehrgeste gegenüber »fremden« Meinungen aufzugeben; so heißt es bei Nicolai:

»Es werden diese Anfälle [die Angriffe der Zeitgenossen, z. B. Garves, Lavaters, theologischer Kreise, d. Verf.] gewiß nicht die letzten und hämischsten seyn [. . .]. Aber da es itzt auch der vernünftigen Welt, deren Urtheil allein mir etwas werth ist, immer mehr bekannt wird; so werde ich sie sehr ruhig erwarten. Es sind nunmehr ungefähr 33 Jahre, daß ich mich unausgesetzt in Schriften mit der neuen deutschen Litteratur beschaftige. Ich habe es erlebt, daß so viele Meinungen aufkamen und untergingen, daß so viele Streitigkeiten heftig entstanden und ruhig sich endigten, daß so oft rechtschaffene verläumdete Leute zuletzt beym unpartheyischen Publikum gewannen, und daß Schreyer, welche eine zeitlang das Publikum durch niedrige Künste verwirrten, zuletzt in Verachtung fielen. Es wird mich also auch jetzt das Geschrey [Lavaters, d. Verf.] in meiner Gemütsruhe gar nicht stören, und ich werde, dieses verächtlichen Gethümmels ungeachtet, meinen Weg ruhig fortgehen.«[35]

Die hartnäckige Weigerung Nicolais, das Andere des reinen

Selbst, wie es innerhalb seines Denkens als »Anfälle«, »Verläumdungen«, »Geschrey«, »Streitigkeiten«, »niedrige Künste« usf. auftritt, anzuerkennen, mündet in zwei Positionen, die, ungeachtet des Vertrauens in die Durchsetzungskraft der »vernünftigen, unpartheyischen Welt« und den Untergang des unvernünftigen Bewußtseins, nicht frei von Resignation sind. So enthüllt die Berufung Nicolais auf den langen Zeitraum seiner Beschäftigung mit der Literatur und die Mühe beim Erwerb gründlicher Kenntnisse insofern den gleichen Widerspruch in der Vernunfteinheit selbst, als diese als ursprüngliche, voraussetzungslose bestimmt wurde – reiner Anfang des Denkens, dessen Vernunftanspruch die vorgängigen Stufen des Differenzbewußtseins nicht genügen. Angesichts der gewissermaßen über den Gegenständen und der Geschichte schwebenden, immer schon perfekten Vernunft, welche die einzige, unveränderliche Wahrheit hervorbringen soll, kann die Suggestion einer mit dieser Einheit nicht zu vereinbarenden Kontinuität des eigenen Bildungsganges, genauer: *akkumulierter Erfahrung*, nicht ernstlich zum Beweis herangezogen werden, ebensowenig, wie das *»Erlebnis«* [!] des Untergangs »sovieler Meinungen«, der Verachtung, die die Vernunft dem »Geschrey« und den »verwirrenden, niedrigen Künsten« letztlich entgegengebracht habe, etwas über die Notwendigkeit des Siegs eigener Autorität verrät. Im Gegensatz zur Behauptung differenzloser Vernunfteinheit und immer schon existierender Wahrheit, die ihren *eigenen* Widerspruch – Unvernünftiges, Unwahrheit – stets mit sich herumschleppen, können Einheit und Kontinuität wohl nur im Hinblick auf die *permanente Bedrohung* konstatiert werden. Hierin liegt zugleich, daß die vehemente Kritik, ja verheerende Polemik, die Nicolai von seinen Zeitgenossen (z. B. Goethe und Fichte) zuteil wurde, alles andere als Zufall sein konnte; sie stellt den präzisesten Ausdruck der Selbstzerstörung unmittelbarer Rationalität dar: Ausdruck jener empirischen Notwendigkeit, der sich die in unmittelbare Gewißheiten verwickelte Theorie mit eigenem Willen preisgegeben hat. (Bezeichnend ist, daß Nicolai fast ein Viertel seines zwölfbändigen Werks der Auseinandersetzung mit den Zeitgenossen – Garve, Lavater, Sailer, Wissenschaftlern, die geographische Irrtümer anmerkten, sowie Theologen – widmete, deren Angriffe sich mit dem

Fortschreiten der Nicolaischen Arbeit und der jährlichen Neuerscheinung vor allem der letzten Bände häuften. Es sind z. B. der letzte Teil des siebenten und achten sowie der erste Teil des achten Bandes, fast 350 Seiten, einem ermüdenden Autoritätenstreit zwischen Nicolai einerseits, Garve, Lavater und seinem theologischen Mitstreiter Sailer andererseits vorbehalten.)[36] So dient die wieder um fragwürdige Unmittelbarkeit bemühende »Selbstverständigung« Nicolai nicht so sehr zur Distanzierung der Unvernunft als vielmehr zur *Rekonstruktion* des in seiner Einzigartigkeit und Einheit verunsicherten Selbst, welches sich nunmehr gar genötigt sieht – und dies kennzeichnet die zweite, weniger unbeholfene Position – das Andere geradezu als *unvermeidliche Gegebenheit* mit »Gemüthsruhe« zu bestätigen: Um sich, gemäß der Ausgangsthese, als ein Identisches bei sich selbst zu erhalten, ist das autoritäre Ich gezwungen, sich von dem als hämischen Angriff denunzierten Anderen *zurückzuziehen* und so weit zu abstrahieren, bis das Ich schließlich als *bloße Einzelheit neben* Anderes getreten ist. Damit Ich sich selbst Gegenstand bleiben kann, muß es das Andere, Unvernünftige, ignorieren. Nicolai zitiert Winckelmann:

»Hingegen was unvernünftige Leute sagen, habe ich nie geachtet, und achte es noch nicht:
›Sie reden
was sie wollen.
Mögen sie reden:
Was kümmerts mich!‹«[37]

Was bleibt von der Versicherung dieses reinen Ich, alle Wahrheit und Wirklichkeit zu sein, noch übrig? Wie sieht der »Weg« dieser sich selbst restringierenden Vernunft aus, den Nicolai weiter zu beschreiten beabsichtigt?

»Es ist mein Schicksal schon von meiner ersten Jugend an gewesen, öffentlich importune Wahrheiten zu sagen, und am Ende meiner Laufbahn scheint es noch eben dasselbe zu seyn. Freylich, wenn man funfzig Jahr alt ist, erinnert man sich eher als im zwey und zwanzigsten Jahre, que toutes les verités ne sont pas bonnes à dire. Aber man siehet auch mehr ein, daß Wahrheit nützlich ist, und daß Wahrheit gesagt werden muß. Nun stockt die Feder zuweilen bey jeder Zeile [. . .]. Hier ist es öfters sehr schwer zu entscheiden, und am schwersten, wenn das Herz für Wahrheit und Aufklärung warm schlägt. Ich fühle es, daß ich, ungeachtet meiner langen Erfahrung der Folgen des offenherzigen Entdeckens der Wahrheit, mir meine importune Wahrheitsliebe noch nicht abgewöhnen kann.«[38]

Da einerseits der Vernunft- und Wahrheitsbegriff Nicolais die zweifelsfreie Einheit von Denken und Sein impliziert, Wahrheit aber in ihrer unmittelbaren Gewißheit sich in den Satz des Selbstbewußtseins Ich = Ich (Autorität) kleidet, andererseits dieser den Unterschied an sich hat, welcher in der Einheit des sich zurückziehenden *Individuums* sogleich wieder aufgehoben werden soll, vermag sich das Ich nur noch *negativ* gegenüber allem Anderen zu bestimmen. Wahrheit erscheint allein im Hinblick auf ihre »Inopportunität«, auf die Erkenntnis der praktischen, bösartigen Widerstände, denen Wahrheit und Aufklärung trotz ihres Nützlichkeitscharakters in einer von anderen Prinzipien regierten Realität begegnen; Inhalte der Erfahrung, oben noch problematischer Beweis für die Wahrhaftigkeit des Ich, sind die bitteren, negativen Lehren des allzu offenherzigen Individuums, das das Aussprechen der Wahrheit und realistische Konsequenzen gegeneinander abwägt, ohne allerdings auf Wahrheit und die mit dem »Nutzen« intendierte Konstitution von Wirklichkeit ganz zu verzichten. Dies wird entscheidend. Selbst unterstellt, die Aufhebung des in seinen negativen Folgen für das Bewußtsein dargestellte Andere sei dem Ich *für sich selbst* möglich, so resultiert doch aus der abstrakten Verweigerung Nicolais die für seine Wahrheit konstitutive *Bewegung des Rückzugs* aus der Welt der Opportunität in den isolierten Bereich des Individuums, das wohl selbst auch Wahrheit und Wirklichkeit beanspruchen mag, damit aber das Sein einer anderen Wirklichkeit und Wahrheit *unberührt* gelassen hat. Weil einerseits negative Erfahrungen als Zeugnisse gegenläufiger Praxis in das identische Ich zunächst Eingang gefunden haben und dort eine bestimmte Geltung beanspruchen können, andererseits das Ich auf der reinen Sichselbstgleichheit *seiner* Wahrheit insistiert, ist Wirklichkeit in *zwei Welten*, Theorie und Praxis, auseinandergetreten. Mit der allmählichen Verkehrung des wahrheitsgewissen Ich als erste und einzige Positivität in die Negativität eigener Theorie, der die Praxis bis auf ihre Bestimmung als Einzelheit alles entrissen hat, hat sich das Ich von der unfreiwillig konzedierten Wirklichkeit des Anderen so weit abhängig gemacht, daß es selbst nur noch als *Neben*wirklichkeit und *Neben*wahrheit, als *eine* Wahrheit und Wirklichkeit *neben vielen anderen* erscheinen kann: Unmittelbare Rationalität läßt Wahrheit und Wirklichkeit wieder in ein »reines« Bewußtsein auf der einen und ein *ansichseiendes* »Gegenüber« auf der anderen Seite, das ihr in radikaler Abstraktion von Anderem gar zu einem »Jenseitigen« wird, auseinanderfallen, wiewohl beide Seiten weiter als Einheit, im Sinne des Vernunftanspruchs, bestimmt sind. Als Resultat der abstrakten bzw. »reinen« Identität finden wir also das erkenntnistheoretische Modell Nicolais, in dem sich Subjekt und Objekt in radikaler Trennung gegenüberstehen.

III. Zerfall der Konstruktion: Objektive Wahrheit

> »Wahrheit sag ich euch, Wahrheit und immer Wahrheit, versteht sich: / *Meine* Wahrheit; denn sonst ist mir auch keine bekannt.«
> (Schiller und Goethe über Nicolai: *Das Motto*)[39]

»Ich habe mich beständig und nach meinen besten Kräften bemühet, in allen meinen Schriften, und auch in meiner Reisebeschreibung, Wahrheitsliebe und Sorgfalt zu vereinigen. Ich habe mich bemühet, alles mit eigenen Augen zu sehen, und jeden Gegenstand unparteyisch von mehreren Seiten zu betrachten, ehe ich darüber urtheilte. Ich habe Geduld gehabt, jeden auch noch so geringscheinenden Umstand, der zur richtigen Bestimmung einer Sache gehörte zu verificiren, und wenn ich alles verificirt hatte, so fehlte es mir nicht an Muth, jeden Gegenstand nach seiner *wahren Beschaffenheit zu schildern* [. . .]. Wahrheit war meine einzige Absicht, und wird es immer seyn! Ich habe deshalb auch jeden Widerspruch, besonders gegen die in meiner Reisebeschreibung vorkommenden Behauptungen und Nachrichten, *der zur nähern Entwicklung der Wahrheit dienen konnte, gern ertragen*, jederzeit gern *Berichtigungen* angenommen, und sie selbst bekannt gemacht. Da ich wohl vorher sah, welchen Lohn man zu erwarten hat, wenn man seinen Zeitgenossen die Wahrheit ungeschminkt sagen will, [. . .] so nahm ich mir anfänglich vor, allen Streit zu vermeiden, und lieber zu schweigen. [. . .] Aber ich sehe wohl, Leute welche die Wahrheit unterdrücken wollen, fangen es allzuernstlich an; so daß ich nicht schweigen kann, wenn ich nicht den ganzen Zweck meiner gemeinnützigen Bemühungen aufopfern will. [. . .] Ich will gern *gefehlt* haben, wenn ein anderer durch *Verbesserung meiner Fehler, die Wahrheit in einem hellern Lichte* zeigt. Ich will in solchen Fällen mit dem Verdienste zufrieden seyn, nähere *Untersuchung* veranlaßt zu haben. Aber wenn jemand überhaupt meine *Unparteilichkeit* in Zweifel ziehen, wenn er meine *Sorgfalt in Untersuchungen* verdächtig machen, wenn er die *Untersuchungen*, die ich für das menschliche Geschlecht höchst wichtig halte, für *unnöthig*, für *überflüßig*, für *zwecklos*, ja sogar für *schädlich* ausgeben, [. . .] und deshalb davon abrathen will; so kann ich unmöglich dazu schweigen, ohne solche Beschuldigungen näher zu beleuchten; in keinem Falle kann ich es.«[40]

Der »Zweifel« begegnet Nicolai nicht mehr ausschließlich in Gestalt des Streites mit anderen Autoritäten. Der darin enthaltene Widerspruch ist zu verallgemeinern. Er bezieht sich auf ein rein objektives Gegenüber, den Gegenstand selbst, der für die Entdeckung der Wahrheit wesentlich geworden ist: Für das als bloße Nebenwirklichkeit, Nebenwahrheit auftretende Ich wird das Andere zum Wesen.[41] So fungiert die Versicherung Nicolais, sich nach »besten Kräften« bemüht zu haben, mit Wahrheitsliebe, Sorgfalt, Geduld vorgegangen zu sein, mehr der Selbstcharakterisierung des Ich als eines *auch* Wahrhaftigkeit beanspruchenden Bewußtseins als der Demonstration der aus der Einheit von Denken und Sein resultierenden einzigen, ausschließlichen Wahrheit. »Unparteilichkeit« und »Gemeinnützigkeit« mögen, problematisch genug, Bestimmungen des Ich sein; demgegenüber freilich wird Wahrheit in ihrem Zusammenhang mit der Beschaffenheit des *Objektiven* relevant: »Fehler«, »Berichtigungen« und »Zusätze«, wie sie als Eingeständnis der Differenz zwischen guten Absichten leerer Subjektivität und Wirklichkeit regelmäßig am Anfang des zweiten bis zwölften Bandes der Nicolaischen Reisebeschreibung auftauchen[42], verweisen auf den eingeschränkten Geltungsbereich jener wahrhaft »nebensächlichen« Wahrheit des Ich, die an den Anforderungen einer *objektiven* Wahrheit, d. h. dem notwendigen Nachweis, daß im Sinne der Vernunft die Bestimmungen des Bewußtseins zugleich Bestimmungen der Wirklichkeit seien, zu scheitern droht. Schon in »vergleichenden« Formulierungen wie »nähere Entwicklung«, »helleres Licht«, »nähere Untersuchung« usf. wird die Verlagerung der Wahrheitskritierien auf Objektivität deutlich; am allgemeinsten wohl in dem für die Bewegung des Auseinandertretens in Bewußtsein und Objektives aufschlußreichen Satz: »Ich umfasse so viele Gegenstände, daß Irrtümer in Nebensachen nicht zu vermeiden sind«, artikuliert sich der Widerspruch zwischen Vernunfteinheit und Unterschied einerseits, isolierter Wahrheit bzw. Wirklichkeit des Ich und Nebenwahrheiten bzw. Nebenwirklichkeiten andererseits. Unter der Hand verwandelt sich das mit der ursprünglichen Wahrheitsgewißheit unvereinbare Eingeständnis des Irrtums in den Ausdruck einer neuen, objektive Sachverhalte wiedergebenden Wahrheit, deren Unberührtheit überdies in der Kennzeichnung eines Nicht-Hauptsächlichen vorweg gesetzt wird. Wie will dieses Bewußtsein aber als eines, das überhaupt die Möglichkeit des Irrtums einkalkuliert, die Klassifizierung des Anderen als Nebensache vornehmen? Wenn Irrtum möglich ist, dann ist zugleich gesetzt, daß dieser Sachverhalt eines falschen Schlusses auch auf die Charakterisierung eines Nebensächlichen zutrifft. Wie kann das irrende Bewußtsein hier noch eine Nebensache behaupten, die ebensosehr Hauptsache und Wesentliches sein mag?

In diesem Sinne wären nicht nur die zahlreichen Formulierungen, in denen ein »nebst«, »Sonst sahen wir«,[43] »Dieß beyläufig«[44] auftauchen, sowie die Aufgliederung der einzelnen Bände des Werks in »Beylagen«, »Berichtigungen und Zusätze«, »Anmerkungen«, »Anhänge« etc.[45], sondern auch der Titel des Werks selbst: *Beschreibung einer Reise durch Deutschland und die Schweiz* [. . .]. Nebst Bemerkungen über *Gelehrsamkeit, Industrie, Religion und Sitten* [. . .]« als problematischer Versuch zu interpretieren, einen dem Bewußtsein vorgegebenen objektiven Bereich abzugrenzen, der der spekulativen Willkür des Einzelnen enthoben ist. Gleichwohl wird mit dieser Hoffnung, der Nicolai vor allem in der Vorrede zum ersten Band, dem Schreiben an Herrn Kriegsrath Dohm[46], unter Berufung auf »Thatsachen«[47] Ausdruck gibt, wiederum auf den gestörten Vermittlungszusammenhang zwischen Objekt und Subjekt verwiesen, welches zunächst mehr oder minder unsystematisch von der ihm ferngerückten ganzen Wirklichkeit, von Dingen, Notiz nimmt, dann aber, da ihm *objektive* Wahrheit vorschwebt, gezwungen ist, den mannigfachen Bestimmungen dieses Anderen reflektierend *nachzugehen*. Dem korrespondieren die Anstrengungen, Vollständigkeit der Reflexion zu erreichen, d. h. die Totalität aller *Aspekte* des Gegenstandes – »mehrere Seiten«, »jeden noch so geringscheinenden Umstand«, »jeden Widerspruch« etc. – zu behandeln. Wie im Falle der Annahme noch unvollständiger bzw. durch »nähere Untersuchung« endlich perfektionierter Wahrheiten liefert sich die Vernunftwahrheit Nicolais, welche an die schier unendliche Vielfalt von objektiven Randbedingungen geknüpft wird, dem Unterschied aus, wobei »Unparteilichkeit« als Relikt des im Ich organisierten Einheitsgedankens stehenbleibt. Doch läßt sich auch dieses Verhältnis in der Weise genauer bestimmen, daß, gerade indem die »Ungeteiltheit« und innere Gegensatzlosigkeit des unparteilichen Bewußtseins hervorgehoben wird (so rechnet sich Nicolai an anderer Stelle der »Partey der Wahrheit« zu)[48], zugleich die »Parteilichkeit« bzw. Vielheit des dem Ich gegenüberstehenden, mit zahllosen unterschiedenen Bestimmungen ausgestatteten Objektiven betont wird, in welchem sich das um die Rekonstruktion seiner ausschließlichen Wahrheit bemühte Ich schließlich verlieren wird.

Ein »Mehr« und »Weniger« an Wahrheit, d. h. die Existenz mehrerer, voneinander zumindest graduell unterschiedener Wahrheiten, wird, mit dem Vorbehalt der Unbezweifelbarkeit eigener unparteilicher *Wahrheitssuche*, zugegeben, wobei höhere Wahrheit der Einsicht in die »wahre Beschaffenheit« des Gegenstandes, dem rein Objektiven, zukommt: Weil Denken hier, im Sinne einer Art »Verifikation«, nur als das Sich-Annähern an den aus dem konstitutiven Zusammenhang mit Bewußtsein ja *herausisolierten* Gegenstand bestimmt werden kann, gerät Nicolai in einen verhängnisvollen *Objektivitätswahn*, dessen Leugnung subjektiver Momente und Hervorhebung eines schlechthin »Anderen« zugleich die Aufhebung des Einheitsgedankens und damit der Vernunft selbst einschließt: Erst indem Nicolai gegen seine vernünftige Absicht verstößt, sich im »Anderen« des reinen Ich *verkennt*, kommt er zu Objekten, welche gleichwohl so, wie sie scheinbar ohne Zutun des Subjekts an sich sind, aufgefaßt werden sollen; im Zweifel an der eigenen, ehedem alle Wirklichkeit umfassenden Vernunft – nachdenklich geworden – arbeitet sich das Ich an der von ihm selbst aufgerissenen Differenz und ihrer Überwindung vergeblich ab. Wie aber ist für Nicolai die fundamentale Differenz mit der Beziehung des Verstandes auf ein ihm als das Andere erscheinendes »rein Objektives« vereinbar?

Mit der Kennzeichnung des aus der Trennung von Subjekt und Objekt, Individuum und Gegenständlichkeit resultierenden Scheins »reiner« Gegenständlichkeit als erkenntnistheoretische Naivität erhebt sich die Frage nach der Konstitutionsproblematik und den Vermittlungszusammenhängen um so dringlicher, als hier der Widerspruch zwischen einer »Zwei-Welten-Theorie« und der Art der von Nicolai dargestellten problematischen Beziehung des isolierten Bewußtseins auf Objekte hervortritt. Wurde im ersten Teil des Aufsatzes auf die Abstraktionsprozesse verwiesen, die in Gesalt bestimmter Denkfiguren Gegenständlichkeit zu entstofflichen und Erfahrung auszugrenzen suchten, so stellt sich nun, mit dem Zerfall der abstrakten bzw. reinen Identitätskonstruktionen, dem Aufbrechen nicht identischer Bestimmungen und der schwerlich zu begründenden Trennung von Subjekt und Objekt im »Rückzug« des Ich das Problem, wie dieses leere, vereinzelte Ich überhaupt zu Inhalten und zu *verschiedenen*, mannigfachen *Inhalten* kommen könne, wo es doch als leere Einzelheit gegenüber der Vielheit gleichgültiger Unterschiede bestimmt worden war. In der Reduzierung auf seine eigene partikulare Wahrheit und Wirklichkeit, die sich um das Andere, den Unterschied, zunächst bloß nicht kümmert, hat Nicolai »fremder« Gegenständlichkeit die Qualität eines wirklichen »Dings« wohl nicht abgesprochen; deren Kennzeichnung als eines »Ansichseienden« in der *Verleugnung* der subjektiven Bestimmtheit des Gegenstandes, der ehedem in der differenzlosen Einheit von Denken und Sein aufgehoben war, impliziert zugleich die Unmöglichkeit einer über ein unmittelbares *Affiziertwerden* hinausgehenden Aneignung von Welt. Setzte nämlich Nicolai, wie oben gezeigt, die Gegebenheit von Gegenständlichkeit in der Darstellung der »wahren Beschaffenheit«, »richtigen Bestimmung« der Verifikation jedes »geringscheinenden Umstandes« und, so kann man verallgemeinernd sagen, »Thatsachen«[49] wie selbstverständlich voraus, ohne sich weiter um Vermittlungsprobleme zu sorgen, so ist dies konkret der Reflex der Theorie auf den widersinnigen Anspruch, ein schlechthin Unmittelbares dennoch als ein untersuchtes, analysiertes, »unparteyisch« betrachtetes Ding, d. h. als ein Vermitteltes im Bewußtsein zu haben, ohne daß dadurch der Schein *unberührter* Wahrheit des Ich gleichzeitig mit aufgehoben wäre.

Um überhaupt zu konkreten Aussagen kommen zu können, ist leere Subjektivität darauf angewiesen, Materialien ihres Denkens von »außen«, und zwar in Form sinnlicher Affekte, zu empfangen. Da Vermittlung ausgeschlossen ist, bedarf das leere Ich, um seiner Einheit willen, eines »fremden Anstoßes, in welchem erst die Mannigfaltigkeit des Empfindens oder Vorstellens liege«.[50] In der scheinbaren Unmittelbarkeit, welche schon anfangs als Ausdruck der Regression des Bewußtseins zu der von ihm selbst hart kritisierten unsystematischen Position eines bloß neugierig anschauenden Reisenden bestimmt wurde, ist der »Objektivismus« Nicolais zugleich absoluter Empirismus.

Dies tritt schon an der von ihm vielfach bemühten »Licht«- bzw. »Strahlen«-Metapher hervor, die hier nicht aus der Tradition des englischen Empirismus entlehnt ist (wiewohl die Gleichheit der Denkstruktur von englischem Empirismus und kontinentalem Rationalismus, trotz unterschiedlicher Ausgangspositionen, zu zeigen wäre), sondern in ihrer systematischen Grundstruktur – Subjekt-Objekt-Spaltung – Gemeingut der gesamten vorkritischen Aufklärung ist: Resultat gerade der Vernunfteinheit, bestimmt der Gedanke der »Illumination«, wie er bei Nicolai in Metaphern des »helleren Lichtes«, des »Beleuchtens«, vorher schon des nicht zu »verdunkelnden Lichts«, der »nicht schief zu brechenden Strahlen«, der Betrachtung »in gerader Linie« und des »Sehr hell Beleuchtens« zum Ausdruck kam, Erkenntnis als passives Medium des Objektiven, demgegenüber alle formierende Tätigkeit nur die Verzerrung der Wahrheit sein könne. Sofern das in seiner sich selbst gleichen Reinheit gestörte Bewußtsein unmittelbarer Rationalität einerseits die radikale Trennung von Subjekt und Objekt angenommen hat, andererseits Objektives ihm zur Findung der Wahrheit wesentlich geworden ist, kann Wahrheit nur in der scheinbar unentstellten Reinheit »geradlinig« auftreffender Affizierungen liegen – muß sich das Bewußtsein geradezu *bemühen*, eigene Denkleistung von dem zu subtrahieren, was die reine, objektive Wahrheit sein soll. Dies ist zugleich das Problem der Bestimmung eines Objektiv-Allgemeinen, welches den Empirismus in den hoffnungslosesten, seiner Gegenstände selbst nicht mehr sicheren Skeptizismus, ja zum Positivismus und den Theorien Ernst Machs getrieben hat.[51] Ohne näher auf den Zusammenhang zwischen Vermittlungs- und Freiheitsproblematik einzugehen, kann gesagt werden, daß die aus den identischen Konstruktionen Nicolais rührende Einschränkung des Denkens auf Rezeptivität bzw. auf eine Orientierung am »rein Objektiven« jegliche Veränderung ausschließt, ja daß selbst Reflexion angesichts der damit verbundenen »Brechung« unmittelbaren Sinnenmaterials der objektiven Wahrheit unangemessen erscheinen muß. Indes enthüllt diese das Primat der Vernunft auflösende »unmittelbare« Konzeption zwei andere Positionen, die für das Denken Nicolais bezeichnend sind. Denn es resultiert aus der aufgezeigten Bewegung – Zerfall der Identität von Denken und Sein, Aufbrechen des Nichtidentischen und Rückzug des seine Autonomie behauptenden Ich, Sinnlichkeit und ansichseiendes Ding – eine *Beliebigkeit* und *Willkür* des Denkens, das jeweils seine Erkenntnisse, der Unmittelbarkeit des ihm gewissermaßen »neutral« gegenüberstehenden Materials entsprechend, als objektive, von aller Spekulation abstrahierende, zugleich aber die Erkenntnis anderen Bewußtseins als empirische, inferiore Wahrheiten bestimmen kann. Von seiner *Einzelheit* ausgehend, die sich den Affekten als der »Äußerung« des vermeintlich rein Objektiven aussetzt, muß sich das Ich sogar mit einer fast unendlichen Anzahl der sich ihm »aufdrängenden« Momente des Gegenstandes voll identifizieren, Empirisches als Objektivität und dasjenige, was von anderem Bewußtsein für die objektive Wahrheit gehalten wird, als mangelnde Einsicht, als subjektive Deformation der eigentlichen »Tatsachen« ausgeben. So gesehen sind der von der Sekundärliteratur als Verirrung wahrer Aufklärung beklagte Autoritätenstreit bzw. die bestimmten Exponenten aufklärerischen Denkens angekreideten »Plattitüden« des endlichen Verstandes[52] durchaus notwendig – rühren doch beide Erscheinungen aus der selbstgewollten Unmittelbarkeit *eines* Bewußtseins her, das in seiner Vereinzelung und Orientierung am »rein Objektiven« gezwungen ist, seine individuellen Interessen und Bedürfnisse zu verallgemeinern. Allerdings wird schon hier deutlich, daß sich die scheinbare Unmittelbarkeit des Bewußtseins, das sich auf Unentstelltes beruft, einer Abstraktionsleistung verdankt, nämlich dem Rückzug von Anderem einerseits und der angesichts der unendlichen Vielheit von Affizierungen notwendigen Selektion von Sinnesdaten andererseits, mit welchen subjektiven Bestimmungen erst das reine Wesen der Dinge – als ein Resultat – hervorgebracht wird; in diesem Sinne wäre die Möglichkeit des Übernehmens und Verwerfens von Positionen, die Beliebigkeit des Denkens, zugleich als Hauptmerkmal *bürgerlicher Gedankenfreiheit* zu interpretieren – als Möglichkeit, *nach Maßgabe der Interessen* einer aus der Objektivität in sich zurückgekehrten Individualität die reine Wahrheit zu denken.

Was Nicolai seinen Zeitgenossen vorhält, wäre wohl auf ihn selbst anzuwenden, wenn es heißt:

»Es giebt freilich unter uns Leute, [...] welche das Wort *deutsche Freyheit* beständig im Munde führen. Hat man aber auch wohl recht nachgedacht, in welchem Falle dieß ein *leeres Wort,* und in welchem Falle *es mehr als ein Wort ist!* Ich spreche nicht von Fesseln und Kerker, welche auch wohl zuweilen auf freymüthige Bemerkungen gefolgt sind. Ich spreche von der allgemeinen Meinung der meisten unserer Zeitgenossen, welche an dem Herkommen festhalten, und wahrhaftig noch keinen Sinn dafür haben, daß über alle Gegenstände frey und ohne Umschweife dürfe räsonniret werden. Vielen sogar ist es sehr ungelegen, wenn manche Dinge nur ans Licht gezogen werden, und gesagt wird, daß sie existiren. [...] Man spricht in Deutschland wohl von Freymüthigkeit, aber man kann schon von weitem her Freymüthigkeit sehr wenig vertragen. Fast niemand will, daß von seines Landes Zustand und Verfassung öffentlich geurtheilt werde [...]. Von dem was alle Welt weiß und was niemand läugnen kann, soll niemand öffentlich sprechen. [...] Fast jedes Land, jede Stadt ist mit sich sehr wohl zufrieden. [...] Fast jede Stadt hat ihr eigenes favorites Monument, ihre eigene favorite Gewohnheit, ihren eigenen berühmten Mann. Wer von allen diesen Dingen anders redet als die Eingebohrnen, den halten gewisse Leute für einen Feind des Vaterlandes [...].«[53]

In der Tat wendet sich Nicolai hier gegen die bornierte Einzelheit »kleinstädtischen Tones«[54], welche nicht bereit ist, aus der Unmittelbarkeit ihrer Traditionszusammenhänge (»ihr eigenes favorites Monument, ihre eigene favorite Gewohnheit«) zugunsten der freien Reflexion über Interessen und Bedürfnisse (»Fast jedes Land, jede Stadt ist mit sich sehr wohl zufrieden«) herauszutreten. Nur spricht er anderen genau jenes Recht der Verabsolutierung eigener, gewachsener Positionen ab, das er, in derselben scheinbaren Unmittelbarkeit selbstbezogenen Denkens stehend, aus der Überzeugung objektiver Wahrheit heraus für sich stets reklamierte. Die den hart kritisierten »Provinzlern« in der letztlich gleichen Unmittelbarkeit gegenüberstehende, zur Faktizität von Denkmälern, Gewohnheiten und berühmten Männern versteinerte Geschichte kann ebensosehr objektive Wahrheit beanspruchen wie die Nicolaischen Überzeugungen selbst, in denen sich die vermeintliche Existenz von irgendwelchen »Dingen« widerspiegelt. Kann sie es aber nicht, wie Nicolai in der Berufung auf die Verbindlichkeit des Räsonnements zu begründen sucht, so trifft dies zugleich auf sein eigenes, an die Orientierung an reiner Gegenständlichkeit zurückverwiesenes Denken zu; indem Nicolai Gedankenfreiheit als bloß formale bestimmt, deren Inhalte von verabsolutierten Interessen des Ich charakterisiert sind, wird er gewissermaßen selbst zu einem »Eingebohrnen«, der sich im Besitze der objektiven Wahrheit wähnt: »Sehr seltsam! Der Fremde ist irgendwo einheimisch!«[55]

Sofern es bei Nicolai hieß, aus der Not unfreiwillig eingestandener Differenz die Tugend eigener objektiver Wahrheit bzw. die Untugend fremder Lügen zu *machen*, und eigene *Tätigkeit* notwendig ist, um das Subjektive, Falsche vom reinen Wahren zu trennen, ist Unmittelbarkeit bzw. Sinnlichkeit schon aufgehoben. Es führt die Abstraktionstätigkeit des Bewußtseins insofern zu einem ganz anderen Ziel als dem der Hervorbringung des rein Objektiven, als bereits der Anspruch, passives Medium des natürlichen Lichts und der Affizierungen zu sein, nichts anderes bedeuten kann, als die konstitutive Erkenntnis des aufs Subjekt bezogenen Gegenstands, d. h. nichts anderes als den Lichtstrahl selbst, der nicht mehr in das, was er »transportiert«, und das, was er selbst als ein »Hinzutun« des Subjekts sein soll, zerlegt werden kann.[56] Aus dieser doppelten Verkennung des Unmittelbaren, seiner tatsächlichen Bestimmung als Konstitutum einerseits, der Tätigkeit seiner Hervorbringung (Abstraktion) als Formierung des Gegenstandes und Reflexion auf die Beziehung von Subjekt und Objekt im Sinne subjektiver, noch zu realisierender Interessen andererseits, tritt die ursprüngliche Vernunfteinheit des Ich, nun aber als Anstrengung, das Nichtidentische aufzuheben, wieder hervor. Im Sichabarbeiten am »Anderen«, das reine Unmittelbarkeit bzw. an sich seiendes »Ding« gar nicht sein konnte, sondern immer schon Reflexionsbestimmung war, berief sich das Ich umsonst auf »Tatsachen« als unverfälschten Ausdruck der ihm schon entglittenen objektiven Wahrheit; aufgrund des Zerfalls des rein Sinnlichen war es gezwungen – gerade indem es meinte, doch nur den vielfältigen Bestimmungen des Objektiven in systematisierender Absicht nachzusinnen –, subjektiv Stellung zu beziehen. So ist an die Stelle der bloßen Behauptung, Versicherung, immer schon alle Wahrheit und Wirklichkeit zu sein, und der daraus resultierenden radikalen Trennung von Subjekt und Objekt, woraus sich der fragwürdige Anspruch auf »rein objektive« Wahrheit entwickelte, im Laufe der Bewegung ein *Realismus* »verständiger Vernunft« gerückt, der zwar einerseits, indem er auf die Erfüllung des leeren Ich angewiesen ist, noch der Sinnlichkeit, dem Empirismus, d. h. dem Zufälligen verhaftet bleibt, andererseits aber als das Auffassen und Verallgemeinern des wahrgenommenen Sinnenmaterials hier zugleich dem Einheitsanspruch gerecht zu werden sucht; geht es doch nicht nur um die inhaltliche Tätigkeit des *bloßen* Verstandes, der das Akzidentelle vom Innern der Dinge scheidet, sondern auch um den aus dem für Verstand konstitutiven Einheitsgedanken resultierenden höheren Anspruch der Vernunft, den Gegenstand als sich zugehörig zu bestimmen, sich selbst als sein Wesen zu finden.

Dieses »Nachdenken« des vernünftigen Bewußtseins resultierte aus der passiven Stellung, in die sich das von allem Anderen zunächst abstrahierende Ich begeben hatte; doch ist diese Passivität nicht vollständig. Als Ergebnis der Abstraktionsleistung impliziert sie mehr als das bloße »Nachschreiben« objektiver, unentstellter Wahrheit, wie Nicolai beabsichtigte. Denn weil der die Subjekt-Objekt-Trennung bloß annehmende Verstand die Konsequenz der unmittelbaren Vernunfteinheit bildete, welche so ihre allumfassende Wahrheit zu *rekonstruieren* sucht, entwickelt sich das lebhafte Interesse des Bewußtseins an den in unendlicher Anzahl »passierenden« Dingen, die, als selbst noch nicht vernünftige, allgemeine Wirklichkeit, die Aufmerksamkeit des Ich voll beanspruchen. Dieses Interesse verständig gewordener Vernunft ist nicht mehr zu interpretieren als negative Konsequenz eines von den

Widersprüchen seiner Inhalte bloß getriebenen Bewußtseins; indem es eine zwar leere, aber dennoch Einheit wollende Subjektivität im Hintergrund hat, entwickelt das Ich die Kraft zum eigenen Anmerken und Beobachten der Gegenstände. Gerade aus der aufgezeigten massiven Inkonsequenz: einerseits nichts als Einheit sein zu wollen, andererseits seine ganze Aufmerksamkeit dem Objektiven, Anderen zu schenken, resultiert zumindest abstrakt die Möglichkeit der Aufarbeitung des Konflikts zwischen Vernunft und Sinnlichkeit, nämlich im Sinne der notwendigen Anstrengung, das Unterschiedliche, Disparate unendlicher Sinnlichkeit als das vom Ich Aufzuhebende in der Systematisierung gegenständlicher Aspekte wieder an die Einheit heranzuführen; in der Tätigkeit des Verstandes weicht das empirische Moment unmittelbarer Rationalität der Erzeugung einer noch oberflächlichen Allgemeinheit: Wir sind im Reiche der *Beschreibung*.

IV. Beschreibung: Versuch der Rekonstruktion von Identität

»Sie [der dritte und vierte Band, d. Verf.] handeln bloß von Wien. Sehr gern hätte ich meine Nachrichten von dieser großen Stadt ganz in diese beiden Bände gebracht. Sie sind schon an Bogenzahl beträchtlich stärker gemacht worden, um wenigstens noch den XIIten Abschnitt von der Gelehrsamkeit hineinzubringen. Aber die beiden, obgleich viel kürzern Abschnitte von der Religion und von einigen Sitten und Gewohnheiten mußten doch auf den folgenden Band verspart werden. Ich weiß nicht, ob ich mich deswegen bey meinen Lesern entschuldigen soll, und ob ich mich entschuldigen kann. Es kommt darauf an, ob der Leser eine Schrift aus dem Gesichtspunkte des Verfassers ansehen will, oder nicht. Es möchte wohl, wenn man, ohne weiter nachzudenken oder zu untersuchen, bloß die Bogenzahl ansiehet, scheinen, als ob ich sehr weitläufig gewesen wäre. Wenn man aber diese beiden Bände näher betrachten will, so wird man finden, daß nur die große Mannichfaltigkeit der Gegenstände, auf die ich aufmerksam gewesen bin, und über die ich etwas nützliches zu sagen hatte, macht, daß ich länger bey Wien stehen bleibe; daß ich aber jeden einzelnen Gegenstand so kurz abgehandelt habe, als es möglich war, ohne unvollständig und uninteressant zu werden. [. . .] Ich habe nichts zu übertreiben, sondern so genau als möglich bey der Wahrheit zu bleiben gesucht. Um dieses zu bewirken, habe ich oft in ein Detail gehen müssen. Durch solchen Detail von Thatsachen erscheinen denn freilich manche Dinge in einem ganz andern Gesichtspunkte, als man sie zu sehen gewohnt ist. Indessen vermeinen doch manche Leser, daß man solchen Detail wohl vermeiden könnte, und möchten lieber nur kurze Resultate haben, die in die Augen fallen. Dieß ist für den Schriftsteller in der That viel leichter. Wer schnelle Resultate ohne genaue Rücksicht auf die Wahrheit hinwerfen will, kann viel interessanter scheinen. Er giebt sich die Mine, daß er unendlich viel und dieses gewiß wisse. Dieß glaubt man ihm, weil er so dreist behauptet; und er kann oft nicht widerlegt werden, weil er die Sachen nicht auseinander setzt, weil er die Gründe seiner Behauptung nicht anführt. Ich habe aber nicht gesucht zu glänzen, sondern, soviel den Umständen nach möglich war, die Wahrheit zu sagen. Diese genau zu untersuchen und die Untersuchung bis im Detail zu verfolgen, ist freilich nicht die Sache des großen Haufens der Leser. Daher verliert oft ein Schriftsteller, welcher sich auf Thatsachen stützen, und sie nur in so fern annehmen will, als sie wahr sind, bey vielen Lesern. Er kann nicht so schnell zufahren, weil er beständig Zweifel findet; er kann nicht so glänzende Antithesen machen, als derjenige, der nur zusammengedrängte Resultate halb aus der Einbildungskraft giebt. Der Detail, in den jener gehen muß, scheint manchen Lesern überflüßig. Er ist es aber wahrhaftig nicht. Er giebt ein bestimmteres Bild. [. . .]

Die erste Hälfte des dritten Bandes, war schon zu Ende des Jahres 1782 geschrieben. Ich habe zwar, so wie es der Augenschein giebt, die neuen Veränderungen soviel möglich nachzuholen gesucht; indessen mag ich manches übersehen haben. Es ist auch ungemein schwer, Nachrichten dieser Art richtig zu erhalten und ganz zu verificiren. Die Erfahrung hat mich gelehrt, daß von den vielen Nachrichten, die unter der Rubrik Wien in allen Zeitungen stehen, wenigstens neun Zehntel entweder ganz falsch oder doch sehr unrichtig sind, wenn sie auch an noch soviel Orten nachgeschrieben werden. [. . .] Ich habe mich über Dinge von sehr verschiedener Art ausgebreitet; die man vielleicht in keiner andern Reisebeschreibung sämmtlich so zusammenfinden wird. Desto weniger ist ein Irrthum zu vermeiden. Wer viel gehet, kann wohl einmal fallen.«[57]

Weitläufigkeit, Detailschilderungen, Mannigfaltigkeiten einerseits, Allgemeinheit, Systematik andererseits, mögliche Irrtümer und mögliche Wahrheit sowie eigener Augenschein, Gesichtspunkte des Verfassers, persönliche Unterrichtung, Nachrichten und Bücherwahrheit sind die widersprüchlichen Momente, die die Beschreibung auszeichnen. Am deutlichsten ausgedrückt in der Charakterisierung der »Details« als Konstituens eines »bestimmteren Begriffs«, verweist dieser Widerspruch auf den Versuch der in ihrem ursprünglichen Einheitsgedanken wie der Annahme eines »rein Objektiven« verunsicherten, nunmehr verständigen Rationalität, aus der bloßen unmittelbaren Gewißheit der Wahrheit und der Passivität des widerstandslosen Akzeptierens unendlichen Sinnenmaterials selbsttätig herauszutreten; doch indem dieses Interesse der Beschreibung sich in der Erfüllung des Ich – »Erfüllung« sowohl als »Anfüllung«, »Affizierung« im empirischen Sinne, als auch als »Realisierung« verstanden – verwirklicht, welches das Sinnliche als sich zugehörig bestimmen will, ohne daß dieses selbst an sich schon Allgemeines wäre, entwickelt das Bewußtsein eine fieberhafte Aktivität, die das Anwachsen der »Bogenzahlen« und Buchseiten erklärt, fordert doch die Differenz zwischen dem Ich, das sich nicht mit seinem abstrakten Anspruch, das Allgemeine zu sein, begnügen darf, und der ihm gegenüberstehenden, disparaten Dingwelt die permanente Subsumtion aller Sachen heraus, die sich freilich, indem z. B. »Veränderungen« eintreten, indem sie in ungeheurer Zahl begegnen, einer vollständigen Integration in die angestrebte Vernunfteinheit immer wieder entziehen. Tatsächlich muß der Hinweis Nicolais auf die »große Mannichfaltigkeit der Gegenstände« insofern als Entschuldigung für die Weitläufigkeit seiner Beschreibung gelten, als die mangelnde Vermittlung zwischen systematisierendem Ich und der Vielfalt vereinzelter Objekte ein Ende der Arbeit gar nicht mehr zulassen kann.

Die oberflächliche Allgemeinheit des Bewußtseins, das ein »allgemeines Bild« zum Nutzen der Leser entwerfen will, vermag sich auch an einem einzelnen Gegenstand nicht zu behaupten. Schließlich verbietet die Verschiedenheit und Mannigfaltigkeit des Sinnlichen, den Gegenstand selbst als geschlossene, kurzerhand aufzuarbeitende Einheit zu bestimmen – dies implizierte genau jene vom Ich verworfene, naiv vorausgesetzte Analogie zwischen Subjekt- und Objektstruktur, die sich in radikaler Trennung gegenüberstanden. Im Gegenteil wird es notwendig, den einzelnen Gegenstand in allen seinen Aspekten und Seiten, von denen jede des Interesses des auf die Rekonstruktion der Einheit sinnenden Ichs sicher sein darf, eingehend zu »erörtern«. Das »bestimmtere Bild« konstituiert sich aus der Bewegung des aufmerksamen Ich selbst, das sich auf sinnlich gegenwärtige, d. h. jeweils partikulare Weise in den Gegenständen finden will, nicht aber aus dem objektiven Detail, wie Nicolai in der Zurückweisung kurzschlüssiger »Resultate« konstatiert. Zugleich verliert sich die Aufmerksamkeit gegenüber dem Detail wieder in der unendlichen Besonderung, in der Aufzählung hin- und hergewendeter Dinge und Umstände, die alle erneut auf die totale Vereinzelung bzw. Systemlosigkeit zurückverweisen und die vom verständigen Ich angestrebte Aufhebung der Unterschiede ad absurdum führen. Was der Verstand an gleichbleibenden, ruhigen Bestimmungen des Gegenstandes auf dem Wege des Vereinheitlichens vieler Dinge und des Analysierens eruieren wollte, stürzt wieder in ein zusammenhangloses Nebeneinander zusammen, das es sinnlos erscheinen lassen muß, auf den Spuren der fünftausendseitigen Nicolaischen Reisebeschreibung wandeln zu wollen; denn diese Beschreibung bleibt in ihrer Fixierung an das aus der Abstraktion gewonnene Ich gerade bei der Anstrengung, das von ihm selbst erzeugte Chaos einer unmittelbaren Dingwelt ordnend zu distanzieren, der Unmittelbarkeit eines »Dingfetischismus« verhaftet. In diesem Zusammenhang läßt sich die Kritik an der Beschreibung folgendermaßen zusammenfassen: Einerseits verweist das nun als ein Allgemeines bestimmte Ich auf ein Relationssystem, auf die von der Vernunft behauptete, immer schon gegebene Beziehung zwischen Subjekt und Objekt als die erkenntnistheoretisch einzig mögliche Weise von Erkenntnis; dies schließt die radikale Trennung von Subjekt und Objekt auf jeder Stufe der Entwicklung des Bewußtseins aus. Doch stellt Nicolai andererseits dieser positiven Beziehung wiederum einen Purismus des Objektiven, die an sich seiende Dingwelt gegenüber, welche Grundvoraussetzung das Ich veranlaßt, die angestrebte Einheit (als eine, die z. B. in der »Einbildungskraft« völlig verlorengegangen sei) über jeweils partikulare Bemächtigungsakte, den Verstand, Detailschilderung, Nachrichten etc., erst zu verwirklichen. Diese Auffassung enthält wohl das Richtige, daß, im Gegensatz zur ursprünglichen Gewißheit der Wahrheit, die Vernunft den Nachweis der Einheit zu führen habe; aber indem Nicolai diese Anstrengung auf die der Einheit völlig entfremdete Tätigkeit des Verstandes reduziert, das das Interesse am Beobachten eines an sich Seienden und die Subsumtion fremder, isolierter »Dinge« unter die Allgemeinheit des Ich impliziert, orientiert er sich in seiner Aktivität an der Vielheit verstreuter Objekte. Die oben erwähnte Bewegung des Ich, das sich in den vermeintlich fremden Dingen verkennt, wird abrupt sistiert, indem es das Wesen der Dinge nicht in sich, sondern sich an den Dingen zu erkennen hofft.

Aus der Unmittelbarkeit des Dingfetischismus folgt, daß die Beobachtung die Nähe des Bewußtseins zu den Dingen notwendig macht. Seine *räumliche* und *zeitliche Gegenwärtigkeit* allein kann Wahrheit garantieren; eben jene vollständige eigene Unterrichtung, das »Selberfinden« der Dinge, wie es Nicolai ausdrückt, sind die konkrete Erscheinungsweise der Aufmerksamkeit. Wie verhält sich diese Forderung zu den empirischen Möglichkeiten des an einer Vielheit von Gegenständen sich abarbeitenden Ich? Wurde oben auf den Widerspruch im Verhältnis zwischen dem Allgemeinheit beanspruchenden Ich und seinen Objekten hingewiesen, so stellt sich nun die Frage nach den einzelnen Gegenständen und den Mitteln, derer er sich bedient, um die Präsenz des Ich in den Dingen zu gewährleisten.

Als Resultat der Konstruktionen abstrakter Identität, wie sie z. B. in Gestalt des »Wegmessers« begegneten, fanden wir den Begriff einer reinen, gegensatzlosen Wahrheit; indem diese einerseits in ihre unterschiedlichen Momente auseinandertrat, andererseits an der Einheit unmittelbarer Rationalität festgehalten wurde, organisierte sich der Wahrheitsbegriff Nicolais in einem erkenntnistheoretischen Modell, in dem sich eine reine, von allem anderen abstrahierende identische Subjektivität und eine an sich seiende, identische Gegenstandswelt scheinbar unvermittelt gegenüberstanden – doch benötigte das aller Inhalte entleerte Subjekt, das Ich, sein Gegenüber um so dringender, als seine Wahrheit als ein sonst bloß partikulares, auf eigene »Innerlichkeit« beschränktes Wissen von sich im Aussprechen verschiedener, an Mannigfaltigem sich bestätigender Sätze hervortreten mußte. Bei der Erfüllung des leeren Ich durch die von ihm zunächst ausgegrenzten gegenständlichen Inhalte versuchte das Bewußtsein, in der Regression zur Unmittelbarkeit eines »Affiziertwerdens« objektive Wahrheit gegen die vermeintliche Willkür subjektiver Konstitutionstätigkeit ein für allemal abzusichern, wie in der Festlegung Nicolais auf »Tatsachen« und die Luzidität einer empiristischen Gesichtswelt deutlich wurde. Wohl aber bestimmte sich diese Programmatik als Abstraktion, d. h. als systematisierende Tätigkeit einer aus der unendlichen Sinnlichkeit allmählich hervortretenden verständigen Rationalität, die ihre im Verweis auf Objektives verlorene Einheit in der *eigenen* Beobachtung der Dinge, im Verifikationsprinzip, zu rekonstruieren sucht. Damit glaubte das Ich, der obengenannten *ersten* Schwierigkeit bei der notwendigen Verallgemeinerung chaotischen Sinnenmaterials, der Schwierigkeit auch bei der Durchführung eines von äußerlichen Hemmnissen (»drückende Geschäfte« etc.) belasteten Werks »von so weitläuftigem Umfange« zu begegnen.

Doch bringt diese Schwierigkeit, die letzten Endes aus der nicht völlig distanzierten, im Verstand als vermeintlichem Wissen von einem ihm noch in radikaler Trennung Gegenüberstehenden geradezu sanktionierten Unmittelbarkeit rührt, eine zweite Schwierigkeit hervor, die an die begrenzte Kapazität des aufmerksamen Bewußtseins geknüpft ist: Die Notwendigkeit jeweils *eigenen* Beobachtens und Anmerkens, demgegenüber auch die zuverlässigsten Nachrichten insofern »unverständlich« bleiben müssen, als sie nicht der Tätigkeit des Ich entspringen, stößt an die Grenze der Aufnahmefähigkeit Nicolais, die auch von »aller möglichen Wahrheitsliebe« nicht zu überschreiten ist. Wie das Eingeständnis möglichen Irrtums, freilich selbst noch Dokument fragwürdiger Wahrheit, läßt die bestürzende Erkenntnis der Restriktion der Vernunft auf unvollständiges, nicht »völlig genaues« Wissen einerseits, auf Erregung von Aufmerksamkeit andererseits die angestrebte Einheit problematisch werden; die ehedem im Zusammenhang mit objektiver Wahrheitsfindung abgegebene Totalitätsversicherung (Verifizierung jeden »noch so gering scheinenden« Umstands) tritt hinter ein unzureichendes Systemdenken, das sich selbst einzuschränken gezwungen ist, zurück. Während die Endlichkeit verständiger Rationalität, die sich an den individuellen Gesichtshorizont des Ich gebunden hat, wieder mit der Vielheit aufzuarbeitender Dinge konfrontiert wird, bläht sich die Beschreibung, die bei der Aufhebung des bloß Sinnlichen gehalten ist, prinzipiell alle Dinge und alle ihre Aspekte aufzusuchen, zu einem gigantischen Werk auf; unter der Prämisse der Einzelheit des Ich und des

Verstandes stehend, dem die Welt aus unendlichen besonderen Stücken zusammengesetzt erscheint, muß die Beschreibung selbst Gegenstände vernachlässigen; positiv gewendet: die Beschreibung wird in der Tat zu einem *Lebens*werk. Dies meint nichts anderes, als daß das Bewußtsein, indem die unmittelbare eigene Gegenwart des Ich zur Rekonstruktion der Einheit erforderlich ist, von einem (»fertig« beschriebenen) Gegenstand, an dem das Interesse erloschen ist, sogleich zu einem anderen fortgetrieben wird, und wohl läßt sich dabei das Ende des eigenen Lebens, nicht aber das der Dingwelt absehen.

Im gleichen Sinne – Widerspruch zwischen dem Bemühen des Ich, sich selbst auf sinnliche Weise in den Gegenständen zu »verifizieren«, und Endlichkeit des Bewußtseins – heißt es bei Nicolai über Wien:

»Einem Wiener wird es freilich leicht sein, in einem Buche, das bloß von seiner Vaterstadt handelt, hier oder da einen einzelnen Irrthum zu finden. Aber er wird so billig seyn, die Menge der Sachen, die richtig beschrieben sind, und die Menge wichtiger Gegenstände, die durch diese Beschreibung vor Augen gelegt werden, nebst den großen Schwierigkeiten in Anschlag zu bringen, die sich bey einer solchen Untersuchung finden. Die Erfahrung hat mich genugsam gelehrt, wie schwer es oft ist, in einer Stadt, wo man selbst wohnt, manche Sachen ganz richtig und bestimmt zu beschreiben. Ein vernünftiger Mensch wird also leicht einsehen können, wie viel schwerer dieß hält, wenn man abwesend ist. Wer es nicht versucht hat, kann es sich kaum vorstellen, welche Mühe es oft kostet, einige Nachrichten zu verificiren.«[58]

Und schließlich:

»Deutschland bestehet aus so sehr vielen großen und kleinen Ländern, in denen alles verschieden ist, Lage, Klima, Verfassung, Physiognomie und Charakter der Einwohner, Religion, Wissenschaften, Künste, Industrie, Sitten. [Zum gegenseitigen Kennenlernen der Menschen; Erg. d. Verf.] [. . .] könnten Reisebeschreibungen die nützlichsten Dienste thun, worinn versucht würde, die hauptsächlichsten deutschen Provinzen, besonders nach ihrer Verfassung, Religion) Gelehrsamkeit, Industrie und Sitten, so viel ein Reisender davon bemerken kann, zu schildern.«[59]

Indem sich die Beschreibung, wie hier, der Präsenz bzw. der »Anwesenheit« und dem Vermögen des Ich, eine bestimmte Menge von »Sachen« zu bemerken bzw. im Gedächtnis zu behalten, ausliefert, erhält das die Dinge systematisierende Ich eine Vielzahl von *Unterschieden* zurück. Eben jene die Aufnahmefähigkeit überfordernden Gegenstände – viele große und kleine Länder, in denen alles verschieden ist etc. – bleiben in unüberbrückbarer Differenz zu einer Einheit stehen, die nichts anderes als die stets aufs neue ergänzungsbedürftige Summe vereinzelter Beobachtungen bildet. Die Grundbedingung persönlichen Augenscheins und individuellen Interesses, der Nicolai in der Praxis nicht nachkommen kann, beschränkt Wahrheit wiederum auf einen von der persönlichen Mühe und äußeren Umständen abhängigen partikularen Geltungsbereich; wird doch, schärfer noch, die Wahrheit der Beschreibung selbst in der Nennung ihres bescheidenen Verdienstes, im Aufgreifen bisher vernachlässigter »gesehener« Dinge ein »Betrachten« bloß veranlaßt zu haben, der Denktätigkeit anderen Bewußtseins überantwortet: Aufmerksamkeit, Beobachtung und Beschreibung, denen die Dinge »fortgelaufen« sind, werden wieder zu endlichen Bestimmungen des empirischen Subjekts.

Dies ist zugleich Reflex des hinter den von Nicolai benannten zwei Schwierigkeiten stehenden Problems, inwieweit eigentlich die den Dingen zugemessene bestimmte Ordnung, die Systematisierung zu einem Komplex wie »Gelehrsamkeit«, »Industrie«, »Religion« etc., dem in ihrem reinen an sich seienden Charakter vom Ich zu Erkennenden – denn dies war das ausdrückliche Ziel der Beschreibung – im Sinne einer Adäquation tatsächlich entspricht: Wenn schon »Veränderungen« an den Gegenständen, überhaupt die Verschiedenheit von »Lage«, »Klima«, »Religion« etc. großzügig zugegeben werden, ist zu fragen, wie angesichts dieser Disparatheit und des ständigen Flusses scheinbar fester Bestimmungen noch an ihrer Einpassung in ein Allgemeines festgehalten werden könne. Indem sich die Kategorialisierung der Gegenstände, wohl Resultat des emanzipatorischen, aktiven Vermögens des Ich, an selbständiger Objektivität orientiert, diese aber durch beständige Veränderung, Verschiedenheit, Vielheit ausgezeichnet ist, kann bei strenger Prüfung des Bewußtseins nicht mehr als eben jenes formal-abstrakte Systematisierungsinteresse des Ich konstatiert werden, setzt doch schon die bloße Feststellung einer Verschiedenheit das Wissen von einer distinkten Individualität eines sich vom Anderen scheidenden Gegenstandes voraus. Nicht nur, daß der Beschreibung eine

Menge Gegenstände, die nicht von der begrenzten Kapazität des endlichen Subjekts umschlossen werden, entgehen müssen, sondern die Tatsache, daß auch die im Blickfeld des Ich verbliebenen Gegenstände selbst, als vom Verstand reflektierte an sich seiende Dinge, nur unter der Annahme einer immer schon bestehenden Einheit mit dem Ich systematisiert werden können, macht die Applikation allgemeiner Bestimmungen des Bewußtseins auf eine jedem Vermittlungszusammenhang enthobene »Gegenständlichkeit« fragwürdig. Läßt man aber diesen radikalen Einwand, der gegen die Möglichkeit der Systematisierung mit dem Argument des Zerfalls eines identischen Gegenstandsbereichs auftritt, zunächst außer acht, so zeigt sich insofern ein Widerspruch in der Zuordnung mannigfaltiger Gegenstände auf ein *bestimmtes* Ordnungssystem, als die verschiedenen, disparaten Bestimmungen, die unterschiedlichen Aspekte und Seiten der Dinge zugleich verschiedenen Systemen eingepaßt werden können; selbst dort, wo, Nicolai zufolge, absolute Sicherheit und Ordnung herrsche, auf dem Gebiet der Messung – »und die sicherste Untersuchung einer Größe geschieht durch Messung«[60], begegnet dem systematisierenden Bewußtsein eine neue Unsicherheit oder, positiv, die Möglichkeit willkürlicher Verallgemeinerung, deren Resultate nicht nur von den Messungen anderer Topographen abweichen, sondern in sich selbst inkonsistent werden. Nicolai kommentiert seine Messungen des Umfangs der Vorstädte Wiens folgendermaßen:

»Man siehet also gar nicht, wie P. Fuhrmann [Verf. einer Beschreibung von Wien, Erg. d. Verf.] in Gedanken hat messen können. Er muß nicht allein Spitalau und Brigittau mit in den Umfang der Vorstädte von Wien eingeschlossen haben, sondern muß in Gedanken noch ein weites Stück hinter dem Fahnstangenwasser weggeschweift seyn, um hier einen Umfang von 6720 Klaftern herauszubringen. Und selbst den vergrößerten Umfang, den er annimmt, vergrößert er noch mehr durch die Reducirung auf deutsche Meilen. Er bestimmt die Meile zu 20,000 Fuß, wie es aber niemand thut, der Genauigkeit liebt. Nimmt man hingegen, mit Büsching, Lambert, und sonst den besten Schriftstellern, die deutsche Meile zu 23600 Fuß und drüber an, so macht dieser über seine Gränzen ausgedehnte Umfang nur 3 1/2 Meilen und etwas drüber; und dieses noch ist viel zu groß, wie sogleich erhellen wird.

Weiskern gibt am obenangeführten Orte [Weiskerns Beschreibung von Wien, Erg. d. Verf.] diesen übermäßigen Umfang an, ohne zu untersuchen, wo er anfange und wo er aufhöre, wie er, und ob er recht gemessen sey. Doch scheint er das Ansehen vermeiden zu wollen, als ob er bloß P. Fuhrmanns Berechnung abgeschrieben habe. Er verwandelt also durch einen kleinen Kunstgriff, was P. Fuhrmann in Klaftern angegeben hat in geometrische Schritte. [. . .] Derselbe [Major Tempelhof, ein anderer Topograph, Erg. d. Verf.] hatte mir auch ehemals die Bitte gewährt, den Flächeninhalt von Berlin auszurechnen. Dieß ist wohl das sicherste Mittel, die wahre Größe einer Stadt zu bestimmen. Würde es bey mehreren Städten angewendet, so würden die schwankenden Angaben und die falschen Einbildungen, welche fast bey jeder Stadt ohne Grund angenommen, aus einem Buche ins andere übergetragen, und endlich als verjährte Wahrheit betrachtet werden, viel richtigern Angaben Platz machen. [. . .] Da nun in Berlin auch ein unbebautes Ackerfeld innerhalb des schlesischen Thores ist, hingegen sonst gar keine unbebaute Plätze von einiger Beträchtlichkeit; und der Umfang der vorhandenen Lustgärten sowohl, als der Küchengärten, wie es der Augenschein auf den beiderseitigen Grundrissen zeigt, in Wien ungleich größer ist als in Berlin: so könnte es fast scheinen, daß der eigentliche Raum, den die Häuser einnehmen, wirklich in Berlin größer sey, als in Wien; welches auch dadurch bestätigt zu werden scheint, daß in Berlin 6223 Häuser, und in Wien und dessen Vorstädten nur 5197 Häuser gezählt werden. Wenn man aber die sehr viel breiteren Straßen in Berlin, und die mehreren großen Plätze, welche daselbst vorhanden sind, in Anschlag bringt, so wird man den Platz, welchen in beiden Städten die Häuser einnehmen, ungefähr für gleich groß schätzen können. Nur freilich können in dem weiten Umfange von Wien künftig noch weit mehr Häuser hinzugebauet werden, als in dem Umfange von Berlin.«[61]

Selbst dort, wo sie mit dem Anspruch naturwissenschaftlicher Exaktheit aufwartet, gerät vernünftige Erkenntnis unter Legitimationsdruck: Nicolai stellt sich die Frage, ob die allgemeinen Antezedenzbedingungen, die das Resultat topographischer Erhebung determinieren, tatsächlich der Struktur der Gegenstände selbst entsprechen. Scheint die Annahme eines bestimmten Zuordnungssystems bei Gegenständen, die aufgrund ihres Lebenszusammenhangs zu distinkter Individualität gekommen sind – bei Tieren und Menschen –, noch gerechtfertigt, so zerfällt die sich an Objektivität orientierende Allgemeinheit Nicolaischen Verstandesdenkens dort, wo ihr, wie in der Anhäufung von Häusern, Plätzen, Straßen und Grenzmarkierungen, nur Relationen und unterschiedslose terrestrische Massen entgegenstehen. Indem der eine Topograph deutsche Meilen zur Grundlage seiner Berechnung nimmt und bestimmte Ortschaften miteinschließt, ein anderer Klafter in geometrische Schritte umwandelt, ein dritter schließlich vom Flächeninhalt einer Stadt ausgeht, Nicolai selbst Berlin als positive Vergleichsgröße bemüht, verläuft sich das Allgemeine erneut in der Konkurrenz verschiedener Zuordnungssysteme; wo keine Besonderung an den Dingen selbst vorgegeben ist, sondern das ruhelose Ich selbst Bestimmungen, Differenzen und Gemeinsamkeiten zu setzen hat, ist der Verstand gezwungen, einmal diesen, ein andermal jenen Aspekt, das Unnütze des Dings in der einen und seine Nützlichkeit in der anderen Hinsicht hervorzukehren. Die Verwirrung der einzelnen Bestimmungen durch die Relation ergreift dabei auch das eigene Denken Nicolais, der einerseits die »schwankenden Angaben und die falschen Einbildungen« unbegründeter topographischer Berechnungen kritisiert, andererseits selbst dazu übergeht, die Beschreibung des Wesentlichen an angenommene Verhältnisse zu binden; er selbst argumentiert mit der Möglichkeit, bestimmte Plätze und Gärten der Größe Berlins hinzuzurechnen. Ein »Schätzen«, »Scheinen« und »Können« tritt an die Stelle der Forderung nach plausiblen Kriterien, die der Verstand unmittelbar aus der Struktur der Objektivität ziehen wollte.

Der Vorwurf Nicolais gegen die anderen Topographen, »in Gedanken« gemessen zu haben und von der Objektivität »weggeschweift« zu sein, artikuliert ungewollt das eigentliche Resultat der Widersprüche in der Beschreibung: indem ihm jeglicher identische Gegenstandsbereich, objektive Allgemeinheit in der Verwirrnis beliebig applizierbarer, beliebig verschiebbarer übergreifender Ordnungssysteme und in der Aufzählung erneut zerfallen ist, flüchtet sich das Ich verständiger Rationalität in *Setzungen*; so wie hier die Beziehung auf Berlin, die Heimat Nicolais, dazu dient, eine Festigkeit des Denkens in der Orientierung an Positivitäten vorzuspiegeln, so sieht sich das Ich überhaupt gezwungen, aus der eigenen Gedankenwelt und nicht mehr jenen dem System wieder entkommenen »Dingen« heraus das Allgemeine zu entwikkeln. Was Nicolai als Einbildung und Unvernunft denunzierte, das in übertragenem Sinne als eigene, bisher als objektive verkannte Bewegung der Vernunft zu charakterisierende Messen »in Gedanken«, entspräche dieser Forderung, die durchaus über ein Messen der Gedanken *an* den Dingen und die Ausgangsfrage der Beschreibung, *woran* die Dinge zu erkennen seien, hinauskäme. Doch bleibt diese das ursprüngliche unmittelbare Interesse am Beobachten und Anmerken abstrakt transzendierende Anstrengung selbst unreflektiert; einerseits Möglichkeit zur Erkenntnis der fehlenden Vermittlung zwischen Allgemeinem und Besonderem in der Beschreibung, andererseits willkommener Anlaß zu neuer Bornierung und zum Vergessen der sich in ihren bisherigen Stationen – reine Vernunfteinheit, objektive Wahrheit, Verständigkeit – zeigenden Widersprüche, mündet die Bewegung Nicolaischen Denkens in alten und, wie man mit ihm selbst sagen kann, »verjährten« Identitätskonstruktionen.

Sofern das aufmerksame Ich zusah, wie sich die Mannigfaltigkeit von Welt der Fähigkeit zur Rezeption entzog und sich schließlich mit dem Wissen von der eigenen Endlichkeit begnügte, behielt es ein leeres formales Erkenntnisinteresse übrig – ein paradoxes Interesse, welches eben jener an sich seienden Dinge notwendig bedarf, die ihm zugleich in unüberwindbare Ferne entrückt sind. Als ebenso überflüssig erwies sich der Versuch der Systematisierung gegenständlicher Aspekte, die das Bewußtsein einerseits zum Aufzählen, andererseits zu einem unruhigen Umhertreiben zwischen verschiedenen Allgemeinheiten, dem Ordnen der Dinge nach unterschiedlichen Gesichtspunkten, brachte. Doch in dem Maße, wie der problematische Versuch des in seiner Endlichkeit bestimmten, vergeblich über die Unendlichkeit der Dingwelt in systematisierender Absicht reflektierenden Ich, einfach zu beschreiben und so die Vernunfteinheit zu rekonstruieren, die Aporien des Verstandes deutlich werden ließ, verstärkten sich die Anstrengungen Nicolais, das Auseinandergebrochene gewaltsam zusammenzuhalten; in der Willkür der Subsumtion von Wirklichkeit unter abstrakte Zwecke, unter Klassifikationssysteme wie »Industrie«, »Gelehrsamkeit«, »Religion«, »Sitten«, unter Meßsysteme wie »Topographie« etc., begegnet uns der gleiche abstrakte *Herrschaftswille*, der die anfangs kritisierten Konstruktionen *abstrakter Identität* auszeichnete. Ohne es ihren erkenntnistheoretischen Prämissen nach zu dürfen, setzt die verständige Rationalität erneut eine Einheit, die als die unmittelbare Gewißheit der Wahrheit vorkam. Der Versuch schon des Ich, sich auf sinnlich-gegenwärtige Weise in den Gegenständen zu erfahren, rekonstruiert die *Grenze* zwischen Subjekt und Objekt, die die Nicolaische Beschreibung zum Ausgangspunkt der abstrakten Identität hin ablenkt: So verwies ein Moment unmittelbarer Rationalität aufs andere. Indem die abstrakte Identität als Subsumtion und Entstofflichung von Wirklichkeit auf die reine, gegensatzlose Wahrheit hindeutete, reine Identität aber den Unterschied zurückerhielt und als bloße Einzelheit gegen die Vielheit »anderer« Wahrheiten und Wirklichkeiten auftrat, die an der negativen Einheit des Ich aufgehoben werden sollten; indem aus dem Rückzug des Ich das erkenntnistheoretische Modell einer »Zwei-Welten-Theorie«, d. h. die radikale Trennung zwischen einem reinen Bewußtsein auf der einen, einer an sich seienden Dingwelt auf der anderen Seite und der Anspruch einer rein objektiven Wahrheit resultierten, die ihrerseits, als Produkt einer *Abstraktionsleistung*, auf ein über die bloße empirische »Ausstattung« des Ich mit Sinnenmaterial hinausgehendes Interesse der Vernunft an der Beobachtung und Beschreibung der Dinge verwies, und schließlich die Beschreibung als Hervorbringung einer noch oberflächlichen Allgemeinheit, die das Sinnliche als ein noch nicht an sich allgemein Gewordenes »verständig« auffaßte, im Aufzählen, Analysieren unendlicher Seiten der Dinge zugrunde ging, hat das Denken Nicolais einen Kreislauf vollendet. So wie ihr Versuch, reine Selbstbezüglichkeit bleiben zu wollen, zum Unterschied führte, läßt auch die Anstrengung dieser mit dem Willen zu einem Nichtidentischen belasteten *Vernunft*, ein schlechthin Anderes zu beschreiben, ohne dabei jemals etwas anderes als sich selbst bekommen zu können, die Reisebeschreibung Friedrich Nicolais zu einem paradigmatischen Modell ruhelosen Suchens werden; weiter ist er nicht gekommen.

1 Friedrich Nicolai, *Beschreibung einer Reise durch Deutschland und die Schweiz im Jahre 1781. Nebst Bemerkungen über Gelehrsamkeit, Industrie, Religion und Sitten, von Friedrich Nicolai;* 12 Bände, Berlin und Stettin 1783-1796; Erster Band, 1783, Einleitung, S. 12.

2 Ebd., Erster Band, *Schreiben an Herrn Kriegsrath Dohm;* S. VIII. Alle Hervorhebungen in den Zitaten entsprechen den Hervorhebungen Nicolais.

3 Ebd., S. VII.

4 Ebd., Dritter Band, 1784, Vorrede, S. III.

5 Martin Sommerfeld, *Friedrich Nicolai und der Sturm und Drang. Ein Beitrag zur Geschichte der deutschen Aufklärung,* Halle 1921.

6 Ebd., S. 20.

7 Nicolai, *Beschreibung* . . .; Achter Band, Vorrede, S. XIII.

8 Ebd., S. XIII/XIV.

9 Vgl. dazu: Paul Georg Neumair, *Der Typus des Abenteurers in der neuen deutschen Dichtung,* Diss. Frankfurt/M. 1933.

10 Auf das Motiv des Hauses wurde in diesem Zusammenhang nur eingegangen, um den Widerspruch zwischen abstrakten Voraussetzungen, endlichen Zwecken einerseits und Erfahrung, Bewegung andererseits deutlich zu machen. Der eigentliche Ort dieses Motivs ist da, wo es Nicolai zur Aufklärung der innerhalb seiner vorgefaßten Normen aufbrechenden Unterschiede bemüht und es zu dem im gleichen Sinne konzipierten Motiv der Grenze hinzutritt.

11 Nicolai, *Beschreibung* . . .; Erster Band, Beylage XI.2., S. 85.

12 Ebd., Einleitung, S. 16/17.

13 Ebd., S. 18.

14 Ebd.

15 Ebd., Beylage I.1., *Abbildung des von Herrn Catel 1781 erfundenen Wegmessers;* Kupfer, F. C. Catel inv. et del., Gl. (?) sc.; eingefügt zwischen S. 18 und 19.

16 Ebd., Erstes Buch, I. Abschnitt, S. 38.

17 Ebd., Beylage I.1., S. 20/21.

18 Vgl. dazu Beylage I.1., S. 3-22.

19 Ebd., S. 20.

20 Ebd., Einleitung, S. 13-15.

21 Ebd., S. 14.

22 Ebd., S. 15. »Ein Reisender thut sehr wohl, vor seiner Abreise *Grundrisse* der Städte zu sammlen, in denen er sich aufhalten will. [. . .] Und ohne Grundriß kann ein Fremder unmöglich einen deutlichen Begrif von einer Stadt haben.«

23 Ebd., S. 13.

24 Dieter Kimpel, *Der Roman der Aufklärung,* Stuttgart 1967, S. 41.

25 Nicolai, *Beschreibung* . . ., Erster Band, Einleitung, S. 14.

26 Vgl. dazu: Gustav Sichelschmidt, a.a.O., S. 75.

27 Nicolai, *Beschreibung* . . .; Erster Band, *Schreiben an Hrn. Kriegsr. Dohm,* S. XV. Chr. Wilhelm von Dohm (1761-1820), polit. und histor. Schriftsteller; preußischer Gesandter beim niederrhein.-westfäl. Kreis; Verfassungsreformer in Aachen und Lüttich.

28 Ebd., Zweiter Band, Erstes Buch, XII. Abschnitt, S. 328/329.

29 Ebd., Sechster Band, Vorrede, S. X. Melchior Adam Weikard (1742-1803): Arzt, u. a. Leibarzt der russ. Kaiserin Katharina in Petersburg, Verf. einer Biographie (1784).

30 Ebd.

31 Vgl. dazu: Erster Band, Einleitung, S. 12.

32 Georg Wilhelm Friedrich Hegel, *Phänomenologie des Geistes.* Nach dem Texte der Originalausgabe hrsg. von Johannes Hoffmeister, Verlag von Felix Meiner, Hamburg [6]1952, S. 385.

33 Ebd., S. 180.

34 Nicolai, *Beschreibung . . .;* Siebter Band 1786, Anhang zum siebenten Bande, enthaltend *Eine Untersuchung der Beschuldigungen, die Herr Prof. Garve wider diese Reisebeschreibung vorgebracht hat. Nebst einigen Erläuterungen, die nützlich auch wohl gar nöthig seyn möchten,* S. 129.

35 Ebd., Achter Band, 1787, Vorrede, S. XIX-XX.

36 Vgl. dazu: Anhang zum achten Bande. *Anmerkungen über das zweyte Blatt von Herrn J. C. Lavaters ›Rechenschaft an seine Freunde‹, und über Herrn P. J. M. Sailers zu Dillingen Märchen,* S. 1-186.

37 Ebd., Dritter Band, Vorrede, S. XXVIII; von Nicolai zitiert nach: *Winckelmanns Sendschreiben von den Herkulanischen Entdeckungen,* S. 45.

38 Ebd., Erster Band, *Schreiben an Hrn. Kriegsr. Dohm,* S. XV-XVI.

39 Johann Wolfgang Goethe, *Sämtl. Gedichte* 4. Teil, dtv-Gesamtausgabe, München 1961, Xenien von Goethe und Schiller, 201. Xenie: *Das Motto,* S. 129.

40 Nicolai, *Beschreibung . . .;* Siebter Band, Anhang . . . (gegen) Garve, S. 3-4.

41 G. W. F. Hegel, *Phänomenologie des Geistes,* a.a.O., S. 177: »[. . .] es ist Anderes für Mich: Anderes als Ich ist mir Gegenstand und Wesen, oder indem Ich mir Gegenstand und Wesen bin, bin ich es nur, indem Ich mich von dem Andern überhaupt zurückziehe und als eine Wirklichkeit neben es trete.«

42 So z. B. Band 6: *Abermalige Berichtigungen und Zusätze zum I bis IVten Bande,* S. XX-L.

43 Nicolai, *Beschreibung . . .;* Zweiter Band, Erstes Buch, XII. Abschnitt, S. 330.

44 Ebd., XIV, Abschnitt, S. 357.

45 So z. B. Band 7, 1786: *Abermalige Berichtigungen und Zusätze zum I. bis VIIten Bande,* S. XI-XXXVII; *Beylagen zum siebenten Bande,* S. 3-189; darin u. a.: *Auszug eines Briefes eines Reisenden aus Augsburg, vom 4ten Jänner 1782; Schreiben über Appenzell; Beytrag zur Geschichte der Toleranz* etc.

46 Nicolai, *Beschreibung . . .;* Erster Band, ebd., S. VII-XVIII.

47 Ebd., S. XI, S. XVII.

48 Martin Sommerfeld, a.a.O., S. 11, aus Nicolais *Gelehrte[r] Bildung,* S. 78/79.

49 Nicolai, *Beschreibung . . .;* Sechster Band, 1785, Vorrede, S. VIII-IX: »Es ist *Wahrheit,* es sind *Thatsachen,* welche ernsthafte Aufmerksamkeit verdienen.«

50 G. W. F. Hegel, *Phänomenologie des Geistes,* a.a.O., S. 181.

51 Vgl. dazu: George Berkeley, *Treatise Concerning the Principles of Human Knowledge,* Oxford 1871, § 80: »Ihr mögt, wenn euch das gut dünkt, das Wort Materie in dem nämlichen Sinne gebrauchen, worin andere das Wort ›nichts‹ gebrauchen«. Zit. nach Lenin, *Materialismus und Empirio-Kritizismus,* Moskau 1947, S. 14. Und: Ernst Mach, *Analyse der Empfindungen,* Jena 1922, § 6, XI. Kap.: »Die Materie ist für uns nicht das erste Gegebene. Dies sind vielmehr die *Elemente* (die in gewisser bekannter Beziehung als Empfindungen bezeichnet werden).«

52 Vgl. dazu: *Zeitgeist der Aufklärung,* hrsg. von Hans-Joachim Schoeps, Paderborn 1972, darin bes. Gerhard Funke, *Aufklärung – eine Frage der moralischen Haltung?,* S. 13: »Denn hierüber ist kein Zweifel möglich: spekulativer Idealismus, reaktiv-restaurative Engherzigkeit, endlich ideologisch-politische Parteilichkeit des progressiven Marxismus haben [. . .] seit *Nicolais* Ende dazu beigetragen, den

einzelnen mit seinem Urteil über die Aufklärung schnell fertig sein zu lassen. Und dies Urteil lautet, es sei die ganze in Frage stehende Epoche nüchtern, platt, ressentimentgeladen antireligiös, anspruchsvoll und zugleich rückhaltlos, philosophisch unergiebig, politisch überschätzt, eine Periode der Dürftigkeit und bestenfalls ein Zwischenreich des Übergangs.«

53 Nicolai, *Beschreibung . . .;* Erster Band, *Schreiben an Herrn Kriegsr. Dohm,* S. XII-XIII.

54 Ebd.

55 Ebd., S. XIV.

56 Vgl. dazu: G. W. F. Hegel, *Phänomenologie des Geises,* a.a.O., Einleitung, S. 64: »[. . .] denn nicht das Brechen des Strahls, sondern der Strahl selbst, wodurch die Wahrheit uns berührt, ist das Erkennen.«

57 Nicolai, *Beschreibung . . .;* Dritter Band, Vorrede, S. XI-XXI.

58 Ebd., Dritter Band, Vorrede, S. XXII.

59 Ebd., Erster Band, *Schreiben an Hrn. Kriegsr. Dohm,* S. VIII.

60 Ebd., *Zweytes Buch,* IV. Abschnitt, S. 168.

61 Ebd., S. 163-167.

Ralph-Rainer Wuthenow
Deformation im Schuldienst: Florian Fälbels programmatische Reise ins Fichtelgebirge

Es hieße Jean Paul unterschätzen, wollte man Zufall und Laune darin sehen, daß *Des Rektor Fälbels und seiner Primaner Reise nach dem Fichtelgebirge* (1795), die erste seiner konsequent durchgeführten Erzählsatiren, der Idylle vom *Leben des Quintus Fixlein* zugeordnet wurde wie das *Schulmeisterlein Wutz* der *Unsichtbaren Loge.* Idylle und Satire gehören bei ihm zusammen und verschlingen sich; das zeigt der *Siebenkäs* wie der *Titan,* wo die satirischen Partien in die Anhänge verbannt werden, das zeigt die kontrastive Zuordnung von Walt und Vult in dem Roman *Flegeljahre.*

Die kurze Erzählung spielt auf zwei Ebenen, die auch stilistisch deutlich voneinander, oder besser: gegeneinander, abgesetzt werden; der eindeutig klare Aufbau erleichtert den Zugang; wir haben es mit dem Herausgeber eines Reiseberichtes zu tun, der die ihm vorliegende Beschreibung kommentierend unterbricht und schließlich selbst in die Erzählung eintritt. Darstellungsart und Perspektive bringen den sich einschaltenden Herausgeber in Gegensatz zum Verfasser des Reiseberichtes, er wirkt direkt oder indirekt als Einspruch und Korrektiv. Der Herausgeber ist sogar nicht selten weit besser informiert, als es der Leser des Berichts je sein könnte, denn einer der teilnehmenden Primaner ist schließlich sein Gewährsmann. Er schaut der Reise sozusagen zu und unterbricht die Inszenierung, um selber zu sprechen. Er ist der kritische Beobachter einer Folge von höchst sonderbaren Auftritten, die in sechs tableaux vorgeführt und dem Leser so nahe gebracht werden, daß er ›richtig‹ im Sinn des spöttischen Herausgeber zu sehen beginnt. Sein Standpunkt ist dabei nicht eigentlich erhöht, sondern in wechselnder Folge verschieden distanziert; er wechselt gewissermaßen zwischen Rampe und Parterre, von dem aus er nur eines der sechs Bilder kommentiert. Und seine Anmerkungen verändern sich, den Szenen entsprechend; das letzte Wort erhält schließlich der Rektor Fälbel als der Verfasser des bildungsbeschwerten Reiseprogramms, als der klassisch gebildete Schulmann. Doch gilt sein Schlußwort dem Herausgeber, von dem die Leser inzwischen erfahren haben, daß er der Pflegevater eines der Reiseteilnehmer ist, und der – übrigens gegen ein entsprechendes Honorar – den Reisebericht zur Aufnahme in das nun vorliegende Werk ihm zu überlassen gebeten hatte.

Mit diesem Geld kann dann der Rektor seine aus Geldverlegenhei unterwegs an einen Gastwirt verpfändete Tochter wieder auslösen. Der Schluß ist – ironisch – durchaus versöhnlich, doch der Anfang ist dies auch: ausgehend von den Vorzügen der Kleinheit, die dem größten Werk abgehen müßten, empfiehlt der Herausgeber den Reisebericht der lesenden Mitwelt zur Lektüre; die gutgeschriebenen Nachrichten erscheinen gar als Muster, wie Erzieher mit ihren Eleven zu reisen hätten. Er sei versucht gewesen, den Bericht aus dem Deutschen ins Deutsche zu übersetzen, doch habe er es nicht gewagt – um nicht durch Vertilgung des klassisch-latinisierenden Stils dem Untergang der Gelehrsamkeit vorzuarbeiten.

Die Reisenden werden kurz vorgestellt: sechs Hunde und vierzehn Teilnehmer im genaueren Sinne, wobei schon sorgfältig unterschieden wird – drei Arten von Hunden entsprechen drei Arten von Menschen, darunter eben der Herr Rektor und seine Tochter, die wie eine Arrestantin in ihrem kleinen Wagen von den Fußgängern eingefaßt wird. Vom Rektor selbst wird nur bemerkt, daß sein Reiseprogramm ihn hinreichend erkläre,

> »wie er lehrte, lernte und schrieb; im Wirthshaus resorbierte er mit den lymphatischen Milchgefäßen des Papiers allen gelehrten Milchsaft, den eine Reise kocht, und unterwegs hielt er seine Schreibtafel den wichtigsten Exkrementen des Zufalls und Bleistifts unter und fing auf, was kam«.[1]

Gelehrt und wißbegierig, sieht der reisende Rektor offenbar alles als gleich wichtig, gleich merkwürdig; jede Erscheinung ist sich selbst gleich, Auswahl, Bewertung, Reflexion auf die Voraussetzung zur Erkenntnis der Gegenstände sind, wie zuweilen bei Gelehrten, seine Sache nicht – Erkenntnis ist hier zunächst die Registrierung der Wirklichkeit. Auch die zwölf Schüler sind gehalten, nichts auszulassen; die Hunde gar, so heißt es, seien nicht ohne Beobachtungsgeist unterwegs gewesen: alles Erhebliche hätten sie mit Wenigem angemerkt –

»und hoben betheuerungsweise des Hinterbein auf«. In der Tat deutet sich hier ein Unterschied an, da sie das Erhebliche bevorzugen. »Nein, eine so gescheite Reise kann gar nicht mehr gemacht werden, so lange die Erde auf ihrer ist.«[2]

Die Hauptfigur, der Held des Ganzen, ist wie im *Wutz* und *Fixlein* ein Schulmann, ein Schriftsteller dazu, also ein selbstbewußter Kollege Jean Pauls, der vielerlei gelehrte Kenntnisse besitzt und sich selbst durch seinen Stil in Schrift und Reise charakterisiert, durch die Wichtigkeit, die er den Erscheinungen beimißt, durch die Urteile, die er über alles zu fällen weiß, was begegent. Ein Lehrer mit Lust an der Fußreise, wobei dieses Wandern aber nicht zwecklos ist und ungebunden, sondern, wie es sich gehört, zugleich intensives Studium, wobei dann das Studium wieder umgesetzt wird in Gedrucktes. Er wird von Jean Paul durch seine Sprache in sozusagen mimischer Weise vernehmbar, ja sichtbar gemacht.

Der erste Satz seines nun vorgelegten Programms beginnt mit dem besitzanzeigenden Fürwort der 1. Person, der zweite mit dem entsprechenden Personalpronomen. Hier spricht ein Lehrer von seinen Schülern als von Untergebenen; für einen mehrtägigen Ausflug in die nähere Umgebung wird eine Autorität beschworen, die ihn rechtfertigen soll; die Exkursion wird in Beziehung gesetzt zu den Unternehmungen der antiken Heerführer und Autoren. Damit tritt nun der Verfasser des Reiseprogramms selbst in einen großen Zusammenhang und eine bedeutende Nachfolge ein.

Zwei Züge lassen sich rasch erschließen: Anmaßung und Autoritätsgläubigkeit, in anderer Wendung: pedantische Umständlichkeit in Verbindung mit programmatischer Unterwürfigkeit. Er hat das Bewußtsein seiner Würde und Stärke als ein geborgtes nur dort, wo er sich anzulehnen vermag, doch in der Anlehnung fühlt er sich autonom. Fälbel stellt sein Wissen zur Schau, im Wissen sich selbst, und er bedarf dieses Wissens als einer Stütze für eigenes Handeln – die Stütze muß ihn erhöhen, indem sie ihn trägt.

Mit vorsichtig-kritischem Abstand wird für alle Fälle auch pädagogische Autorität seiner Gegenwart zitiert, möglicherweise entstehende Schwierigkeiten werden im voraus genau ins Auge gefaßt, die noch gar nicht nötige Verteidigung wird schon vorweggenommen: der Nutzen der Reise wird nicht vorausgesetzt oder beschworen, sondern durch gesammelte Meinungen scheinbar schon unter Beweis gesellt. Selbstherrlich und servil zugleich, pedantisch und prahlerisch, betulich und brutal, haben wir es mit einer frühen Erscheinung des autoritären Charakters in der deutschen Literatur zu tun. Der letzte Absatz der Einführung treibt das bis dahin Gesagte auf die Spitze:

»Wenn ein großer Cäsar in seinen Kommentarien, oder Friedrich II. in den seinigen bescheiden das Ich mit der dritten Person vertauschten: so geziemet es mir noch mehr, an die Stelle meines Ichs nur meinen Amtnamen zu setzen.«[3]

Die Bescheidung ist das Gegenteil davon, Angleichung nämlich an die objektive Zurückhaltung großer Vorbilder; eine nicht vorhandene Relation wird erschlichen, behauptet und imitiert. Die Demut ist von der überheblichen Sorte; nur um so lauter spricht dafür das so absichtsvoll verschwiegene Ich des kleinstädtischen Schulcäsaren, der denn auch bald wieder – der Kürze halber, wie es heißt – zur Ersten Person zurückkehrt.

Er bricht auf, nachdem er den Schülern, die er hyperbolisch als Nomaden bezeichnet, eine »leichte Rede« vorgelesen hat, über die Anmut des Reisens überhaupt und die der Schulreisen im besonderen. Wie einen Feldzugsplan, als Strategie eben, behandelt er die nachdrücklich formulierten Reiseregeln, denn er reist mit Plan und Absicht. Dem Studiencharakter entspricht die Reise zunächst insofern, als sie ja in Wahrheit, zugleich aber auch wieder auf der Karte unternommen werden kann, nicht etwa um sich zurechtzufinden, sondern – um die Karte zu benutzen, was als »ungemein beschwerlich und lehrreich« bezeichnet wird. Denn:

»Der Exkurrens trug eine aufgeschlagene Spezialkarte vor sich hin, auf der Fälbel allen leicht das Dorf zeigte, wo sie jedesmal waren«,[4]

eine, wie es heißt, nicht ungeschickte Weise, Motion mit Geographie zu verbinden. Karte und Erdbeschreibung erst machen aus der Reise den bewegten Unterricht, erheben das Vergnügen zum Nutzen, das Unterwegs zur Unterweisung. Überdies gibt der Anblick der wirklichen Landschaft Anlaß zu kritischen Hinweisen auf die Ungenauigkeit der Karten.

Die Bewegung ist streng geregelt: als am ersten Abend die

Schüler spazierengehen möchten, Dorf und Land zu besehen, erhebt der Reiseleiter Einwände: Naturbetrachtung ist als natürliche Theologie erst für den folgenden Tag vorgesehen, Vergnügen an der Natur steht für diesen Abend noch nicht auf dem Programm. Statt dessen folgt Fälbel der Einsicht, daß man die Schüler auf Reisen immerhin zu belustigen habe – »wie sogar der Neger-Handelsherr die Sklaven zu tanzen, zu singen, zu lachen nöthigt«[5]: die Primaner werden aufgefordert, lustig zu sein, ja, der Rektor scherzt ihnen nach Kräften vor, die Stimmung wird disponibel. Gemütszustände werden also anbefohlen; das rationalistische Programm schlägt um in offene Inhumanität. Und auch bei so gewagten Lockerungen fehlt nicht der Hinweis auf Cicero und auf schnurrige Eigentümlichkeiten der Eule, wie Buffon sie überliefert.

Am nächsten Tage werden nach so vergnügt verbrachten Abendstunden dem Wirt noch ein paar Groschen von der Rechnung abgehandelt, sodann gilt es, Vergnügen an der Natur zu dozieren. Auch hier liegt eine umfangreiche Veröffentlichung vor, auf die man sich stützen kann. Aufkommender Regen trübt zwar programmwidrig das Vergnügen, gibt aber Gelegenheit, die unbestreitbaren Wohltaten der Niederschläge zu preisen. Freilich ist schlimmer als Regen der lebhafte Verkehr auf den Straßen – Wagen, Hunde, Rekruten und Extrapost, das bedeutet Gebell und Gestank, Gelächter und andere Störungen. Eine gutsherrliche Parkinsel mit Pappeln bietet sich ersatzweise zu botanischen Studien an.

Für die Tochter ist, so erfahren wir durch den Herausgeber, endlich Gelegenheit, so etwas wie freie Zeit zu genießen, mit der sie allerdings nichts anzufangen weiß: die Erziehung hat keinerlei Interessen und Neigungen in ihr entwickelt, ihr einziges Ziel ist die Frauenpflicht in Haus und Küche. Am Ufer untätig und melancholisch herumschlendernd, wird sie von ihrem Vater zurückgepfiffen wie ein Hund.

Der Weg nach Hof, zur nächstfolgenden Station, gibt Gelegenheit, festzustellen, was noch genauer im Lexikon steht, daß nämlich

»das baireutische Voigtland mit mehren Produkten ausgesteuert sei, mit Korn, Hafer, Kartoffeln, einigem Obst (frischem und getrocknetem) und so weiter; aber man könnte nicht angeben, wie viel«.[6]

Was man weiß und nachschlagen kann, wird als Erkenntnis vorgetragen, wie selbstverständlich oder wie belanglos es auch sei; was aus Handbüchern zu entnehmen war, ordnet die Betrachtung der Landschaft. Zwischen Ansicht (im doppelten Sinne) und Subjekt steht immer, anerkannt und zeugenhaft, in beispielloser Kümmerlichkeit das Gedruckte, durch das sich die Wirklichkeit erst legitimieren muß. Denn diese unvermittelt aufzunehmen, fehlt es an Phantasie, sie zu begreifen auch an Reflexion, durch die Erfahrung erst konstituiert werden könnte. Wie er weiß, wohin er sich begibt, weiß Fälbel auch schon, was er zu sehen, was er zu ›erfahren‹ hat. Wirklichkeit wird nicht gesehen und erkannt, sondern nur in dem Charakter bestätigt, in dem sie schon beschrieben steht:

»Als wir in *Marktleuthen* eintrafen, wußt' ich im Finstern, daß die Brücke, worüber wir gingen, auf sechs Bogen liegen mußte – nach Büsching; es freuet aber ungemein, gedruckte Sachen nachher als wirkliche vor sich zu sehen.«[6]

Das Verhältnis zur Wirklichkeit hat sich somit bereits verkehrt, vorrangig bleibt das Gedruckte. Wirklichkeit ist nicht das Fremde, Unvertraute, an dem es sich abzuarbeiten, auf das es sich einzulassen gelten könnte, sondern das immer schon Gewußte. Erst die vom Verstand schon geschaffene Ordnung erlaubt es Fälbel, so etwas wie ›Kenntnis‹ von Welt zu erlangen. Als in einem Gasthof ein zweifelhafter Bursche auf die Leute schimpft, die in den Journalen gegen die Französische Revolution schreiben, fühlt sich der klassisch geschulte Fälbel herausgefordert. Er korrigiert die Begriffe des andern und erläutert, daß nach den klassischen Bestimmungen, da mehr als nur fünfzehn Personen beteiligt, die Bezeichnung als Aufstand anstelle einer bloßen Zusammenrottung durchaus angemessen sei, doch bedeute dies auch, daß die Beteiligten die traditionelle Strafe zu erdulden haben würden, Kreuzigung oder Verbannung, Tod am Galgen oder durch wilde Tiere, wobei der Galgen bereits als christliche Milderung zu betrachten sei, und Milderung sei es auch, daß die Koalitionstruppen bei ihrem französischen Feldzug nach Kriegsrecht verfahren und nur den Tod durch Erschießen anzuwenden die Absicht hätten.

Leider will dem Gegenüber die Argumentationsweise nicht

einleuchten, so daß andere Erklärungen von deutlicher Analogie nötig werden: so wenig wie Kinder den Vater, Schüler den Rektor, können Landeskinder den Herrscher regieren oder entthronen. Man hätte anstelle der französischen Aufklärungsphilosophen die alten Schriftsteller lesen sollen; Fälbel bittet darum, ihm doch klarzumachen, warum denn gerade ihm noch nie rebellische Gedanken gegen den gnädigsten Landesherrn gekommen wären. Die Beschäftigung mit den klassischen Autoren und die dadurch genährte Verachtung gegenüber den politischen Schriftstellern der Gegenwart sind die Ursache, die dem Gegner nicht deutlich werden will. Beruhigend bleibt auch, daß Fälbel, der vor Abfassung seines Berichts besorgt und denunziationsbereit in den Büchern und Intelligenzblättern sich umtut, niemanden unter den großen Philologen und unter den Lehrern aus seiner Stadt ausmachen kann, der je gegen seinen Fürsten aufbegehrt habe. So besteht wenig Sorge, daß fremdes Gedankengut auch unter Gebildeten seine Wirkung tue.[7]

Die Unangemessenheit, mit der ein Schulmann dem fremden Reisediener gegenüber argumentiert, die der formaljuristischen Legitimierung der Bezeichnung für eine Revolution, in deren Konsequenz ja fast ein ganzes Volk zum Tode müßte verurteilt oder, milder, in die Verbannung geschickt werden, ist von sichtbarer Komik. Diese Wirklichkeit vermag er nicht zu begreifen. Nicht minder komisch ist also der Gegensatz von gelehrter Bildung und vollkommener Verständnislosigkeit für die politischen Ereignisse der Gegenwart. Die Flucht in neutrale Bezirke, in eine zur Konvention erstarrte Bildungsüberlieferung entbindet ihn von der kritischen Betrachtung des Bestehenden. Er wäre ihrer auch nicht fähig, denn sein Umgang mit Wirklichkeit, Erfahrung, Erkenntnis ist ja nichts als programmatische Bestätigung des Gedruckten und Gelernten. Im Glück, beherrscht zu werden und selber wieder Herrschaft auszuüben, erblickt Fälbel den Frieden des Gewohnten, d. h. auch Sicherheit, im kritischen Denken aber den Keim drohender Veränderung, das strapazierende Ungewohnte, drohende Unordnung, den Geist des Bösen also, der das Gesicherte in Frage stellt.

Die folgende Nummer des umfangreichen pädagogisch-touristischen Programms zielt statt auf Besichtigung der Stadt auf

Höheres, das doch zur Stadt gehört: Auftreten nämlich, Verhalten und Gestik zu üben, den programmierten Anstand, die einstudierte Anmut. Das Selbstverständliche erscheint als das vorrangig Wichtige und wird auch so doziert:

»Ich ließ es nämlich schon lange durch einen meiner Schüler (des größern Eindrucks wegen) in einer öffentlichen Redeübung feststellen, daß der äußere Anstand nicht ganz ohne sei. Fremde Menschen sind gleichsam das Pedal und Manual, welches gelenk zu bearbeiten ohne eine Bachische Finger- und Füßesetzung nicht möglich ist.«[8]

Es gilt also, die ›poetischen Figuren‹ des Körpers einzustudieren, sie zu üben und eine Poetik des Verhaltens zu entwerfen, an welche andere Lehrer noch nicht gedacht haben, obwohl doch kein geringerer als Seneca schon darauf hingewiesen hatte. In der Eleganz des Einherschreitens darf die Antike mit ihrer anerkannten Urbanität auf dem deutschen Lande wieder lebendig werden – nicht in der republikanischen Gesinnung, die ja auch zu ihr gehört. Es gilt, den Schülern zu zeigen, wie sie sich angemessen zu verhalten haben, in einer Stadt, in der Menschen von vornehmem Stande wohnen, in der die Schüler das Schulgebäude und auch das Billardspiel besuchen sollen. So wird ihnen nun das überlegene satirische Lächeln wie auch das gewundene Normal-Lächeln beigebracht, das stets anzuwenden ist. Die Verbeugung wird so geübt wie von Rekruten auf dem Übungsplatz das Grüßen.

»Der eitle Gallier traut uns nicht zu, daß wir Generalverbeugungen an ein ganzes Zimmer leicht und zierlich zu Tage fördern; ich aber schwenkte wenigstens eine allgemeine Verbeugung als Paradigma flüchtig vor und war schon beruhigt, daß meine Leute nur die Spezial-Verbeugung an jeden dasigen Sessel, die faßlicher ist, leidlich nachbrachten.«[9]

Man sieht: diese Erziehung ist eine totale, sie ist Dressur, so wie der Anspruch des Rektors als der einer dressierten Vernünftigkeit ein schlechthin alles subsumierender ist, dem kein Gegenstand entgeht, dem freilich jeder gleich bedeutend ist und also in ein leeres Unendliches entgleiten muß.

So mischt sich Fälbel auch noch in die Erziehung der Kinder des Hofer Gastwirts ein, die spielend an den fränkischen Brezeln zerren und den strengen Mann offenbar nicht mögen, woraufhin er feststellen muß, daß es diesen Kindern »an allgemeiner Menschenliebe fehle, und das Brezelreißen verdürbe sie vollends und nähre Zerstreuung, Eigennutz und

Hang zu läppischen Dingen«.[9]

Der Ärger über die harmlose Abwehr der Kinder wird laut in dem barschen Ton, mit dem sich der Rektor wieder seinen Schülern zuwendet und den Kindern befiehlt, sich zu setzen und ihre Schularbeiten zu erledigen. –

Der Charakter des Rektors wird in den ersten drei Bildern also nur deutlich gemacht, nicht um neue Züge bereichert; in Hof wird das Gymnasium besichtigt, »die Bauart aller Klassen, der Bänke und eines Katheders«, die Stadt selbst hat ein Rathaus und außerdem vier Kirchen. Bei strömendem Regen wird, nachdem auch das Billard als Ort der großen Welt beschaut worden, die Reise fortgesetzt. Einige Schüler erbitten dann am Abend schriftlich (!) die Genehmigung zum Kartenspielen, die ihnen leutselig sogar gewährt wird; die anderen aber finden ihre glückliche Belohnung darin, daß sich Fälbel zu ihnen an den Tisch setzt und in den allgemeinen Spielarten Unterricht erteilt, weil hier die Theorie ebenso nützlich wie die Praxis schädlich ist.

Bei Gelegenheit seiner Reise macht Fälbel in der Hoffnung, seine Tochter als Zofe unterzubringen, in Schwarzenbach auch den dort ansässigen Adligen seine Aufwartung; er trägt sogar eine neue Mütze und erwähnt mit zufriedenem Lob die Herablassung, mit der man ihm hier begegnete. Blieb sein Besuch schon erfolglos, so durfte er doch bis in die herrschaftlichen Wohngemächer vordringen. So findet der Gelehrte, wenn er sich nur so geschmeidig verhält wie Fälbel, »ehrenhafte Auszeichnung«, die darin besteht, daß man ihn anhört – und nicht etwa nur in der Gesindestube. Offenbar findet hierbei eine Annäherung der Stände statt, die Fälbel in seiner Ergebenheit bestärkt und die ihn tief beglückt.

Nun erst tritt ein neuer, bisher lediglich erahnbarer Charakterzug in unerwarteter Stärke hervor, eine mit Beschränktheit, Dünkel, Gleichgültigkeit und Phantasiearmut zusammenhängende große seelische Roheit, die anläßlich der Exekution eines wegen Fahnenflucht verurteilten ungarischen Soldaten sichtbar wird. Aber das mitleidlose Einverständnis mit dem Kriegsgesetz, dessen Urteil in solchem Falle nicht eigentlich anfechtbar ist, weckt Zweifel an der Notwendigkeit und an der inneren Gerechtigkeit des Vorgangs. Indem Fälbel sich selbst als eine höhere Charge im pädagogischen Kriegsdienst empfindet, rückt er, ohne es zu wollen, den Vorfall in ein Licht, das seine ganze Brutalität erkennbar werden läßt. Vom Trommelklang geweckt, begibt sich der Rektor mit seinen Primanern zur Hinrichtungsstätte; angesichts der unrettbaren Situation gestattet sich der gelehrte Mann sogar mehr als einen Scherz: der Ungar erklärt nämlich in schlechtem Latein, er wolle zuvor noch einige Kleidungsstücke ablegen und sie der Waschfrau als Ersatz für noch ausstehende Zahlung vermachen, was wegen wiederholter stilistischer und grammatischer Fehler Fälbel noch zu der Bemerkung veranlaßt, er verdiene ja schon für sein Kauderwelsch den Tod. Das Arkebusieren, die Kugeln, die ihn umwerfen sollen, erscheinen als »Saatkörner des Unterrichts«[10], die Szene selbst aber bietet Gelegenheit, Belehrendes über die Kriegsstrafen der Alten zur Kenntnis zu geben und rasch ewa aufkommendes Mitleid mit dem Delinquenten zu zerstreuen.

Hier jedoch greift der Herausgeber wieder mit Nachdruck ein, der bislang nur über den Wert der Kleinheiten, des Geringfügigen, das Schicksal von Fälbels Tochter Kordula und die zerstörerischen, alle Freude abtötenden »Erzieh-Prinzipien« der Menschen reflektierend sich eingeschaltet hatte. Die Unterbrechung wird zum Protest gegen die Todesstrafe. Mitleid, Humanität wird hier mit der Macht der Phantasie, die fremde Leiden erfahrbar werden läßt, verkoppelt, wie ihre Abwesenheit bei Fälbel Voraussetzung seiner Härte, seiner Unmenschlichkei ist.

Anschließend nimmt Fälbel seinen Bericht wieder auf; bei strömendem Regen sucht er den Pflegevater eines seiner Schüler, eben dem Herausgeber dieser Blätter, ins Gebirge entgegenzueilen, weil er hofft, über die weitere Entwicklung der Wetterlage zuverlässige Auskunft zu erhalten. Überdies erwartet er auch den Anblick eines soeben gehängten Posträubers, aus dessen Ende sich leicht moralische Unterweisungen ziehen ließen – freilich ist diese Hoffnung umsonst:

> »Aber wir thaten uns [. . .] vergeblich nach einem Galgen um; der Spitzbube saß noch und hing noch an nichts als an Ketten.«[11]

So muß er nun fünfzehn Tage lang auf besseres Wetter und die Ankunft des besagten Pflegevaters warten, während welcher Zeit er doziert und worüber er nachträglich deshalb Rechenschaft abzulegen sich gezwungen fühlt, weil er dem Tadel ausgesetzt wurde, er habe sich für diesen Verlust an Ferientagen später, während der Unterrichtszeit, wieder schadlos gehalten. Die ersten vier Tage vergehen mit Rapporten, mit Korrektur und Zensur derselben, die folgenden gelten der Fauna und Flora jener Gegend. Ein Feiertag unterbricht die Studienfolge, woran anschließend die Vorbereitungen für ein Idiotikon begonnen werden. Hierfür haben die ortsansässigen Bauern das Material zu liefern, denn:

»Ein solcher *Idiot* hilft sich nur durch einen *Idiotismus,* den er Gelehrten zinset, wieder aus seiner Verächtlichkeit auf.«[12]

Die Verachtung des sogenannten Gebildeten reduziert Bauern und Häusler auf ihre Eigenschaft als Quelle zu einem Wörterbuch; erst so gewinnen sie wieder, was ihnen sonst abgesprochen wird – Menschlichkeit. Solche Überlegenheit ist die falsche Frucht des Vorurteils, wohingegen Fälbel selbst sich beim Forttragen eines Hundekadavers als frei von Vorurteilen im Sinn der neuen Philosophie bestätigt sehen möchte; es scheint ihm, die Leute staunten über diese seine entschlossene Kühnheit, worin sich doch gerade ihre Verblendung zeigt:

»ein solcher Abstand aber zwischen dem Vorurtheil und der Aufklärung macht es oft einem Gelehrten, der ihn fühlet, saurer als man denkt, bescheiden zu sein.«[13]

Noch die Bescheidenheit wird hier hervorgehoben – als Leistung.

Fälbel nimmt ferner überflüssige Vermessungen vor, bei denen er, weil er am Wegrand schlafende Gesellen einbezieht, die sich für überfallen halten, mißverständlicherweise in Gefahr gerät, woraufhin er seine Absicht fallenläßt, die Radspeichen im Dorf und die Zacken der Querl, die Zylinder der Dreschflegel stereometrisch zu bestimmen oder die Gabelweite der Stiefelknecht und die Tiefe der Schüsseln wie der Löffel auszumessen.[14] Die gemachte schlechte Erfahrung hält ihn sogar davon ab, den inhaftierten Posträuber zu besuchen, obschon Gerichts- und Exekutionsplätze als ein bevorzugtes Thema gelten dürfen, das für die Landesgeschichte als ein erst noch urbar zu machendes Feld anzusehen ist. Doch ist auch

Gefahr dabei, die nämlich, von Verbrechern später aus Rache oder bloßer Bosheit als Komplize angeben zu werden, was überaus bedenklich werden könnte. Fälbel verzichtet also.

Es trifft endlich der erwartete Pflegevater eines der Primaner ein, der nun zwar über das Wetter nur wenig Verbindliches zu sagen weiß, aber darauf hinweisen kann, daß ein anderer Gelehrter das Fichtelgebirge bereits beschrieben hat, so daß es für Fälbel leider gilt, sich zu bescheiden und zu verzichten. Da durch den verlängerten Aufenthalt auch das Geld ausgegangen ist, wird die Tochter an den Gasthof verpfändet, der Rektor begibt sich nach Hause, erhält ein Honorar für die ihm vom Herausgeber abgenommene Beschreibung, und alles endet demnach gut, seit der Verfasser des Kommentars und Herausgeber des Berichtes in diesen selber hilfreich eingetreten. Der Schluß klingt bescheidener als der Anfang, so daß man vergessen könnte, was dazwischen liegt: eine Folge von Plattheit und Prahlerei, Geiz und Größenwahn, Rücksichtslosigkeit und Ridikülität, die Selbstdarstellung des deutschen Untertanencharakters, unerreicht bis zu Heinrichs Manns *Professor Unrat* und *Der Untertan*, flankiert für das Nachbarland von Flauberts Apotheker Homais und den Helden des Spätwerks *Bouvard und Pécuchet*. Aber nicht darum kann es gehen, hier einen angeblich zeitlosen Typus aufzuspüren, den zunächst nur skurrilen Mann seiner Harmlosigkeit zu entkleiden, ihm die Gefährlichkeit zurückzuerstatten, zu der er von Zeit zu Zeit aufwachsen kann. Die Charakterstudie ist zugleich Zeitdiagnose, die Parodie des Typus hält Züge eines Moments von Aufklärung fest, für die Fälbel ja selbst einstehen möchte, festgemacht freilich am Verhalten der Figur, nicht an bedeutenden Ereignissen. Deshalb treten tableaux, Szenen oder Stationen an die Stelle einer Handlungsentwicklung und Intrige; die Situation, die Episode, ist das Medium der Entfaltung von Anspruch und Charakter.

Der Mann, der seine Schreibtafeln »den wichtigsten Exkrementen des Zufalls und Bleistifts« unterhält, ist die Verkörperung gelehrten Eifers, der richtungslos forscht, sinnlos sammelt, wahllos vermerkt und urteilslos aufnimmt; die Welt ist ihm zur reinen Quantität geworden, die registrierend er niemals zu Ende kommen kann. Entsprechend wird er vernehmbar durch seine Sprache, sie ist pedantisch-regelgerecht, ausdruckslos, angelehnt an fremdes, meist übersetztes Vorbild, oft hypotaktisch bis in das fünfte Glied, unsinnlich und abstrakt, so auch die Epitheta. Es fehlt ihr an Präzision, denn sie ist nicht auf den Gegenstand gerichtet, sondern steht im Dienst der Selbstdarstellung dieses Mannes. Fällt die durch Anlehnung erborgte Haltung fort, so wird die Ausdrucksweise folgerichtig grob und schimpfend, dabei witzlos und ist zur Verstärkung auf die Verwendung von Komparativen und Superlativen angewiesen. Das Wetter etwa ist nichts als »unfreundlich«; Naturvergnügen gestattet dem Rektor Fälbel keine adäquate Metaphorik, denn er besitzt Stilfiguren, aber keine Sprachphantasie: die Kompliziertheit und Langatmigkeit seiner Sätze vermittelt den komischen Effekt grotesk sich gebärdender Würde, die von geistreicher Laune weit entfernt ist; es ist nur selbstgefällige Steifheit, die in solchen Satzgebilden erscheint, die Angst des Selbstbewußtseins, das sich vor allem abschirmt, was seine erlernte Sicherheit gefährden könnte. Verwirrung und Beschämung endet dementsprechend im semantischen Anakoluth.[15] Der Rektor kann nicht, der Herausgeber will nicht anziehend wirken. Das aber gibt dem Leser um so mehr Möglichkeiten, Distanz zu wahren und sich im Abstand zu dem, was durch den Text vermittelt wird, kritisch zu verhalten. Anders vollzieht sich dies in anderen Satiren, die den Leser augenzwinkernd oder mit pathetischem Ingrimm einbeziehen. »Le style c'est l'homme même«: das gilt hier für die Figuren, nicht für den Erzähler. Der Leser ist daher gezwungen, sich auf zwei Ebenen verschieden zu verhalten.

Wir haben es also in Fälbel nicht mit einem harmlosen Kauz, mit einem nur pedantischen Sonderling zu tun, mit dem wir Mitgefühl empfinden könnten, sondern mit einem Produkt seiner Epoche; eine Weltauffassung, ein Denkverhalten wird sichtbar, durch welche Wirklichkeit nur als das Meß-, Zähl- und Wägbare erscheint. Damit aber kann Erfahrung gar nicht mehr gemacht werden. Die erfahrbare Welt ist immer schon bekannt, weil man weiß, wie sie zu nessen ist. Denn Kategorien der Erkenntnis besitzt Fälbel nicht, er verhält sich als registrierendes Objekt zu Objekten.

Affirmative Aufklärung, die ihrer selbst nicht bewußt ist,

meint Welt zu erfahren, gar zu unterwerfen, indem sie sie ausmißt und katalogisierend erfaßt. Sie nimmt Beschreibung und Statistik für Erkenntnis, den zufälligen Materialbestand für das gültige Objektive. Die Subjektivität wird eliminiert, aber eben damit ist alle Erfahrung unmöglich geworden. Deshalb ist die von ihr aufgefaßte Welt keine erfahrene, sondern nur eine beschriebene, urteilslos und gewissermaßen chaotisch rezipierte und nach ungeklärten Vorurteilen selektierte – zwangsläufig, denn einem solchen Verfahren zufolge wäre der Ersatz der vollkommenen Erkenntnis die vollkommene Kopie. Wirklichkeit wird hier nicht arbeitend erfaßt, sondern auf ein aufgehäuft Minimales reduziert. Lichtenberg hat diese Art von Erkenntnisverfahren aufgrund seiner Erfahrung mit zeitgenössischen Gelehrten treffend wie folgt exemplifiziert:

»Dieser Mann«, so notiert er, »arbeitete an einem System der Naturgeschichte, worin er die Tiere nach der Form der Exkremente geordnet hatte. Er hatte drei Klassen gemacht: die zylindrischen, sphärischen und kuchenförmigen.« (G 161) Das Resultat solchen Vorgehens hält er sodann in der Bemerkung fest: »Das Werkchen ist bei aller seiner Dicke so leer, daß man es fast für kein Buch, sondern für ein Futteral halten sollte.« (G 160)[16]

Die Beliebigkeit des Zugriffs, die Willkür der Anordnung und die schließliche Resultatlosigkeit eines solchen, gewaltsam zu nennenden Verfahrens sind hier so genau und witzig erfaßt wie im *Quintus Fixlein* die gelehrten Bemühungen um die Häufigkeit bestimmter Druckfehler oder um die Verteilung bestimmter Satzzeichen in der Bibel. In jenen Jahren hatte Friedrich Nocolai in seiner *Reise durch Deutschland und die Schweiz im Jahre 1781* genau jenes Verfahren vorexerziert und beschrieben, so daß Jean Pauls *Reise des Rektors Fälbel ins Fichtelgebirge* in wesentlichen Partien nicht nur den *Professor Unrat* vorwegnimmt, sondern Nicolai zu parodieren scheint.

F. Nicolai ist in der Tat, und das zeigt seine Reisebeschreibung, jener Reisende, der keinem Unbekannten, keinem Abenteuer entgegengeht, sondern der weiß, was er aufsuchen und beschreiben will; er könnte genausogut zu Hause bleiben, seine Normen sind wie seine Prozeduren schon fixiert und werden von keiner Erfahrung mehr modifiziert. Er fährt ja nicht ins Offene und Unvertraute, sondern in eine Welt, die von Kenntnissen vorbereitend schon verstellt ist. Die Reduzierung der Welt auf Meßbarkeit, als Form von Erfahrbarkeit im Wegmesser symbolisiert, den er an der Hinterachse seines Reisewagens anbringen läßt: das ist ganz seine Sache. Reise ist die Bewältigung von Entfernungen, das Fremde, das Nicht-Vertraute, ist vor allem der Abstand zwischen dem Ausgangspunkt der Reise und ihrem Endpunkt, dazu vielleicht ein aufzudeckender Fehler im mitgeführten statistischen Handbuch. Daß bloße Resorption keine Erfahrung ist, das weiß er so wenig wie Fälbel, sein berühmter Schüler und Kollege.

Einer leeren Neugierde entspricht darum auch die Fülle gleichförmig bedeutungsloser Gegenstände, die registriert, überprüft, aber niemals begriffen werden, denn dieses Denken, will man es ein Denken nennen, kann sich auf sie gar nicht einlassen. Die Vernunft, auf die ein Nicolai, ein Fälbel pochen, ist nur die auf der Stufe der unmittelbaren, unangefochtenen Gewißheit, jener nämlich, selbst alle Wahrheit, alle Wirklichkeit zu sein.

Da die Bestimmungen des Bewußtseins als solche auch der Wirklichkeit ihm entgehen, weiß er von Objektivität nur als derjenigen, die durch Beschreiben, Wägen, Messen überprüfbar wird, ein Beschreiben freilich, das, wie Fälbel es in Hof praktiziert, wiederum nur ein Messen ist – in der Form der bloßen Aufzählung.[17] Dem Sich-Anklammern an eine scheinhafte Objektivität entspricht die leere Subjektivität, welche keine Vermittlung zu leisten vermag und nur noch passiv rezipiert, als wäre sie selbst bereits ersetzbar durch Fernglas, Waage und Meßapparat. Die disparaten Momente und die Widersprüche der reinen Beschreibung faßt keine bewußte Subjektivität mehr zur Einheit zusammen. Übrig bleibt eine leere Unendlichkeit, beliebig fortsetzbare oder auch abbrechbare Weltinventur. So beendet Fälbel denn auch sein Unternehmen, als er erfährt, daß eine Beschreibung des Fichtelgebirges bereits existiert. Daß sie korrigierbar sein oder er über sie ergänzend hinausgehen könnte, fällt ihm nicht ein. Diese Art von Vernunft bleibt stets bei sich selbst und macht jede Reise zu einem Kreislauf, zu einer programmatisch in Gang gesetzten Unruhe ohne Ankunft, zu einer Bewegung ohne eigentliche Lösung und Abfahrt, überhaupt ohne andere als die meßbare Bewegung.

Im Vorwort zum 11. Band seines umfangreichen Reisewerks erläutert F. Nicolai sein Vorhaben tatsächlich ganz im Fälbelschen Sinn; die Reise sollte der Faden sein, worauf Beobachtungen, Gedanken, Vorschläge zu reihen waren.

»Irgendeinen Faden muß ein Schriftsteller haben, der Dinge von sehr verschiedener Art vorzutragen hat. Ich glaubte bei vielen Gelegenheiten vor meiner Reise, auf meiner Reise und nach meiner Reise, deutlich zu bemerken, daß die verschiedenen Stände in denselben – gelehrte und ungelehrte – sich einander gar nicht oder sehr unrichtig kennen, weil hunderterlei Dinge, die man wechselseitig recht wissen oder wegen welcher man sich wechselseitig verstehen sollte, gar nicht zu sprechen kommen.«[18]

So wird die Reisebeschreibung ihm ein »sehr schickliches Mittel«, nicht allein die bereisten Länder nach ihrem wahren Zustande zu schildern, sondern auch Vorschläge zu machen, welche diesen Gegenden – wie dem übrigen Deutschland – von Nutzen sein könnten »und worüber es so nötig als dienlich ist, öffentlich zu reden«.

Jahre zuvor hatte Johann Christoph Gottsched in seinem Gedicht auf die Oberpfalz dasselbe Verfahren praktiziert, für das Nicolai und Fälbel stehen:

»So weit mein Auge trägt, erblick' ich Stein und Wald,
Ein trostlos, rauhes Land, der Faunen Aufenthalt;
Wo kein gesittet Volk in schönen Städten hauset,
Wo, statt der Muse, Pan auf heischern Röhren brauset.
Apollo wich mit Fleiß aus dieser frechen Flur,
Warum? sie wies ihm nicht die Schönheit der Natur.
Sie ist der Schreibart gleich, die von den Alpen stammet,
Rauh, höckricht, hart und steif: wie er sie stets verdammet.

Was ist der Boden hier; Ein unfruchtbarer Thon,
Der Gras und Kräuter haßt. Das Unkraut flieht ihn schon!
Ein schlechter Distelbusch und scharfe Dornenhecken,
Ja, Schleen wollen kaum den öden Grund bedecken.
Der arme Landmann pflügte des Landes mildern Theil;
Allein die Pflugschar fühlts, und stumpfet sich in Eil.
Man sieht den Acker kaum vor umgestürzten Steinen,
Als sollte noch einmal Deukalion erscheinen.«[19]

Schriftsteller wie Brockes und Haller halten die Schönheit des Einzelnen fest, Teile der Welt, die ihren Glanz widerspiegeln, den eines Ganzen, zu dem jene große Vielfalt gehört, ja, die es bestimmt. Gottscheds *Reisegedicht* über die Landschaft der Oberpfalz, deren Unwirtlichkeit und relative Rückständigkeit – sein Maßstab ist vor allem offenbar die Stadt – ihm als ärgerliche Zumutung erscheinen, endet in einem Bild von der eingeebneten Erde als der vollkommen nutzbar gemachten Welt; als unterworfene oder doch verfügbar gewordene Natur ist sie durch Einheitlichkeit gekennzeichnet, alle Vielfalt ist in ihr getilgt:

»Komm, angenehme Zeit! beschleunige den Lauf!
Mach alle Länder glatt, heb alle Hügel auf!
Wie sich das Niederland in feuchten Fluren weidet,
Und unsrer Berge Graus kein einzigmal beneidet:
Auch du, o Vaterland, hegst Werke solcher Art,
Die dir der Vorsicht Gunst zum Theil schon aufgespart.
Sie wachsen jährlich zu! Du wirst zum Schmuck der Erden,
Ehr, als manch andres Land, ein fettes Gosen werden.«[20]

Freilich ist das so Erreichte nicht Menschenwerk, sondern allein des Menschen Nutzen: der Schöpfer wird in der Natur wirken, sie zu einem vollkommenen Zustand führen, aus dem alle unwirtlichen, unfruchtbaren, dem Menschen nicht dienstbar zu machenden Gegenden sozusagen ausgeschieden sein werden. Der Sinn des Ganzen ist die Beseitigung dieser Fehler, der sozusagen unbrauchbaren Weltgegenden. Auch im sozialen Bereich wird so verfahren: die Menschen werden, da sie sich kaum von selbst aus ihrem Elend heraushelfen können, zum Nutzen aller und auch zu ihrem eigenen Besten, ob sie wollen oder nicht, zwanghaft zur Arbeit angehalten, wofür es schließlich Korrekturanstalten gibt; denn der Faule und Verelendete gleicht den unfruchtbaren Gegenden, die der geplanten Vervollkommnung von Welt – und Gesellschaft – nur im Wege stehen.

Weltentwicklung bei Gottsched und seinesgleichen, Reise bei ihm wie bei Nicolai stehen unter dem Gesichtspunkt der Nützlichkeit, die eines der Charakteristika des rationalen Weltverhaltens ist, das dann auch, auf niederer Stufe, das Unternehmen des Rektors Fälbel bestimmt. Spielenden Kindern, die, weil sie ihn nicht mögen, sein Mißtrauen erregen, gibt er zu verstehen, daß sie ihr Pensum erledigen sollten; Exekutionen beizuwohnen dient der Erziehung zu männlicher Ungerührtheit, Stimmungen des Gemüts wie Heiterkeit oder Naturfreude sind ihm lern- und lehrbar, das Herz ist trainierbar geworden wie Anmut und taktvolles Auftreten, die er von Dressur nicht mehr zu unterscheiden weiß.

Abstrakte Rationalität und inhumane Praxis sind hier ein Bündnis eingegangen, das keineswegs nur satirisch-willkürlich zu nennen ist; Phantasielosigkeit erscheint zu Recht als Roheit: Jean Paul hat erkannt, daß eines aus dem anderen folgt; Bewußtsein und Gegenstand sind für diese Stufe der Vernunft noch identisch, doch zur Beschreibung und Erkenntnis muß das Subjekt aus dieser Einheit notwendig heraustreten. Vernunft und Welt als Identität sind aber unerläßlich zur Selbstvergewisserung und Selbstversicherung des Subjekts. Nun jedoch sind Besonderungen nicht zu umgehen, und die Einheit im naiven Bei-sich-Bleiben der Rationalität, die alle Welt als die ihre weiß, ist nicht aufrechtzuerhalten. Und eben im Zerbrechen der Identität wird diese Vernunft willkürlich und gewaltsam. Die Gegenstände sind ihr nicht qualitativ unterschieden; sich zu ihnen zu verhalten, heißt, sich messend ihrer zu bemächtigen, über sie zu verfügen, nicht aber sie bei sich zu lassen und in ihnen auch sich selbst, als Gegenstände an die das Bewußtsein sich entäußern sollte, zu erkennen. Hier also liegt der gewalttätige Zug, der, wo nicht zufällig ein unvermitteltes Empfinden ihn zurückhält, barbarisch, ja vernichtend wirkt, denn ihm sind Menschen wie Naturerscheinungen und Gegenstände, als Objekte, alle gleich.

»Indem die Vernunft«, so charakterisiert Hegel diese ihre Stufe, »alle Realität in der Bedeutung des abstrakten *Meins* und das *Andre* ihm ein *gleichgültiges Fremdes* ist, so ist darin gerade dasjenige Wissen der Vernunft von einem Anderen gesetzt, welches als *Meinen, Wahrnehmen* und als der das Gemeinte und Wahrgenommene auffassende *Verstand* vorkam. Ein solches Wissen wird zugleich nicht wahres Wissen zu sein, durch den Begriff dieses Idealismus selbst behauptet, denn nur die Einheit der Apperzeption ist die Wahrheit des Wissens. Die reine Vernunft dieses Idealismus wird also durch sich selbst, um zu diesem *Andern*, das ihr *wesentlich*, d. h. also das *Ansich* ist, das sie aber nicht in ihr selbst hat, zu gelangen, an dasjenige Wissen zurückgeschickt, das nicht ein Wissen des Wahren ist; sie verurteilt sich so mit Wissen und Willen zu einem unwahren Wissen und kann vom Meinen und Wahrnehmen, die für sie selbst keine Wahrheit haben, nicht ablassen.«[21]

Hier ist der abstrakte Begriff der Vernunft das Wahre, die

Realität aber, welche so nicht die der Vernunft sein kann, wird von ihr erworben, besetzt, ja vergewaltigt. Die daraus resultierenden Deformationen stigmatisieren auch das so verfahrende Subjekt; der von Jean Paul gezeichnete Fälbel ist das Opfer dieses seines so bestimmten, unbewußt grausamen Denkens.

Anmerkungen

1 *Jean Pauls sämtliche Werke,* 3. verm. Auflage, Berlin 1860, Dritter Band, S. 232.
2 Ib., S. 233.
3 Ib., S. 234 f.
4 Ib., S. 235.
5 Ib., S. 238.
6 Ib., S. 242 u. 253.
7 Ib., S. 244.
8 Ib., S. 245.
9 Ib., S. 249.
10 Ib., S. 254.
11 Ib., S. 256.
12 Ib., S. 257.
13 Ib., S. 257.
14 Ib., S. 259.
15 Vgl. l. c., S. 242, 239.
16 Georg Christoph Lichtenberg, *Schriften und Briefe,* 2. Bde., *Sudelbücher* II, hg. von W. Promies, München 1971, S. 164.
17 Vgl. hierzu und zum folgenden: G. W. . Hegel, *Phänomenologie des Geistes,* hg. von J. Hoffmeister, 5. Aufl., Leipzig 1949, S. 180 ff., im Abschnitt *Gewißheit und Wahrheit der Vernunft.*
18 Zit. nach: Gustav Sichelschmidt, *Friedrich Nicolai. Geschichte seines Lebens,* Herford 1971, S. 117.
19 J. Ch. Gottsched, *Ausgewählte Werke,* hg. von Joachim Birke. Erster Band, *Gedichte u. Gedichtübertragungen,* Berlin 1968, S. 407.
20 Ibi., S. 412.
21 Hegel, a.a.O., S. 189.

Volker Ulrich Müller

Aufklärung als »traurige Wissenschaft«. Johann Carl Wezels ›Belphegor oder die wahrscheinlichste Geschichte unter der Sonne‹

»Aber meinst du nicht auch, daß sich aus dem, was du uns eben da zu sagen beliebt hast, ein vortreffliches Argument gegen deine fortschreitende Cultur ziehen ließe?
O gewiß ein vortreffliches, sagte Danischmend mit lächelnder Grimasse.«

Wieland, *Der goldene Spiegel*

I. Kritik des Optimismus

Anläßlich des gerade erschienenen *Candide* (1759) fand sich ein Kritiker, der in Gottsched den Verfasser vermutete, eine Verdächtigung, die Gottsched glaubte widerlegen zu müssen. In klassischer Manier zeichnete er den Typus des Schriftstellers, dem man solche Werke zuzutrauen habe:

»Sie raffen alle Greuel ihrer Einbildungskraft zusammen, die sie durch eine unordentliche Phantasie selbst ausgeheckt haben, häufen sie in einem wilden Roman zusammen, der voller scheußlicher Begebenheiten ist, und spotten hernach in einer tollen Frage: ob eine Welt, die so voller Scheusale, voller Laster und Gottlosigkeiten ist, wohl die beste von allen möglichen, oder, welches gleichviel ist, ein Werk des weisesten Wesens sein könne? [...] Der Poet erklärt, beweiset und widerlegt nicht, sondern erdichtet. Und was seiner unordentlichen Einbildungskraft in einem fieberhaften Paroxismus träumet, das soll jener gewichtigen Frage zur Auflösung dienen. Man soll schließen: geht es in der von unserem Poeten erdichteten Reihe von Begebenheiten, schändlichen Taten und verabscheuungswürdigen Lastern so zu, so kann ja diese Welt nimmermehr die beste sein [...]. Gottlob, daß es nur in dem Gehirne dieses Dichters solche verdammliche Bosheiten gibt, die man in der Welt entweder gar nicht, oder doch in ganzen Jahrhunderten kaum ein oder das andere Mal erblicket hat.«[1]

Gottscheds Empörung, deren Topoi zeitlos geworden sind, verdankt sich freilich nicht nur der grotesken Querele um die Autorschaft des *Candide*. Er reagierte auch im Stil eines Rationalisten, für den die Leibniz-Wolffsche Philosophie soeben erfolgreich die so dringend erforderte Synthese von Offenbarung und Vernunft vollzogen hatte, eine Synthese, die sich augenscheinlich im Einklang mit den strengen Forderungen der Logik befand und in ihren Anhängern das Gefühl erzeugen mochte, die mit den Ansprüchen des Verstandes unversöhnlichen Rätsel der Theodizee mit eben diesem Verstand aufgelöst zu haben. Darüber hinaus hatte die Leibniz-Wolffsche Philosophie seit den 20er und 30er Jahren auch die äußere Anerkennung erfahren, die ihrer Leistung adäquat zu sein schien: sie war zur dominierenden Weltanschauung in Deutschland geworden, und Gottsched selbst, der sich als Nachlaßverwalter Wolffs verstand, hatte mit seinen »Ersten Gründen der Weltweisheit« (1733/34) entscheidend zu ihrer Popularisierung beigetragen.[2]

Es war hier gelungen, die seit Descartes drohende und in Frankreich schon manifeste Freigeisterei zu vermeiden. Die Aufgaben der Philosophie verschoben sich ohne den radikalen Bruch mit den Ansprüchen der Offenbarungsreligion. Gleichwohl setzte ein charakteristischer Funktionswandel der Gottesvorstellung ein. Gott wurde schon als die Instanz in Dienst genommen, die durch die Installierung einer prästabilierten Harmonie zwischen mechanisch determinierter Körperwelt und den Willensäußerungen der Seele für die Zweckmäßigkeit einer Welt zu sorgen hatte, die der Verstandeserkenntnis und der neuen utilitaristisch orientierten Vernunftmoral angemessen war. In dieser Zweckmäßigkeit der Welt hatte der »Optimismus«, der Glaube an die beste aller möglichen Welten, sein Fundament; und in der Überzeugung sowohl von der rationalen Demonstrierbarkeit Gottes wie von der Rekonstruierbarkeit der Kalküle, die seiner Schöpfung zugrunde lagen, hatte er die Gewißheit, vor Konflikten zwischen Verstand und göttlicher Autorität geschützt zu sein. In diesem Rahmen konnte sich das Pathos des Wissens entfalten. Für einige seiner Hauptwerke wählte Wolff Titelkupfer, auf denen die Sonne düstere Nebelwolken durchbricht. Die vom Licht des Verstandes erhellte Welt zeigte sich als Kosmos von ineinandergreifenden wirkenden Ursachen (causae efficientes), in denen zugleich Zweckursachen wirksam waren (causae finales), die gewährleisteten, daß die Folge von Ursachen und Wirkungen einem moralischen Telos, von Gott gesezten praktischen

Zwecken, offen blieb.[3]

Auf diesem Fundament konnte Wolff sogar Baylesches Gedankengut seiner Metaphysik integrieren. An ihr gemessen ist der Atheismus zwar ein Zeichen von Ignoranz. Er verweigert sich der Einsicht des Rationalisten, daß die evidentermaßen gültige Erkenntnis der Natur und das in seinem Gelingen idenifizierbare sittliche Handeln eine zureichende Begründung fordern und in Gott auch haben. Aber da der Verstoß gegen die in den Gesetzen der Natur vorgeschriebenen Sittengesetze eben nur Zeichen der Ignoranz und nicht der Gnadenlosigkeit ist, verliert der Atheismus sein theologisches Spezifikum. Unwissenheit kann den Verstand des Gläubigen ebenso wie den des Atheisten verdunkeln:

»Daher bringet ihn nicht die Atheisterei zum bösen Leben, sondern seine Unwissenheit und sein Irrtum von dem Guten und Bösen, aus welcher Quelle auch bei anderen, die keine Atheisten sind, ein unordentliches Leben und unrichtiger Wandel entspringet.«

Wo Sittlichkeit als Vernunftmoral begründet wird, die sich in der rationalistischen Konstruktion eines höchsten Verstandes die eigene Gewißheit verschafft, ist es konsequent, wenn der Gläubige wie der Atheist vor der Vernunft mit gleicher Elle gemessen werden. Daß Wolff aber mit diesem Zugeständnis seine eigenen Sympathien aufs Spiel setzt, zeugt von einem genuin aufklärerischen Mut, der über den Inhalt dieses Zugeständnisses weit hinausgeht:

»Es sei ferne, daß ich den Atheisten das Wort reden wollte! Ich kann doch aber auch nicht gegen die Wahrheit sein.«[4]

Solche Dezisionen implizierten mit der Kritik des Atheismus als eines rationalen Defiziens seine religiöse Bedeutungslosigkeit und damit seine faktische, historisch bedeutsame Aufwertung. Sie scheinen damit als Ausdruck einer objektiven Nötigung interpretierbar zu sein, in der die Vernunft im Kampf mit der Religion sich nicht allein aggressiv, sondern durch die Absicht realisiert, den Kampf gerade zu vermeiden. In dieser Hinsicht scheinen subjektive Intentionen nur die Illusion einer Autonomie zu dokumentieren, die de facto lediglich Ausdruck einer vorsubjektiven Macht ist: sei es eine sich hinter dem Rücken der Subjekte listig entfaltende Vernunft, eine den Bedingungen des Markts dienende bürgerliche Moral oder eine sich restaurativ verstehende Kritik, die alsbald den Staat ergreifen wird und unpolitisch das Politikum des Bürgerkriegs heraufbeschwört.[5] Als historische Rekonstruktionen bringen solche Interpretationen jeweils eine historische Erfahrung zur Geltung, der gegenüber sich das Selbstverständnis der Aufklärung als begrenzt erweist, begrenzt im Sinn der Blindheit gegenüber den politisch relevanten Mechanismen unpolitischer Institutionen und Intentionen.

Aber solche historischen Rekonstruktionen scheinen es zugleich nahezulegen, die historische Erfahrung der Grenzen aufklärerischen Wissens in einem Modell zu interpretieren, innerhalb dessen die Erfahrung der Grenzen aufklärerischer Vernunft zum Indiz der Ohnmacht der Vernunft wird, soweit sie noch von Individuen getragen wird. So hat Hegel den »Kampf der Aufklärung mit dem Aberglauben« beschrieben, wobei er ihre am historischen Kulminationspunkt der Aufklärungsbewegung ablesbaren Antinomien der Perspektive einer Desillusionierung von Naivität unterwirft. In einer kritischen Analyse des Anspruchs der natürlichen Religion, wie ihn der englische Deismus und der deutsche Rationalismus gleichermaßen vertreten, entdeckt Hegel einen Standpunkt, in dem der »Glaube *an sich* für die reine Einsicht reines *Selbst*bewußtsein ist, und er dieses nur *für sich* werden soll«, einen Standpunkt also, in dem der Glaube, der seine Kompatibilität mit dem Wissen verständig dartun will, diesem schon »in demselben Element« gegenübersteht und damit sich selbst schon aufgegeben hat. Auf der Ebene der historischen Entwicklung stellt sich dann der Kampf des Wissens mit dem Glauben als »Geben und Empfangen«, als »ungestörtes Ineinanderfließen«, als »Ansteckung« dar, in der sich die Aufklärung »des bewußtlosen Götzen gründlich bemächtigt, und *an einem schönen Morgen* gibt sie mit dem Ellbogen dem Kameraden einen Schub, und bauz! baradauz! der Götze liegt am Boden«.[7]

Es soll im folgenden davon abgesehen werden, daß Hegel, insofern er den historischen Trend zum Sieg des Wissens über den Glauben mit medizinischen Metaphern beschreibt, eine empirisch dubiose Erklärung gibt. Auch trüge eine angemessenere historische Interpretation nicht weit, da Hegel zwar eine der Absicht nach historisch triftige, aber seine Prämissen nicht notwendig konstituierende philosophische Rekonstruktion vorlegt. In ihr hat die Krankheitsmetapher vielmehr den Stellenwert, dem aufklärerischen Verstand, der im »Wissen« von einer von Gott zweckmäßig eingerichteten Welt sich Omnipotenz im Hinblick auf ihre absolute Beherrschbarkeit und auf die eigene Begründungsfähigkeit vindiziert, die Ohnmacht zu bescheinigen. Zugleich aber läßt Hegel in dieser Metapher, sofern sie eine überindividuelle Notwendigkeit versinnlicht, die verständige Subjektivität als Medium, in dem sich eine überindividuelle Vernunft durchsetzt, an deren Omnipotenz doch wieder teilhaben. Der philosophischen Reflexion wird damit Zweideutigkeit wesentlich, eine Zweideutigkeit, die sich darin ausdrückt, daß die Vernunft, die dem Verstand vorausliegt, sowohl Gegenstand des Wissens wie Träger der Verbindlichkeit und Autonomie dieses Wissens gleichermaßen sein soll – eine Argumentation, mit der das Wissen von den Grenzen der Autonomie zur Autonomie verklärt wird. Innerhalb der philosophischen Argumentation wird der Widerspruch damit *legitim* und die stete Gefahr nachaufklärerischen Denkens, den Dezisionismus sei es als rational rechtfertigungsfähig, sei es als schließlich gar von antirationalen Mächten getragen anzusehen, gleichsam verbal entschärft.

Wenn es so eine Tendenz nachaufklärerischen Denkens ist, die historische und systematische Entdeckung der Zweideutigkeiten, zu denen dieSelbstbegründungen der Vernunft führten, selbst schon für deren Aufhebung zu halten, so ist es eine Tendenz aufklärerischen Denkens, sich diese Bedrohung zu verbergen und so oder so eindeutige Begründungen durchzusetzen. Wenn man legitimerweise von der Naivität aufklärerischen Denkens sprechen kann, so nur in dem Sinn, daß es meinte, die Erfahrung der Zweideutigkeiten der Vernunft bedrohe diese selbst und nicht nur ihre Selbstgewißheit und apriorische Omnipotenz. Daher lag es Verteidigern *und* Kritikern des »Optimismus« so nahe – inwiefern Voltaires *Candide* eine Ausnahme macht, wird noch zu zeigen sein –, Angriffe auf den vernünftig geordneten, die menschliche Vernunft spiegelnden Kosmos als pessimistische Negation des Sinns der theoretischen und praktischen Vernunft überhaupt zu verstehen. In beiden Fällen bleibt daher noch das Bedürfnis wirksam, die metaphysischen Alternativen als je verbindliches Wissen durchzusetzen. Wie an Wezels *Belphegor* zu zeigen sein wird, bedingt dies auf der Seite der empiristisch motivierten Sinnkritik eine Aggressivität, die aus der Konfrontation mit den verheerenden Folgen dieser Kritik resultiert; auf der Seite der rationalistischen Metaphysik bedingt dies die Aggressivität des »Optimismus«, der auch dann noch seinen Anspruch aufrechterhalten will, die Erfahrung zu begreifen und als zweckmäßig organisiert zu beweisen, wenn sie diesem Anspruch widerspricht.

Diesem Anspruch sowohl wie seiner Bedrohung korrespondiert das Pathos der Selbstgewißheit, mit der sich der Rationalismus darauf beruft, daß Praxis in einen ihr angemessenen teleologisch strukturierten Kosmos integriert sei. Dabei war diese Zweckmäßigkeit wie die sie begründende Existenz eines gütigen Gottes aus dem Prinzip des zureichenden Grundes hergeleitet worden, eine petitio principii, in der eine methodologische Norm, die noch für ein logisches Axiom gehalten wurde, ontologisch gedeutet worden war. Damit war das Vertrauen in die Zweckmäßigkeit der Welt für die Individuen geradezu dekretierbar, wie andererseits aus dieser quasirationalen Verpflichtung auf einen umfassenden Rationalismus und heteronomen Moralismus die Schwäche dieses Mythos und seine latente Militanz herrühren. Nicht zufällig spielt in Gottscheds Ausfällen gegen den Autor des *Candide* das Beharren auf Beweisen, Erklärungen und Widerlegungen eine so zentrale Rolle; ein aggressives Einklagen des »esprit de système«, das die Schwäche des Gewißheitserlebnisses von der besten aller möglichen Welten demonstriert, und das sich um so militanter gebärdet, als Voltaire nur Fragen stellt und nicht einmal eine einzige Gegenthese beweist.

Es scheint allerdings Gottscheds Überzeugung zu sein, daß dem *Candide* doch eine positiv formulierbare poetisch illustrierte philosophische These über die Beschaffenheit »der« Welt zugrunde liege. Diese Erwartungshaltung entspricht dem wirkungsästhetischen Konzept seiner *Critischen Dichtkunst*, in der Dichtung auf die Nachahmung der Natur, d. h. auf die Widerspiegelung der für Nützlichkeitsstreben und Vernunftmoral zweckmäßig eingerichteten Realität, verpflichtet worden war, und dadurch beides befördern sollte. In der Konfrontation mit Voltaires Angriff auf das Axiom des Jahrhunderts »Tout est bien«[8] war dieses Konzept ja bedroht, sich als ein Mimesiskonzept zu erweisen, das auf die Nachahmung einer philosophischen Theorie über die Welt zu Unrecht verpflichte. Es nötigte Gottsched, gar nur die Existenz divergierender Erfahrungen zu leugnen. Der Zynismus, mit dem er dabei nach dem Prinzip des »Einmal ist keinmal« die Wirklichkeit des »Übels« leugnet, ist im übrigen – gemessen an Leibniz' Argumentation in der *Theodizee* – auch intellektuell dürftig.[9] Hier waren Unglück und Leiden durchaus wirklich, wenn auch nur Momente innerhalb einer Kontinuität, deren Telos für den endlichen Verstand nicht überschaubar war – eine Argumentation, die es möglich machte, individuellem Leiden Sinn durch die dramatische Perspektive eines Künstlergotts zu verleihen, die der Philosoph reflektierend einnehmen konnte.[10] Die Strategie, dem *Candide* eine solche These über die Struktur der Realität zu unterstellen, hat gleichwohl nicht den Sinn, Voltaire unmittelbar auf die Wolffsche Metaphysik zu verpflichten. Konnte man ihm aber das Bekenntnis zu einer aporetischen Metaphysik des Pessimismus aufnötigen, so hatte er sich auf dieser Ebene in Widersprüche verwikkelt, die gleichsam ex negativo die rationalistische Metaphysik bestätigten. Dieses zentrale Mißverständnis des *Candide* findet seinen überaus symptomatischen Ausdruck darin, daß es durchaus Versuche gab, »alle Spöttereien und drolligen Einfälle des Dr. Ralph in ordentliche Schlüsse [zu] verwandeln[n], um sodann zu zeigen, wie fehlerhaft sie sind.«[11] Daß solche Versuche, wie Mendelssohn spottet, primitiv waren, ist in diesem Zusammenhang nicht einmal so wichtig; wichtiger ist, daß sie die Richtung des *Candide*-Verständnisses anzeigen, das in der Suche nach eindeutig widerlegbaren Positionen das ausufernde Bedürfnis nach Sicherheitsgarantien offenbart – ein Bedürfnis, das in dem nicht weniger kurrenten Mißverständnis Voltaires als des intellektuell verantwortungslosen, spöttischen Scharlatans und Freigeists seine Entsprechung hat. Denn während in dem einen Fall die Verunsicherung, die Voltaires Angriff hervorruft, über den Fehlern des Pessimismus, denen er vermeintlich huldigt, vergessen werden darf, werden im anderen Fall geradezu exemplarisch vernünftige Fragen, weil sie unernst, ironisch, gestellt werden, aus dem

Universum der Vernunft ausgegrenzt.

Im Angriff auf den Optimismus lag jedoch auch ein spezifisches Risiko der Kritik. Für den Kritiker des Optimismus galt es nämlich, aufklärerische Vernunft geltend zu machen in eben dem Moment, wo deren Rechtfertigung in Frage gestellt wurde. Insofern präludiert der Angriff auf den Optimismus der rationalistischen Metaphysik nur den Angriff auf den Fortschrittsoptimismus und den Vernunftglauben des Jahrhunderts selbst, wie ja auch der logische Stellenwert der säkularen Vernunftbegründungen durch Natur und eine utopisch orientierte Philosophie der Geschichte dem der Rechtfertigung durch den Gott von Leibniz und Wolff äquivalent ist. Es galt jeweils, für Naturerkenntnis und die humanistische Moral der Aufklärung ein zweifelsfreies Fundament zu finden. Wenn aus diesen Prämissen eine inhumane Moral resultieren konnte, die den eigenen Dogmatismus verleugnete, so konnte sich in der humanistisch motivierten Kritik an ihr schon der Zwiespalt der Vernunft oder gar ihre Ohnmacht zeigen. Dies wird ja auch Wezels Weg sein. Bei ihm wird die empiristische These, daß die Erfahrung nicht nur die Spekulation widerlegen, sondern die allein richtige Theorie begründen könne, zu dem Glauben führen, die Rechtsidee der Aufklärung sei widerlegt, wenn die Erfahrung des moralischen Übels überall zu machen ist.

Und auch Voltaire häuft Erfahrungen des »physischen« und »moralischen« Übels auf. Candides Reise durch die alte und neue Welt konfrontiert ihn mit Naturkatastrophen, Krieg, Sklaverei, der Vernichtung Andersdenkender, dem Imperialismus von Jesuiten und Kapitalisten – den außerordentlich gelockerten Moralvorstellungen in den Tagen der ursprünglichen Akkumulation des Kapitals. Aber bei Voltaire hat der Blick auf die Tatsachen nicht die Funktion, eine Weltanschauung zu begründen, wie dies bei Wezel der Fall sein wird. Dadurch, daß ihm die Fakten zum »Probierstein« einer Ideologie werden, vermeidet er es, ein Buch des »Gott-, Welt- und Menschenhasses«[12] zu schreiben. Die Erfahrungen Candides und seiner Reisegefährten werden so in doppelter Hinsicht frei von Zugriffen, mit denen sie sei es als Indizien des Optimismus, sei es als solche des Pessimismus nivelliert und verdrängt würden. Ihre Häufung wird dem aufklärerischen

Interesse, Unterdrückung zu bekämpfen, daher auch nicht gefährlich, und Candides Erfahrungen werden damit frei zur Anerkennung und – gerade in ihrer anerkennungsfähigen Kontingenz – frei zur Prüfung des Axioms von der besten aller möglichen Welten. Damit widerlegt Voltaire eine Redeweise von einem objektiv verpflichtenden Sinn der Wirklichkeit, ohne sie durch eine gleichermaßen verpflichtende Doktrin zu ersetzen. Und je stärker Voltaires Zurückhaltung in dieser Hinsicht ist, um so schärfer seine Kritik einer Theorie, die sich über diese Skepsis hybrid oder zynisch hinwegsetzt.

Dem entspricht das Kompositionsprinzip seiner Satire. Die Erfahrungen, die Candide macht, geben ihm, der so gutmütig der Autorität seines alleserklärenden philosophischen Mentors Pangloß zu glauben bereit ist, denn doch zu denken. Aber stets sind diese Erfahrungen auf die Meinungen eben des weisen Pangloß bezogen, mit dem Candide dann jeweils in ein tatsächliches oder imaginäres Zwiegespräch tritt. Voltaire macht eine Gesprächssituation zum Strukturprinzip, in der Fragen und Antworten alternativ verteilt sind, und in der dann in der Art eines leitmotivisch wiederkehrenden Refrains der Reim des Jahrhunderts[13] quasi apologetisch auf Candides Fragen die Antwort erteilt. Candides Bescheidenheit verstärkt dabei ironisch das Klima der Autorität, das Pangloß' Philosophie um sich verbreitet. So sagt Candide im Anschluß an die Lebensgeschichte der Alten, die sie in der Art des kenntnisreichen und distanziert indirekten Konversationsstils der Salons erzählt:

»Wie schade, [. . .] daß der weise Pangloß gegen alles Herkommen bei einem Autodafé gehängt worden ist; er hätte uns wunderbare Dinge sagen können über das physische und moralische Übel, davon Erde und Meer voll sind, und ich würde mich verständig genug fühlen, ihm in aller Ehrerbietung einige Einwürfe zu machen.«[14]

Noch in seinen Zweifeln scheint Candide die Autorität der Lehre anzuerkennen: er ist immer nahe am Eingeständnis eigener Dummheit, Pangloß vielleicht doch nicht ganz verstanden zu haben. Aber auf eben dieser Dummheit ruht die Sympathie des Autors, und sie bildet die Basis des ironisch-kritischen Verfahrens: einer Philosophie gegenüber, die gar nicht verstehbar ist, ist der Dumme der Kluge. Wenn überhaupt von einer Entwicklung Candides gesprochen werden kann, dann nicht in dem Sinn, daß der naive Held zum Schluß einen anderen Standpunkt gewonnen haben wird, sondern nur so, daß er gelernt hat, seine Naivität zu akzeptieren. Er wird zum Wissenden, der angesichts der Wirklichkeit seiner Erfahrungen die Unvermeidbarkeit und Berechtigung seiner Dummheit in Dingen der rationalistischen Metaphysik eingesehen hat und von daher die wirkliche Rätselhaftigkeit dogmatischen Wissens. Wenn der Derwisch am Ende der Satire »Schweigen« empfiehlt und Pangloß die Tür vor der Nase zuschlägt, und wenn Candide auf Pangloß' letzten Versuch, ihre gemeinsame Lebensgeschichte noch einmal teleologisch abzurunden, sein »*Wohlgesprochen*, [. . .] allein es gilt, unseren Garten zu bebauen«, setzt, ist er zur Anerkennung seines gesunden Menschenverstandes gekommen; und gleichzeitig mit dieser Anerkennung ist die Philosophie von der besten aller möglichen Welten zu einem wohlgeformten flatus vocis geworden.

Voltaires Vertrauen in die Vorurteilslosigkeit des gesunden Menschenverstands ist noch weit entfernt von den Harmonisierungen, wie sie für den bürgerlichen common sense charakteristisch sind. Seine Skepsis hält noch die Balance zwischen der Gleichgültigkeit des Pragmatikers, der in den Wirren der Wirklichkeit und des Denkens seinen Geschäften nachgeht, und einer Rebellion gegen das sinnlose Einerlei der Geschichte.[15] Diese Balance gelingt freilich nur in der Ausschließlichkeit der kritischen Perspektive. Ist somit die Kritik selbst und ihr Medium Ironie die einzige Positivität, auf die sich die Vernunft noch zurückziehen kann, wenn sie die Positivitäten, die der Erfahrung oder der Spekulation abgewonnen werden, als kalkulierte Mythen durchschaut? So wird ja in der Frühromantik die Lösung des Dilemmas aufklärerischer Vernunft aussehen: der Aufenthalt in einem ironischen Zwischenraum, wo es prinzipiell beliebig ist, womit die Ironie spielt, und wo selbst die Suche nach einer »Neuen Mythologie« nicht selten damit kokettiert, das Spiel des ironisch reflektierenden Genies zu schützen. Indem sich Voltaires Kritik davon in der Überzeugung unterscheidet, daß sich die Vernunft theoretisch Widersprüche und praktisch Leiden und Unterdrückung nicht wegleugnen lassen dürfe, hat sie freilich noch teil an den Risiken des aufklärerischen Moralismus. In diesem Sinn sieht

Koselleck in Voltaires Kritizismus den Vorläufer einer hypokritischen Kritik, die die ideologischen Folgen und politischen Umwälzungen, an denen sie arbeitet, halb will und halb nicht will.[16] Aber eine solche Aufklärungskritik neigt ihrerseits dazu, ihre eigenen Risiken zu verharmlosen: die Evokation der Suche nach politischen und ideologischen Instanzen, die durch Autorität immun sind.

Dieses Immunisierungsbestreben zeigt wiederum Gottsched noch da, wo er gegen Voltaire auch einen Treffer machte. Voltaire hatte Newton gegen Leibniz ausspielen wollen und sich dafür die dickleibige Kritik eines deutschen Professors eingehandelt, auf die er mit einer »courte réponse aux longs discours d'un docteur allemand« antwortete.[17] Gottsched schreibt dazu:

»Den Namen seines Gegners hat er aus Stolz oder Verdruß nicht nennen mögen. Genug, es ist ein deutscher Doktor. Was kann aber aus Nazareth Gutes kommen? Und was antwortet er ihm denn? Dieses: die ganze Metaphysik sei ungewiß und tauge nichts! Das ist nun zwar kurz, aber darum noch nicht gut geantwortet. Glaubte denn Herr Voltaire eben das, als er den Newton durchaus zum Metaphysiko machen wollte?«[18]

Das war völlig richtig, diente aber lediglich dazu, die Seriosität des Rationalismus allein durch den Nachweis der Unseriosität seines Kritikers wiederherzustellen. Ähnlich schnell ging man denn auch später über das Erdbeben von Lissabon – die wahrhaft auffällige Provokation der Theodizee – hinweg zur Tagesordnung:

»Ein kurzes Beben nur – dann stärkte man in braven Sprüchen sich wieder in dem Gedanken an Gottes Allmacht, Güte, Weisheit und Schöpfergröße.«[19]

II. Natürliches Unrecht

Voltaires Balance zwischen Pessimismus und der kompromißlerischen Bornierung in den Grenzen der menschlichen Vernunft ging nicht nur bei seinen Gegnern verloren. Dabei mag es die in seiner Ironie wirksame Unversöhnlichkeit gegen Unterdrückung und intellektuelle Scharlatanerie gewesen sein, die Arno Schmidt dazu bewogen hat, auch den *Candide*, neben *Gullivers Reisen* und dem *Belphegor*, zu den »alten

Büchern des ehrwürdigsten Gott-, Welt- und Menschenhasses« zu zählen. Allerdings läßt er dies Fromal sagen, eine der Hauptfiguren aus dem *Belphegor* – was dessen explizite Philosophie betrifft, sogar die Hauptfigur. In diesem Fall kann das Urteil über die drei Romane kaum zutreffender Wezels Voltaire-Rezeption kennzeichnen. Wezel übernimmt gleichsam Gottscheds Pessimismusvorwurf und affirmiert ihn rebellisch. Aber während Voltaire im *Candide* noch gegen Gedanken kämpfte, die er im Vergleich mit der Realität für absurd hielt, hat Belphegor »Lust, ein Rebell wider Natur und Schicksal zu werden«.[20] Ein ebenso rebellisches wie unglückliches Bewußtsein, das die Unveränderlichkeit des Bekämpften stets vor Augen hat, ist nicht nur für den Helden, sondern für die Struktur von Wezels *Candide*-Variante insgesamt tragend. In ihr gilt der Pessimismus ebensosehr für unbezweifelbar, wie er zur Rebellion auffordert. Wieland, der im übrigen natürlich für Angriffe auf seinen, wenn auch schon skeptisch relativierten, Fortschrittsglauben nichts übrig hatte, spielt in einem Brief an Merck im Juli 1776, in dem er um eine Rezension des soeben erschienenen Romans bittet, auf diese hinter der Aggressivität der Romans verborgene Ambivalenz an:

»[. . .] ein neuer bifrontischer Roman des Freund Wezels (der ein sehr garstiges und ein sehr hübsches Gesicht hat, viel Schiefes, verdammtes Zeug, die dummste Composition von der Welt, und doch allenthalben einen Urheber zeigt, der was sehr Gutes machen könnte, wenn er *entweder mehr Liebe oder mehr Haß* hätte) [. . .].«[21]

Paradoxerweise ist diese Ambivalenz Resultat des Willens, zu eindeutigen Aussagen über die Beschaffenheit der »Welt« zu kommen. In Überschreitung der Grenze, die Voltaire noch Realität vor allem im Licht der Kritik der rationalistischen Metaphysik thematisieren ließ, verschiebt sich das Thema von Wezels *Candide*-Roman: die Philosophie von der besten aller möglichen Welten soll sich nicht allein als unhaltbar erweisen, sondern es wird sich auch zeigen, wie die Welt tatsächlich beschaffen ist. Und in dem Maße, wie die Wahrheit einer sensualistischen Anthropologie die Illusion anthropologisch verankerter Fähigkeiten zur Humanisierung entlarvt, stehen Sinn und Unsinn eines emanzipatorischen Engagements zur Debatte, das nun nicht mehr nur die Grundlage, sondern auch den Gegenstand der Satire ausmacht. Zu dieser Verschärfung der Fragesellung gehört, daß auf der Ebene der Romanform der Thesencharakter des Aufklärungsromans deutlich hervortritt. So werden – wie besonders Merck kritisierte[22] – sentenziöse Traktate, die die philosophische Intention des Thesenromans positiv ausformulieren, extensiv eingesetzt. Wezel steigert hier eine Tendenz, die die kritische Absicht des Aufklärungsromans strukturell schon immer durch die Dekretierung von Mündigkeit unterlaufen hatte. Darin drückt sich nicht allein ein stilistischer Mangel aus, vielmehr entspricht dieser stilistischen Konvention des Thesenromans eine philosophische Einstellung, die in je verschiedener Weise oberhalb der materialen Standpunkte, wie sie im Denken der Aufklärung vorherrschen, wirksam ist, und die den Thesenroman in einem unmittelbaren Sinn als »epistemologische Metapher« deutbar machen.[23] Im Modell einer Offenbarungstheorie der Wahrheit, die sich bei Wezel sensualistisch dem vorurteilslosen Blick auf die Welt der Tatsachen enthüllt, können divergierende Erfahrungen kaum anders denn durch die explizite oder auf der Ebene der Fabel illustrative Wiederholung und Häufung des Beweises ihrer Gültigkeit abgewehrt werden.

Wezel formuliert diese Wahrheit programmatisch in der Vorrede:

»Nach des Verfassers Theorie sind *Neid* und *Vorzugssucht* die zu allen Zeiten, an allen Orten, in allen Ständen der Menschheit und Gesellschaft, bei allen Charakteren allgemeinsten Triebfedern der menschlichen Natur und die Urheberinnen alles Guten und Bösen auf unserem Erdballe.«[24]

Im Geist von Voltaires berühmter Charakterisierung der Psychologie Lockes beruft er sich dabei auf eine empirische »histoire de l'âme«[25], auf die induktive Gewinnung von Erkenntnis, auf »nichts als das Resultat seiner Beobachtungen«. Darüber hinaus bedarf die Tabula rasa, in die sich die Realität einschreibt, offenbar selbst noch der Rechtfertigung. Nicht zufällig insistiert Wezel darauf, daß weder biographische Umstände noch eine individuelle psychologische Disposition »einen schwarzen Schleier« auf seine Vorstellungen geworfen haben. Da gerade sein Herz, das nicht schlechter ist als das seiner philosophischen Gegner, ihn zu einer Psychologie der Tugend tendieren läßt, darf er mit der subjektiven Wahrhaftigkeit auch objektive Vorurteilslosigkeit für seine Theorie beanspruchen. Beider Verbindung läßt aber erahnen, unter welchen Legitimationsdruck sie das Individuum bringt – einen Druck, der der Schärfe entspricht, mit der in der Priestertrugstheorie der Ideologie Individuen bekämpft werden:

»Verschiedene Schriftsteller haben uns die Welt und den Menschen als vortrefflich geschildert. Aber entweder betrogen sie sich selbst oder wollten sie die Leser betrügen.«

Dieses ideologiekritische Modell legt Wezel dem Desillusionierungsprozeß seines Helden zugrunde. Belphegor ist zwar kein Anhänger des Optimismus Leibniz–Wolffscher Prägung; aber so wenig wichtig ihm auch die Vorstellung einer durch einen transzendenten Gott prästabilierten Harmonie ist, so sehr hält er an einer für die naturrechtlichen Ideen der Freiheit und Rechtsgleichheit »abgezweckten Anordnung« der Welt fest. In diesem Glauben zeigt er sich als Schwärmer, der sich mit »schönen Illusionen hintergeht«[26], und gerade dieses sein Rechtsempfinden, sein Glaube an einen anthropologisch dominanten Trieb zur Gerechtigkeit, wird mit den faktisch dominierenden Trieben des Neids, der Vorzugssucht und der Macht, die ihnen zum Recht verhilft, konfrontiert. Schon unmittelbar zu Beginn des Romans, nachdem ihn seine untreue Geliebte Akante mit einem Tritt in die Hüfte in die Welt schickt, mit der er nun bekannt werden muß, wird er auf drastische Weise mit der Macht des Stärkeren als dem wirklichen Recht konfrontiert. In einem Streit zwischen zwei Pächterssöhnen, die sich jeweils ein Stück Garten zum Spiel eingerichtet haben, wird der Schwächere vom Stärkeren, der ihm selbst den kleineren Garten neidet, seines Gartens beraubt, geschlagen und von einer johlenden Horde von Dorfkindern obendrein verhöhnt. Entlarvend für Belphegors Illusionen ist diese Szene freilich nicht schon per se. Wezel läßt Belphegors Abscheu vor Unrecht, Unterdrückung und kollektiver Verachtung dadurch gleichsam ins Leere laufen, daß die Macht der Gewalt sich sogar der Diskussion über ihre Rechtfertigung entzieht. »Man lächelte«[27], als Belphegor an das Rechtsempfinden appelliert. Und erst dadurch, daß die gewaltsame Unterdrückung für die Unterdrücker die wortlose Selbstverständlichkeit eines natürlichen Rechts hat, wird Belphegors Rechtsgefühl gegenstandslos im eigentlichen Sinn: ohne Realitätsgehalt, illusionär, ja rätselhaft. In einer Welt, in der das Ausnutzen von Machtchancen, die die Natur oder glückliche Umstände bieten, ausschließlich eine Frage des technischen ›know how‹ ist, ist Belphegors Anrennen gegen »Natur und Schicksal« das eines Narren.

Nun wird der Narr nicht allein deswegen verspottet und geprügelt, weil er die Arbeit stört, sondern auch, weil er nicht einsehen will, daß sie sinnvoll ist, und weil er also nicht weiß, was Recht und Unrecht ist. Die Prügel, die Belphegor erhält, wenn er uneinsichtig seinem Gefühl von Menschenwürde und Recht folgt, haben daher nicht nur zweckrationalen Charakter. Sie haben jedoch in Wezels Roman auch nicht die Funktion, Aggressionsmechanismen zu beleuchten, die im Fall von Normabweichungen die in sozialen Normen jeweils implizierten Restriktionen kompensieren sollen. Dies hat nun zur Folge, daß die Irrationalität solcher Aggressionen erst recht hervortritt, und daß sie von Belphegor als abgründige, nicht einmal erklärbare Bosheit erfahren werden, die doch zugleich *belehrende* Funktion haben soll. Daß das Irrationale und Böse belehren soll, bringt Belphegor in die ausweglose Situation immer schon unerträglicher Alternativen.

Die Funktion der Verschärfung der Isolation Belphegors zum ohnmächtigen Außenseiter übernimmt, neben der Erfahrung der unmittelbaren Aggression, vor allem seine Konfrontation mit der kühlen Verständnislosigkeit des »Realisten«. Angesichts der emotionsfreien, sachlichen Ablehnung seines Rechtsempfindens erhält seine Rebellion erst die spezifische Ohnmacht, die jene zur Unerträglichkeit steigert. So ist er nicht allein von der Brutalität der Herrschenden, sondern vor allem von der Selbstverständlichkeit und Natürlichkeit betroffen, mit der Unterdrückung betrieben wird. In solchen Darstellungen des Faustrechts als des natürlichen Rechts bringt Wezel ein Realitätsprinzip zur Geltung, das die Bereitschaft zu erfordern scheint, nicht nur die wirkliche Macht des Stärkeren wahrzunehmen, sondern auch eine solche Anerkennung mit der ihrer Rechtmäßigkeit zu verbinden. Wezel übernimmt hiermit Hobbes' anthropologische Prämissen, ohne sie mit der Konstruktion eines das Leben schützenden, durch Vertrag beschlossenen Rechtszustands zu verbinden. Vielmehr sind Fragen der Rechtmäßigkeit mit der »Natürlichkeit« des »bellum omnium contra omnes« schon entschieden – eine Konstruktion, die Hobbes' Prämissen gegen die Möglichkeit eines Vertragsschlusses überhaupt wendet, der den Kriegszustand beendet. Rechtmäßig ist nämlich die Herrschaft des Stärkeren deshalb, weil es immer schon so gewesen ist, und weil es also einfach *sinnlos* ist, einen Rechtszustand zu wollen, der nicht durch Macht positiviert und durch Positivierung legitimiert wird:

»Es war ja immer so, wie wir in Historienbüchern finden, daß der Schwache, wenn er so dumm war, sich von dem Mächtigen nicht alles gefallen lassen zu wollen, gehangen, geköpft, gerädert wurde. [...] Es ist ja immer so gewesen; wenn dirs so nicht ansteht, so ändre das! Mache, daß du morgen nicht gehangen wirst; wenn dus kannst, so hast *du* Recht, aber bis dahin haben *wir* es.«[28]

Diese Ersetzung von Fragen nach der Legitimität von Rechtsverhältnissen durch Fragen nach der technischen Durchsetzbarkeit von Interessen, schließlich die Auflösung von Legitimationsproblemen durch den Hinweis auf ein Seinsgeschehen folgen der positivistischen Tendenz zur Reduzierung der Politik auf zweckrationales Handeln[29], ja mehr noch: das Prinzip der puren Selbsterhaltung ist zwar für die Psychologie des Empirismus die Basis ihrer deskriptiven Aussagen über Verhaltensweisen; als Basis der *Kritik* gegenüber Rechtsvorstellungen, denen die Erfahrung grundsätzlich zu widersprechen scheint, wird dieses Prinzip indes zu einer Rechtfertigung, deren präskriptiver Charakter sich hinter der »Erfahrung« nur versteckt. Entlarvt die Erfahrung dessen, »wie es immer schon gewesen ist«, den Humanismus als Vorurteil, so nur unter Rekurs auf das Vorurteil, das Recht auf Repression könne sich hinter der Faktizität der Selbsterhaltung und der Neutralität der Mittel, es durchzusetzen, erfolgreich verbergen. Die verdeckte metaphysische Dimension eines sinnkritischen Positivismus, der den Sündenfall der Moral aufzuheben scheint, macht fortan – über die Aufklärungsepoche hinaus – gerade in dieser Rolle seine geradezu ästhetizistische Faszination aus. In der Weise eines Seinsgeschehens, das normative Kraft hat, ohne es zu zeigen, tritt Belphegor die Natürlichkeit des Unrechts gegenüber. Die Realität selber scheint mit der therapeutischen Kraft des »So ist es« ausgestattet, die Belphegor alle Fragen vergehen machen soll.

Dies ist allerdings nicht der Fall. Als der Richter, der Belphegor zusammen mit aufständischen Bauern hängen lassen will, auf dessen Fragen mit »fühllosem Ton« und »eiskalter Frostigkeit« das Gewohnheitsrecht des Stärkeren vertritt, beißt Belphegor »vor Zorn und Wut so heftig in seine Ketten, daß ihm zween Zähne blutig aus dem Munde [springen]«.[30] Es ist im übrigen unverkennbar, daß der Autor in diesem Zusammenhang in einer Anmerkung die Reformbestrebungen Josephs II. mit der Absicht lobt, die Möglichkeit eines Siegs der Idee des Rechts über die Macht, über den »Eigennutz, den hartnäckigsten, schlausten Feind«, zu zeigen – eine Aussicht, die Belphegor, lebte er jetzt, vor Verzweiflung und Misanthropie bewahrt hätte. Es wäre aber ein Irrtum, von dieser historischen Argumentation aus, die zu einer historistischen Fassung des Ideologiebegriffs führt, die universalistisch angelegte Illusionskritik zu deuten, wie der Erzähler sie mit Belphegor vornimmt. Diese Relativierung betont vielmehr als Versuch, durch einen Kompromiß der Unerträglichkeit seines ideologiekritischen Befundes zu entgehen, dessen Gewicht. Als Ausdruck sich widersprechender und doch gleichermaßen wirksamer Intentionen sind gerade solche Kompromisse Zeichen einer Ratlosigkeit, die im Bild des in seinen Ketten rebellierenden Belphegor seine genaue Entsprechung hat, zeigt es doch sowohl den Sinn wie die Sinnlosigkeit seines Protests.

Wie sehr es auch – worauf ich noch eingehen werde – vor allem am Schluß des Romans Versuche gibt, durch Abschwächungen der Unerträglichkeit solcher Konstellationen zu entgehen, so sehr führt sie Wezel im Verlauf des Romans doch immer wieder herbei. Aus ihrer speziellen Struktur, in der die weltanschauliche Fraglosigkeit mit dem Bild eines authentischen Daseins lockt, diese einzig denkbare Alternative aber unerträglich ist, resultieren erst die Schärfe und die Richtungslosigkeit des Hasses, der die Grundschicht des Romans ausmacht. Sein Kennzeichen ist, daß er nicht mehr personal gebunden sein darf, denn die Individuen repräsentieren nur noch das universale Gesetz der Natur, daß er aber auf personale Befriedigung angewiesen ist und an Natur, Gesellschaft und Geschichte vergeblich seine Befriedigung sucht.

Die Episoden des Romans sind geradezu darauf angelegt, jeweils die Bedingungen für diese Emotion zu schaffen. Ihr scheinen sie primär zu dienen; und der Beweis, daß der Kampf aller gegen alle universal gilt, ist daher jeweils auf sie funktional bezogen. Daß es, wie in der Episode mit den beiden Bauernjungen, Kinder sind, die mit der Macht des Stärkeren das Gesetz vom Recht des Stärkeren demonstrieren, ist ein zusätzlicher Versuch, Universalität wie Selbstverständlichkeit dieses Naturgesetzes zu zeigen. Sie sind als unschuldige Produkte einer Natur, der sie noch nicht entfremdet sind, Objekte einer naturrechtlich motivierten Verhaltensforschung, die allein über Rechtsfragen Auskunft geben kann. Naturrechtlich motiviert ist ja auch das Interesse der aufklärerischen Ethnologie an den Primitiven, die je nach der ethnozentrischen Perspektive des Europäers, der sich im »bon sauvage« wiederfinden will, oder der naivitätssuchenden der Zivilisationskritik über Recht und Chancen europäischer Sitten entscheiden sollen. Es ist für Wezels Blick auf die Primitiven charakteristisch, daß er sie zur Destruktion des Mythos vom »bon sauvage« einsetzt. Wenn Belphegor und Akante, von Indianern gefangen, von diesen gepflegt und behütet werden, so enthüllen sich die »naife[n] Ausdrücke des Mitleids« dieser Kinder einer »unverdorbenen Natur« bald als Vorbereitungen zu ihrer rituellen Verspeisung.[31] Aber während in imperialistischen Ideologien solche Abweichungen von einer für universal gehaltenen Moralität zum Motiv werden, durch Strafaktionen die Primitiven von der universalen Geltung dieser Moral zu überzeugen, werden sie für Wezel umgekehrt zum Normalfall, zum Indiz für die naturrechtliche Fiktivität einer humanen Moral. Die »ungesellige Geselligkeit« in der Form eines brutalen Vernichtungskampfs um die Selbsterhaltung wird ihrerseits zum universal geltenden und gültigen Naturgesetz.[32] Dessen Universalität ergibt sich nicht allein aus Erfahrungen mit Menschen. Wezel erweitert diesen Kampf zum wahrhaft universalen Gesetz dadurch, daß er selbst die organische Natur in die Situation des Kampfs mit dem Menschen um die Selbsterhaltung bringt. In einer Voltaires Eldorado-Utopie zunächst der Funktion nach entsprechenden, aber dem baldigen Untergang durch den Neid von Eroberern geweihten Idylle erfährt Belphegor von einem dort lebenden Derwisch vom Tod von dessen Frau; sie hatte sich vom »einladenden Blick« einer Frucht verleiten lassen, hinter dem »tödtendes

Gift« verborgen war.[33] Anders als in späteren romantischen Konzeptionen rächt sich hier nicht eine unschuldige Natur an den Vergewaltigungen durch eine hybride Naturbeherrschung; Wezel war auch insofern noch Aufklärer, als ihm die Erfahrung unbeabsichtigter Folgen der Technik oder die Idee einer den selbstherrlichen Prometheus vernichtenden Macht der Natur fremd war. Natur ist hier vielmehr originär beseelt vom Trieb zur Selbsterhaltung, der notwendig feindselig ist, und nicht erst der sekundäre Racheakt einer ursprünglich schönen und guten Natur. Ihre Schönheit ist nichts als Schein: auf der Seite der Natur eine Tücke, auf der Seite des Subjekts, das an der wahren Natur vorbeisieht, eine Einbildung. Die Enthüllung dieses Scheins macht es dann zur Gewißheit, daß das Interesse an der Selbsterhaltung mit dem an der Vernichtung identisch und daß es im wahrsten Sinn des Wortes natürliches Recht ist. Es entspricht daher den genuinen Absichten Wezels, wenn Arno Schmidt in seiner Darstellung des *Belphegor* noch die anorganische Natur mit diesem Kampf beseelt.[34]

III. Ein Experiment mit der Stabilität des Mitleids

Der Theoretiker dieses Kampfs ist in Wezels Roman Fromal. Zusammen mit Medardus, der eine direkte Pangloß-Variante ist, wiederholt er als Fortbildung des Manichäisten Martin im *Candide* eine von dessen Grundkonstellationen, modifiziert sie jedoch entscheidend. Während es Martin im *Candide* zwar auch gestattet ist, in Gesprächen mit Candide seine philosophische Doktrin zu entfalten, so erlaubt ihm Voltaire doch nicht, Candide, der auch ihm gegenüber die Zurückhaltung der Naivität hat, wenn auch nur wider Willen, zu überzeugen. Darüber hinaus ist Fromal schon äußerlich in seiner dominanten Rolle hervorgehoben, als er es ist, der Akantes Fußtritt didaktisch als die Aufgabe interpretiert, die Welt kennenzulernen. Letztlich entscheidend für seine dominierende Rolle – wie auch immer seine Überzeugungen als *erkannte* Wahrheit relativiert werden sollen – ist jedoch, daß er mit Belphegor und Medardus eine philosophische Wette abschließt, die über die Gültigkeit seiner Doktrin und die Substanzlosigkeit von

Belphegors Glauben entscheiden soll. Auch von hier aus läßt sich die Differenz zwischen dem *Candide* und dem *Belphegor* noch einmal pointierend formulieren: ist es dort eine *Frage*, die die Struktur des Romans bildet, so ist es hier eine *Wette*.

Fromal erzählt seine »Geschichte der Erde im Kleinen«[35], nachdem er als Anführer eines Sklavenaufstands sich und seine Mitgefangenen Belphegor und Medardus befreit und die wütenden Sklaven, die alles niedermachen, »was nicht Sklave ist«, führerlos dem Gemetzel ihrer Herren überlassen hat. Es ist ein Ursprungsmythos der Herrschaft, der im Sinn einer naturrechtlichen Deduktion die Priorität des Eigennutzes – der sozial destruktiven – über das Mitleid – der sozial integrativen Kraft – aufzeigt. Er erläutert dies am Bild einer Gesellschaft von Affen, die sich um einen Korb Früchte so lange prügeln, bis endlich der Stärkste die Macht und damit das Recht erworben hat, seinem Belieben gemäß – »von Zeit zu Zeit« – davon auszuteilen. Die Herrschaft des führenden Affen ist dabei nicht allein als Satire auf die gesetzgeberische Willkür des absoluten Fürsten zu verstehen, den Hobbes aus denselben Prämissen forderte und mit der Beendigung des Kriegszustands betrauen wollte. Es kommt nämlich in Fromals Theorie ganz richtig zur Geltung, daß Ruhe und Ordnung als Beendigung des Kriegszustands nicht schon identisch sind mit einem Rechtszustand – eine implizite Kritik solcher aufklärerischer Vertragstheorien, die die absolutistische Verfassung sowohl unter dem Aspekt des rechtsgleichen Vertragsschlusses zwischen Souverän und Untertan als auch der Unantastbarkeit und Angemessenheit der sodann erfolgenden Entscheidungen des Fürsten interpretieren wollten. Hier wurden naiv sowohl gutwillige Diktatoren vorausgesetzt als auch solche, die mit Urteilskraft als zweiter Natur ausgestattet sind. Insofern Fromal allerdings konsequent Legitimitätsfragen als solche der Legalität, des positivierten Eigennutzes behandelt, bringt er nicht nur die Aporien des absolutistischen Dezisionismus zur Geltung: die mit einer Rhetorik des Faktischen doch nur verdeckte Inanspruchnahme von Legitimität. Viel mehr als Hobbes oder – wie ich noch zu zeigen versuche – uneingestandenermaßen Helvetius, die, sei es in der Einsicht in die Notwendigkeit eines Vertragsschlusses, sei es als Interesse eines aufgeklärten Gesetzgebers die Dominanz des Eigennutzes außer Kraft setzen, ist ihm darum zu tun, auch nur diese Möglichkeit als Illusion zu demaskieren. Daher ist ihm ein Londoner Publizist, der sich für die Freiheit engagiert, ein Scharlatan, der, wie sich bald zeigt, seine »Niedrigkeit nicht ertragen kann und eigentlich nur von Macht träumt«.[36] Und darum ist für ihn eine soziale Integration der Einzelnen im Sinn der liberalistischen Hoffnung, daß für sie wie für die Gattung nur die materiellen Vorteile aus der Konkurrenz resultieren mögen, nicht nur eine Illusion, sondern eine Verschleierung von Machtgier.

Fromal löst dabei das Dilemma, das sich jeweils umgekehrt empiristisch und rationalistisch motivierten Naturrechtslehren stellt, im Sinne einer Verschärfung. Während im letzteren Fall der Ausgang von einer apriorisch gesetzten sittlichen Autonomie zwar die Sozialisierungsfähigkeit garantiert, ergibt sich zugleich die Tendenz, bereits die Möglichkeit des Konfliktfalls zwischen Gemeinwohl und Eigeninteresse durch dessen Verdrängung oder Beschönigung zu verdecken. Umgekehrt ist für den Sensualisten das Mitleid nur ein Zufall, ein leeres Wort in einem Kosmos von Selbsterhaltungs- und Machttrieben. Zwar hat die Natur dem Menschen neben der Eigenliebe das Mitleid »ins Herz« gegeben, damit sie »sich nicht vertilgen«[37]; aber dieser Dualismus ist faktisch nicht wirksam. Gelingt es vielmehr, dem Mitleid in der Form eines Vertragsschlusses zwischen den Einzelnen Geltung zu verschaffen, so nur in der Weise, daß es nunmehr das Eigeninteresse lediglich verdeckt; die sensualistische Prämisse wird damit verschärft:

»Doch ist dem Mitleid soweit geglückt, daß es dem Neide und seinem Gesellschafter die Verbindlichkeit aufgezwungen hat, nie anders als unter einer von *ihm* geborgten Maske zu erscheinen; und diese Masken sind – unsre Tugenden. [. . .] Europa liegt unter dem Himmel, wo dieser glückliche Vertrag zuerst errichtet wurde: man führt dort den Kampf der Natur *klüger,* daß ich so sagen mag, man führt ihn unter der Aufsicht des Mitleids; aber geführt wird er, nur mit andern Waffen und auf andre Art als ehemals.«[38]

Löst man diese Entlarvung der Tugend aus dem Funktionszusammenhang des Romans, wo Fromals sensualistisch-materialistische Illusionskritik ja zunächst die Aufgabe hat, Belphegors »Schwärmerei« als Illusion zu entlarven, so läßt sie

sich in die Tradition moralistischer Heucheleikritik einordnen, wie sie bei Helvetius zu finden ist, der Wezel denn auch stark beeinflußt hat. Helvetius' Kritik der Tugend als Heuchelei ist zunächst ebenso motiviert von der Auflehnung gegen die Unterdrückung sinnlicher Bedürfnisse, die eine – sei es auch notwendige – Repression zum Glück hypostasiert, wie von der hedonistischen Idee einer repressionsfreien Entfaltung »starker Leidenschaften« – Motive, die – ungeachtet der Differenzen – die Faszination Nietzsches durch die französische Moralistik verständlich machen.[39]
Helvetius' Glaube an eine immer schon garantierte Kompatibilität solcher Leidenschaften mit dem Gemeinwohl dürfte seinerseits erst die Zuversicht erklären, mit der er die Tugend bekämpft:

»Wer immer erst seine Neigungen überwinden müßte, um tugendhaft zu sein, wäre notwendigerweise ein schlechter Mensch. Verdienstliche Tugenden [also solche, die auf der Bekämpfung von Neigungen und Bedürfnissen beruhen, V.U.M] sind niemals zuverlässig. Es ist in der Tat unmöglich, sozusagen jeden Tag Schlachten gegen seine Leidenschaften zu schlagen, ohne eine große Zahl davon zu verlieren.«[40]

Nun ist diese Argumentation problematisch, sofern sie allein mit dem Hinweis auf den Konflikt zwischen sinnlichem Interesse und Tugend diese als Heuchelei decouvrieren will; daß jedoch genau dies gemeint ist, erhellt u. a. aus expliziten Äußerungen Helvetius' sowie aus seinen systematischen Prämissen. Da er seinen Sensualismus deterministisch begründet, ist ihm ein autonom motiviertes Handeln, also die Freiheit, die im Konfliktfall zwischen konkurrierenden Bedürfnissen überhaupt noch Entscheidungen treffen könnte, ein Unding, »eine Wirkung ohne Ursache« oder ideologiekritisch eine heuchlerische Vorspiegelung.[41] Dies nötigt ihn zu einer Konzeption, in der die Gewißheit, Repressionen absolut ausschließen zu können, zusammenfällt mit einer Manipulation von Bedürfnissen, die dann als solche anonym bleibt:

»Alle Menschen streben nur nach ihrem Glück, und niemand kann sie von diesem Streben abhalten. Es wäre sinnlos, dies zu versuchen, und gefährlich, wenn es gelänge. Folglich kann *man* den Menschen nur dadurch tugendhaft machen, daß *man* das persönliche Interesse an das allgemeine knüpft.«[42]

Gerade in solchen Lösungen, in denen das Postulat, Repressionen ausschalten zu wollen, schon dafür steht, daß sie ausgeschaltet werden können, zeigt sich denn auch ein zweites Motiv, das in der Tugendkritik wirksam ist. Helvetius lehnt sich zunächst gegen die Zumutung auf, Bedürfnisse nicht allein dem Gemeinwohl zu opfern, sondern dieses, nämlich die Menschheit als Gattung, zugleich lieben zu sollen – eine Auflehnung, die sich dem Widersinn eines Gebots verdankt, das den Affekt *verordnet*. So formuliert denn Kant später anläßlich der »moralisierenden Schwärmerei« um das Gebot der Nächstenliebe, daß es »in keines Menschen Vermögen [steht], jemanden bloß auf Befehl zu lieben«.[43] Nichtsdestoweniger will Helvetius in der Gewißheit, die glückliche Koinzidenz von Bedürfnis und Gemeinwohl aufgezeigt zu haben, eben dieses Gefühl für ein allgemeines Menschheitssubjekt *dekretieren*. Was er kritisiert: das Mitleid, steht somit als verpflichtetendes Tugendideal im Zentrum seiner Philosophie. »Mitleid« ist ja für einen Großteil gerade der radikalen aufklärerischen Theoretiker – so auch für Helvetius' Gegner Rousseau – die Rührung, die den individuellen Affekt, die Empfindung, mit dem Allgemeinen, mit der Tugend versöhnt, die den Egoismus auslöscht, und die gerade dadurch exemplarisch Verhaltensmaximen vorzugeben scheint, die das gesellschaftliche Ganze, die Liebe zum Vaterland der Gleichen, betreffen. Weit davon entfernt, wenn der individuelle Affekt fürs Ganze fehlt, ohne Glücksversprechen und ohne die Garantie emotionaler Befriedigung auf das Gemeinwohl explizit zu verpflichten[44], verpflichtet Helvetius implizit – wie Rousseau – auf eine »leidenschaftliche Liebe zum allgemeinen Wohl«, über der das Besondere dann unwichtig wird. Und in einem grotesken Umschlag des radikalen Hedonismus in den radikalen Moralismus wird ihm dann der ein

> »Heuchler [. . .], der sich allzuviel mit sich selbst beschäftigt, weil er nicht vom Verlangen nach dem Glück der Menschheit zum Studium der Sittenlehre angehalten wird«.[45]

Mit Fromal und Belphegor fallen in Wezels Roman die beiden Momente auseinander, die Helvetius noch zusammenzwingt. Wenngleich sich so das Auseinandertreten einer politischen Totalität, die nicht dekretiert werden kann, gegenüber Helvetius' Versuch, sie zu garantieren, als dessen implizite Kritik interpretieren läßt, bleibt doch dieselbe Problemstellung erhalten. Es ist eine generelle Tendenz des vorkritischen aufklärerischen Denkens, die Krise, in die sie die Konsequenz ihrer Ideologiekritik treibt, als Katastrophe zu deuten, die ihr von außen zufällt, bzw. bei naiveren Philosophen: als einen heuchlerischen Angriff von außen. Wenn man daher das Gefühl der Katastrophe verstehen will, das Belphegor erschüttert, wenn ihm Fromal die Rechnung von der universalen Machtgier aufmacht, dann scheint mir dieses aus dem spontanen Mitleid bei der Erfahrung konkreten Unrechts und brutaler Unterdrückung nicht erklärbar zu sein; vielmehr scheint es so zu sein, daß Wezel Belphegor die Dauerhaftigkeit und Stabilität seines Mitleids mit den Unterdrückten und seiner Empörung gegenüber zynischer Menschenverachtung experimentell erproben läßt. Wie sehr er dabei einer allgemeinen Tendenz aufklärerischen Denkens folgt, für die Freiheit, die nun die sozialen Beziehungen bestimmen soll, eine Grundlage zu schaffen, die auch die Stabilität des sozialen Gefüges *verspricht*, zeigt sich daran, daß auch für Helvetius die »Zuverlässigkeit« der Tugend im Zentrum stand.[46] Als unzuverlässig erwies sich ja die Tugend, da sie mit sinnlichen Interessen noch zu kämpfen hatte, ließ sich doch nicht prognostizieren, wie dieser Kampf ausgehen würde. Und gerade weil es darum ging, soziale Beziehungen so aufzubauen, daß sie durch nichts mehr grundlegend zu erschüttern wären, wurden das Mitleid und die leidenschaftliche Liebe zum allgemeinen Wohl damit belastet, zur zweiten Natur zu werden, die der Instinktzuverlässigkeit der ersten in nichts nachstehen durfte.

Geht man davon aus, daß sich Belphegor auf diese Zuverlässigkeit der Tugend, auf ein stabiles Gefühl des Mitleids verpflichtet fühlt – eine Verpflichtung, die es verhindert, daß das Mitleid sich spontan äußern könnte –, so wird erst die Funktion der moralischen Extremsituationen verständlich, die eine so eminente Rolle in Wezels Roman spielen. Denn erweist sich hier die Tugend als unzuverlässig, so ist sie auch in ihrer Tragfähigkeit, also substantiell, widerlegt und ad absurdum geführt. Tugend, Mitleid, Recht werden zu leeren Wörtern, zu einem »Nichts«, dem keine Realität entspricht. In diesem Sinn ist es zu verstehen, wenn, kurz bevor Fromal zu seinem Traktat über die Welt ansetzt, die drei Freunde – von einer

Horde von Schergen bedroht – sich des Boots ebenso Verfolgter bemächtigen und diese töten, um ihr Leben zu retten.[47] Solche Situationen sind – sie mögen zwar »gesucht« sein – ausgesucht für die Demonstrationszwecke des Thesenromans. Natürlich deutet Fromal die Lösung zynisch, und zwar einfach dadurch, daß er sie mit Rekurs auf das Recht der Selbsterhaltung ausdrücklich und sachlich argumentierend legitimiert. Umgekehrt stellt Belphegor – nicht weniger sachlich selbst in seiner Klage – Überlegungen an, aufgrund derer er sich eben unter Rekurs auf das unteilbare Recht der Selbsterhaltung als Mörder verurteilt. Aber solche Situationen, in denen die Antinomie eines Rechts zum Ausdruck kommt, können deshalb weder ein Recht noch ein Unrecht verbindlich demonstrieren, und wenn sie überhaupt für Demonstrationen eingesetzt werden, so zeigt sich an ihnen die Grenze, an die sowohl die Rechtfertigung der Selbsterhaltung wie ihre Verurteilung kommen müssen, d. h. die Grenze von Vorschriften, wie zu handeln wäre. Es spricht daher für die Sicherheit von Voltaires moralischem Urteil, wenn er solche Situationen *kommentarlos* – auch von seiten Candides, der sich ihnen gegenübersieht – darstellt. Wezel allerdings setzt sie funktional ein. Dadurch, daß er sie zum Gegenstand eines naturrechtlichen Disputs macht, der das Recht auf Selbsterhaltung im Sinn seiner universalen Geltung thematisiert, hält er die Verpflichtung aufrecht, so oder so zu einer verbindlichen Entscheidung zu kommen. Genau dieser Verpflichtung auf eine verbindliche Entscheidung, auf eine Stabilität garantierende moralische Regel, korrespondiert ja die Schwärmerei Belphegors, der eben dann, wenn sich zeigt, daß die Menschenliebe, das Mitleid, als Verhaltensregel nicht immer applizierbar ist, dazu neigt, Fromal recht zu geben, zumal Fromal die Erfahrung der Desorientiertheit opportunistisch einer manichäistischen Natur überantwortet und sie damit nicht mehr hat.

Fromal verhält sich als konsequenter Determinist, für den – wie für Helvetius – eine autonome Entscheidung eine unmögliche »Wirkung ohne Ursache« ist. Nun läßt sich eine solche Annahme zwar rational nicht rechtfertigen; aber es läßt sich verstehen, wie gefährlich sie für Belphegor ist, der sowohl an der Möglichkeit wie an der Legitimität autonomen Handelns schon zweifelt, da er nun mit einer Möglichkeit konfrontiert ist, die sich rational auch nicht ausschließen läßt. Er trifft damit auf einen ideologiekritischen Mechanismus, dessen irritierende Wirkung gerade bei ihm garantiert ist – ist er doch schon von intellektuellen und moralischen Skrupeln geplagt, ohne daß er glaubt, sie sich erlauben zu dürfen.

Helvetius selbst führt einmal auf klassische Weise das Argumentationsmuster vor, das mögliche Einwände gegen einen wirklichen Determinismus mit dem Hinweis abwehrt, daß es ungewisse Spekulationen seien, die sich leicht als falsch erweisen könnten – eine Ungewißheit, von der er glaubt, daß sie für den Determinismus nicht gelte. Nicht zufällig geschieht dies in einem Abschnitt über den »Stolz«, ein Begriff, der im aufklärerischen Kontext die Bedeutung von »Mündigkeit«, autonomem Handeln haben kann. Am Beispiel eines erhabentugendhaften Helden, dessen Tugend er zunächst aus dem Interesse an den Vorteilen erklärt, mit denen die Gesellschaft oder die entsprechende Klasse sie prämiert, modifiziert er auf Einwände hin seinen Erklärungsansatz: autonomes Handeln ließe sich auch aus anderen Ursachen erklären, in letzter Instanz aber aus dem Interesse am sinnlichen Vergnügen, so pathologisch es immer sei.[48] Wenngleich aus dieser Argumentation nichts für die Verbindlichkeit des Determinismus folgt, so ist doch verständlich, in welche Kalamitäten der Verteidiger der moralischen Autonomie durch sie kommen kann: setzt er sich doch mit seiner theoretischen Uneinsichtigkeit gegenüber der dominierenden Bedürfnisnatur des Menschen leicht dem Verdacht aus, praktisch ein Heuchler zu sein.

Die Anerkennung der grundlegenden Rolle sinnlicher Bedürfnisse und der ontologischen Relevanz des Kausalgesetzes hält Helvetius aber für eine Frage der theoretischen Einsicht, eine durch Erfahrung und Vernunft gleichsam zwanglos erzwungene Evidenz: »es sei doch so leicht einzusehen«[49], wenn man, so ist zu ergänzen, nur die Augen öffne und nachdenke. In diesem Sinn soll seine Sittenlehre, die er »wie eine experimentelle Physik«[50] entwickeln will, zu einem Experiment werden, dessen Ausgang gewiß ist. Eben auf eine solche Versuchsanordnung, die garantiert, daß die erwarteten Resultate tatsächlich eintreffen, vertraut auch Fromal. Die Vorentschiedenheit bildet die besondere Struktur seiner Wette mit Belphegor. Und er kann darüber hinaus darauf vertrauen, daß auch Belphegor die Wette in dieser Form annimmt. Beide stellen in exemplarischer Weise Philosophien zur Disposition, die die Totalität der Welt für das Individuum strukturieren und es Orientierung finden lassen, Philosophien jedoch, für die charakteristisch ist, daß ihre »Evidenzen« – die Selbsterhaltung und das Mitleid – nur Bestätigung finden dürfen. Weil die apriorische Vorentschiedenheit, mit der auf die Stabilität eines »egoistischen« oder »altruistischen« Handelns prognostisch vertraut werden könnte, von einem latenten Dualismus bedroht ist, drängen dann beide zu einer blinden Auflösung. Freilich kommt bei der Entscheidung der Autor Fromal zu Hilfe. Während er noch im Vorwort Belphegors »Unruhe« und die »Zweifel«, die ihn martern, Erfahrungen zuschreibt, die sowohl aus Spuren der Zweckmäßigkeit der Welt wie aus Erfahrungen ihres für die Zwecke der Tugend chaotischen Charakters resultieren, reduziert er auf der Ebene der Fabel dann doch diese Zweideutigkeit. Alle Fakten des Romans sprechen für Fromal.

Vor diesem Hintergrund schwört Belphegor – und mit ihm Medardus –, daß der Sebsterhaltungstrieb niemals das Mitleid überwältigen und damit zu einem egoistischen Machttrieb werden könne.[51] Allein im Vertrauen auf Stabilität, ja Rigidität der Menschenliebe, die von vornherein ausschließt, daß sich ein ihr gegenüber auch nur neutraler Selbsterhaltungstrieb entfalten dürfe, besteht Belphegors Schwärmerei. Schon bald nach dem Schwur spielt Belphegor gegen Fromal das Spiel der politischen Geschichte. Beide werden Vasallen eines orientalischen Despoten, allerdings ist Fromal von den Umständen begünstigt, die ihn bald zum Herrscher über eine prosperierende Provinz machen. Ein bißchen Intrige hilft dem Neid auf, so daß Belphegor alsbald Krieg gegen ihn führt, ihn zusammen mit den übrigen Feudalherren, die, jeder für sich, das Reich schon verteilen, besiegt und als Sklaven verkaufen läßt. Nicht genug damit, daß sich Belphegor als ein *orientalischer* Despot zeigt, dessen Gier nach Macht und Reichtum immerhin den Vorteil hat, sich offen zu bekunden, wird er auch zum *subtilen* Despoten. Mittlerweile hat auch Medardus seine Wette verloren; er ist zu einem Herrscher geworden, der seinen Untertanen Gold abpreßt, um es aufzuhäufen.[52] Belphegor entwickelt sich dann vom moralisierenden Ankläger zum Ratgeber und Mitherrscher – ein Mechanismus, der – sofern er nicht auf wirkliche Erfahrungen Wezels zurückgeht – seine Vorlage wohl bei Swift hat.[53] Belphegor ist zwar »freigebiger« als Medardus, er bringt das Gold in Umlauf; während er jedoch die materielle Unterdrückung abzubauen befleißigt ist, führt er alsbald im Gefühl, das Beste zu wollen, eine andere Form der Unterdrückung ein:

»allmählich vermehrte er die Ehrenbezeugungen, die er von seinem Volke forderte, und wenn er nicht reich zu seyn wünschte, so wollte er angebetet seyn, ohne zu fühlen, daß es auch eine Unterdrückung gibt, die dem Menschen seine Würde nimmt und ihn zum kriechenden Sklaven macht. Genug, der weise Moralist wurde zum Unterdrücker, [. . .] man mußte kriechen oder leiden – eine Alternative, die dem völligen Zwange gleich ist.«[54]

So erweist die Wette nicht nur, daß das Mitleid bzw. das Interesse am allgemeinen Besten eine subtile Maskierung in Wahrheit egoistischer Interessen ist, sondern auch die Unvermeidlichkeit und die Gewalt eines Machttriebs, der nicht kontrollierbar ist, und der sich noch dort durchsetzt, wo er am weitesten entfernt zu sein scheint. Er erhält den Status einer Naturgesetzlichkeit, in die einzugreifen schlicht Unsinn ist. Daß sich dabei an Belphegor selbst das positive Gesetz der Natur vollzieht, verstärkt dessen Notwendigkeit mehr, als daß es durch die individuelle Erfahrung in seiner Universalität relativiert werden könnte. In der sensualistischen Illusionskritik nimmt ja das Individuum eine letztlich zentrale Rolle ein, steht doch sein Wille zur Wahrhaftigkeit für die Vorurteilslosigkeit seines Blicks und die Wahrheit seiner Erkenntnisse ein. So muß für Belphegor die Erfahrung der Instabilität der Tugend, die er an sich selbst macht, zur Anerkennung eines unvermeidlichen und unkontrollierbaren Willens zur Macht führen. Für Belphegor jedoch ist diese Anerkennung des »Wunschs, den alle Menschen haben, Despoten zu werden«[55], nicht mehr wie bei Helvetius durch die Inkonsequenz der altruistischen Einsicht des eogistischen Ich in »wahre Tugenden« geschützt – eine Einsicht, mit der sich die Egoismen steuern ließen. Helvetius behält auf eine ironische Weise in seinen Prämissen recht: sie sind ebenso wahr wie fatal.

IV. Moralismus der Moralkritik

Für Wezel waren die Nüchternheit, der Realismus und die, freilich nicht gerechtfertigte, Hoffnung auf Befreiung von der alle Erfahrung überfliegenden Spekulation das Faszinosum des Empirismus. Vom kontinentalen Rationalismus abgestoßen, konnte ihm so Locke zum Erlebnis werden[56], und es ist wahrscheinlich keine bloße Vermutung, daß Sätze wie die folgenden von Helvetius für ihn die ganze Attraktivität des Sensualismus ausmachten:

»[...] wir müssen schließlich die Menschen so nehmen, wie sie sind. Wer sich über die Wirkungen der Eigenliebe aufregt, könnte sich ebensogut über die Regenschauer des Frühlings, die Hitze des Sommers und den Frost des Winters beklagen.«[57]

Aber indem sein Roman zu demonstrieren sucht, daß sich die Eigenliebe nicht allein naturgesetzlich durchsetzen muß, sondern auch dies nur mit brutaler Repression kann, macht er zugleich wieder das Gewissen seines Moralismus für eine prinzipielle Verurteilung des Eigeninteresses dienstbar. Wezel spaltet damit die Elemente des aufklärerischen Naturrechts – die Bedürfnisnatur und die moralische Natur – in prinzipiell unversöhnliche Gegensätze: jene wird als das dominierende anthropologische Antriebspotential gegen die Naivität eines schwärmerischen Moralismus geltend gemacht, dieser bleibt insofern wirksam, als er die Anerkennung der Bedürfnisnatur immer wieder mit ihrer Aburteilung verbindet. Helvetius hatte die theoretische Einsicht mit der praktischen Vernunft noch so kombiniert, daß der Wunsch eines jeden, zum Despoten zu werden, als Information für den aufgeklärten Herrscher zu verstehen war, der die Bedürfnisse steuern sollte. Daher konnte er die Dominanz einer *repressiven* Bedürfnisnatur unterstellen:

»Jeder will so glücklich wie möglich sein; jeder will mit einer Macht bekleidet sein, die die Menschen zwingt, mit allen ihren Kräften zu seinem Glück beizutragen: deshalb will man über sie herrschen.«[58]

Indem bei Wezel die theoretische Vernunft darüber hinaus zum Medium wird, in dem sich die Postulate der praktischen schlechthin interpretieren, d. h. decouvrieren lassen, wird die aufklärerische Wissenschaft vom Menschen zu einer »traurigen Wissenschaft«.[59]

Damit wird die kritische Absicht, der Protest gegen die Willkür und Anarchie von Bedürfnissen, die im Despotismus kulminieren, in sich ambivalent. Wenn der radikale Moralist die Realität sinnlicher Bedürfnisse an sich selber erfährt, so kann er aufgrund der Struktur seines Moralismus – des Glaubens an die Zuverlässigkeit des Mitleids – nur zu einer Verurteilung sowohl der Sinnlichkeit wie der Moralität kommen, wie später die Humoristen Jean Pauls, zu einem Haß der Herrschenden wie der Beherrschten.[60]

Mit dem Verlust einer zweifelsfreien Basis der Kritik – der reinen Moralität – ändert sich auch die Struktur der aufklärerischen Satire: eine Veränderung, die allerdings nicht schon per se von der Entdeckung der Bedürfnisnatur durch den Empirismus abhängig ist. So schreibt zwar Friedrich Jonas anläßlich der politischen Theorie Hobbes':

»Und schon damals zeigt es sich, daß in dem Augenblick, in dem das Thema der Bedürfnisnatur des Menschen gestellt wird, die soziologische Theorie eine pessimistische Wendung nimmt oder doch zu nehmen droht. Die Befreiung des Geistes konnte noch mit dem Gefühl der Aufklärung und des Fortschritts verbunden werden. Die Befreiung der Bedürfnisse läßt das Problem in einem dunklen Licht erscheinen.«[61]

Daß aufklärerischer Optimismus sich jedoch – wenn auch unreflektiert – mit einem deterministischen Materialismus verbinden läßt, zeigt einerseits die Philosophie Helvetius', andererseits die Tatsache, daß die Psychologie des Eigeninteresses gerade in der aufklärerischen Satire das vorzügliche Mittel war, Prätentionen auf die Tugend zu decouvrieren, und zwar im Sinn einer satirischen Demaskierung, die davon überzeugt ist, daß die Einsicht in die »Automatismen« der Sinnlichkeit deren repressive Begleiterscheinungen außer Kraft setzen kann. Auf dieser Basis können selbst die deterministischen Implikationen solcher satirischen Technik noch im Sinn einer provokanten Übertreibung oder Verzerrung verstanden werden.[62] Wird jedoch die Reduktion praktischer Autonomie auf die Kausalität von Bedürfnissen, mit der der radikale Sensualismus gerade den Gegensatz von Kausalität und Freiheit obsolet machen will, so interpretiert, daß die Sinnlichkeit sich je schon durchgesetzt hat, so ist eine bloß satirische Instrumentalisierung der Psychologie des Eigeninteresses nicht mehr möglich. Der Satiriker verliert seine Stellung als unabhängiger Richter des Egoismus, da er von den Interessen, die er kritisiert, selbst bestimmt ist. Von daher gewinnt auch die satirische Technik der Identifikation mit dem Gegner eine neue Qualität, wie sie zuvor vielleicht nur bei Swift zu finden ist. Swift hatte von Defoe die Technik der Mimikry an die Sprache des Gegners übernommen, eine Anpassung, in der die Eigentümlichkeiten dieser Sprache als ihre Selbstdecouvrierung manifest werden. Martin Walser hat Swifts Übernahme dieser Technik aus seiner »Feind-seligkeit«, aus dem Wunsch, zu einem »beständigen Verhältnis nach außen« zu kommen, erklärt.[63] Es ist der Wunsch des Außenseiters nach Integration und Anerkennung, der ihn zugleich die Bedingungen erfahren läßt, unter denen Integration und soziale Anerkennung zu erlangen sind. In dieser Weise wird die Brüskierung der mimetischen Bereitschaft und des Vertrauens in die Wirklichkeit von Rationalität und Humanität zur Kritik einer Gesellschaft, die sie lediglich beansprucht. Unterstellt man dem Plebejer Wezel – Außenseiter wie Swift – diese mimetische Bereitschaft, so läßt sich auch von hier aus die Verschärfung der Isolation Belphegors so wie die Entdeckung des Eigeninteresses als universales Gesetz von Natur und Gesellschaft erklären. Aber sowohl bei Swift wie bei Wezel hat die Mimikry noch eine zweite Dimension. Die Kritik, die der Zurückweisung durch die Gesellschaft entspringt, erfaßt nicht nur die Gesellschaft, sondern auch deren Kritiker. Im vierten Buch von *Gullivers Reisen* nimmt der Berichterstatter nicht mehr nur die Rolle des Beobachters ein, der eine Idealnorm mit einem Zustand konfrontiert, in dem diese verzerrt ist – die klassische Perspektive des richtenden Satirikers.[64] Gulliver, der sich Hoffnungen macht, von den Houynhnhmns aufgenommen zu werden, von Pferden, die die Utopie einer aufgeklärten Gesellschaft verkörpern, wird durch ein Yahooweibchen kreatürlich als Yahoo identifiziert, als Teil einer Gattung Viehzeug, das die Menschheit repräsentiert und das er verabscheut. Die Aggression gegen die Gesellschaft geht so in eine Aggression gegen ihren Richter über, der sich als ihr Mitglied entdecken muß – ein Wechsel der satirischen Perspektive, der allerdings die Kritik nicht relativiert, sondern im Gegenteil zum ohnmächtigen Protest gegen die Unabänderlichkeit von Verhältnissen zuspitzt, denen *keiner* entgehen kann.

Es ist daher sowohl ein Akt der Selbstaggression wie eine Verschärfung der Satire zur Rebellion gegen das Unabänderliche, wenn Wezel Belphegor die Wette verlieren läßt und ihn zum »Yahoo« macht, ihn also in das Naturgesetz von Neid und Vorzugssucht einbindet. Erst damit verwandelt sich ja die Saitre auf den Egoismus in eine Rebellion gegen die Natur. Daß Wezel die Kritik am Despotismus sinnlicher Bedürfnisse nur in der Weise einer grundsätzlichen Kritik an ihnen gelingt, verweist in besonderem Maß auf die Basis dieser Kritik. Schon die Ableitung ihres notwendig repressiven Charakters aus der anthropologischen Bedürfnisnatur selbst deutet nicht nur auf Wezels materialistische Botschaft als auf seine grundsätzliche Bereitschaft, auf eine menschliche Natur zu vertrauen, die dem Gerechtigkeitsempfinden, dem Freiheitsbedürfnis und dem Mitleid nur entgegenkommt. Die mimetische Bereitschaft, einer Natur zu gehorchen, die bereits die Möglichkeit eines mit dem Gemeinwohl, mit der »Menschheit« konkurrierenden Eigeninteresses ausschließen soll, bedingt die Deutung sinnlicher Bedürfnisse als eines naturgesetzlichen Herrschaftsinstinkts. Der Universalität, die Wezel ihm zuweist, entspricht zwar auch das Bedürfnis, dem Eigeninteresse gegen den Schein einer Moralität Geltung zu verschaffen, welche die Bedürfnisse immer schon neutralisiert hat; aber die Schärfe der Verurteilung »natürlicher« Bedürfnisse, die unvermeidbar repressiven Züge der Natur entsprechen ihrerseits dem Glauben an eben eine Moralität, die der Sinnlichkeit grundsätzlich mißtrauisch gegenübersteht. Es ist diese Konstellation, die später zum »Welt-Ekel« bei Jean Pauls Humoristen führen wird, die ja durch ihr Mißverhältnis zur »Körperwelt«, d. h. zur Welt sinnlicher Interessen, charakterisiert sind und deren »Liebe Swifts« eindringlich betont wird: an der Oberfläche voller Kälte, jede Illsuion als Heuchelei demaskierend, sowie in der Antizipation des Weltlaufs alle Hoffnungen entzaubernd, ist Humor, ihre verschärfte Satire, auch das Mittel, sich die *antizipierten* Enttäuschungen der reinen Moralität zu ersparen. Insofern sie sich nicht »verkörpern«, d. h. handelnd verwirklichen können, bringen sie nicht allein Gesellschaftskritik, sondern auch ein grundsätzliches Mißtrauen gegen Verhaltensweisen zur Geltung, die von sinnlichen Bedürfnissen geleitet sind. Hinter Belphegors Misanthropie wie hinter

Fromals Fatalismus steht daher auch der »humoristische« Versuch, das mimetische Bedürfnis nach Berührung mit einer der Humanität lediglich freundlich entgegenkommenden Realität dadurch zu retten, daß in der Vorwegnahme seiner Perversion darauf verzichtet wird, es befriedigen zu wollen.

Die Hoffnung auf Anerkennung des Vertrauens in eine anthropologische Beschaffenheit der Menschen, die den »bellum omnium contra omnes« grundsätzlich ausschließt, nimmt bisweilen die paradoxe Form der Verweigerung an. Die Kombination von unerträglichen Einsichten in die Dominanz des Egoismus einerseits mit untragbaren Illusionen über die Moralität andererseits erzeugt ein Klima der Rebellion, für die das Mißverständnis konstitutiv sein muß. Die Heftigkeit, mit der Wezel auf die Kritik Wielands am *Belphegor* reagiert, erklärt sich nicht allein daraus, daß Wieland ihn wegen der Botschaft des *Belphegor* aufs heftigste tadelt und ihn auf sein Talent zu einem der »allgemeinsten, nützlichen und unterhaltenden Schreibern unserer Zeit«[65] verpflichten will, d. h. auf die versöhnliche und versöhnlerische Norm der Aufklärungsliteratur; sondern vielmehr auch und gerade daraus, daß Wieland, indem er auf die Provokationsstruktur des Romans explizit *nicht* eingeht, implizit auf deren innere Widersprüchlichkeit hinweist: auf ein Bewußtsein, das in der apodiktischen, deklarativen Form des Thesenromans illusionslose Einsichten artikuliert, das sich das Vertrauen in die Menschheit verbietet, um sich in der Rebellion gegen die Unerträglichkeit der so erkannten *Wahrheit* dieses Vertrauens schließlich doch zu versichern. Es ist die Paradoxie und das Unglück dieser Form des Protests, daß er auf das Mißverständnis hin angelegt ist, d. h. daraufhin, daß die demonstrierte These von der universalen und naturnotwendigen Macht eines destruktiven Eigeninteresses ernst genommen werden soll, um aus der Unerträglichkeit dieses Wissens seine Widerlegung hervorzutreiben, daß aber die insgeheim erhoffte Zurückweisung dieser Einsicht, die Restitution des Glaubens an die Menschheit – wie ihn Merck gegen den Roman wendet –, von Wezel wiederum nur als Zynismus, als Verrat an der Macht des Egoismus verstanden werden kann.

Mit diesem Protest verbindet Wezel die Elemente der aufklärerischen Anthropologie nur noch so, daß sie sich gegenseitig negieren. Wolfgang Promies hat es als das Merkmal der Spätaufklärung bezeichnet – eines »Bedlam für verstimmte Talente« –, daß ihr die verdrängte Faszination an der ausgegrenzten Sinnlichkeit, soweit sie von Rationalismus und Sensualismus verboten oder empfindsam integriert worden war, außer Kontrolle gerät.[66] Noch die Monströsität des Helden von Wezels erstem Roman *Tobias Knaut* und die Monströsität sinnlicher Bedürfnisse im *Belphegor* sind aus aufklärerischer Perspektive gestaltet, da sie in ihrer Ungeheuerlichkeit das Verdikt eines der Sinnlichkeit grundsätzlich mißtrauenden Moralismus reflektieren. In dieser Hinsicht läßt sich Victor Langes Hinweis auf geradezu frühaufklärerische Züge bei Wezel über die Erzählstruktur seines Romans hinaus bestätigen.[67] Zur Krise aufklärerischen Selbstverständnisses führt diese Perspektive auf die Sinnlichkeit allerdings dann, wenn die vom aufklärerischen Moralismus bislang verdrängte Bedürfnisnatur als Rache an der Moralität zur Geltung kommt. Auf diese Weise bleibt die Sinnlichkeit als per definitionem repressive Gewalt sowohl im diskreditierenden Rahmen eines ebenso schwärmerischen wie rigiden Moralismus; zugleich wird sie so mächtig, daß sie der Moralität schlechthin das Fundament entzieht. Wirklich pessimistisch wird Wezels Roman erst durch diese Konstellation, die sowohl die Spontaneität der Sinnlichkeit als auch die Verantwortlichkeit eines autonom motivierten Handelns gleichermaßen prinzipiell ausschließt.

Daß Wezel in der Grenze der moralisierenden Kritik des Eigeninteresses nicht auch dessen Chance sehen konnte, wie umgekehrt im Despotismus der Sinnlichkeit die Grenze, die die Chance der Kritik bedingt, spiegelt die für die beiden Lager des Aufklärungsdenkens konstitutive Tendenz, situationsgerechtem Handeln durch den Nachweis einer in sich regelmäßig strukturierten Realität eine Basis zu schaffen. Während dies im Materialismus durch die Reduktion autonomer Subjektivität zu einem Moment der Naturkausalität geschehen sollte, gelang es im Rationalismus Wolffscher Prägung nur durch eine apriorische Parallelisierung und damit Reduktion der Welt sinnlicher Interessen auf ein nach moralischen Zielen in Gang gesetztes Uhrwerk. In beiden Fällen enthüllt sich zwar eine zweckmäßig organisierte Realität, die der Erkenntnis und dem Handeln jeweils einen festen Orientierungsrahmen gibt, denn in beiden Fällen ist die Urteilskraft, die konkretes Wissen und konkretes Handeln anleitet, unmittelbar mit der Einsicht in die Struktur des Kosmos äquivalent. Aber zugleich verdecken beide den antinomischen Charakter von Kausalität und Freiheit, von Triebdetermination und moralischer Autonomie – eine Antinomie, die erst Kant insofern entschärfte, als er sie zu einer Qualität der theoretischen Vernunft machte und damit hinsichtlich ihrer ontologischen Relevanz ins Ungewisse rückte. Dem Skeptizismus, mit dem Kant von hier aus theoretische und praktische Vernunft erhellte, korrespondiert zwar sowohl eine Kritik des Moralskeptizismus, wie ihn Helvetius propagiert und Wezel erleidet, als auch eine Kritik an der moralphilosophischen Verdrängung der Sphäre der Kausalität (anthropologisch: sinnliche Bedürfnisse); aber das heißt auch, daß die Vermittlung beider Sphären durch eine situationsgerechte Urteilskraft ohne die Versicherung eines Rückhalts in einer zweckmäßig organisierten Realität bleiben muß. Bekanntlich spielt die Urteilskraft als ein Vermögen, das zwischen beiden Bereichen vermittelt, in Kants System die Rolle der Überbrückung, aber dies nur in subjektiver, nicht in spekulativ-objektiver Hinsicht. Gemessen am Anspruch aufklärerischer Vernunft ist die Inkalkulierbarkeit der Einheit (d. h. Widerspruchsfreiheit) von Sinnlichkeit und Moral in konkreter Praxis nur der extreme Ausdruck von Desorientiertheit. Dem entspricht, daß im Rahmen dieses Anspruchs aufklärerischen Denkens die Erfahrung der Desorientiertheit nicht in ihrer befreienden Dimension gesehen werden kann, sondern in die Gewißheit einer totalen Entfremdung übergehen muß. Für sie ist wiederum charakteristisch, daß sie wider besseres Wissen zurückgenommen werden muß oder aktionistische Lösungen nahelegt.

V. Lösungsversuche: Realitivismus – Lob der Unwissenheit – Aktion

Allein schon durch den Romanschluß, in dem Belphegor aus der Fiktionalität des Romans in die Realität der Geschichte (in den amerikanischen Unabhängigkeitskrieg) eintritt, hat Wezel keinen Zweifel daran gelassen, daß Fromal gegen Belphegor nicht recht behalten soll. In der Beurteilung dieser dezidierten Absicht des Autors, einen Ausweg aus der Spannung zwischen eingesehener Wahrheit und der Unerträglichkeit dieser Wahrheit zu finden, divergieren die für den *Belphegor* bislang bedeutsamen Interpretationen.[68] Wichtige Differenzen zu meinem bisher entwickelten Interpretationsansatz ergeben sich vor allem hinsichtlich des Gewichts, das Fromals Ansicht der Welt im Roman hat. Im Gegensatz zu meiner Deutung ist für J. Schönert die Abweisung eindeutiger Antworten auf die Frage nach einer zweckmäßigen Realität »um der grundsätzlichen Mehrdeutigkeit der Wirklichkeit willen« die dominierende Autorabsicht; sie sprengt den aufklärerischen Thesenroman.[69] Entsprechend sieht er eine Relativierung der Doktrin Fromals (im Sinne eines perspektivisch beschränkten Wirklichkeitsmodells) vor allem im Scheitern des aufklärerischen Erkenntnisanspruchs, die bedrängende Realität wissend so zu distanzieren, daß sie – in ihren Gesetzmäßigkeiten erkannt – wieder zum Objekt eines Subjekts wird, dem es gelingt, sie zu beherrschen. Dem Ansatz nach als Normfigur des Thesenromans angelegt – Fromal vertritt ja die in der Vorrede geäußerte These des Verfassers von »Neid und Vorzugssucht« –, scheitere er selbst im Bemühen, sich herauszuhalten:

»Sein Wissen über die Natur des Menschen ›hilft‹ ihm nichts; er ist den Antriebskräften von ›Neid und Vorzugssucht‹ ebenso unterworfen wie seine weniger ›aufgeklärten‹ Zeitgenossen. Mit der ›Glaubwürdigkeit‹ Fromals ist auch die der von ihm vertretenen ›These‹ erschüttert.«[70]

Diese Indizien lassen sich jedoch auch so lesen, daß sie die von Fromal vertretene These gerade stützen: wie könnte sie stärker »bewiesen« werden als dadurch, daß auch Fromal sie existentiell bestätigt? Normfigur bleibt Fromal vor allem dadurch, daß die vom Erzähler verbürgte, in ihrer Objektivität unbezweifelte Realitätsebene des Romans – jenes von perspektivischen Verzerrungen, von Vorurteilen freie Realitätsbewußtsein – mit der »Perspektive« Fromals übereinstimmt. Daß die vom Erzähler als wirklich, als objektiv vorausgesetzten Fakten und Erfahrungen des Romans für Fromal sprechen, bestätigt eindrucksvoll die große in Swiftscher Manier dargestellte Allegorie der Welt als Zwergenreich[71], das – von einer Dornenhecke umgrenzt und im Innern vom »bellum omnium contra omnes« beherrscht – das in seiner erkenntnistheoretischen Struktur noch intakte Modell der aufklärerischen Vorurteilskritik darstellt. Es lockt nämlich den Außenstehenden (hier Arkante und Belphegor) mit einer Sphärenmusik voller Harmonie und Wohllauten, deren Versprechungen ein »Zauber«, nichts als die schöne Maskierung eines grausamen Existenzkampfs sind.

Gleichwohl läßt sich mit Recht von einer Kritik des Autors an Fromal sprechen, wenn gleich ihre paradoxe und darin provokative Form nicht der Verzweiflung am Perspektivenrelativismus entspringt, obwohl es diesen Lösungsversuch Wezels auch gibt: den Versuch, über einen totalen Illusionsverdacht zum Abbau der Sicherheit aller im Roman vertretenen Positionen zu kommen. Nur, die den Widerspruch gegen Fromal provozierende Technik des Autors, ein Aufruhr des »Herzens« gegen den Intellekt, richtet sich nicht gegen die »apriorische Mehrdeutigkeit der darzustellenden Welt«[72], was den illusorischen Charakter von Fromals These anzeigen würde, sondern ist Rebellion gegen deren »Wahrheit«. Vor diesem Hintergrund scheint mir die von Schönert analysierte »Sympathie – bzw. Antipathiesteuerung« der Romanfiguren und damit des Lesers eine andere Dimension zu erhalten.

Wezel hat den moralisch dubiosen Charakter Fromals betont, der im Gegensatz zu Belphegor mit kühler Überlegung seine Machtchancen wahrnimmt, wie überhaupt seine emotionale Kälte, so sehr diese – wie sein Lachen über die verblendeten Toren[73] – auch eine Maßnahme des Selbstschutzes ist. Sogar sein Fatalismus läßt sich noch als Versuch verstehen, auf paradoxe Weise ein mimetisches Verhältnis zur Realität zu retten. Da Wezel aber die Dimension des sich schützenden Humoristen zu verbergen bestrebt ist[74], scheint er beim Leser die emotionale und moralische Ablehnung dieser Weltsicht geradezu zu provozieren. Schönert spricht in diesem Zusammenhang von einer »dialektischen Provokation«, von der der Autor hofft, seine Betroffenheit und Empörung werde auf den Leser übergreifen, so wie ja dann auch Belphegor von einem Aufruhr des »Herzens« spricht.[75] Daß Entscheidungen über die Reichweite von Weltanschauungen über die Provokation von Antipathien und Sympathien fallen, kann wohl als Indiz einer Krise aufklärerischer Vernunft aufgefaßt werden: »Der

Autor vertraut nicht mehr bedingungslos der Mitteilungs- und Überzeugungskraft der ›formulierten‹ Vernunft.«[76] Die Parallelisierung beider Momente – eine eudämonistische Vernunftmoral und eine Empfindsamkeit, die die rationale Einsicht in den auf Tugend und Glück hin organisierten Kosmos sympathetisch begleitete – hatte im Aufklärungsroman ja garantiert, daß der Held zu einem »geselligen Schmerz«, zum Mitleid, fähig war und glücklich, d. h. dafür belohnt wurde; letzteres bringt Nicolai auf ungewollt komische Weise in seinem *Sebaldus Nothanker* dadurch zustande, daß ein Lotteriegewinn das Glück seiner Helden und die Wahrheit von der besten aller möglichen Welten gleichermaßen ausmacht.

Wezel zweifelt zwar *diese* Vernunft an, nicht jedoch die Überzeugungskraft der Einsichten Fromals, die er in den Erfahrungen der Protagonisten gerade bestätigt. Vielmehr muß man sagen, daß die Provokation der Empörung des Lesers, wie Belphegors Aufruhr des Herzens, gegen die ihrerseits nahegelegte Glaubwürdigkeit Fromals gerichtet ist: sowohl gegen dessen Kälte wie gegen dessen Vernunft, deren *intakte* Erkenntnisfähigkeit die Rebellion des Gefühls stets mit dem Wissen von seiner Unwahrheit bedroht, schließlich mit dem Wissen von der Unwahrhaftigkeit, sich darauf zu berufen. Daß das »empfindende Herz« auf der Seite der Illusion steht, die »Kälte« auf der Seite der Wahrheit[77], verschärft die Ausweglosigkeit – nicht weil es keine Antwort gibt[78], sondern weil sie gegeben ist. Die Empörung, die Wezel hervorzurufen hofft, ist also nicht nur ein Produkt der Auflehnung gegen Fromals Weltsicht, sondern sie ist überdies in sich selbst gebrochen; sie ist Auflehnung dagegen, daß selbst der Widerpart der kalten Vernunft, das »Herz«, eine Illusion ist. Um des Ausdrucks dieser Aporie und der damit provozierten Empörung willen betont Wezel geradezu den verlogenen Charakter der »Unwissenheit«. Indem er sie empfiehlt, weil sie das Wissen von der Erde als »Wüste« und den Menschen als »Raubtier« verdränge, denunziert er sie zugleich. Daß es eine »Pflicht« sei, sich zu belügen, und daß allein die »Unwissenheit! [die] einzige Mutter der Glückseligkeit, der Zufriedenheit«[79] sei, ist nur *scheinbar* ein Ausweg. In der dadurch provozierten Empörung bringt Wezel die für ihn zentrale Erfahrung zur Geltung: die Unmöglichkeit einer

Einheit von Praxis und Wissen. Denn Handeln ist für ihn ›Heulen mit den Wölfen‹[80] und das Wissen davon die einzige Autonomie, die von Praxis nicht verzerrt, sondern immer nur bestätigt wird. Vor allem darin scheint mir die Auflösung des aufklärerischen Thesenromans begründet zu sein: seine oft naive, dem Ungläubigen mit Sanktionen drohende Einheit von Praxis und Wissen, zerfällt nicht im Gegenzug zu, sondern wegen einer Vernunft, die ihre Verbindlichkeit und Überschwänglichkeit behält, und die als solche Praxis allein um den Preis der Verdrängung der Vernunft zuläßt.

Aber so sehr dies die zentrale, über die Darstellung der Realität im Roman verbürgte Absicht Wezels ist, so wenig lassen sich seine Versuche übersehen, die als Lüge deutlich genug apostrophierte »Unwissenheit« von diesem Verdacht zu befreien. In der Tat gibt es die von Schönert zur Grundlage seiner Deutung gemachte Absicht des Autors, die von den Romanpersonen vertretenen Weltsichten auf dem Hintergrund eines Perspektivenrelativismus zu interpretieren. Dies tut Fromal selbst, indem er im letzten Buch des Romans seinen fatalistischen Determinismus sowie Medardus' optimistischen Vorsehungsglauben als »Vorstellungsarten« kennzeichnet, die, gemessen am Anspruch, Realität zu erkennen, gänzlich zufällig sind; sie sind Produkt von »Erziehung, Unterricht, natürlicher Anlage und Neigung« sowie einer »Wahl«:

> »[. . .] allzeit ist es blos *unsre* Empfindung, *unsre* Vorstellung, die wir nie zu einiger Evidenz erheben können.«[81]

Ähnlich äußert sich Wezel verschiedentlich explizit, so in seinem *Versuch über die Kenntnis des Menschen*[82], wo er dergleichen unter die »problematischen Fragen« zählt, und schließlich im *Belphegor* selbst, wenn er in einer Anmerkung zu den Empfehlungen des Derwischs, Belphegor möge sich »ganz den süßesten Illusionen« überlassen, im Sinn eines empiristischen Sinnkriteriums die »ganze Philosophie« zur »Illusion« rechnet.[83] Es ist dies ein Skeptizismus, der an Locke orientiert ist und der den *Belphegor* Voltaires *Candide* anzunähern scheint, wie ja auch unmittelbar nach Fromals Illusionsverdacht gegenüber Medardus und sich selbst der »Beschluß« des Romans folgt, eine »Idylle«, die Candides Garten nachgebildet ist.

Dennoch unterscheidet sich Wezels relativistischer Illusionsbegriff von dem Voltaires wesentlich. Voltaire ist skeptisch noch gegenüber der Konsequenz des Skeptizismus; seine Inkonsequenz besteht ja darin, daß er den Skeptizismus nicht auf sich selbst anwendet und so – neben dem Risiko – der Kritik eine Chance läßt: Candides »Garten« ist weniger eine agnostische Empfehlung zum Rückzug aus einer Welt, die vieldeutig ist, als ein Gegenbild gegen den intellektuellen Betrug und den Zynismus eines pseudorational deduzierten Optimismus. Dem gegenüber gibt es bei Wezel die Radikalisierung sogar des Illusionsbegriffs. Seine Anmerkung zur Derwisch-Episode beschließt er mit dem Satz: »*Glauben* kann man in dieser Welt nie ohne Illusion.« Hier haben die »Illusionen« nicht mehr die Bedeutung rational unentscheidbarer, wiewohl notwendiger »Vorstellungsarten« – eine Form der Ungewißheit, die Hoffnung nicht ausschließt –, sondern die der Gewißheit, daß sie ebenso notwendig wie *falsch* sind. So wird zwar das gute Gewissen eines naiven und tendenziell opportunistischen Skeptizismus erschüttert, wie ihn die empiristische Metaphysikkritik nahelegen mochte; aber die Neigung, philosophische Positionen bis zur Unerträglichkeit ihrer »Wahrheit« zu radikalisieren, um in ihrer Unerträglichkeit dem Protest gegen ihre Sinnlosigkeit zum Ausdruck zu verhelfen, zeigt sich selbst noch im Versuch, den Perspektivenpluralismus beruhigend aufzunehmen.

Wezels Versuch, nicht allein »antwortgewisses Fragen« zu hintergehen[84] und »Sicherheiten« in Frage zu stellen, sondern die viel weitergehende Überzeugung, jegliche Sicherheit als illusionär durchschaut zu haben, ist der entscheidende Impuls des Romans. Daß Wezel – in der These vom universalen Egoismus explizit, in der These von der bloßen Subjektivität aller Erkenntnis unausdrücklich – sicher zu sein glaubt, daß alle Sicherheit selbstfabriziert ist, macht gerade die Radikalität seines Protests aus, eine Radikalität, die Auswege in der Tat nur noch als »Auswege« zuläßt. Wenn »antwortgewisses Fragen« ein Strukturelement des aufklärerischen Thesenromans ist, dann löst Wezel diese Romanform auf, indem er dieses Strukturprinzip bis zum Umschlag durchführt: es ist »gewiß«, daß Neid und Vorzugssucht die Welt regieren, wie es »gewiß« ist, daß es sich in dieser Welt nie ohne Illusion glauben läßt. So weit gegangen – und ich meine, daß diese Radikalität im Selbstverständnis des Aufklärers Wezel eine der intellektuellen Konsequenz und der Wissenschaftlichkeit ist –, können seine Versuche der Zurücknahme lediglich die Form einer Beruhigung wider besseres Wissen haben.

Wie sehr Wezel von der Wahrheit solcher psychologisch unerträglicher – wie glücklicherweise auch rational unhaltbarer – Erkenntnisse überzeugt ist, zeigt vielleicht am deutlichsten seine verzweifelte Anstrengung, mit der Idylle des realen und intellektuellen Rückzugs, mit der »Unwissenheit« ernst zu machen. Die drei Freunde ziehen sich zuletzt auf ein Landgut in Virginia zurück, das sie zu gleichen Teilen besitzen und mit Hilfe von Sklaven bewirtschaften. Da Belphegor dieses Arkadien schließlich verläßt und seine Zufriedenheit dort als bewußten Versuch deutet, sich zu Medardus' Philosophie der Unwissenheit zu »überreden«, schien es nahezuliegen, den »Beschluß« des Romans als »Hohn« auf die aufklärerische patriarchalisch organisierte Landlebenidyllik zu interpretieren.[85] Der Erzähler selbst sagt dazu:

»[. . .] hier [saß] Herr und Knecht, in Eins vereinigt, beysammen und machte sich das Leben angenehm: niemand ließ die Subordination fühlen und niemand fühlte sie, und jeder, der sich eines solchen Glücks unwerth machte, wurde aus der Gesellschaft verbannt und an einen Herrn verkauft, der ihn den Unterschied zwischen hartem und leichtem Joche lehrte.«[86]

Die unverhohlene Drohung, denjenigen zu strafen, der das »Gefühl«, in einer Idylle zu leben, nicht vollständig internalisierte, scheint die Ideologie der Idylle zu sehr zu betonen, als daß sie noch ernstgenommen werden könnte. Zieht man jedoch den Kontext heran, so ist diese Stelle nicht mehr nur als verdeckte Kritik, sondern als Ausdruck einer tiefen Desorientiertheit zu verstehen. Die Stelle wird folgendermaßen eingeleitet:

»Während daß in der Entfernung etlicher Meilen von ihnen, längst der ganzen Küste von Nordamerika, Sklaven von ihren Herren und die Herren von ihren Sklaven geplagt und beide ein Paar feindliche Parteien ausmachten, die sich wechselseitig quälten und wechselseitig dafür rächten, saß hier Herr und Knecht [. . .].« Und darauf heißt es: »Auf diese Weise, ohne politisches Regiment, beynahe in dem Stand der Gleichheit, wie er nie war und Philosophen ihn träumten, in der bloßen Familienunterwürfigkeit der Natur, entgieng diese kleine Gesellschaft allen den beschwerlichen Folgen zweyer Dinge, die dem Menschengeschlecht die größten Wohltaten erwiesen und den größten Schaden zugefügt haben – der Geselligkeit und des Eigentums.«

An der Ernsthaftigkeit des Erzählers, diese Idylle, nachdem sich die Welt als »bellum omnium contra omnes« gezeigt hat und »draußen« noch zeigt, nun als Lösung positiv zu begreifen, kann kein Zweifel sein. Daß er die Idylle so schildert, daß der Zweifel an ihrem Glücksversprechen erkennbar wird, ist hier nicht mehr einer Autorintention zuzuschreiben, die die Alternativen »Aufgeklärtheit« und »Unwissenheit« ideologiekritisch strukturierte; der Erzähler selbst, nicht nur die Romanfiguren, schwankt in seinem Urteil, ohne daß man diese Wertungsunsicherheit als Objektivation seiner Darstellungsabsicht begreifen könnte. Vielmehr zielt die Darstellungsabsicht gerade auf eine verbindliche Lösung der im Roman aufgeworfenen Fragen bzw. unerträglichen Antworten.

Das entspricht dem Strukturgesetz des Thesenromans, der meist programmatisch in der Vorrede und mit abschließendem Urteil am Romanschluß in didaktischer Absicht die Summe zieht. Von diesem Anspruch der Form her läßt sich Wezels Intention begreifen, den Erzähler in der Schilderung von Begebenheiten oder die Romanpersonen in ihrer Selbstdarstellung das Urteil des Lesers steuern zu lassen. Diese Konvention ist ihm subjektiv nicht äußerlich. Gerade weil die im Verlauf des Romans gefallenen Antworten zwar wahr, aber inakzeptabel sind, drängt er zu einer Beruhigung der Spannung – einer Beruhigung, die auch Selbstberuhigung des Autors ist. Daraus läßt sich erklären, daß der »objektive« Erzähler, der in diesem Roman Organ einer die definitive Lösung vorschreibenden Absicht des Autors ist, sich in seiner Parteinahme widerspricht. So wie er der Faszination der Idylle erliegt und seine Distanz aufgibt, so läßt er unmittelbar darauf distanziert die Skepsis des Lesers gegenüber Belphegors Anstrengungen zu, sich sein Wissen von der »Lüge« der Idylle auszutreiben.[87] In der Heterogenität der Wertung spricht beides für das verzweifelte Suchen nach einer ihrer Möglichkeit nach schon ausgeschlossenen Lösung, und gerade der Entschluß des Erzählers, einmal an die Möglichkeit von »Unwissenheit« zu glauben, die das beunruhigende Wissen verdrängt, bringt »traurige«

Aufgeklärtheit zum Ausdruck.

Im Scheitern der Idylle bzw. in der Kritik des Versuchs, der Idylle durch einen Akt der subjektiven Anerkennung zur Substanz einer fraglosen Gesellschaftsform zu verhelfen, kommt Aufgeklärtheit jedoch auch in einer anderen Dimension zur Geltung. Daß Belphegor schließlich die Kolonie verläßt und am Unabhängigkeitskrieg teilnimmt, ist nicht zuletzt ein Zeichen des Bewußtseins, daß die Verbindlichkeit einer Lebensform nicht mit der Legitimation von Herrschaft erkauft werden kann, an deren Legitimität gezweifelt wird. Die reflexionskritische Basis der Idylle ist im Rahmen von Belphegors Aufbruch in den Freiheitskrieg ein Indiz nicht nur für diesen Zweifel, sondern auch für den – wiewohl unterdrückten – Glauben an die Berechtigung von Herrschaftskritik, obwohl das Romangeschehen deren Sinn widerlegt hat. Die aktionistischen Züge dieses Aufbruchs weisen indes auf eine ähnliche Verdrängung der Vernunft hin, wie sie in der mißglückten Idylle stattfindet. Sieht man einmal davon ab, daß die Faszination durch die Idylle sich gegen Vernunft und Moralität, gegen Freiheit und Gleichheit richtet, so ist die Idylle auch als ein Versuch zu verstehen, Legitimität und Möglichkeit einer herrschaftsfreien Gesellschaftsform auch *unabhängig* von ihrer rationalen Legitimation und Planbarkeit zu vermuten. Bedenkt man, daß für aufklärerisches Bewußtsein, wie es der Roman bekundet, die Legitimität der Vernunft und der Kritik an Unterdrückung von der Geltung einer überschwänglichen Rationalität abhängig war, die »natürliches« Recht »wissenschaftlich« deduzierte und die sich selbst nicht zum Gegenstand der Kritik werden durfte, daß ferner diese Abhängigkeit das Selbstbewußtsein der Vernunft nur bestätigte, um Herrschaft als Naturgesetz zu entdecken, so läßt sich in dieser Vermutung nicht schon per se Irrationalismus erblicken. Dies ist selbst in den Versuchen der Folgezeit, Idyllen von der Art eines »Goldenen Zeitalters« geschichtsphilosophisch aufzunehmen, in der Regel nur dann der Fall, wenn die alte oder eine neue Überschwänglichkeit des »Begriffs« wieder zu einer Diskreditierung von Sinnlichkeit und Erfahrung oder der Rationalität überhaupt führte. Sie sind dann weniger Kritik als Reflex des aufklärerischen Vergewisserungsbedürfnisses, durch rationale Aneignung der Totalität der Erfahrung sich ihrer Zweckmäßigkeit für das Subjekt zu versichern, d. h. politisch: auf die Emanzipation zu wetten und sie zu einem vorentschiedenen Experiment zu machen. Die Idylle eines patriarchalisch strukturierten Landlebens, in der Herr und Knecht »eins« sind, bezeichnet das Scheitern eines solchen Experiments, für das in der romantischen Restauration dann die Revolution einsteht. Sie weist – Antwort auf die scheiternde Emanzipation – bereits auf die moderne Faszination an geschlossenen Gesellschaftsformen hin, eine Faszination, die um so stärker ist, als es Gesellschaften, in denen sich kein Bewußtsein von Entfremdung feststellen läßt, in der Tat gegeben haben mag: »niemand ließ die Subordination fühlen und niemand fühlte sie.« Allerdings weiß Wezel genau, daß sich ein solches Bewußtsein nur wider besseres Wissen und Gewissen konstruieren läßt. Es ist dabei nicht einmal wesentlich, daß seine als wissenschaftliche Erkenntnis verstandene These von der Universalität und der darin einbeschlossenen Unvermeidbarkeit brutaler Unterdrückung – sein besseres Wissen – keine Sache des Wissens ist. Daß er aber subjektiv davon überzeugt ist und sich dennoch dazu verleiten läßt, die Subordination zur Freiheit zu verklären, macht die Idylle zur Ideologie und verleiht der Flucht in sie einen antirationalen Affekt.

Antirationale Momente sind selbst noch in Belphegors Aufbruch in den Freiheitskrieg wirksam. Am Schluß des Romans heißt es:

»Kaum drang zu Anfang des gegenwärtigen Krieges das Gerücht bis in die Kolonie, daß jeder Kolonist für die Freiheit wider ein unterdrückendes Vaterland fechten müsse, als Belphegorn sein Enthusiasmus von neuem [!] ergriff.«[88]

Da es der alte Enthusiasmus ist, von dessen illusorischem Charakter Belphegor soeben selbst noch überzeugt war[89], ist es m. E. ausgeschlossen, von einer Wandlung und Präzisierung der Grundüberzeugung Belphegors zu sprechen, gar von einem Hinausgehen über Voltaire.[90] Daß die Romanwirklichkeit in die historische Wirklichkeit des amerikanischen Unabhängigkeitskrieges einmündet, sich also auf die Ebene konkreter politischer Praxis begibt, scheint dies zunächst zu widerlegen.

Belphegor wird »unter einem anderen Namen einer von den Vorfechtern der kolonistischen Armee. – *Er* war es, der einige der kernhaftesten Reden in einigen Versammlungen hielt; *er* erlangte etliche ansehnliche Vorteile über die Engländer; der Auszug des Krieges wird lehren, wer von beiden Theilen Recht behalten und ob Belphegor als Patriot und Menschenfreund allgemein bekannt werden oder im Streit für die Freiheit ungerühmt umkommen soll.«[91]

Der Hinweis auf Geschichte als einen für politische Praxis offenen Raum deutet an, daß Wezel die naturrechtlichen Einsichten seines Thesenromans im Hinblick auf ihre unmittelbar praktische Bedeutung relativieren möchte. Insofern der Streit für die Freiheit unentschieden ist, läßt sich mit Recht von einem auch für sie »offenen Schluß«[92] sprechen, eine Dimension, die in dieser Weise im Roman selbst nicht zur Geltung gekommen war.[93] Dennoch beruht der Aufbruch in die »Tat« nicht allein auf der Einsicht, daß der Erfolg politischer Praxis seinerseits nicht antizipiert werden kann. Diese Einsicht ermöglicht Belphegor zwar ein Handeln, dessen Erfolg – die Utopie einer von Unterdrückung freien Gesellschaft – nicht schon apriori ausgeschlossen ist, wie es seine spekulativ generalisierten Erfahrungen nahelegten. In dieser Chance liegen aber auch die Verlockungen zu einem Aktionismus, dem nun seinerseits die Realisierung der Utopie durch *Praxis* zuzufallen scheint, da die Wissenschaft in der Tat in ihrem Anspruch versagen muß, ihre Unmöglichkeit durch die Erkenntnis der menschlichen »Natur« zu erweisen. Aber charakteristischerweise erfolgt die Resurrektion des Freiheitsgefühls »von neuem«; sie erfolgt, wie die Flucht in die Idylle, gegen das in seiner Überschwänglichkeit zwar grundlose, aber in seiner Struktur für wahr erachtete Wissen.

Dies teilt der Praxis die Erinnerung an die im Romangeschehen demonstrierte These vom unvermeidbaren Trieb zur Herrschaft mit; und es ist die Verdrängung dieses Wissens, die dem Aufbruch in die Tat aktionistische Züge verleiht. Aktionismus ist ja die in sich paradoxe Theorie der Praxis, die in theoretischer Antizipation die Überbrückung der Kluft zwischen Wissen und Handeln vom Handeln selbst erwartet. Erst dieses reflexive Moment – im Fall Belphegors die vom Autor übersehbare, seinem Helden aber nun verbotene Erinnerung – belastet emanzipatorische Praxis mit einem Erfolgszwang, der dem »Enthusiasmus für die Freyheit« nur dann noch eine Chance läßt, wenn er in Bälde – »der Auszug des Krieges wird [es] lehren« – von der Geschichte bestätigt wird. In der Kalkulation mit der Offenheit der Geschichte ist noch der Vergewisserungszwang wirksam, der aufklärerisches Denken dazu verleitet, die entmythologisierende, vorurteilslose Wissenschaft in einen kalkulierten Mythos oder in einen durch Verdrängung erzwungenen Glauben zu verwandeln. In dieser »Dialektik der Aufklärung« ist es nicht per se die Vernunft, die Wissenschaft von der Natur (des Menschen), die den »Sündenfall der Reflexion« ausmacht, sondern ihre Überschwänglichkeit, die sich gerade dann durchzusetzen droht, wenn versucht wird, ihr mit der Spontaneität des »Trotzdem« zu entgehen. Mit der Flucht in die Idylle wie mit der Flucht in die Aktion hat Wezel Alternativen zur Darstellung gebracht, die seit dem Fragwürdigwerden einer zweckmäßigen Realität das moderne Vergewisserungsbedürfnis bedrohen.

Anmerkungen

1 J. Chr. Gottsched, *Das Neueste aus der anmutigen Gelehrsamkeit,* 1759, IX, S. 527 ff., zit. nach: H. A. Korff, *Voltaire im literarischen Deutschland des XVIII. Jahrhunderts,* Heidelberg 1918, S. 222.

2 Zum Aufstieg des Wolffschen Rationalismus vgl. H. Hettner, *Geschichte der deutschen Literatur im 18. Jahrhundert,* Braunschweig 1862, Bd. 1, S. 212-248.

3 Auf die Differenz zwischen Leibniz und Wolff kann ich in diesem Zusammenhang nicht eingehen. Leibniz versucht, das Verhältnis von Tatsachenbeobachtung und allgemeinen Gesetzeshypothesen bzw. das von Wirkursachen und Finalursachen als dynamisches System zu begreifen, in dem der Satz des zureichenden Grundes die Phänomene einem Allgemeinen (Gott, Universum) nicht subsumieren, sondern sie so begründen soll, daß sie als Schnittpunkte und Kraftzentren unendlicher Kausalreihen dieses repräsentieren. Vgl. dazu: Leibniz, *Nouveaux essais sur l'entendement humain* (seine Auseinandersetzung mit Locke), und: *Monadologie,* in: Leibniz, *Die Hauptwerke,* Stuttgart 1967, sowie: Ernst Cassirer, *Die Philosophie der Aufklärung,* Tübingen 1932, S. 36 ff., zu Wolff S. 44.

4 Christian Wolff, *Vernünftige Gedanken von der Menschen Tun und Lassen,* 1720, (= erster Teil der *Deutschen Moral*), zit. nach: *Deutsche Literatur in Entwicklungsreihen,* Reihe Aufklärung, hrsg. von Fritz Brüggemann, Bd. 2, S. 147.

5 Zum letzteren vgl. R. Koselleck, *Kritik und Krise,* Freiburg/München 1959.

6 Hegel, *Phänomenologie des Geistes,* Hamburg 1952, S. 387.

7 Ebd., S. 388. Hegel zitiert hier Diderot, *Le Neveu de Rameau.*

8 Voltaires Lehrgedicht über das Erdbeben von Lissabon (1755) hat den Zusatztitel *examen de cette axiome: tout est bien!*

9 S. Anmerkung 1.

10 W. Dietze betont zu Recht den Unterschied des Akzents im Nachweis der besten aller Welten und im Nachweis der Unmöglichkeit einer besseren; in: W. Dietze, *Elend und Glanz eines »Deutschen Candide«. Vorläufige Bemerkungen zu Johann Karl Wezels Roman »Belphegor oder die wahrscheinlichste Geschichte unter der Sonne«*, in: *Wissenschaftl. Zeitschrift der Karl-Marx-Universität Leipzig*, 14, 1965, S. 774.

11 Mendelssohn, *96. Literaturbrief*, zit. nach: Korff, a.a.O., S. 226.

12 Arno Schmidt, *Belphegor oder wie ich euch hasse*, in: ders., *Nachrichten von Büchern und Menschen*, Bd. 1, *Zur Literatur des 18. Jahrhunderts*, Ffm., 1971, S. 90.

13 Alexander Popes Reim im *Essay on Man* (1733), lautete: »And, spite of Pride, in earring Reason's spite,/ One truth is clear, *whatever is, is right.*«

14 Voltaire, *Candide oder der Optimismus*, Ffm./Berlin 1963, 13. Kapitel, S. 35.

15 Als Philosoph hat Voltaire diese Balance nicht immer eingehalten. In den *Lettres Philosophiques* (1734) heißt es im Hinblick auf die rationalistische Lösung des Leib-Seele-Problems: »Je suis corps et je pense: je n'en sais pas davantage. Irai – je attribuer à une cause inconnue ce que je puis si aisément attribuer à la seule cause seconde que je connais? Ici, tous les Philosophes de l'Ecole m'arrêtent en argumentant, et disent: ›Il n'y a dans le corps que de l'étendue et de la solidité, et il ne peut avoir que du mouvement et de la figure. Or, du mouvement et de la figure, de l'étendue et de la solidité ne peuvent faire une pensée; donc l'âme ne peut pas être matière.‹ Tout ce grand raisonnement tant de fois répété se réduit uniquement à ceci: ›Je ne connais point du tout la matière; j'en dévine imparfaitement quelques propriétés; or, je ne sais point du tout si ces propriétés peuvent être jointes à la pensée; donc parce que je ne sais rien du tout, j'assure positivement que la matière ne saurait penser.‹ Voilà nettement la manière de raisonner de l'Ecole.« (V., *Lettres Philosophiques*, Paris 1962, S. 66) Im folgenden versucht sich Voltaire an einer Lösung im Sinn einer empfindenden Materie, die ebenso Gott zur Lösung einspannt, wie es – mit jeweils anderen Voraussetzungen – bei Descartes, den Okkasionalisten und Leibniz der Fall ist.

16 Koselleck, a.a.O., S. 94 ff.

17 Dem ging ein Brief Voltaires an den Verfasser voraus, einen Prof. Kahle aus Göttingen, einer Hochburg der Wolffschen Philosophie: »Monsieur le doyen, ich nehme mit Vergnügen davon Kenntnis, daß sie gegen mich ein kleines Buch geschrieben haben. Sie haben mir damit eine große Ehre widerfahren lassen. Sie verwerfen auf Seite 17 den physiko-teleologischen Gottesbeweis. Wenn sie diese Gedanken in Rom entwickelt hätten, würde der ehrwürdige Vater, der große Jakobiner des heiligen Palastes, Sie der Inquisition übergeben haben; wenn Sie so gegen einen Theologen von Paris geschrieben hätten, würde er Ihren Satz durch die heilige Fakultät für verwerflich haben erklären lassen; wenn gegen einen Schwärmer, würden Sie eine Beleidigung zu hören bekommen haben usw. usw.! Aber, da ich die Ehre nicht habe, weder Jakobiner, noch Theologe, noch Schwärmer zu sein, lasse ich Sie bei Ihrer Meinung und bleibe bei der meinigen. Ich werde immer davon überzeugt sein, daß eine Uhr einen Uhrmacher und das Universum einen Gott beweist. Ich wünsche von Herzen, daß Sie selbst verstehen möchten, was Sie über Raum und Zeit, über die Kausalität der Materie, über die Monaden und über die prästabilierte Harmonie sagen; und ich verweise Sie auf das, was ich darüber in meinen letzten Veröffentlichungen gesagt habe, wo ich mich richtig verstanden wissen wollte, was allerdings keine Kleinigkeit ist in der Metaphysik! Sie zitieren gelegentlich der Begriffe Raum und Unendlichkeit die Medea Senecas, die Philippiken Ciceros, die Metamorphosen Ovids, Verse des Herzogs von Buckingham, von

Gombaud, von Regnier, Rapin usw. Ich habe Ihnen zu sagen, mein Herr, daß ich ebensoviele Verse kenne wie Sie, und daß, wenn es sich um Verse handelte, wir gutes Spiel miteinander haben würden; dagegen halte ich sie für wenig geeignet, eine metaphysische Frage zu erhellen, sie seien denn von Lukrez oder dem Kardinal von Polignac. Im übrigen, wenn Sie jemals irgend etwas von den Monaden verstehen sollten, von der prästabilierten Harmonie, und – um Verse zu zitieren

Wenn Sie mein Herr Dekan je zu verstehn vermögen,
Wieso, wenn alles voll, das All sich konnt' bewegen,

wenn sie dazu noch entdecken würden, wieso der Mensch frei ist, wenn alles notwendig, dann würden Sie mir ein Vergnügen machen, wenn Sie mir davon Mitteilung machen würden. Wenn sie aber auch noch erklärt haben werden, in Versen oder anderswie, warum so viele Menschen in der besten der möglichen Welten gegenseitig sich erwürgen, so werde ich Ihnen sehr verbunden sein. Ich erwarte Ihre Beweise, Ihre Verse, Ihre Angriffe; und ich beteure Ihnen aus überzeugtem Herzen, daß weder Sie noch ich irgend etwas in dieser Frage wissen. Im übrigen habe ich die Ehre usw.« Zit. nach: Korff, a.a.O., S. 211 ff.

18 Ebd., S. 214.

19 Ebd., S. 217 f.

20 Johann Carl Wezel, *Belphegor oder die wahrscheinlichste Geschichte unter der Sonne,* hrsg. v. Hubert Gersch, Ffm. 1965; im folgenden zitiert als: *Belphegor* mit Seitenzahl. Der Roman erschien in zwei Bänden 1776 in Leipzig bei Crusius. Die von mir verwendete Ausgabe ist die erste Neuausgabe, die wahrscheinlich durch Arno Schmidts Hörspiel *Belphegor, oder wie ich euch hasse* (in: ders., *Nachrichten von Büchern und Menschen,* Karlsruhe 1961) angeregt wurde. Im selben Jahr erfolgte eine von W. Dietze herausgegebene und mit einem Nachwort versehene Ausgabe (Berlin, Rütten und Loening). Mittlerweile liegen eine vorzügliche Bibliographie von Wezels Schriften und der Sekundärliteratur vor von Philipp S. McKnight, in: Johann Carl Wezel, *Kritische Schriften,* hrsg. v. Albert R. Schmitt, 3 Bde., Stuttgart, Metzler, 1971, 1975, sowie Faksimiledrucke der Romane. – Eine erste größere biographische Darstellung Wezels gibt August v. Blumröder, *Johann Carl Wezel. Fragmente über sein Leben und Wahnsinn,* in: *Zeitgenossen. Ein biographisches Magazin für die Geschichte unserer Zeit.* 3. Reihe, Bd. 4, 1833, Nr. 27-28. Als Gesamtdarstellung versteht sich die Dissertation von Gustav Kreymborg, *J. K. W., Sein Leben und seine Schriften,* Münster 1913, die, wie die Dissertation von Siegfried Krampe, *J. C. W.s Leben und Schriften,* Berlin 1911, in ihren interpretatorischen Befunden dürftig, in ihren Urteilen philiströs und nur hinsichtlich einiger biographischer Materialien interessant ist. In beiden Arbeiten wird nahegelegt, den *Belphegor* als Produkt eines schließlich zum Wahnsinn gesteigerten, gekränkten Ehrgeizes des Verfassers zu sehen, den er von seinem Vater geerbt habe. An den Abwehrstrategien solcher wilhelminischer Spießbürgerlichkeit gegenüber einem scheiternden Plebejer zeigt sich Wezel noch als der »Schreckensmann«, als den ihn Arno Schmidt beschreibt. (A. Schm., *Die Schreckensmänner. Karl Philipp Moritz zum 200. Geburtstag,* in: *Nachrichten,* a.a.O., Ffm. 1971, S. 147 ff.) Von neueren Arbeiten, soweit sie für den *Belphegor* relevant sind, ist auf die Arbeit von W. Dietze, a.a.O., zu verweisen. Dietze stellt den *Belphegor* in den Rahmen der Voltaire-Rezeption und der Optimismusdiskussion und versucht, seine progressive Tendenz auf der Basis der Erbe-Theorie herauszuarbeiten. Ähnlich schon: Maria Tronskaja, *Die deutsche Prosasatire der Aufklärung,* Leipzig 1969 (Leningrad 1962). Ich werde versuchen zu zeigen, daß die spezifische Struktur der Rebellion, die im *Belphegor* vorliegt, optimistisch verharmlost wird, wenn man sie als Satire mißver-

steht, wie mir auch Dietze zu übersehen scheint, daß sich Wezels Gesellschaftskritik nicht der materialistischen Einsicht in soziale Mechanismen verdankt. Diese kommen nur in den Blick, insofern sie naturrechtlich relevant sind. Auf Dietze wie vor allem auf die Deutung von Jörg Schönert (*Fragen ohne Antwort. Zur Krise der literarischen Aufklärung im Roman des späten 18. Jahrhunderts,* in: *Schiller-Jahrbuch,* 14, 1970, S. 183-229) gehe ich in meiner Interpretation ausführlich ein. Eine Bestätigung meines Interpretationsansatzes sehe ich in der Deutung von Dietrich Naumann, *Utopie und Kritik der Utopie. J. C. W.s »Belphegor«,* in: D. N., *Von der Moralkritik zur Geschichtsphilosophie. Studien zum Verhältnis von Moral und Politik in der Utopie der deutschen Aufklärung,* Masch. Diss., Ffm. 1972, S. 414-444.

21 Wielands Briefe an Wezel sind mitgeteilt bei Carl Schüddekopf, *Klassische Findlinge. Freundesgaben für C. A. H. Burkhardt zum 70. Geburtstag,* Weimar 1900, S. 91-108; sein Brief an Merck ebd., S. 98 f.

22 Johann Heinrich Merck, *Rezension des ›Belphegor‹,* in: J. H. Merck, *Werke,* Ffm. 1968, S. 596 ff.

23 Vgl. dazu: Umberto Eco, *Das offene Kunstwerk,* Ffm. 1973, S. 16 f., S. 46 f. Eco vertritt die These, daß die Art, in der Kunstwerke sich strukturieren – eine »Umwandlung des Begriffs in Gestalt« –, der Art entspricht (analog ist), in der Wissenschaft oder Kultur überhaupt in einer Epoche die Realität sehen. In gewisser Hinsicht fällt dagegen im aufklärerischen Thesenroman die spezifische Differenz zwischen Begriff und »Gestalt« weg, bzw. sie ist stark reduziert zugunsten der »These«, eine Differenz, auf der Eco natürlich besteht. Ansätze zur Charakterisierung des poetischen Verfahrens des Romans als autonomes, das gleichwohl in Analogie zur Epistemologie einer Epoche stehen kann, finden sich erst in der Romantheorie Blankenburgs (1774).

24 *Belphegor,* S. 9; hier auch die folgenden Zitate.

25 Voltaire, *Lettres Philosophiques,* a.a.O., S. 63, schreibt zu Locke: »Tant de raisonneurs ayant fait le roman de l'âme, un sage est venu, qui en a fait modestement l'histoire.«

26 *Belphegor,* S. 7.

27 Ebd., S. 19.

28 Ebd., S. 34.

29 Vgl. dazu Jürgen Habermas, *Die klassische Lehre von der Politik in ihrem Verhältnis zur Sozialphilosophie,* in: ders., *Theorie und Praxis,* Neuwied/Berlin, 3. Aufl., 1969.

30 *Belphegor,* S. 35.

31 Ebd., S. 261 ff.

32 Kant, *Idee zu einer allgemeinen Geschichte in weltbürgerlicher Absicht,* Ffm. 1964, S. 37.

33 *Belphegor,* S. 211.

34 Arno Schmidt, a.a.O., S. 87; hier sagt Fromal: »Zum Weißen-Nebel-Wunderbar muß sich das Wasser wandeln: haben Sie einmal daran gedacht, daß auch ›Aggregatzustände‹ schmerzen könnten?«

35 *Belphegor,* S. 105 ff.

36 Ebd., S. 95.

37 Ebd., S. 106.

38 Ebd., S. 115.

39 Vgl. dazu: *Menschliches, Allzumenschliches,* §§ 35, 36.

40 Claude-Adrien Helvetius, *Vom Geist. Philosophische Schriften I,* hrsg. v. Werner Krauss, Berlin/Weimar 1973, S. 328. Zweifellos basiert diese Kritik des

»tugendhaften Menschen« auf sozialen Erfahrungen. Wie ja schon die Moralistik La Rochefoucaulds auch auf dem Hintergrund der politischen Entmachtung der Aristokratie zu verstehen ist, die mit der Zentrierung der Macht beim absoluten Monarchen von ihren Aufgaben entlastet ist, so läßt sich Helvetius' Heucheleikritik aus dem Dégoût gegenüber der Rolle verstehen, die der adlige Höfling nun zu spielen hat. Sein Haß auf die »Unwahrheit«, die am Hof herrscht, ist beseelt von dem aristokratischen Motiv, das Interesse an wirklich einflußreicher politischer Tätigkeit nicht hinter intriganten Fassaden verbergen zu müssen, wie von der bürgerlichen Forderung der aufgeklärten Öffentlichkeit, diese Tätigkeit für das Gemeinwohl einzusetzen. Dieses doppelte Motiv erklärt auch die Faszination der »geistigen Überlegenheit der starken Leidenschaften über den Verstandesmenschen« – eine aristokratische Idee – wie durch den »Ruhm«, der der Öffentlichkeit nützen soll – eine bürgerlich-republikanische Idee.

41 Ebd., S. 99.

42 Ebd., S. 182; von mir hervorgehoben.

43 Kant, *Kritik der praktischen Vernunft*, Stuttgart 1963, S. 135.

44 Dies ist ein Kantischer Gedanke, den man nicht per se seinem moralischen Rigorismus zurechnen kann. Wie aus dem obigen Zitat erhellt, ist Kant weit davon entfernt, einen solchen Affekt für die Menschheit für unmöglich zu erklären. Er steht nur in keines »Vermögen« und kann daher nicht künstlich erzeugt oder vorgeschrieben werden. Insofern handelt es sich bei der Trennung von Pflicht und Neigung nicht in jedem Fall um eine rigorose, sondern um eine klare Scheidung, die Verschleierungen gegensteuert, sobald Repressionen im Namen des Gemeinwohls als solche verdeckt werden.

45 Helvetius, S. 182.

46 Am Schluß des *Belphegor* resümiert Fromal: »Wir haben bewiesen, daß man nie gut genug sein kann, um es beständig [!] und in allen Vorfallenheiten zu seyn, daß der Sauerteig des Neides und der Herrschsucht in jedem Herzen liegt und bey stärkerer oder schwächerer Veranlassung die ganze Masse unsrer Begierden durchsäuert, daß Freundschaft, Rechtschaffenheit und selbst die Religion zu schwach ist, seiner beißenden Schärfe zu widerstehen.« S. 304.

47 Ebd., S. 47.

48 Helvetius, S. 311 ff.

49 Ebd., S. 97.

50 Ebd., S. 75.

51 *Belphegor*, S. 113 f., vgl. auch S. 120.

52 Das entspricht der Staatsschatzideologie des Absolutismus, so wie die von Belphegor geübte Praxis seiner Luxusideologie entspricht. Vgl. dazu die Hinweise bei Naumann, a.a.O.

53 Im vierten Buch von *Gullivers Reisen* berichtet Gulliver seinem Gastgeber, einem Houyhnhnm, von den Methoden, es am englischen Hof zum »Obersten Minister« zu bringen. Die dritte Methode ist das öffentliche Eifern gegen die Verderbtheiten des Hofs. Swift, *Ausgewählte Werke*, Ffm. 1972, Bd. 3, S. 352.

54 *Belphegor*, S. 177 f.

55 Helvetius, S. 332.

56 In Erwiderung einer Rezension seiner Schrift *über Sprache, Wissenschaften und Geschmack der Deutschen* (1781, 1782) berichtet Wezel von seiner Abneigung gegen Leibniz und von seiner Entdeckung Lockes: »Das war mein cursus philosophiae: er zündete in meinem Kopf ein Licht an, als wann ich vorher nur geträumt hätte [...].« *Kritische Schriften*, a.a.O., Bd. 3, S. 205 ff., S. 210.

57 Helvetius, S. 98.

58 Ebd., S. 332.

59 *Belphegor,* S. 151.

60 Jean Paul, *Werke,* Bd. 3 *(Titan),* München 1966, S. 697.

61 Friedrich Jonas, *Geschichte der Soziologie I,* Reinbek bei Hamburg 1968, S. 73.

62 Daß die Satire bei Wezel noch diese Struktur hat, behauptet H. P. Thurn, *Der Roman der unaufgeklärten Gesellschaft,* Stuttgart 1973, S. 40. Ihm entgehen m. E. die strukturellen Differenzen zu Voltaire in diesem Punkt, wenngleich er von hier aus Wezel mit Recht an Swift heranrückt. Wielands Kritik an beiden mißversteht er aber als eine stilistische Kritik: es ist vielmehr eine an der Überzeugung Swifts wie Wezels. Ausdrücklich lobt Wieland Swift als Schriftsteller (Genius), so wie er ihn seinen Intentionen nach – Swifts »Satire« – »hassenswürdig« findet. Chr. M. Wieland, *Betrachtungen über J. J. Rousseaus ursprünglichen Zustand des Menschen,* Göschen-Ausgabe 1839/40, S. 191.

63 Nachwort zu Swift, a.a.O., S. 464, S. 465.

64 Vgl. dazu: Kurt Wölfel, *Epische und satirische Welt,* in: *Wirkendes Wort* 10, 1962, S. 85-98.

65 Schüddekopf, a.a.O., S. 106.

66 Wolfgang Promies, *Der Bürger und der Narr oder das Risiko der Phantasie,* München 1966; vgl. auch hier die Analyse von Wezels erstem Roman *Tobias Knaut,* S. 314-321.

67 Victor Lange, Nachwort zu J. C. W., *Lebensgeschichte Tobias Knauts,* Faks.-Druck der Erstausgabe (1773-76), Stuttgart 1971, S. 28; vgl. dazu auch W. Dietze, Nachwort zur Ausgabe Berlin/Weimar 1965, a.a.O., S. 369. Auf die Kritik an dieser These durch J. Schönert, a.a.O., gehe ich im folgenden Abschnitt ein.

68 Im folgenden behandele ich nur die Arbeiten von Schönert und Dietze, da sich hier grundlegende Differenzen zu meiner Deutung zeigen. Andere neuere Arbeiten zum *Belphegor* wie die von K. Adel, *J. K. W., Ein Beitrag zur Geschichte der Goethezeit,* Wien 1968, und H. P. Thurn sind m. E. enttäuschend. Adel gibt im wesentlichen ein Inhaltsresümee; Thurn geht m. E. nicht hinreichend auf die Spannung in der rebellisch-kritischen Intention Wezels ein. Dagegen hat D. Naumann, a.a.O., zum ersten Mal die paradoxe Struktur des Protests dieses Romans herausgearbeitet: eine Verschärfung der rebellisch-utopischen Intentionen gerade durch die Kritik aufklärerisch-utopischer Hoffnungen.

69 Schönert, S. 192.

70 Ebd., S. 191.

71 *Belphegor,* S. 241 ff.

72 Schönert, S. 197.

73 *Belphegor,* S. 135 f.

74 Dies vor allem durch die Betonung von Fromals Besitz- und Machtgier, S. 287.

75 Ebd., S. 135 f.

76 Schönert, S. 197.

77 *Belphegor,* S. 12, 13, 101, 136, 301.

78 Schönert, S. 189.

79 *Belphegor,* S. 151. Als weltanschauliche Alternative zu Fromal ist diese »Unwissenheit« in Medardus verkörpert. Seine Kennmarke ist ein Krug Apfelwein, der – solange er noch zu haben ist – das Wirken einer Vorsehung beweist, die alles zum Guten wendet. Obwohl kein Zweifel daran gelassen wird, daß Medardus ein »friedsames Schaf« ist, gewinnt sein an allen Erfahrungen vorbeisehender Optimismus gegen Ende des Romans für Augenblicke die Chance einer echten Alternative

zu Fromals Erkenntnissen. Vgl. dazu meine Deutung der Idylle am Schluß des Romans.

80 So der Derwisch, *Belphegor,* S. 209.

81 Ebd., S. 298.

82 J. K. Wezel, *Versuch über die Kenntnis des Menschen,* Faks.-Druck der Ausgabe von 1784/85, Ffm. 1971, Bd. 1, S. 61 ff.

83 *Belphegor,* S. 209.

84 Schönert, S. 195.

85 Ebd., S. 192 f.; zur Landlebenidyllik vgl. auch: Burghard Dedner, *Vom Schäferleben zur Agrarwirtschaft. Poesie und Ideologie des »Landlebens« in der deutschen Literatur des 18. Jahrhunderts,* in: *Jahrbuch der Jean-Paul-Gesellschaft 7,* 1972.

86 *Belphegor,* S. 309.

87 Diese Distanz bleibt bis zum Schluß erhalten und bildet den Hintergrund für die endgültige Einschätzung Medardus', der als rettungsloser Optimist in der Idylle den richtigen Platz hat. – Die Heterogenität des Urteils – nicht nur von seiten des Erzählers, sondern auch des Autors – findet sich schon in der Vorrede. Es handelt sich dabei um keine Ambivalenz, weil die Darstellung der Spannung zwischen inkompatiblen Haltungen nicht zum Tragen kommt. Die Vorrede ist auf die Geltung der Neid- und Vorzugssucht-These hin angelegt; aber neben diese These stellt Wezel den Perspektivenpluralismus: die Haltungen seiner Figuren beschreibt er auch als Produkte einer mit den Individuen sinnlos experimentierenden Natur.

88 *Belphegor,* S. 312.

89 Ebd., S. 310.

90 W. Dietze, a.a.O., S. 782, S. 784.

91 *Belphegor,* S. 312.

92 W. Dietze, S. 783.

93 Belphegor verteidigt zwar stets Freiheit und Recht, so wenn er im Bauernaufstand, der mit blinder Rache von diesen geführt und mit Brutalität und Zynismus von ihren Herren niedergeschlagen wird, für die Bauern Partei ergreift. Aber es kann keinen Zweifel geben, daß seine Parteinahme vom Erzähler als hoffnungslos eingeschätzt wird. Der Aufstand ist Indiz des »bellum omnium contra omnes« wie der Beliebigkeit des Rechts.

Dietrich Naumann

Zwischen Reform und Bewahrung. Zum historischen Standort der Staatsromane Albrecht von Hallers

I. »Konservativismus«

Im allgemeinen gelten die Staatsromane Albrecht von Hallers als Ausdruck von der »Zeit« bereits überholter konservativer Anschauungen. »Ist es ein Zufall«, fragt Christoph Siegrist, »daß ein Enkel Hallers den Konservativismus in ein System brachte und der Epoche ihren Namen gab: K. L. v. Haller: *Restauration der Staatswissenschaft* . . .?«[1] Nun hat es mit »dem« Konservativismus bekanntlich eine eigene Bewandtnis. Über die beträchtliche Variabilität heute gemeinhin als konservativ bezeichneter Theoreme hinaus ist es nämlich durchaus möglich, daß solche Theoreme unter anderen historischen Konstellationen »progressive« Funktionen wahrgenommen haben, wie etwa das jüngst von neukonservativen Theoretikern gegen den vermeintlichen Totalitarismus universeller Demokratisierungsansprüche gewendete Prinzip der Gewalteilung, das sich ja einmal gegen den absolutistischen Etatismus gerichtet hatte, demonstriert. Daher ist es, um zu einer solchen geschichtsphilosophischen Qualifizierung zu gelangen, in jedem Fall nötig, die historische Problemsituation zu rekonstruieren, auf die die jeweilige Theorie reagiert. Was nun Carl Ludwig von Hallers *Restauration der Staats-Wissenschaft* angeht, so deutet schon die vehemente Polemik, die der »konservative« Hegel der *Rechtsphilosophie* gegen dieses Buch übt, darauf hin, daß es sich hier offenbar um eine besonders radikale Spielart des »Konservativismus« handelt, die über die von dem Großvater gegen bestimmte staatstheoretische Konsequenzen des naturrechtlichen Freiheitspostulats geäußerten Bedenken weit hinausgeht. Es mag, um den »Konservativismus« der Hallerschen Staatsromane auch von vorn zu beleuchten, nicht unnütz sein, kurz auf die Ansichten dieses Theoretikers der Restauration einzugehen, wobei sich auf

Grund der durch die verwandtschaftliche Beziehung gegebenen gleichen Herkunft aus dem Bernischen Patriziat eine zusätzliche Pointe ergibt.

Wie C. L. v. Haller – im Vergleich zu der, wie zu erläutern sein wird, doch sehr differenzierenden Stellungnahme des Großvaters – mit wenigen Ausnahmen, etwa Grotius' und Pufendorfs, in fast allen prominenten Staatstheoretikern des 17. und 18. Jahrhunderts, von Hobbes und Locke angefangen über Montesquieu bis hin zu Rousseau und Kant, Ahnherren und Urheber des Despotismus der Freiheit wittert, so sieht er dessen Geist auch in den jüngst vergangenen Reformen, etwa denen Josephs II. oder dem preußischen Allgemeinen Landrecht, deren Akzentuierung einer allgemeinen Gesetzlichkeit der ältere Haller gewiß zugestimmt hätte, am Werk. Über einen ignoranten Sophisten wie Rousseau, der Grotius mit dem vornehmen Ausspruche habe abfertigen wollen, »qu'il établissoit le droit par le fait«, könne man nur »die Achseln zuken wie über den Maulwurf, welcher der Sonne vorschreiben wollte, wie sie leuchten solle«.[2] Hatte das Naturrecht der Aufklärung gegen die Tatsache des positiven Rechts stets die Norm einer »eigentlichen Natur« ausgespielt, wie sehr auch immer diese Norm selbst aus einer Tatsache höherer Ordnung, nämlich einer in sich vernünftigen Natur, abgeleitet sein mochte, so huldigt Haller einem rabiaten Naturrechtshistorismus, der den in der polemischen Spitze gegen das geltende Recht sich ausdrückenden Gegensatz von normativer und faktischer Natur, wie ihn die Aufklärung aufgestellt hatte, zu nivellieren bemüht war. Der Naturzustand hat nach Haller nie aufgehört, Naturrecht und positives Recht gehen ineinander über.[3] Es ist die Ordnung Gottes und der Natur, daß der Mächtigere herrsche und der Unterlegene bei diesem Schutz suche. Ob es sich um die Familie, das Gut, die Handlung, die Fabrik, die Gemeinde oder den Staat handelt, in jeder dieser Organisationen ist das Prinzip der natürlichen Unterordnung wirksam. Hatten die Staatstheorie und besonders der Staatsroman der Aufklärung gegenüber feudaler Gesellschaft und absolutistischem Staat naturrechtlich begründete moralische Postulate erhoben und von den Normen der bürgerlichen Privatsphäre her den politischen Raum zu okkupieren gesucht, so kehrt Haller diese Waffe der moralischen Kritik gegen die

Aufklärung selbst; hatte diese das Modell der bürgerlichen Familie dazu verwendet, um aus dem Postulat der väterlichen Liebe und Fürsorge allmählich einen Rechtsanspruch der Untertanen zu destillieren, so ist für Haller das »rechtliche *und* liebevolle Verhältniß« (Hervorhebung von mir)[4] zwischen den Mitgliedern der verschiedenen Assoziationen eine natürliche Tatsache. Falls in diesem Verhältnis Störungen auftreten, so hilft sich die Natur schon selbst. Gegen die auf allgemeinen Prinzipien beruhende und aus diesen deduzierte gesetzliche Ordnung (etwa des Allgemeinen Landrechts) spielt Haller die sich von selbst verstehende natürliche Ordnung aus. Die Souveränität des Fürsten ist kein Rechtsinstitut des Staates, sondern Ausfluß »der eigenen persönlichen Unabhängigkeit«.[5] Gesellschaft und Staat selbst beruhen nicht auf einem Sozialkontrakt, sondern reduzieren sich auf ein »Aggregat unendlich verschiedener freyer Privat-Verträge«.[6] Indem solcherart, wie Hegel es nennt, »statt des Substantiellen die Sphäre des Zufälligen als das Wesen des Staates genommen wird«[7], entgleiten der Hallerschen Staatstheorie tendenziell sogar die eigenen naturrechtlichen Fundamente.

Dieser widersprüchlichen Mischung von naturrechtlicher Staatsorganologie und Rechtspositivismus gegenüber, wie sie sich in der skizzierten Staatstheorie des Enkels Haller darstellt, nimmt sich der »Konservativismus« des Großvaters nun doch wesentlich weniger konservativ aus, als er gemeinhin dargestellt wird. Es ist offenbar ein Unterschied, ob sich jemand mit prospektiven unliebsamen Folgerungen aus bestimmten Theorien herumschlägt oder ob jemand auf eingetretene Konsequenzen solcher Theorien bereits reagiert. Im Vergleich zu dem sogar hinter den aufgeklärten Despotismus zurückgehenden Konservativismus des Namenspenders der Restauration visiert der alte Albrecht von Haller immerhin noch einen reformistischen Kompromiß an, wie im folgenden darzulegen ist. Ich gehe zu diesem Zweck zunächst aus von der theoretischen und ästhetischen Problemsituation, in die sich Haller zu Beginn der siebziger Jahre des 18. Jahrhunderts hineingestellt sah.[8]

II. Albrecht von Hallers Staatsromane

A. Die Problemsituation

1. Die theoretische Problemsituation

»In den Monarchien bringt die Politik die wichtigsten Dinge mit sowenig wie möglich Tugend zuwege«, heißt es bei Montesquieu; und weiter: »Die Tugenden, die uns hier nahegebracht werden, bedeuten durchweg weniger eine Verpflichtung gegenüber anderen als eine Verpflichtung uns selbst gegenüber. [...] Die menschlichen Handlungen werden hier nicht als gut, sondern als schön gewertet, nicht als gerecht, sondern als vornehm, nicht als vernünftig, sondern als ungewöhnlich.«[9]

Der Staat des Absolutismus hatte, als die klerikal-feudale Organisation des Staates in den konfessionellen Bürgerkriegen des 16. und 17. Jahrhunderts zerrüttet wurde, unter Beibehaltung der sozialen Struktur der Gesellschaft Adel und Klerus politisch entmachtet und, gestützt auf Beamtentum und Militär, einen eigenen Bereich des politischen Handelns etabliert, der von den traditionellen feudalen Gewalten weitgehend unabhängig war. Zugleich jedoch wurde auch das Bürgertum, zu dessen Schutz der Absolutismus ursprünglich angetreten war, von der politischen Mitwirkung ausgeschlossen. Dieser Zentralisierung der Politik an den Höfen entsprach eine Vorstellung zweckfreier politischer Größe, wie sie sich auch noch in den zitierten Äußerungen Montesquieus niederschlägt. Die Gegensatzpaare, die dieser aufstellt: Verpflichtung gegenüber anderen / Verpflichtung uns selbst gegenüber, gut / schön, gerecht / vornehm, vernünftig / ungewöhnlich, kennzeichnen treffend die von der bürgerlichen Moral abgehobene Autonomie der politischen Sphäre. Der moralischen Fremdbegründung tritt die ästhetische Selbstbegründung gegenüber. Die Ehre als das oberste Prinzip der absoluten Monarchie ist keiner weiteren, etwa naturrechtlichen, Deduktion mehr fähig und bedürftig.

Die Moral hatte die absolutistische Theorie, wie sie sich z. B. in der Hobbesschen Staatsphilosophie darstellt, als für das politische Handeln irrelevant, ja gefährlich in den privaten Innenraum zurückverwiesen.[10] Die Gesinnungen sind »free«, aber nur »in secret«, wie es bei Hobbes heißt. Dieser Dualismus von Moral und Politik jedoch barg sowohl in seiner naturalistischen Begründung als auch in seiner inhaltlichen Ausformulierung den Keim seiner Überwindung bereits in sich.[11] Im Gegensatz zum traditionellen Legitimismus hatte Hobbes ja die monarchische Souveränität naturrechtlich bzw. naturgesetzlich deduziert.[12] Das physiologisch aus dem Verlangen nach ununterbrochener Bewegung begründete Naturrecht der Lebenssicherung führt zu dem Naturgesetz der rationalen Wahl derjenigen Mittel, die diesem Ziel zu dienen geeignet sind; dem kausalmechanisch deduzierten Naturrecht entspricht das instrumentelle Naturgesetz. Das hypothetisch erschlossene Ergebnis dieser Konstellation ist der Gesellschaftsvertrag aller mit allen, in dem diese ihre Rechte an den dann omnipotenten Souverän zedieren, da nur so das Ziel der Erhaltung des Lebens erreicht werden kann. Die potentielle Sprengkraft dieser Deduktion liegt nun darin, daß das zugleich als Desiderat interpretierte Ergebnis der absoluten Souveränität einem nach Hobbes' Ansicht notwendigen Konsens derjenigen entspringt, die sich zur Gesellschaft versammeln.[13] Die Gestalt, die diese Souveränität annimmt, ist nicht abhängig von traditionellem oder göttlichem Recht, vielmehr ist ihre Absolutheit ausschließlich das Resultat der fatalen Situation des Krieges aller gegen alle, der aus der Kollision der einander ausschließenden konkurrierenden Interessen entsteht. Von den Folgen her betrachtet, war die Gründung der staatlichen Souveränität auf den Gesellschaftsvertrag überhaupt wichtiger als ihre besondere Form, deren staatsrechtliche Ausgestaltung als Souveränität eines Monarchen aus dem Hobbesschen Ansatz denn auch keineswegs zwingend hervorgeht; diesem gemäß ist die Monarchie zwar zweckmäßig, aber nicht notwendig.

Es bedurfte lediglich einer Veränderung der anthropologischen Prämissen der Hobbesschen Deduktion, um aus der Theorie des Gesellschaftsvertrages revolutionäre Konsequenzen abzuleiten. Wenn der Mensch ursprünglich gut ist, wie es Rousseau annahm, so wird aus dem Naturzustand des Krieges aller gegen alle ein Idyll, das die Konstitution eines starken Staates überflüssig macht. Der ständige Wechsel, den die Volonté générale des Contrat social impliziert[14], verliert seinen bedrohlichen Charakter. Der bei Hobbes den absoluten

Souverän erst konstituierende allgemeine Krieg wird bei Rousseau zur selbst souveränen permanenten Revolution. Die von der absolutistischen Theorie in den privaten Innenraum verbannte Moral penetriert wiederum die politische Sphäre, die mit der der Gesellschaft von vornherein zusammenfällt. Die moralische Staatsbürgergesellschaft stellt die im Verlaufe der Geschichte verloren gegangene Freiheit und Gleichheit des Naturzustandes wieder her. Für halbherzige Zwischenlösungen, wie das von den Staatsroman-Autoren der Aufklärung so oft ins Feld geführte paternalistische Familienmodell oder auch die eine wechselseitige Verpflichtung von Herrscher und Untertanen implizierende Theorie des Herrschaftsvertrages, hat Rousseau, wie im übrigen auch Kant, nichts übrig. Im Staat des Contrat social herrscht niemand, gehorchen alle und sind zugleich frei.[15] War bei Hobbes gegenüber der privaten Moral der einzelnen Bürger das staatliche Gesetz des Souveräns allein maßgebend und hatte demgegenüber Locke *neben* dem staatlichen (und dem natürlichen) Gesetz das »law of opinion« als kritische Instanz etabliert, so wird dieses letztere bei Rousseau zur *unmittelbar* politischen apriorischen Übereinstimmung der Herzen, in der das Raisonnement der Privatleute verschwindet.[16]

Zwischen diesen Extremen eines naturrechtlich begründeten radikalen Dualismus und einer ebenso naturrechtlich begründeten radikalen Identität von Moral und Politik sind die mannigfachen Kompromißlösungen angesiedelt, die die Staatstheorie der Aufklärung bietet und von denen auch die Hallersche eine ist. In diesem Zusammenhang ist vor allem die Theorie Montesquieus zu erwähnen, die für die Hallers, wenn denn von einer solchen die Rede sein kann, von besonderer Bedeutung geworden ist. Dem rationalen Naturrecht des 17. und 18. Jahrhunderts ist gemeinsam, daß es seine Postulate, seine Soll-Sätze aus Aussagen über Sachverhalte, aus Ist-Sätzen ableitet. Dabei ist die Art der an bzw. gegen Gesellschaft und Staat gerichteten Forderungen davon abhängig, inwieweit die *obersten* normativen Prinzipien, über deren Inhalt ja ein weitgehender Konsens herrscht, in den Sachverhalt des Naturzustandes hineinprojiziert werden, wie groß die Kluft ist zwischen dem naturalistischen Substrat der Gesellschaft einerseits und der regulativen Norm ihrer Organisation andrerseits.

Die Zurückhaltung in bezug auf die staatsrechtlichen Konsequenzen moralischer Postulate ist offenbar um so größer, je schärfer die Diskrepanz zwischen den letzteren und der anthropologischen Basis der Gesellschaft akzentuiert wird. Daher ist es in der Hobbesschen Staatstheorie der hauptsächliche Zweck der Gesellschaftsgründung, den an ihr Beteiligten ein Höchstmaß an Sicherheit, und zwar durchaus an Sicherheit vor dem Tode, zu gewährleisten, während es Rousseau vor allem um die möglichst nahtlose Transformation der Freiheit und Gleichheit des Naturzustandes in die gesellschaftliche Organisation geht, deren permanente Revolutionierbarkeit kein Schreckgespenst ist. Die Mitte zwischen dem Postulat der Sicherheit an Leib und Leben und dem Verlangen nach Freiheit und Gleichheit bildet die sozusagen positive Erweiterung des ersteren, die zumeist mit der Theorie des Herrschaftsvertrages zwischen Herrscher und Volk samt der Konsequenz des Widerstandsrechtes einhergehende Forderung an den Souverän, optimal für das Wohl seiner Untertanen zu sorgen.

Angesichts der Dehnbarkeit dieses Postulats ist es nun jedoch nicht verwunderlich, wenn seine Ausformulierungen der Stringenz und Konsequenz der naturrechtlichen Deduktionen sowohl Hobbes' als auch Rousseaus entbehren. Vor allem ergeben sich aus dem Glückseligkeitspostulat nicht notwendigerweise institutionelle Konsequenzen, wie etwa die Variabilität der in den Hallerschen Staatsromanen angebotenen Regierungsformen demonstriert. Dem entspricht eine beträchtliche Unklarheit im Verhältnis von Naturrecht und positivem Recht. Hatte Hobbes aus der naturgesetzlichen Interpretation des Naturrechts auf Erhaltung des Lebens die alleinige Geltung des positiven Rechts erschlossen und Rousseau umgekehrt das positive Recht in das Naturrecht aufgelöst, so schließt etwa Montesquieu zwar einerseits aus dem positiven Recht auf das, was er die Natur der Dinge nennt, zurück, deduziert jedoch gleichwohl aus den Naturgesetzen bestimmte Forderungen, die an Gesellschaft und Staat zu stellen sind und die das positive Recht »naturgemäß« transzendieren. Das historisch und geographisch begründete Prinzip der Gewaltenteilung bzw. der gemischten Regierungsform ist zugleich ein staatsrechtliches Ideal und umgekehrt. »Der Natur«, so heißt es bei Montesquieu, kommt »jene Regierung am nächsten, deren Besonderheit am besten auf die Besonderheit des Volkes bezogen ist, für das sie gedacht ist«.[17] Nicht das allgemein geltende Prinzip des Volkswohls, das als solches erst sehr spät (im 23. Kapitel des 26. Buches) eingeführt wird, ist hier natürlich, sondern die Korrelation von staatsrechtlicher Regelung und historischer Besonderheit, die das erstere, das an dieser Stelle unexpliziert bleibt, gleichwohl voraussetzt. Ganz analog wird die Freiheit des Bürgers erst im Anschluß an die Definition der politischen Freiheit thematisiert, nicht wird die letztere aus der ersteren deduziert, wie sehr diese die freie Verfassung auch von vornherein bedingen mag. So nimmt es auch nicht wunder, wenn Montesquieu die Theorie des Herrschaftsvertrages mit keinem Wort erwähnt. Innerhalb dieses Spektrums von radikalem Determinismus, dem der voluntative Akt des den Leviathan gebärenden Gesellschaftsvertrages gleichwohl entspringt, über normativ interpretierte historische Begründungsverfahren a la Montesquieu bis hin zur Konzeption einer unmittelbaren Einheit von Trieb und Tugend im Gefühl, die die Freiheit und Gleichheit der Staatsbürger in letzter Instanz garantiert, war nun auch Haller Stellung zu beziehen genötigt.

Bei der skizzierten grundlegenden Wichtigkeit der anthropologischen Prämissen der Staatstheorie, der Annahme einer monokausalen Dominanz der Triebnatur oder der eines unschlichtbaren Dualismus zwischen Trieb und Vernunft oder aber auf der anderen Seite der Skala der Vorstellung einer prästabilierten Harmonie zwischen »amour de soi« und Tugend (die »amour-propre« ist ja erst ein Resultat der Vergesellschaftung), ist nun die Wahl der theologischen bzw. metaphysischen Ausgangsposition von großer Bedeutung. Dabei reicht im 18. Jahrhundert die Spannbreite von der Vorstellung und Akzeptierung einer verbalinspirierten Offenbarung über die verschiedenen möglichen Kombinationen von Offenbarungsreligion und Deismus, ferner den Pantheismus bis hin zum philosophischen Materialismus mit atheistischen Konsequenzen. Die weitgehende Entsprechung von theologischer Basis, anthropologischem Mittel und staatstheoretischen Konsequenzen ist evident, womit natürlich über die genetische Priorität der Theologie gegenüber Anthropologie und Staatstheorie nichts gesagt sein soll (in den meisten Fällen jedenfalls des 18. Jahrhunderts wird es vielmehr so sein, daß eher umgekehrt staats- und gesellschaftskritische Desiderate anthropologische und theologische Rückschlüsse impliziert haben).

In dem exemplarischen Fall Luthers z. B. legt die Auflösung des hochscholastischen Gradualismus von Gott und Natur und die Betonung des göttlichen Voluntarismus eine Freisetzung der Natur nahe, der gegenüber der Christ sich in die Innerlichkeit des Glaubens zurückzieht. Der bösen Welt, in der sich die böse Menge tummelt, ist die Zuchtrute des Herrschers dann nur adäquat. Innen und Außen bleiben radikal getrennt. Natürlich soll auch der Fürst ein wahrer Christ sein und sein Volk zum Christentum erziehen. Da diese Erziehung, die selbst nur eine Erziehung zum Glauben an die geoffenbarten Wahrheiten der Bibel ist, immer nur bei einer Minderheit Erfolg haben wird, bleibt die Strafgewalt der Obrigkeit davon unberührt. Zwar bedarf der wahre Christ dieser nicht, wohl aber sein Nächster, und dieser Nächste ist offenbar immer ein sündiger Nächster. Insofern wird die im Erziehungsgedanken angelegte utopische Perspektive stets wieder verstellt. Indem nun die Physikotheologie den Dualismus von Offenbarung und Vernunft, dem ein Dualismus von Politik und Moral entsprach, einebnete, trat das Problem der Sündhaftigkeit des Menschen sukzessiv in den Hintergrund. In dem harmonisch geordneten Kosmos der Physikotheologie hatte auch der Mensch seinen angestammten Platz, was in der Transposition auf den Staat durchaus kritische Elemente barg. Denn diese optimistische Kosmologie war ja, wie auch immer im Widerspruch zu ihren Prämissen, durchaus der normativen Interpretation fähig, woraus sich zwanglos bestimmte Forderungen an das Verhalten des Souveräns bzw. weitergehend die Organisation von Gesellschaft und Staat ergaben. Insofern war das spätere Vorwiegen der moralischen Komponente der natürlichen Religion lediglich eine Konsequenz ihres ursprünglichen Ansatzes. Je mehr nun die Religion vor allem als Ethik interpretiert wurde, desto mehr stellte sie selbst ein kritisches Instrumentarium bereit, das sich gegen den Staat des Absolutismus wenden ließ. Je mehr der göttliche Voluntarismus der theologischen Tradition (sowohl des Katholizismus als auch des Protestantismus) der Kritik verfiel und Gott an die Gesetze von Natur und Vernunft zurückgebunden wurde, desto mehr geriet auch der Dezisionismus und Rechtspositivismus der absolutistischen Souveränitätslehre unter das Verdikt eines solcherart universalisierten Naturrechts. In der natürlichen Religion des Herzens, wie sie sich in dem Glaubensbekenntnis des savoyischen Vikars äußert, ist das »Gewissen« kein Instrument der Selbsterforschung mehr, deren Ergebnis immer nur in der Zerknirschung ob der eigenen Sündhaftigkeit bestehen kann, sondern das Gefühl eines angeborenen »Prinzip[s] der Gerechtigkeit und der Tugend«, das sich als kritische Instanz nach außen wendet und Staat und Gesellschaft seinem Richtspruch unterwirft.[18] Die materialistische Anthropologie der französischen Aufklärung schließlich interpretiert die nach der Eliminierung der Transzendenz allein übrigbleibende Kausalität des egoistischen Glücksstrebens zugleich als einen moralischen Anspruch, dessen staatsrechtliche Auskristallisierung, wenngleich dieser in diametralem Gegensatz zur von ähnlichen Voraussetzungen ausgehenden Philosophie des Thomas Hobbes kaum noch Beachtung geschenkt wird[19], sowohl den absolutistischen als auch den bürgerlichen Staat zu transzendieren geeignet war.

Von der beschriebenen Interdependenz aus ist es nicht verwunderlich, daß auch Haller den theologischen Prämissen der in seinen Staatsromanen niedergelegten Anschauungen eine nachdrückliche Aufmerksamkeit gewidmet, ja sie sogar in den der schriftstellerischen Fiktion nach mit der Handlung des *Usong* verbundenen *Briefen über die wichtigsten Wahrheiten der Offenbarung* sowie in den gegen Voltaire gerichteten *Freigeisterbriefen* ausdrücklich und gesondert thematisiert hat. Vor allem von der ersteren als der dogmatisch relevanteren Schrift wird im folgenden zu sprechen sein. Zunächst jedoch möchte ich versuchen, parallel zum skizzierten staatstheoretischen, theologischen und anthropologischen Kontext der Hallerschen Konzeption, wenigstens in Umrissen den ästhetischen Rahmen darzustellen, innerhalb dessen seine Staatsromane als Romane zu lokalisieren sind. Denn wie auch immer es mit der ästhetischen oder auch nur romanhaften Qualität der drei späten Verlautbarungen des Berner Patriziers bestellt sein mag – und es ist nicht gut damit bestellt –, so ist doch die Negation bestimmter ästhetischer Errungenschaften des Staatsromans bedeutsam genug und bedarf selbst eines historischen Hintergrundes. Dabei werde ich in diesem Falle die Behandlung der ästhetischen Aspekte der drei Hallerschen Romane unmittelbar anschließen, da eine selbständige und ausführliche Interpretation der poetischen Komponente aus dem genannten Grunde nicht recht lohnt.

2. *Die ästhetische Problemsituation*

Das Verhältnis von politischem Programm und poetischer Einkleidung war im Staatsroman des 17. Jahrhunderts aus naheliegenden Gründen unproblematisch. Indem es diesem von der oben genannten Voraussetzung, der Konstitution nämlich einer Sondersphäre zweckrationalen politischen Handelns, her vor allem auf die Illustration praktischer Tugenden ankam, war er auf einen bestimmten Aktionsraum verwiesen, dem die romanhafte Ausgestaltung von vornherein adäquat war. Dieser Aktionsraum war primär die Sphäre der Außenpolitik. In der Ära des Absolutismus hatte die Machtkonkurrenz souveräner Staaten ja die dezidierte Funktion, die inneren gesellschaftlichen Gegensätze zu neutralisieren. Der Naturzustand der Staatenkriege war der Preis für die Beendigung des Naturzustands des Bürgerkriegs. Die moralische Indifferenz dieses Aktionsraums bewirkte zudem, daß sich in ihm ein breites Spektrum verschiedener Handlungsmöglichkeiten entfalten konnte (Krieg, Abenteuer, Liebe usw.). In einer Monarchie sind die Handlungen nicht gut, sondern schön, wie es Montesquieu nennt, und bieten sich der fiktionalen Ästhetisierung daher von selbst an. Dem entspricht es, daß die lehrhafte Funktion des barocken Staatsromans, jedenfalls was die politische Belehrung des Herrschers betrifft, durchaus nicht unproblematisch war. Die absolute Macht des Fürsten soll propagiert werden, also auch seine Souveränität jeglicher Kritik gegenüber; aber um die erstere sinnfällig zu machen, ist es nötig, die Konsequenzen ihrer Nichtausübung in den schwärzesten Farben darzustellen, den Fürsten also zu kritisieren. Dieses Dilemma, das in John Barclays *Argenis*, dem Prototyp des absolutistischen Staatsromans, ausführlich diskutiert wird, führt zu der Technik des Schlüsselromans einerseits, der Anreicherung mit unpolitischen, »wunderbaren«

Handlungselementen andrerseits.[20] Nicht nur nun, daß solcherart die primäre politische Intention »aufbewahrt« wird; zugleich hat die ästhetische Anreicherung die sekundäre politische Funktion, in dem entstehenden komplexen Handlungsgeflecht die absolutistische Ordnungsutopie gewissermaßen zu spiegeln.[21]

Demgegenüber stand der reformistische Staatsroman der Aufklärung vor grundsätzlich neuen Problemen. Gegenüber der privatisierenden Verfallsform des höfisch-historischen Romans, dem galanten Roman, in dem die barocke Einheit von Heldengeschichte und Liebesgeschichte aufbricht und sich in ihre einzelnen Elemente dissoziiert, was natürlich vor allem der Liebesgeschichte zugute kam[22], bezieht der Staatsroman der Aufklärung kritisch gegen bestimmte Mißstände des absolutistischen Staats Stellung. Im Vordergrund des Interesses steht dabei nicht mehr die Außenpolitik, deren Autonomie bzw. Primat nicht mehr akzeptiert wurde, sondern die Innenpolitik, die innere Verfassung von Gesellschaft und Staat. Damit ergab sich für den Fürstenspiegel, der ja an und für sich auf Grund seiner biographischen Basis eine gewisse Affinität zur Romanform aufwies, die Nötigung, Elemente der klassischen ökonomischen und politischen Utopie in sich aufzunehmen. Bekanntlich nun beschränkt sich bei dieser die Handlung zumeist auf den Rahmen, Ankunft und Abfahrt in bzw. von dem utopischen Staat, während die Hauptsache, nämlich dessen gesellschaftliche und staatliche Organisation, in der Mehrzahl der Fälle nur in allenfalls dialogisch aufgelokkerter nüchterner Beschreibung gegeben wird. Der Staatsroman der Aufklärung stand also vor der schwierigen Aufgabe, das spröde Element der Verfassungsutopie sich zu integrieren, ohne zugleich als Roman auseinanderzufallen.

Ihrer Lösung kam allerdings der Modus der indirekten Kritik, die vor allem an der moralischen Qualifikation des Herrschers ansetzte und die Institution des absolutistischen Staats zunächst aussparte, zugleich auch entgegen. So vermochte etwa Johann Heinrich Gottlob von Justis, eines hohen Verwaltungsbeamten, *Psammitichus*, der an den Prototyp des Fürstenspiegels, Xenophons *Kyropädie*, anknüpfte, durchaus noch den traditionellen Weg zu gehen. Die souveräne Außenpolitik wird zwar zur europäischen Innenpolitik, die Verfassungsutopie ist jedoch nur in Umrissen sichtbar; im Zentrum steht das moralisch-politische Herrscherideal. Das ästhetische Problem verschärfte sich naturgemäß in dem Moment, in dem aus den moralischen Postulaten institutionelle Konsequenzen gezogen wurden, die eine bündige und zusammenhängende Darstellung erforderten. Die Schwierigkeit seiner Lösung demonstriert der bedeutendste politische Roman der Frühaufklärung, des Freiherrn von Loen *Der redliche Mann am Hofe*, der sich gezwungen sieht, den Reformplan des Helden, des Grafen von Rivera, von sich auszuschließen und in einen Anhang zu verbannen, und auch die Christianopolisutopie nur äußerlich, durch die Anbahnung einer Heirat des Königs, dem der Graf dient, mit der Prinzessin des dort regierenden Herrscherhauses, mit der Haupthandlung zu verknüpfen vermag. Die interessanteste Verschränkung von Utopie und Romanform bietet zweifellos der gleichzeitig mit Hallers *Usong* erschienene *Goldene Spiegel* Wielands. Wieland macht sich das im traditionellen Staatsroman unreflektiert gehandhabte Schema der historischen Verankerung zunutze, um es in doppelter Weise zu distanzieren und so in einen ironischen Spielraum aufzuheben. Die Tifansche Verfassungsutopie wird sowohl ein Opfer der Geschichte, in dem doppelten Sinn des Vorgangs und der Erzählung, als auch in der mehrfach geschachtelten Rahmenhandlung selbst zum Gegenstand der Reflexion und insofern in das ästhetische Kontinuum integriert.

Damit jedoch entsteht die Gefahr mangelnder inhaltlicher Verbindlichkeit. Der politische Anspruch wird von der ästhetischen Verifizierung überholt. Nicht zu Unrecht konnte daher Haller in dem *Goldenen Spiegel* eine Parodie des *Usong* wittern, was, ganz abgesehen von der chronologischen Schwierigkeit, der Intention Wielands nach gewiß nicht der Fall war.

»Wielands Scheschian scheint eine Parodie des Usongs sein zu wollen«, schreibt Haller an den Freiherrn von Gemmingen und fügt hinzu: »Aber es war eine alte Anmerkung, daß uns niemand kan schaden als wir selbst.«[23]

Damit ist zugleich die Position angedeutet, die Haller in bezug auf die bezeichnete Problematik bezieht. Insofern eine

Parodie stets weniger auf die inhaltliche als auf die formale Komponente einer Dichtung zielt, konnte sich Haller durch die Möglichkeit, daß der *Goldene Spiegel* als Parodie des *Usong* gedacht gewesen sei, kaum getroffen fühlen; denn dem poetischen Dekor seiner Staatsromane hatte er dem eigenen Bekenntnis nach von vornherein wenig und dann stets weniger Aufmerksamkeit gewidmet. »Alles läuft nach Wiz und niemand nach Wahrheit«, schreibt Haller an Gemmingen anläßlich von Goethes Ankunft am Weimarer Hof, an dem er einen durch Wieland literarisch repräsentierten libertinen Unernst am Werke sah, und wer sich solcherart die Suche nach der »Wahrheit« zuschreibt, ist über den Spott des »Wizes« natürlich erhaben.[24] Wie sehr Haller auch in seinen Rezensionen mit den neueren literarischen Strömungen sympathisiert haben mag – er hat vor allem Richardsons *Clarissa,* aber auch den *Werther* sehr wohlwollend besprochen und die literarischen Verdienste Voltaires oft gerühmt –, so oft es um die wechselseitige Abwägung von »prodesse« und »delectare« geht, die ihm durchaus keine apriorische Einheit bilden, ist seine Position eindeutig.

»Wir wollen die Geschichte kurz übergehn, die von Episoden ineinandergeflochten ist, u. eine so sichtbare Ähnlichkeit mit Crebillons Manier hat, daß sehr offt die Phrasen selber französisch sind. Wir wollen nur [?] die Sittenlehre erwegen, die in die Fabel eingekleidet ist«,

heißt es in einer unveröffentlichten Rezension des *Goldenen Spiegel*[25], und diesem Desinteresse am ästhetischen Dekor gemäß sind denn auch die anderweitigen Stellungnahmen Hallers zu diesem Problem sowie die Praxis seiner Staatsromane.

Ganz noch in der Gottschedischen Tradition faßt Haller das Verhältnis von »prodesse« und »delectare« als Zweck-Mittel-Relation und macht daher gegen eine Verselbständigung des Mittels, wie etwa des Wielandschen »Wizes«, Front. Als Rousseau gegen die von d'Alembert in dem Artikel *Genf* der *Enzyklopädie* geäußerte Ansicht, »die Stadt würde durch eine gute Schaubühne weit blühender werden«, mit dem Argument zu Felde zieht, daß eine solche der Untergang Genfs sein, »den Fleiß vernichten, und zum Grundgeschäfte des Lebens anstatt des Nützlichen das Angenehme machen« würde, stimmt Haller dem trotz seiner sonstigen Vorbehalte gegen

Rousseau lebhaft zu.[26] Auch »die besten Verfasser der Schauspiele« seien, wie Haller Rousseau zitiert, »gezwungen, den Sitten und Begriffen ihrer Mitbürger« zu folgen, und »können nicht den allgemeinen Regeln der Wahrheit und Vernunft nachgehen«[27]. Wie Haller in seiner Rezension von Richardsons *Clarissa* zwar von deren ästhetischen Verdiensten ausgeht – sie ist »ein Meisterstück in der Abschilderung der Sitten, der Art zu denken und sich natürlich, und dennoch wizig auszudrüken«[28] –, später jedoch vor allem deren lehrhafte Funktion hervorhebt – sie warnt nämlich davor, daß ein Frauenzimmer sich »wegen der gehofften Besserung der Treue eines unordentlich lebenden Liebhabers« übergebe und daß Eltern ihre Kinder zu einer »unangenehmen Heyrath auf eine harte Art« zwängen[29] –, so folgt er hier Rousseau in dessen Verwerfung der bloß realistischen oder auch satirischen Reproduktion bzw. Kritik der jeweils zeitgenössischen Sitten, die die Schauspiele praktizieren.[30]

Der diesem Ungenügen zugrunde liegende Begriff einer allgemeinen Vernunft, der dann auch zum letzten Maßstab der poetischen Leistung wird, macht es verständlich, daß Haller so oft und so emphatisch von der »Wahrheit« der Dichtung spricht. Dieser gegenüber ist der ästhetische Dekor von sekundärer Bedeutung. Mag dieser auch die Wirkung der Wahrheit möglicherweise verstärken, letztlich kann man durchaus darauf verzichten.

»Ich schreibe am Rande des Grabes«, sagt Haller im Vorwort zu *Fabius und Cato,* »unter fast ununterbrochenen Schmerzen, und bey einer gesunkenen Gesundheit, wo freylich das rosenfarbe der Einbildung, und der angenehme Reiz der Fröhlichkeit nicht mehr in meinem Vermögen ist. Ich meine, aufrichtig meine ich es, die Wahrheit zu sagen.«[31]

Die Einheit von »prodesse« und »delectare« wird über die Funktionalisierung des letzteren zum Zweck der moralischen Lehre schließlich zur ausschließenden Alternative. In der *Anzeige der Holmannischen Logik und Metaphysik* wägt Haller Philosoph und Dichter gegeneinander ab:

»Liebe der Wahrheit, Nachdenken, Gründlichkeit, sind für den Philosophen, was Feuer und Genie für den Dichter ist: man kann sowohl in jenem als in diesem groß seyn«; jedoch: »Jenes hat allerdings in meinen Augen unendliche Vorzüge vor diesem. Die Blumen haben ihren Reiz, aber der Werth ist für die Metalle aufbehalten.«[32] Und ganz analog äußert sich Gemmingen, als Haller wegen der allzu großen »Finsternis« des *Alfred* denn doch einige Skrupel empfindet: »Lassen Sich Euer Hochwolgeb. Alfreds Ernsthafftigkeit nicht anfechten. Männer, welche lesen, um sich zu unterrichten, nicht um sich zu belustigen, werden unfehlbar Vergnügen und Freude daraus schöpfen.«[33]

Aus der von Haller konstatierten Dichotomie von Philosophie und Dichtung zieht Gemmingen die poetologische Konsequenz. Nicht nur der *Usong* entlockt ihm unzählige angenehme Tränen, auch der *Alfred* reißt ihn zu Entzückungen hin und schmilzt ihn in Tränen, und sogar der *Cato* vergnügt ihn unaussprechlich. Das Vergnügen wird nicht von dem ästhetischen Dekor erzeugt, das die Pille der Lehre verzuckert, sondern folgt unmittelbar aus der Lehre selbst; die Substanz der Pille ist selbst süß. Wenn die Wahrheit sozusagen selbst poetisch ist, braucht man sich um ihre Einkleidung gar nicht mehr zu kümmern.

Das Problem des Verhältnisses von politischer Lehre und poetischer Verarbeitung löst Haller in diametralem Gegensatz zu Wieland so, daß er den Knoten der Ästhetisierung durchhaut. In bezug auf seine drei Staatsromane entspricht der zunehmenden Dringlichkeit des politischen Vorhabens und der zunehmenden Breite der philosophischen, kulturkritischen und verfassungsrechtlichen Ausführungen ein abnehmendes Interesse an der poetischen Darbietung. In der Vorrede zum *Usong* noch arbeitet Haller mit der poetischen Fiktion der aufgefundenen Handschrift, um die Abweichungen des Romantextes von der *Rerum Persicarum Historia* des »abendländischen« Gewährmannes Pedro Bizarro als solche einer anderen, nämlich »morgenländischen«, Tradition zu erklären. Daß diese Fiktion, die früher einmal, etwa in der *Insel Felsenburg*, die Funktion der historischen Beglaubigung gehabt hatte und die Erzählung in der »Wahrheit« der tatsächlichen Geschichte hatte verankern sollen, mit der Wandlung, d. h. der Autonomisierung, des poetischen Wahrheitsbegriffs nur mehr als ästhetisches Spiel begriffen wurde, bestätigt etwa die Reaktion Gemmingens, der in dem *Usong* »überall das Porträt« von Hallers »eigenem edlem Herzen« findet und seine verfassungsrechtlichen Einwände denn auch keineswegs an den anonymen Handschriftenverfasser, sondern an Haller selbst adressiert[34]. Dieser Fiktion entsprechend und durch sie legitimiert, weist der *Usong* im Verhältnis zu den beiden anderen Staatsromanen Hallers das höchste Maß an »Poetisierung« auf, sowohl was die Integration der utopischen Elemente in die Handlung als auch was die Anreicherung mit empfindsamen Episoden betrifft. Das Künstliche dieser Operation allerdings ist allenthalben sichtbar. Wenn eine »Waldung« etwa »aus einer Verschiedenheit von Bäumen« gepflanzt ist und sich solcherart die gedankliche Abstraktion auch in der Beschreibung des Konkreten durchsetzt, so wird der »locus amoenus« doch einigermaßen entzaubert.[35] In demselben Maß nun, in dem Haller sich auf sein eigenes verfassungsrechtliches Ideal zubewegt, nimmt das Interesse an der poetischen Ausgestaltung ab. In der Vorrede zum *Alfred* verzichtet Haller auf jegliche Fiktion und kündigt eine klare Trennung des »Wahren« von demjenigen an, was er zum Erreichen seiner Absicht geglaubt habe hinzufügen zu sollen: »Das wenige Gedichtete hat wohl zur deutlichen Absicht, einige Leser anzuloken, die ein bloß ernsthaftes Buch niemahls in die Hände genommen hätten«[36], wobei es sich natürlich fragt, ob ein so offenherziges Bekenntnis die anzulockenden Leser nicht sofort wieder zu vertreiben geeignet ist. Es geht gar nicht mehr, wie noch im *Usong*, um die Poetisierung eines spröden Vorwurfs, sondern nur darum, durch die Präsentation von verstreutem »Gedichtetem« – schon das Partizip Perfekt Passiv macht ja die künstliche Verfertigung und instrumentelle Handhabung der »Dichtung« deutlich – bestimmte poesiefixierte Leser zu gewinnen. Nicht mehr die Pille selbst wird verzuckert, sondern einzelne Zuckerstückchen sollen dazu verlocken, die bitteren Pillen auch gleich mit hinunterzuschlucken. Daß dies ein sehr unzuverlässiges Mittel ist, ist evident. Denn die Isolation der poetischen Komponenten – etwa der »ersten Liebe« Alfreds, der »die ernsthafte Geschichte [. . .] keinen Raum gegönt« hat, im sechsten (!) Buch[37] – ermöglicht es ja, sich die Zuckerstückchen herauszusuchen, ohne die bitteren Pillen anrühren zu müssen. Die Hallersche Umkehrung der Loenschen Lösung – statt des politischen Reformplans wird die private Liebesgeschichte in einen Quasi-Anhang verbannt – macht es daher verständlich, daß Haller in seinem letzten Roman auf fast jegliche Poetisierung verzichtet. Das fiktionale Moment beschränkt sich auf die Dialogsituationen, die die ausschließliche

Funktion haben, die Abwägung der verschiedenen alternativen Ansichten technisch zu ermöglichen. Der Roman wird wieder zur Geschichtsschreibung, die für sich genommen schon so interessant ist, daß sie »keiner erdichteten Zierathen« mehr bedarf.[38]

Nun sind allerdings sowohl die faktische Wahrheit der Geschichte als auch die staatsphilosophische Wahrheit der politischen Lehre selbst noch nicht die verbindlichsten Formen der Wahrheit. Über beide erhebt sich die Wahrheit der Offenbarung. Ursprünglich hatte Haller geplant, diese am Schluß des *Usong*, an dem der Held ja zum Christentum bekehrt wird, in Form eines Berichts über Usongs letzte Tage zu thematisieren, den der bekehrende Waldenser hatte geben sollen. Jedoch erschien ihm diese Erzählung »zu ernsthaft für eine Geschichte, wo zwar überhaupt die Tugend angerühmt wird, aber doch Liebesgeschichte einen Platz gefunden habe«.[39] Auch die moralische Gesinnung vermag die Infektion durch die privaten Episoden nicht so weit zu neutralisieren, daß der Roman des theologischen Themas würdig wäre. So rücken denn auch in der Vorrede zu den *Briefen über die wichtigsten Wahrheiten der Offenbarung*, dem Ergebnis dieses Ausgliederungsprozesses, »Liebe«, »Kriege« und die anderen »Geschäfte des gemeinen Lebens« auf eine Ebene, von der sich die der »Angelegenheiten der Ewigkeit« als die eigentlich »ernsthafte« noch einmal abhebt.[40] Sie ist im folgenden zu thematisieren.

B. Der theologisch-philosophische Rahmen

In einer Goethe zugeschriebenen Rezension der *Briefe über die Offenbarung* heißt es, nachdem der Rezensent zunächst gegen die Strafgerichts-Theologie Hallers Stellung bezogen hat, abschließend:

> »Darin kommen wir alle überein, daß der Mensch das thun solle, was wir Alle *gut* nennen, seine Seele mag nun eine Kothlache oder ein Spiegel der schönen Natur sein, er mag Kräfte haben, seinen Weg fortzuwandeln, oder siech sein und eine Krücke nöthig haben. Die Krücke und die Kräfte kommen aus *einer* Hand. *Darin sind wir einig, und das ist genug.*«[41]

Diese »versöhnliche« Stellungnahme versammelt einige Motive, die es, als zeitgenössischer Kontext interpretiert, verständlich erscheinen lassen, daß die theologischen Schriften des alten Haller auf weitgehendes Unverständnis und überwiegende Ablehnung stießen (die *Freigeisterbriefe* wurden laut Hirzel kaum mehr zur Kenntnis genommen).[42] Die beschworene Einigkeit nämlich dürfte Haller kaum eingeleuchtet haben. Zwar hätte er dem Rezensenten gewiß darin zugestimmt, daß über das Ziel des moralischen Handelns Einigkeit bestehe, hätte jedoch vermutlich eingewandt, daß durch eine solche Zielformulierung allein noch nicht viel gewonnen sei, daß es vielmehr darauf ankomme, darüber hinaus wirksam abzusichern, daß die Menschen das auch tun, was wir alle gut nennen. Und von daher hätte er gegen die anklingende Neutralisierung der Gegensätze in einem alles umgreifenden Gott gewiß Widerspruch erhoben. Schon die Natur-und-Kraft-Metaphorik hätte vermutlich sein Bedenken erregt. Und es ist ja in der Tat aufschlußreich, daß das Gegenteil der »Kothlache« hier der »Spiegel der *schönen* Natur« (Hervorhebung von mir) ist, die Natur also gewissermaßen entmoralisiert und durch ihre Ästhetisierung selbst zum göttlichen Analogon wird. Auch ist im folgenden nur von den *Kräften* die Rede, *seinen* Weg fortzuwandeln, aber nicht davon, was das für ein Weg ist und wohin er führt. Das, wenn auch nur metaphorische, Absehen von einer allgemeinen Verbindlichkeit deutet bereits auf den virtuellen moralischen Indifferentismus des neuen Persönlichkeitsideals der Geniezeit hin.[43] Die Versöhnlichkeit dieser Hintergrundtheologie hätte Haller also wohl kaum akzeptiert, wie er ja auch gegen den Harmonismus von Popes *Essay on Man* große Vorbehalte erhoben hat.

Von dem angedeuteten Interesse an der faktischen Gewährleistung des moralischen Handelns her ist auch Hallers Stellung zu einer bestimmten Spielart des Deismus bestimmt. Das Problem des Deismus war es ja, daß er durch die Akzentverlagerung von der göttlichen Offenbarung auf die göttliche Sittenlehre zwar die Religiosität entdogmatisierte und moralisierte, der faktischen Erfüllung der religiös-moralischen Postulate jedoch jedenfalls nach Ansicht seiner Kritiker insofern entgegenarbeitete, als er die nach deren Auffassung unabdingbare Sanktionsinstanz, nämlich den nötigenfalls rächenden und strafenden Gott, durch die Kritik der Offenbarung historisch und moralisch verflüchtigte. Angesichts dessen wird Haller gegenüber der natürlichen Religion etwa Rousseaus zum Verteidiger des Offenbarungsglaubens, wenngleich er natürlich bestimmte Prinzipien der natürlichen Religion, wie das Toleranzgebot, akzeptierte. Aber auch hier ist er sehr vorsichtig. Dem Voltaireschen *Traktat über die Toleranz* etwa wirft Haller vor, daß er mit seiner Kritik an der Intoleranz der Kirche zugleich das Christentum selbst treffen wolle; und dagegen verwahrt er sich. Bezeichnenderweise finden sich die meisten Hinweise auf eine natürliche, auf den allen offenbarten Religionen gemeinsamen Prinzipien beruhende Religion im *Usong*, in dem Haller schon durch die notwendige Voraussetzung des Islam zu einer Erweiterung gehalten war. Doch auch hier nimmt Haller bezeichnende Modifikationen vor. Zwar läßt Usong den Koran durch die »natürliche Gottesgelahrtheit« und die »Sittenlehre« ergänzen[44] und übt den Sekten gegenüber religiöse Toleranz, zugleich jedoch wird bei der Nennung des »Wesentlichen aller Religionen« vor allem die »der vollkommensten Gerechtigkeit Gottes angemessene Bestraffung der Lasterhaften« hervorgehoben[45], die die radikalen Deisten ja aus dem Katalog der Herbertschen Glaubensartikel gestrichen hatten.[46] Auch wird Usong am Schluß des Romans zum Christentum bekehrt, offenbar um deistischen Fehldeutungen vorzubeugen. Daß diese Bekehrung das Werk eines Waldensers ist, also eines Sektierers, weist darauf hin, daß es Haller dabei weniger auf die Propagierung einer bestimmten amtskirchlichen Interpretation der Offenbarung ankam als vielmehr auf den Hinweis auf die Offenbarungsreligion samt ihren Sanktionsimplikaten überhaupt. Eine analoge Konstellation weist Hallers letzter Roman *Fabius und Cato* auf. Dort finden sich zwar eine Reihe von Hinweisen auf die (stoische) Physikotheologie und besonders den (stoischen) physikotheologischen Gottesbeweis; aber diese haben vor allem die Aufgabe, die akademische Skepsis des Karneades, in der Haller zugleich den zeitgenössischen Materialismus zu treffen hoffte, zu konterkarieren. In diesem Zusammenhang weist Haller zugleich implizit auf Konsequenzen hin, die aus einem radikalen Deismus zu ziehen wären. Karneades vertritt nämlich die Ansicht, »daß in der Natur Kräfte liegen, die die Welt in einem Gleichgewichte, und in einer unveränderten Fortdauer zu erhalten zureichen«.[47] Indem Haller Karneades dies äußern läßt, desavouiert er die deistische Vorstellung von einer Weltmaschine, in deren Funktionsablauf der Konstrukteur, nachdem er sie einmal in Gang gesetzt hat, nicht mehr einzugreifen braucht.[48] Er legt den Verdacht zumindest nahe, daß es von der Verbannung Gottes aus der Natur bis zum Zweifel an seiner Existenz nur ein Schritt sei. Bei Karneades führt ja die Vorstellung von einer Autonomie der Naturgesetze zur religiösen und ethischen Skepsis, die in einen religiösen und ethischen Konventionalismus einmündet. Damit sieht Haller die Verbindlichkeit der moralischen Gesetze ins Wanken geraten, ein (geläufiger) Vorwurf, den er im übrigen auch gegen den physiologischen Materialismus La Mettries und die Nutzensethik des Helvétius, die ohnehin die eigentlichen Adressaten seiner Argumentation sein dürften, erhebt. Das Ausspielen der Physikotheologie gegen die Skepsis, der Teleologie gegen die Kausalität verfolgt, wie der Zusammenhang zeigt, vor allem den Zweck, die Existenz Gottes als eines strafenden Gottes, als einer die Einhaltung der Moralgesetze befördernden Sanktionsinstanz abzusichern. Von dieser zentralen Absicht her sind die beschriebenen Verschiebungen zu erklären. Die Vernunftreligion, die sonst hinter der Offenbarungsreligion zurücktritt, wird dann hervorgeholt, wenn es gilt, gegen Skeptizismus und Materialismus die Religion überhaupt zu retten.

Der Glaube muß um seiner Festigkeit willen auf Gründen beruhen, zugleich jedoch ist sein hauptsächlicher Gegenstand, die Gestalt Jesu Christi, ein unbegreifliches Geheimnis, das aber andrerseits, wie umständlich genug dargelegt wird, kein »Widerspruch« ist usw.[49] Haller polemisiert gegen die Voltairesche Trennung von Vernunft und Offenbarung, die jene gleichwohl unendlich übersteigt. Christus ist zugleich Tugendlehrer und Wundertäter; aber der Akzent liegt auf dem letzteren, da diese Funktion vor allem die Religion als positive Lehre beglaubigt. Es kommt Haller weniger auf den moralischen Inhalt des Christentums selbst an als auf dessen Durchsetzung. So wird denn gleich zu Anfang der *Offenbarungsbriefe* das Thema des Jüngsten Gerichtes angeschlagen, das die weiteren Darlegungen zentral bestimmt. Die »Gottesgelehrten« haben »Gott etwas zu sehr in seinem Verhältnisse gegen den Menschen« betrachtet und die Philosophen »Gott nicht genugsam als den Vater, den Richter, den Begnadiger der Menschen, angesehn«.[50] Anthropomorphistische Liebestheologie (»jene haben Gott oft alzusehr nach dem Menschen gebildet«[51]) und philosophischer Deismus, von denen die eine Gott allzu sehr an den Menschen heranrückt, der andere ihn allzu sehr von dem Menschen entfernt, konvergieren darin, den Menschen von der Verantwortlichkeit gegenüber einer transzendenten Instanz zu entlasten. Um diese Gefahr abzuwenden, wird auch die im Opfertod Christi manifeste göttliche Gnade uminterpretiert. Dieser ist vor allem eine Demonstration der Sündhaftigkeit des Menschen:

»An dem, der ohne Schuld war, zeigte Gott, was die Sünde verdiente, und gab allen Welten und allen Zeiten ein Maaß, woran sie die Grösse seines Widerwillens gegen das böse erkennen konnten.«[52]

Um nur ja die Strafgerichtsbarkeit Gottes nicht zu gefährden, scheut Haller vor virtuell manichäischen Konsequenzen nicht zurück: »die unendliche Last unsrer Schulden« wiegt die »Unschuld und die Würde« des Gottmenschen auf.[53] Von daher ist es verständlich, daß Haller auch die Vanitas-Topik aufgreift und den einzigen Zweck des Menschen in der Ewigkeit sieht.

Die in ihrem Grundzug dualistische Theologie Hallers, die vor allem auf den über die Naturgesetze erhabenen allmächtigen Schöpfer und Richter abzielt[54], läßt sein Verhältnis zur Philosophie bzw., enger gefaßt, zur Metaphysik von vornherein als problematisch vermuten. Natürlich akzeptierte Haller die Gesetze der Logik, wie etwa den Satz vom Widerspruch, aber vor allem unter dem Gesichtspunkt, daß ohne die Minimalbedingung der logischen Widerspruchsfreiheit auch erfahrungswissenschaftliche Aussagen sinnlos sind. Generell wahrte Haller zur systematischen Philosophie, die ihm insbesondere in Gestalt der aristotelischen und rationalistischen Metaphysik entgegentrat, Distanz. Vor allem verwahrte er sich gegen Übergriffe auf das Gebiet der Erfahrungswissenschaften, wie er sie vor allen Dingen in der Wolffischen Schule am Werke sah. Daher ist ihm auch die nominalistische Position selbstverständlich:

»Ein Augenblik von unpartheyischer Untersuchung ist hinlänglich einzusehen, daß allgemeine Begriffe bloß in der Art zu denken vernünftiger

Wesen ihr Daseyn haben, die das Allgemeine von einzelnen Dingen absondern.«[55]

Den Zweifel, den Haller aus der Theologie verbannt hatte, setzt er gegen die Metaphysik wieder in seine Rechte ein.[56] »Die wahre Philosophie besteht eben sowohl im Zweifeln, ja selbst im nicht Wissen, als im Wissen.«[57] War bei Descartes der methodische Zweifel der (erfolgreiche) Weg, um zu einer unbezweifelbaren Erkenntnis zu gelangen, so bezweifelt Haller auch das metaphysische Erkenntnisziel.

Von den drei Erkenntnisquellen Vernunft, Erfahrung und Offenbarung achtet er die Vernunft am wenigsten. In der Vorrede zu der deutschen Übersetzung von Buffons *Naturgeschichte* wägt Haller Metaphysik und Erfahrungswissenschaft gegeneinander ab. Die verbesserten Werkzeuge des naturwissenschaftlichen Experimentators haben »mehr zur Vergrösserung des Reiches der Wissenschaften«, das hier in einem umfassenden Sinn verstanden wird, beigetragen als die philosophischen Systeme von Aristoteles, Descartes und Gassendi.[58] Die Metaphysik hat vor allem die (allerdings durchaus unverächtliche[59]) Funktion, den Erfahrungswissenschaften Hypothesen zu liefern. Die Hypothesen haben nur insofern einen Wert, als sie das Reich der Wahrheit als erreichbar darstellen, andernfalls die Wissenschaften erlahmen würden. Sie sind nicht die Wahrheit, sondern führen nur zu ihr hin, insofern sie nämlich Fragen aufwerfen, »deren Beantwortung von der Erfahrung gefordert wird, und die ohne Hypothese uns nicht eingefallen wären«.[60] Das Wahrscheinliche ist zwar der Weg zum Wahren, aber, wie ein Weg dazu da ist, zurückgelegt zu werden, so darf man sich auch an die Hypothesen nicht klammern. Denn sowohl der Bau als auch vor allem die Zerstörung eines Systems werfen eine Fülle von Problemen auf, die der Natur als Fragen vorgelegt werden können. Dieser Einschätzung des Wertes der Metaphysik, die in ihrer Grundkonstellation an das maßvolle Wohlwollen des späteren Popper erinnert[61], gemäß ist denn auch das Wahrscheinliche der Hypothesen nur der Mond, der um die Sonne der Wahrheit der Naturwissenschaften kreist. Die illustrierende Metaphorik ist darüber hinaus aufschlußreich für das Verhältnis der Erkenntnisquellen überhaupt. Denn dieselbe Sonne-Mond-Metapher verwendet Haller auch, um das Verhältnis von Vernunft und Offenbarung zu charakterisieren. In den *Gedanken über Vernunft, Aberglauben und Unglauben* heißt es:

»Gott, der in allem strahlt, / Hat in der Gnade sich erst deutlich abgemalt; / Vernunft kann, wie der Mond, ein Trost der dunkeln Zeiten, / Uns durch die braune Nacht mit halbem Schimmer leiten; / Der Wahrheit Morgen-roth zeigt erst die wahre Welt, / Wann Gottes Sonnen-Licht durch unsre Dämmrung fällt. / Zu stammelnd für den Schall geoffenbarter Lehren / Soll die Vernunft hier Gott mit eignem lallen ehren.«[62]

Zwar ist der Vernunftbegriff des Gedichts mit der Hypothesen bildenden Metaphysik der Vorrede nicht deckungsgleich, insofern die Physikotheologie des Gedichts, die sich selbst gegen spekulative Grübeleien über das Wesen Gottes, der Ewigkeit usw. richtet, die wissenschaftliche Erfahrung nicht ausschließt (zur Konzeption von empirisch fruchtbaren Entwürfen taugt im übrigen ja auch die Metaphysik der Vorrede), doch ist das eine durch den Erkenntnisgegenstand, nämlich Gott, bedingte bloße Akzentverlagerung. In bezug auf die Erkenntnis Gottes ist die Wahrheit der Offenbarung wahrer als die Wahrheit von Vernunft und Erfahrung, in bezug auf die Erkenntnis der Natur ist die Wahrheit der Erfahrung wahrer als die Wahrheit der Vernunft. Wendet man dies erkenntnistheoretisch und sieht vom Gegenstand der Erfahrung ab, so rahmen die Wahrheitsgaranten Offenbarung und Erfahrung die bloß wahrscheinliche Aussagen ermöglichende spekulative Vernunft gewissermaßen ein. Gegenüber den Sonnen Offenbarung und Erfahrung ist die Vernunft in jedem Fall der Mond. Die Vernunft ist nur eine List der Vernunft.

Von dieser Konstellation her löst sich auch der oft beschworene »Widerspruch« zwischen dem Naturforscher Haller und dem orthodoxen Theologen Haller auf. Indem der Theologe Haller von seinem Interesse an der Durchsetzung moralischer Postulate her die Offenbarungsreligion betont, entlastet er gewissermaßen die Natur von der theologisch-metaphysischen Interpretation und macht sie frei für die empirische Forschung. Natürlich negiert Haller auch in seinen naturwissenschaftlichen Schriften nicht die Teleologie; zugleich jedoch dient die Annahme der »causae finales« nur als selbstverständlicher Ausgangspunkt, von dem aus die »causae efficientes« zu erschließen sind, und das letztere ist die eigentliche Aufgabe der Wissenschaft.[63] Ganz analog wendet sich Haller auch gegen solche physiologischen Theorien, die, wie etwa die (heute herrschende) Theorie der Epigenese, den Gegensatz zwischen dem Geist einerseits, Materie und Bewegung andrerseits durch Annahme selbststeuernder Lebenskräfte zu verwischen drohen.[64] Nicht nur nun, daß sich Theologie und Naturwissenschaft wechselseitig nicht ins Gehege kommen: in der Rezension von Bonnets *Abhandlung die Lehre der Insekten betreffend, oder Beobachtungen über die Blattläuse* liefert Haller sogar eine Art theologische Begründung der Naturwissenschaft. Er macht Front gegen sich in den systematischen Lehrgebäuden der Schulen niederschlagende vorschnelle Abstraktionen und spielt gegen sie die Vielfalt der Natur aus. Von »Wundern« und »Geheimnissen« ist die Rede.[65] Die dem unbegreiflichen Schöpfergott entsprechende unerschöpfliche Natur ist gerade dadurch der adäquate Gegenstand der nicht mehr scholastisch und metaphysisch eingeengten Erfahrungswissenschaften. Diese Konstellation von Offenbarungsreligion, Metaphysik und Wissenschaft, von denen die erstere und die letztere die mittlere gewissermaßen einrahmen und virtuell überflüssig machen, hat nun bestimmte Konsequenzen für die Hallersche Gesellschafts- und Staatsauffassung. Der dem religiösen Dualismus entsprechende anthropologische Pessimismus einerseits, die Betonung der Erfahrungswissenschaften andrerseits lassen apriorische Naturrechtskonstruktionen als inadäquat erscheinen und tendieren zu pragmatischen Lösungen.[66]

C. Die Staatstheorie

1. Die anthropologischen Voraussetzungen

Wie oben schon angedeutet, besteht eine Interdependenz zwischen der Präferenz für die Offenbarungsreligion, der pessimistischen Einschätzung der Möglichkeit des Menschen zur Vervollkommnung und der historisch-pragmatischen Lösung staatstheoretischer Probleme. Bevor ich auf die letztere zu sprechen komme, möchte ich zunächst auf die aus dem religiösen Dualismus fließenden diesseitspessimistischen Konsequenzen eingehen, die ja für die Rahmenbedingungen der staatsrechtlichen Konstruktion grundlegend sind. Besonders in seinem unter der Einwirkung des Rousseauschocks stehenden letzten Staatsroman sowie in den *Offenbarungsbriefen* verwahrt sich Haller gegen die Ansicht, daß die Menschen nicht böse oder gar gut seien. Die »Quelle des Uebels« ist dabei der »Eigenwille«, der verlangt, daß sich alles »nach seinen Begierden umschaffen« soll, »die Willen aller andrer Geschöpfe [. . .] sich unter den seinigen beugen« sollen.[67] Vor allem an den Kindern ist der Eigenwille sichtbar, und »wenn das Kind nun erwächst, und es vernehmen muß, daß die Welt nicht sein ist, und daß andere Menschen eben den Anspruch auf die Güter machen, die es selber so hoch schäzt, so entsteht ein algemeiner Krieg zwischen diesen Prätendenten zur algemeinen Monarchie«.[68] Sogar Hobbes wird zustimmend erwähnt, der diesen Krieg eingesehen habe, »nur daß er zwar wirklich, aber nicht rechtmäßig ist«.[69] Und da es hier nur um das Faktum der Triebgebundenheit geht, nicht um die möglichen normativen Konsequenzen, bemüht Haller auch La Mettrie als Zeugen. Dabei ist es, analog der Ansicht des von Arno Schmidt so genannten »Schreckensmannes« Johann Carl Wezel, des Verfassers des *Belphegor*, belanglos, ob es sich um einen Wilden oder um einen Philosophen handelt. Der Egoismus ist überall und zu jeder Zeit die hauptsächliche Triebfeder.

Von diesem Tatbestand her, der der Erbsünden-Lehre der Kirche entspricht, hier jedoch nur anthropologisch entwickelt wird, ist es verständlich, daß eine Instanz erforderlich wird, die den menschlichen Eigenwillen im Zaume zu halten geeignet ist – eine irdische und, da diese nicht zureicht, eine göttliche Gerichtsbarkeit. Die theoretische Erkenntnis des Guten und des Bösen ist nur dann von Belang, wenn die Konsequenz des entsprechenden praktischen Handelns erzwingbar ist. Der antiken Philosophie wirft Haller vor, daß sie es nicht fertig gebracht habe, »den Unterscheid des guten und bösen, *und* [Hervorhebung von mir] das Daseyn eines Richters zu einer angenommenen Lehre zu machen«[70], und faßt damit Morallehre und positive Religion unter dem Primat der Notwendigkeit einer göttlichen Sanktionsinstanz zusammen. Die absolutistische Staatstheorie war eine Theorie des Ausnahmezustandes. Unter der faktischen Bedingung des konfessionellen Bürgerkriegs und gemäß dem normativen Postulat des Friedens, dessen Formulierung selbst durch die Rahmenbedingung beeinflußt war (s. o.), wurde eine souveräne Staatsgewalt propagiert, die den Frieden zu sichern geeignet war. Nichts anderes soll auch der göttliche Richter den konkurrierenden Egoismen gegenüber leisten.

Dabei ergibt sich eine eigentümliche Konstellation. Der Hobbessche Leviathan hatte die Gedanken bekanntlich frei gelassen. Darüber nun geht Haller einerseits hinaus, aber gerade durch dieses Darüberhinausgehen ergibt sich andererseits die Möglichkeit, den faktischen Egoismen gegenüber Nachsicht walten zu lassen. Die Gedanken sollen nämlich einerseits keineswegs frei sein, vielmehr betont Haller gerade die Gedankensünde, die durch die Vorstellung des göttlichen Richters im Keim zu ersticken ist, und gegenüber der Unterscheidung von Gut und Böse wird die Unterscheidung von Gedanke und Tat unwichtig. Andererseits jedoch ermöglicht es gerade die durch die Furcht vor göttlichen Sanktionen erzwingbare Moralität, der Äußerung des Egoismus auch Raum zu lassen. Daher kann Haller an anderer Stelle der Furcht die Hoffnung nebenordnen und diese zwanglos mit dem Eigennutz identifizieren. Hoffnung und Eigennutz reizen zur Tugend und Arbeit an.[71] Ohne diese »Triebe« würde der »Geist« der Menschen »gleich einem Schiffe im Eismer, stille liegen«.[72] Entgegen dem sonstigen Antagonismus von Trieb und Vernunft ist hier der erstere zum mindesten ein indirekter Beförderer der letzteren (eine analoge Doppelheit weist die Kantische Geschichtsphilosophie auf, in der ja auch die Konzeption des Fortschritts durch Konkurrenz der Egoismen neben der des Fortschritts durch einen Zuwachs an Moralität steht).[73]

Entgegen dem exoterischen Pessimismus offenbart der anklingende Gradualismus von Trieb und Vernunft ein esoterisches Vertrauen in die mögliche Durchsetzung moralischer Lehren; von daher werden die unten zu erörternden Kompromißlösungen Hallers verständlich. Die Religion zähmt die Triebe und macht sie dadurch zugleich nutzbar: »Sie fahren fort zu fliessen; sie tragen nüzliche Schiffe, aber sie verwüsten das Land nicht mehr.«[74] Sie fungiert einerseits als Herrschaftsmittel (die Religion ist »das wahre Band der menschlichen

Gesellschaft«, sie macht »die Sterblichen zu Brüdern« und gewinnt die Völker, »dem Fürsten als dem Statthalter Gottes zu gehorchen«[75]: die Brüderlichkeit ist im Sinne der lutherischen Zweireiche-Lehre rein spirituell, ein Ergebnis der religiösen Erziehung, keine natürliche Tatsache, und berechtigt daher auch nicht zu innerweltlichen Konsequenzen[76], weshalb sie sich denn auch mit der Gehorsamspflicht dem weltlichen Oberhaupt gegenüber durchaus verträgt; auch kann die Religion den »gedrükten Unterthan [. . .] in Ketten trösten«[77], ist also »Opium des Volkes«), andrerseits liegt es in der Konsequenz dessen, daß, wenn das Herrschaftsmittel funktioniert, die Strafgewalt der weltlichen Obrigkeit nicht mehr, wie noch bei Hobbes, durch deren Allgewalt abgesichert zu werden braucht.

Dafür bietet nun der Hallersche Ansatz einige Anhaltspunkte. Es wurde oben bereits auf das ambivalente Verhältnis Hallers zur Literatur der Empfindsamkeit hingewiesen. Der Kritik an den verweichlichenden Dichtern steht die Anerkennung von deren Verdiensten um das menschliche Herz gegenüber. So ist denn besonders Hallers letzter Roman *Fabius und Cato* voll des Preises stoischer Tugenden, zugleich jedoch betont etwa der *Usong* über das durch die angestrebte Poetisierung bedingte Maß hinaus die empfindsame Komponente auch des herrscherlichen Verhaltens. Nicht nur die erklärtermaßen um der poetischen Anreicherung willen eingeführte Gattin Liosua findet darin ein Vergnügen, »sich mit der Ursache ihrer Traurigkeit zu beschäftigen«[78], sondern auch Usong selbst verfällt in temporäre Schwermut, frönt einem Lebensekel und will sterben. Sowohl die »Pflicht«, daß der Kaiser der Vater seines Volkes sein soll, fühlt Usongs »Herz« »mit den lebhaftesten Wallungen«[79] als auch die »Pflicht«, sich seinem »Kummer« hinzugeben.[80] Die Verschränkung von Herz und Pflicht sowie von Pflicht und Kummer deutet eine Emotionalisierung an, die die Innerlichkeit zum virtuellen Selbstwert zu machen geeignet ist. Eine Vorstufe dazu bildet die Übertragung des bürgerlichen Verhältnisses von Privatsphäre und öffentlicher Sphäre auf das Herrscherhaus. Dem Zusammenfallen beider in der repräsentativen Öffentlichkeit des Hofes gegenüber trennt der Bürger Usong den familiaren Raum vom öffentlichen strikt ab, um ihn sich als Erholungsstätte von den und für die Staatsgeschäfte(n) zu reservieren.

Nun sind die beschriebenen Modifikationen natürlich nur implizit vorhanden und werden keineswegs als anthropologische Basis von Kompromißlösungen explizit entwickelt. Gleichwohl besteht zwischen beidem eine offenkundige Korrelation. Bevor ich jedoch darauf, d. h. auf die moralischen und institutionellen Folgen dieses Ansatzes, eingehe, möchte ich kurz die sozusagen obersten Zielvorstellungen Hallers sowie die Methode seiner Untersuchung skizzieren, die das Resultat der einzelnen Vorschläge bereits in gewisser Weise präjudizieren.

2. *Das Ziel*

In dem staatsrechtlichen Abschnitt seiner Abhandlung über *Theorie und Praxis* schreibt Kant:

»Der Begriff [. . .] eines äußeren Rechts überhaupt geht gänzlich aus dem Begriffe der *Freiheit* im äußeren Verhältnisse der Menschen zueinander hervor und hat gar nichts mit dem Zweck, den alle Menschen natürlicherweise haben (der Absicht auf Glückseligkeit), und der Vorschrift der Mittel, dazu zu gelangen, zu tun.«[81] Recht ist daher »die Einschränkung der Freiheit eines jeden auf die Bedingung ihrer Zusammenstimmung mit der Freiheit von jedermann, insofern diese nach einem allgemeinen Gesetze möglich ist«.[82]

Das öffentliche Recht als der Inbegriff äußerer Zwangsgesetze basiert auf bestimmten Prinzipien a priori, die die Vernunft aufstellt (Freiheit der Menschen, Gleichheit der Untertanen, Selbständigkeit der Bürger), und kann aus diesen logisch abgeleitet werden. Empirische Zweckbestimmungen, wie etwa die des Glücks der Untertanen, kollidieren nicht nur mit dem apriorischen Prinzip der Freiheit, sondern sind als empirische gar nicht fähig, Regulative des öffentlichen Rechts abzugeben. Denn jeder hat einen anderen Begriff von Glückseligkeit, und so wird der Souverän zum Despoten und das Volk zum Rebellen.

Einem solchen radikalen staatsrechtlichen Apriorismus gegenüber knüpft Haller an das ältere Glückseligkeitspostulat an. Dieses hat jedoch eine doppelte Spitze. Als Glückseligkeit des *Volkes* interpretiert, richtet es sich gegen den Anspruch des monarchischen Absolutismus, in dessen Konsequenz es ja lag, im Glück des Herrscherhauses das Glück des Volkes am besten aufgehoben zu sehen, als *Glückseligkeit* des Volkes verstanden, bietet es unter der Voraussetzung bestimmter (und zwar pessimistischer) Annahmen über die Fähigkeit des Menschen bzw. des Volkes zur vernünftigen Selbstregulierung die Handhabe, gegen den naturrechtlichen Normativismus zu Felde zu ziehen – eine Doppelheit, die sich in etwa auch in der bekannten Maxime Friedrichs des Großen »Alles für das Volk, nichts durch das Volk« ausdrückt. Beide Komponenten sind bei Haller präsent.

»›Die Menschen haben alle ein gleiches Recht auf Glükseligkeit. Ein Staat muß auf eine Weise eingerichtet seyn, daß so viele Bürger, als möglich ist, glüklich seyen, und in dem höchsten Grade glüklich seyen, der nur erreicht werden kan‹«, läßt Haller in einem seiner Staatsromane sagen.[83]

Die Proklamation eines Rechts auf Glückseligkeit macht in der Akzentuierung des Rechts einerseits Front sowohl gegen die Theorie einer natürlichen Hierarchie als auch gegen die Theorie einer um des nackten Überlebens willen nötigen Zession dieses Rechts an einen omnipotenten Souverän, andererseits wehrt sie durch die Betonung der Glückseligkeit weitergehende aus naturrechtlichen Prinzipien fließende staatsrechtliche Postulate ab. Sowohl Hobbes und Carl Ludwig von Haller als auch Kant hätten die Formel des älteren Haller aus unterschiedlichen Erwägungen abgelehnt; auf der einen Seite Hobbes mit dem Argument, daß im Gesellschaftsvertrag die Menschen ihr Naturrecht auf Glück bzw. Selbsterhaltung an den Souverän abgetreten hätten, die Aufstellung eines im gesellschaftlichen Zustand fortdauernden Rechts auf Glückseligkeit also die Vorstellung eines Herrschaftsvertrages mitsamt Widerstandsrecht impliziere und insofern nur die Unsicherheit des Naturzustandes erneuere[84], Carl Ludwig von Haller mit dem Einwand, daß schon die Berufung auf ein gleiches Recht der (von ihm normativ interpretierten) natürlichen Ungleichheit widerspreche, auf der anderen Seite hätte Kant von vornherein bestritten, daß aus der lediglich empirisch konstatierbaren Glückseligkeit überhaupt irgendein Recht, als welches auf apriorischen Vernunftprinzipien beruhen müsse, deduziert werden könne.

Bei Haller nun verschiebt sich der Akzent je nach der in den einzelnen Staatsromanen thematisierten Regierungsform. Generalisierend läßt sich sagen, daß die sozusagen rechte Komponente des Glückseligkeitspostulats um so mehr hervortritt, je mehr sich Haller seinem eigenen verfassungsrechtlichen Ideal nähert. Daher ist sie im *Usong*, der den unbeschränkten Despotismus zum Vorwurf hat, am wenigstens spürbar, in *Fabius und Cato*, der die Aristokratie propagiert, am stärksten. In dem einen Fall liegt der Akzent auf der *Pflicht* des Fürsten, für das Wohl seiner Untertanen zu sorgen, in dem anderen auf der Abwehr des *Rechts* des Volkes auf Selbstbestimmung. »Der glückseligste Staat«, heißt es in letzterem Zusammenhang, »ist nicht, der für einen Morgen alle seine Bürger zu Fürsten macht; es ist der, durch dessen Einrichtung die allgemeine Glückseligkeit des Volkes am dauerhaftigsten festgesetzt wird.«[85] Das Postulat des Glücks des Volkes läßt sich sowohl gegen das Glück des Fürsten als auch gegen das Recht des Volkes wenden.

Daher ist es auch kein Zufall, daß Haller die politische Metaphorik sowohl des aufgeklärten Despotismus als auch die der aufklärerischen Kritik, die später in der Französischen Revolution zu unmittelbar politischen Ehren kommen sollte, verwendet, und zwar beides ineins.

»Alle Staatsverfassungen haben zur Absicht das Glück ihrer Völker«, heißt es in der Widmung von »Fabius und Cato«, und weiter: »Wer an demselben thätig würkt, verdient den Dank des ganzen Geschlechtes der Brüder, die Menschen heißen. Ein freyer Helvetier verehrt den thätigen, den erleuchteten, den das Beste seiner Untergebenen befördernden Minister, der ein Vater seiner Brüder ist.«[86]

Die Widmung ist adressiert an einen österreichischen Minister, also den Diener eines aufgeklärten Despoten, Josephs II., dem der schweizerische Republikaner Haller seinen Gruß entbietet. Unter der Perspektive des Glücks der Völker wird die staatsrechtliche Differenz von Despotismus und Republik unwichtig. Der Freiheit des Republikaners sind Tätigkeit (auf diese legt Haller den größten Wert: ein untätiger Fürst ist schlimmer als ein böser), Erleuchtung (gleich Aufgeklärtheit) und Pflichtbewußtsein (gleich Sorge für das Wohl der Untertanen) des Fürstendieners äquivalent – eine implizite Analogisierung von Rechtszustand und wenn auch möglicherweise moralischer, so doch lediglich auf empirischen Prämissen beruhender Tätigkeit, die etwa Kant kaum gebilligt haben würde (dem zufolge ja nur das im kategorischen Imperativ sozusagen inkarnierte Freiheitsgesetz Bestimmungsgrund des moralischen Handelns sein kann, nicht eine Zufälligkeit wie das Glück des Volkes). Von dieser Parallelisierung her ist es auch gewiß kein Versehen, daß der Minister der Vater seiner Brüder genannt wird. Hatte die absolutistische Populärapologetik aus der Tatsache eines ursprünglichen Vater-Kinder-Verhältnisses Konsequenzen im Sinne einer strikten Unterordnung gezogen, und hatte dagegen Rousseau aus der natürlichen Brüderlichkeit aller Menschen die Egalität der Staatsbürger gefolgert, so faßt Haller beide einander entgegengesetzten Familienmodelle in eines zusammen.

(Daß auch hier die mit dem restriktiv interpretierten paternalistischen Modell ja durchaus verträgliche lutherische Version der Brüderlichkeit gemeint sei, halte ich für nicht wahrscheinlich. Der Kontext ist nicht theologisch, sondern staatstheoretisch; auch kam es Haller offenbar gerade auf die Paradoxie an.)

Eine gewisse Indifferenz der naturrechtlichen Fundierung des Staatsrechts gegenüber (»*Alle* Staatsverfassungen *haben* zur Absicht das Glück ihrer Völker«, heißt es zu Beginn des Zitats [Hervorhebungen von mir]; daß hier eine generalisierende Tatsachenaussage an der Stelle eines eigentlich zu erwartenden Soll-Satzes steht, weist auf den Zusammenhang von historischer Methode und individual-moralischer Postulatorik hin, der anschließend zu erörtern ist) geht Hand in Hand mit der Ausweitung der Perspektive auf die ganze Menschheit. Das Glückseligkeitspostulat läßt die (allerdings ganze) Menschheit vorerst nur als eine fiktive öffentliche Instanz erscheinen, die der moralischen Aktion der politisch Verantwortlichen Beifall spendet (oder auch nicht), ohne daß aus ihrem Vorhandensein rechtliche Folgerungen gezogen würden.

Die beschriebene Zielvorstellung mit ihrer doppelten antidespotischen und antidemokratischen Pointe prägt nun auch die Methode, die Haller bei der Ableitung seiner staatsrechtlichen Postulate wählt. Sie ist im folgenden darzustellen.

3. Die Methode

In gewisser Weise ist bereits der Tatbestand, daß Haller im Gegensatz zu allen anderen Staatsroman-Autoren nicht nur einen, sondern drei Staatsromane geschrieben hat, methodisch bedeutsam.[87] Bekanntlich wollte Haller ja in seinen drei Staatsromanen die drei Staatsformen des unumschränkten (wenn auch aufgeklärten) Despotismus, der konstitutionellen Monarchie und der aristokratischen Republik darstellen, in etwa im Anschluß an die Einteilung Montesquieus. Dieser Tatbestand bereits weist darauf hin, daß es Haller nicht darum geht, aus allgemeinen naturrechtlichen Grundsätzen ebenso allgemeine staatsrechtliche Konsequenzen zu ziehen, sondern darum, innerhalb der historisch vorgegebenen Staatsformen Modelle zu entwickeln, die die Verwirklichung des allgemeinen Ziels des Wohls der Untertanen optimal gewährleisten sollen. Die bloß empirisch mögliche Bestimmung des Wohls der Untertanen legt dabei eine nach dem Vorbild Montesquieus historisch und geographisch differenzierende Methode dieser Modellentwicklung von vornherein nahe.

Das Naturrecht der Aufklärung hatte seine Forderungen an das positive Recht, wie bereits ausgeführt, zwar aus Aussagen über die *Natur* des Menschen hergeleitet, und auch Kant hatte das Freiheitsgesetz als ein *Faktum* der reinen praktischen Vernunft angesehen. Ungeachtet des Naturalismus der praktizierten Begründungsverfahren jedoch ermöglichte diese Methode durch die Differenzierung zwischen vorfindlicher und wahrer Natur eine scharfe Kritik an den gesellschaftlichen und staatlichen Zuständen. Aus der Einheit des Guten, des Wahren und des Wirklichen, wie sie die metaphysische Tradition postuliert hatte und wie sie Hegel als einen historischen Gesamtprozeß restituieren sollte, wurde zwar nur das Wirkliche ausgegliedert; aber gerade dadurch, daß man an der Verankerung der Normen des Handelns in einer eigentlichen Natur festhielt, konnte man zugleich den Dualismus von Theorie und Praxis verschärfen.

Gegenüber dieser strategischen Identifizierung von Norm und Natur nimmt Haller die Position des Empirikers ein. Nicht daß Haller nicht auch an einer »Stimme der Natur« festhielte.[88] Aber diese Stimme der Natur ist kein apriorisches

Vernunfturteil, sondern das Produkt eines Abstraktionsprozesses. Der Vergleich vieler verschiedener Meinungen, Sitten und Gesetze, die wir durch Reisebeschreibungen kennenlernen, läßt uns von dem Besonderen absehen und das allen Gemeinsame heraussuchen, das dann als Stimme der Natur gelten kann. Das normative Naturrecht wird zum empirischen Naturgesetz. Nun ist dieser Rückschluß von den faktischen Verhältnissen auf die »ersten Grundsätze des Rechts« (»Niemand beleidigen, einem jeden das Seine lassen, in seinem Berufe vollkommen seyn«)[89] zwar offenbar nicht als eine Rechtfertigung der ersteren intendiert – vielmehr nimmt Haller, wie aus dem herangezogenen Text, der Rezension einer Sammlung von Reisebeschreibungen, allerdings eher zu erschließen ist, als daß es ihm entwickelt würde, eine die allgemeinen Rechtsgrundsätze depravierende Mannigfaltigkeit von je nach den äußeren Bedingungen variierenden Ursachen des Verderbens an, insinuiert also auch einen Bruch zwischen Grundsätzen und Wirklichkeit –, gleichwohl legt die Analogie seines Abstraktionsverfahrens zum Vorgehen der Naturwissenschaften, wie Haller es sich vorstellt, eine solche Vermutung zumindest nahe. Denn wie die allgemeinen Naturgesetze den jeweiligen Rahmenbedingungen gemäß in jeweils besonderer Form in Erscheinung treten, so könnte man auch die jeweilige Modifikation der allgemeinen Grundsätze des Rechts als notwendigen Ausdruck der jeweils vorgegebenen Umstände ansehen und insofern für ebenso gerechtfertigt halten wie ihre normative Basis. Insofern laufen die Implikate des Rückschlusses von vorfindlichen Normen auf grundlegende der in demselben Zusammenhang geäußerten Ansicht von der durch die Reisebeschreibungen aufzudeckenden »unendliche[n] Verschiedenheit in der Herrschaft des Verderbens« konträr.[90]

Nun läßt sich dieser Widerspruch zwar nicht eliminieren, gleichwohl jedoch ein Punkt ausmachen, in dem seine beiden Momente konvergieren. Dieser ist das Bestreben, dem Naturrecht den apriorischen Absolutheitsanspruch gewissermaßen unter den Füßen wegzuziehen. Diesem Zweck dient sowohl die empirische Verankerung der allgemeinen Rechtsgrundsätze als auch die Konstatierung der mannigfaltigen Verderbnis, deren geographische Differenzierung eine flexible Handhabung der Prinzipien ja von vornherein nahelegt.[91] Sowohl deskriptiv, in der »Ableitung« der Theorie aus der Praxis, als auch intentional, in der Ausrichtung der Theorie auf die Praxis, nähert Haller Theorie und Praxis einander an; sowohl der apriorische Geltungs- als auch der absolute Durchsetzungsanspruch der Rechtsprinzipien wird heruntergeschraubt.

Dem entsprechend fällt denn auch die Formulierung der »ersten Grundsätze des Rechts« aus. Diese sind durchweg defensiv gehalten. Sieht Kant den Zweck der gesellschaftlichen Vereinigung positiv in der gesetzlichen Absicherung der größtmöglichen Freiheit ihrer Mitglieder, so betont Haller vor allem die rechtlichen Verbotsnormen. Zwar wird auch bei Kant die Freiheit des einzelnen Bürgers, da sie mit der jedes anderen notwendigerweise kollidiert, (gesetzlich) eingeschränkt, aber eben um ihrer selbst willen; die wechselseitige Absicherung des Freiheitsspielraums bleibt oberstes Prinzip. Indem nun Haller im Vergleich dazu die Prämisse dieser Konstruktion nicht thematisiert, sondern allein ihren restriktiven Aspekt akzentuiert (auch die Forderung, daß jeder in seinem Berufe vollkommen sein solle, impliziert ja die Einschränkung auf die eigenen Leisten) und diesen auch noch »privatrechtlich« formuliert, läßt er der detaillierten öffentlich-rechtlichen Ausführung dieser Grundsätze einen viel größeren Spielraum, als das von den Kantischen Voraussetzungen aus möglich wäre.

Der vorsichtigen Zielformulierung entspricht die historische Methode. Im 4. Buch von Hallers letztem Staatsroman *Fabius und Cato* unterhalten sich Cato und Scipio Nasica über die beste Staatsverfassung. Scipio referiert zunächst die Lehren des Akademikers Karneades, dem die Rousseausche Theorie der Volkssouveränität untergeschoben wird. Gegen diese Theorie zieht Cato dann zu Felde. Dabei bezieht er seine Argumente sowohl aus der »Geschichte« als auch aus der »Vernunft«.[92] Nirgendwo habe sich ein Volk »freywillig zusammengethan, und durch ein Gesetz seine Gewalt einem Fürsten mit dem Bedinge übertragen [. . .], sie allemahl zurück nehmen zu können«.[93] Die erste Herrschaftsform sei das Patriarchat, die zweite die Herrschaft des kühnsten Streiters und des eifrigsten Jägers gewesen; die letztere habe sich dann zur erblichen Monarchie entwickelt. Dieser historischen Kritik an der Rousseauschen Vertragstheorie tritt nun eine grundsätzliche Kritik an die Seite. Aber auch diese Kritik schöpft ihre Argumente vor allem aus der Empirie. Die politischen Fragen sind zu diffizil, als daß sie vom Volk entschieden werden könnten; außerdem neige dieses dazu, den eigenen egoistischen Interessen zu folgen und bedürfe daher einer Instanz, die es im Zaume halte.[94] Als Scipio dagegen die Gefahr des Machtmißbrauchs auch seitens eines Monarchen oder einer Aristokratie ins Feld führt, nimmt das Gespräch eine bezeichnende Wendung. Cato nämlich nimmt das Argument zunächst gar nicht auf und spricht, nachdem bereits Scipio sein rechtliches Argument moralisch quasi zurückgenommen hat (»Ich befürchte, die Menschen tragen ihre Laster in alle Staatsverfassungen mit sich«[95]), über die Wechselwirkung von Staatsverfassung und Tugend der Bürger. Und als Cato schließlich antwortet, klingt diese Antwort einigermaßen ratlos: »Doch ist meines Freundes Frage schwer zu beantworten, und ich bin allerdings überzeugt, keine Regierungsform sey zu allen Zeiten und für alle Völker gut.«[96] Das grundsätzliche Verfassungsproblem wird historisch relativiert, und insofern kehrt die Kritik an der Rousseauschen Vertragstheorie an ihren Ausgangspunkt zurück. Die ohnehin mit empirischen Argumenten bestrittene prinzipielle Diskussion bleibt sozusagen Episode. Der empirischen Herleitung der obersten Rechtsgrundsätze und ihrer vorsichtigen Formulierung entspricht ihre historisch-geographische Spezifizierung.

In diesem Zusammenhang ist es für den Pragmatismus der Argumentationsweise bezeichnend, daß Haller sich durch seine sonstigen Vorbehalte gegenüber der Montesquieuschen Klimatheorie – in einer Rezension des *Geistes der Gesetze* führt er sie durch empirische Hinweise etwa auf den russischen Despotismus oder die Anarchie der Hottentotten ad absurdum – keineswegs daran hindern läßt, sie dann ins Feld zu führen, wenn es um die Abwehr des universellen Durchsetzungsanspruchs abstrakter Rechtsprinzipien geht. Der Orient ist dann eben auf Grund seiner klimatischen Beschaffenheit, die sowohl den Reichtum des Landes als auch die Lasterhaftigkeit seiner Bewohner erzeugt, für die Republik untauglich und bedarf des Despotismus, ebenso wie die klimatisch bedingte Armut und mangelnde Triebhaftigkeit der Eskimos die Anarchie erlaubt. Diese Methode der historischen Relativierung bedeutet jedoch nicht, daß Haller auf die Explikation eines verfassungsrechtlichen Ideals verzichtete. Wie bei Montesquieu entspringt dem Verfahren der klimatischen und anthropologischen Erklärung von tatsächlichen Zuständen die Formulierung eines gesellschaftlichen und staatlichen Sollzustands. Die varriierenden Modelle, die Haller in seinen drei Staatsromanen anbietet, streben gleichwohl auf ein gemeinsames Zentrum zu. Dieses ist im folgenden darzustellen.

4. Das Resultat

a. Volk, Herrscher und Adel

Entsprechend der staatsrechtlichen Tradition sind für Haller die den Staat tragenden gesellschaftlichen Kräfte das Volk, der Adel und der Fürst. Was nun zunächst die Beurteilung des Volkes angeht, so ergibt sich schon von dem beschriebenen anthropologischen Pessimismus her quasi von selbst eine höchst skeptische Einschätzung von dessen Fähigkeiten, sein »Recht auf Glükseligkeit« (s. o.) selbst zu vertreten. Das Volk ist müßig, geldgierig, vergeßlich und unbelehrbar. Besonders Hallers letzter Roman, *Fabius und Cato,* der ja, wie bereits erwähnt, gegen die Rousseausche Theorie der Volkssouveränität sich wendet, liefert eine Fülle von theoretischen Reflexionen und praktischen Beispielen, die diesen Tatbestand illustrieren sollen. Besondere Bedeutung gewinnt dabei der Aspekt der Verführbarkeit. Daß das Volk sich je selbst aufklären könne, »so daß es im Stande sey, die Beweggründe der Entschlüsse selbst einzusehen«, ist unmöglich.[97] Es muß daher folgen und wird zum Spielball von Demagogen. In der Darstellung dieser Gefahr erfüllt Haller ein Übersoll. Nicht nur, daß er im Gefolge der konservativen römischen Geschichtsschreibung den Volksführer Gaius Flaminius dem Patrizier Fabius gegenüber abqualifiziert, auch der Volksgünstling Scipio gerät als Gegner Catos in die Schußlinie. Dabei bedient sich Haller sowohl der antiken philosophischen Kritik an der Rhetorik als auch der bürgerlichen Polemik gegen die glänzende Sphäre des Hofes, um sie gegen die Ansprüche des Volkes zu wenden. Ganz im Sinne seiner oben skizzierten

Auffassung von Literatur bindet Haller die Rhetorik an die Sachaussage zurück. Der gesetzte Sinn des Fabius hindert ihn am »Schimmer«, gibt aber »seiner Beredsamkeit den Nachdruck, den die überlegte Gründlichkeit, vor allen Zierrathen der Kunst sich erwirbt«[98], und der Rhetor Cato sieht seine hauptsächliche Aufgabe darin, diejenigen zur Verantwortung zu ziehen, »die wider die Gesetze gefehlt« haben.[99] Dagegen entspricht der Triebhaftigkeit des Volkes der verführerische Glanz der Redekunst sowohl des Flaminius als auch des Scipio. Besonders an der Behandlung des letzteren jedoch wird auch das positive Korrelat der Hallerschen Skepsis gegenüber dem Volk sichtbar. Die Karriere Scipios, den die Gunst des Volkes vor der gesetzlich vorgeschriebenen Zeit in die Staatsämter emporträgt, ist nämlich vor allem unordentlich, und von daher geraten auch seine Tugenden (der edle Anstand seiner Sitten wird ausdrücklich gerühmt) ins Zwielicht. Die große Persönlichkeit wird dann zur Gefahr für den Staat, wenn sie außer- und oberhalb des Gesetzes, und sei es auch nur des Verfahrensrechtes, steht. Die antidemokratische Polemik Hallers hat zugleich ein antiabsolutistisches Korrelat. Indem Scipio der »Günstling der Römer« genannt wird[100], wird das Volk sozusagen zum Despoten, der seine Gunst nach freiem Belieben austeilt.

Aus dieser Skepsis dem Volk gegenüber resultiert auch der »Antiliberalismus« Hallers, jedenfalls was die Übertragung liberaler Prinzipien von der Wirtschaft auf den Staat betrifft. Auf die Gesetzgebung angewandt, würde nämlich der Egoismus der einzelnen Bürger seiner Ansicht nach keineswegs ein praktikables System gesetzlicher Regelungen erzeugen, sondern »nichts als ein Heer gegen einander streitender Vorschriften«.[101] Daher bedarf es unabhängiger Experten, die das Gesetzgebungswerk verrichten. Darauf komme ich in anderem Zusammenhang zurück.

Der beschriebenen Skepsis entspricht es auch, daß die im 5. Buch des *Alfred* dargestellten Zustände bei den Eskimos wie auch die ebendort sich findende Robinsonade jeglichen Anspruchs auf Vorbildlichkeit entbehren. Daß die Eskimos sich die Gleichheit leisten können, liegt lediglich an den geographischen Bedingungen, da die weiten Räume und die durch das Klima erzeugte mindere Heftigkeit der Triebe die Zusammenstöße mildern. Ansonsten sind auch die Eskimos ehr- und habsüchtig und unterscheiden sich im Prinzip nicht von den zivilisierten Völkern. Auch der Möglichkeit, in einer Robinsonade den Aufbau einer Zivilisation auf der Basis ursprünglicher Freiheit und Gleichheit darzustellen, wie sie die frühaufklärerischen Utopisten wahrgenommen hatten, verschließt sich Haller bewußt. Seine Robinsone sind auf die Erzeugnisse der Zivilisation angewiesen, und als diese sich abnutzen, sind sie dem Hungertode nahe und müssen gerettet werden.

Gegen einen Begriff von ursprünglicher Freiheit und Gleichheit spielt Haller einen qualitativen Begriff von Freiheit und Gleichheit aus, der bereits Resultat gesellschaftlicher Organisation ist. Wenn das Volk frei wählen kann, wird es seinen Trieben folgen, ist also eigentlich unfrei; die wirkliche Freiheit ist vielmehr ein Resultat der Tugend. Auch sind »natürlich« nicht alle Menschen gleich, und »der Wehrt eines jeden Bürgers ist der Antheil, den er zum allgemeinen Besten beyträgt«.[102] Freiheit und Gleichheit werden an die Tugend zurückgebunden. Aus naturrechtlichen Grundlagen der Volkssouveränität werden unter dem Primat der Glückseligkeit sowie der einschränkenden Bedingung der Unfähigkeit des Volkes zur Selbstregulierung Privilegien einer Verwaltungselite.

Natürlich stand Haller dem Despotismus eines Einzelnen ebenso reserviert gegenüber wie dem des Volkes. Da es ihm, wie noch auszuführen sein wird, vor allem auf die gesetzliche Absicherung einer Machtbalance ankommt, ist es prinzipiell gleichgültig, ob der Tyrann, der seinen Willen gegen alle Widerstände durchzusetzen vermag, viele oder nur einen Kopf hat. Die Abwägung der Vorzüge bzw. Nachteile der unbeschränkten Monarchie oder der Demokratie folgt denn auch lediglich sekundären Zweckmäßigkeitsüberlegungen. Aufschlußreich in diesem Zusammenhang ist Hallers Verhältnis zur Sphäre der Außenpolitik. Im Gegensatz zu vielen anderen deutschen und europäischen Intellektuellen hat Haller der amerikanischen Unabhängigkeitsbewegung wenig Sympathie entgegengebracht. Ihm liegt viel an »Englands Erhaltung und Grösse«, da »England allein [. . .] dann und wann unterdrükten Staaten helfen, und die Almacht der grossen Machten einschränken« könne.[103] Daher beklagt er das

»ewige Grübeln und Klagen der Engelländer«[104]; denn die amerikanische Malaise sei bloß den Rednern zu verdanken, die jeden Schritt des Ministeriums bewachen und es daran hindern, rechtzeitige Maßnahmen zu ergreifen. So republikanisch er, Haller, auch sei, da sei der »Hang zur Sclaverey« schon vorzuziehen.[105] Diese Darlegung ist insofern interessant, als die Bevorzugung des Despotismus um der außenpolitischen Aktionsfähigkeit willen (im übrigen ein geläufiges Argument) in einem Kontext steht, der es zugleich in seiner allgemeinen Gültigkeit relativiert. Denn es ist offenbar kein Zufall, daß das Argument in dem Moment auftaucht, als es um England geht, dessen Verfassung Haller ja in seinem zweiten Staatsroman zu einer Art Prototyp erhoben hatte. Die vermeintlichen kritischen Exzesse gefährden nicht nur die Handlungsbereitschaft nach außen, sondern auch die innere Machtbalance. In einem analogen Sinn ist die weitere Begründung zu interpretieren. Die außenpolitische Aktionsfähigkeit ist ja kein Selbstzweck – im Gegensatz dazu steht etwa am Schluß von Barclays *Argenis* die ungebrochene Zukunftsvision einer äußeren Expansion –, sondern zielt auf ein Machtgleichgewicht; aber auch dieses Machtgleichgewicht konstituiert sich nicht, wie im absolutistischen Völkerrecht postuliert, gewissermaßen automatisch durch die Machtkonkurrenz souveräner Staaten, sondern bedarf des integren Wächters, der durch seine eigene innere Verfassung, die die gesellschaftlichen Kräfte gegeneinander ausbalanciert, die Gewähr dafür bietet, daß das äußere Gleichgewicht nicht gestört wird. Insofern entpuppt sich das außenpolitische Argument zugunsten des Despotismus letzten Endes als ein Argument für ein verfassungspolitisches Ideal, und der Republikaner Haller braucht daher durchaus kein schlechtes Gewissen zu haben.

Einen analogen Sinn offenbart auch die oben erwähnte Reihenfolge von »Liebe«, »Kriegen« und »andern Geschäften des gemeinen Lebens«, welch alles Haller in der Vorrede zu den *Offenbarungsbriefen* der Vermengung mit dem Thema der Offenbarungsreligion für nicht würdig erachtet. Unter der Voraussetzung, daß diese Reihenfolge eine abnehmende Distanz zum Ernst der »Angelegenheiten der Ewigkeit« ausspricht[106], würde das bedeuten, daß Haller zwar zunächst die herrscherliche Privatsphäre, wie im poetologischen Zusammenhang bereits erwähnt, eines relativen – natürlich nur eines relativen: vgl. das oben über die Familie als Rekreationsraum Ausgeführte – Unernstes zeiht und damit sowohl der Ästhetisierung als auch der Intimisierung des Staatsromans, wie sie in der Loen-Wielandschen Tradition liegt, widerspricht, zugleich jedoch auch die Sphäre der Außenpolitik hinter der der Innenpolitik rangieren läßt. Einerseits: für Usong ist analog der ambivalenten Funktion der Familie auch das idyllische Gärtnerdasein zugleich eine »demüthigende Beschäftigung«[107], in, wenn man von den begleitenden Umständen abstrahiert, bezeichnender Verschiebung zu den Konstellationen Loens und Wielands; und Cato »belustigt« sich zwar mit dem Landleben, aber dies ist ein bloßer »Zeitvertreib«, und auch die Belustigung speist sich nicht aus der empfindsamkeitsträchtigen Schönheit der Natur, sondern aus ihrer Nützlichkeit.[108] Auf der anderen Seite zeigt sich Haller an den in seinen Quellen vorgegebenen kriegerischen Aktionen desinteressiert, um deren Darstellung er sich gleichwohl auf Grund seines traditionalistischen poetologischen Wahrheitsbegriffes nur schwer herumdrücken konnte. Besonders die Schilderung der Auseinandersetzung zwischen Angelsachsen und Normannen, die Haller im 1. Buch des *Alfred* gibt, ist, verglichen mit den zugleich virtuosen und für die staatstheoretische Lehre bedeutsamen Schlachtbeschreibungen Barclays, an Ödnis nicht zu überbieten. Und auch theoretisch hat Haller allenfalls den Verteidigungskrieg gerechtfertigt.

Unter der Voraussetzung des oben diskutierten obersten Ziels, des Wohls der Untertanen nämlich, verlagert sich der Schwerpunkt der Darstellung von der Außenpolitik auf die Innenpolitik. Damit geht einher, daß Haller zwar auf Grund seines historischen und geographischen Relativismus den (aufgeklärten) Despotismus als eine mögliche Regierungsform akzeptiert, zugleich jedoch an den Fürsten moralische Anforderungen stellt, die über das Desiderat vor allem politischer Tugenden, wie es der Staatsroman des 17. Jahrhunderts formuliert hatte, weit hinausgehen. Von vornherein hat ja die dem im Staatsroman der Aufklärung aufgerichteten Herrscherideal implizite Kritik an den jeweiligen zeitgenössischen Praktiken den doppelten Charakter des moralischen Postulats und der institutionellen Entlastung. In diesem Rahmen, den exemplarisch etwa Loens *Redlicher Mann am Hofe* repräsentiert, bewegt sich im großen und ganzen auch Haller. Doch stellt sich ihm, was das Verhältnis zum Despotismus angeht, sowohl auf Grund seiner Herkunft aus einer aristokratisch regierten Republik wie auch auf der Basis einer verbreiterten staatstheoretischen Grundsatzdiskussion (zwischen dem *Redlichen Mann am Hofe* und den Staatsromanen Hallers erschienen der *Geist der Gesetze* und der *Contrat social*) das Problem der Relation von moralischer Kritik und institutionellen Folgerungen mit weit größerer Schärfe. Hallers Haltung ist dabei durchaus zwiespältig. Naturgemäß, d. h. dem vorgegebenen institutionellen Rahmen entsprechend, ist der Moralismus im *Usong* am weitesten getrieben. Dort ersetzt die Erziehung des Herrschers zur Tugend, in der ohnehin sowohl sein als auch des Volkes wahres Glück besteht, die institutionelle Absicherung, und das moralische Vorbild des Fürsten wirkt dann gewissermaßen autodynamisch bis in die Steuermoral der Untertanen hinein. Demgegenüber wird in den beiden anderen Staatsromanen Hallers das Problem grundsätzlich thematisiert, ohne jedoch auch hier nach der einen oder der anderen Seite hin gelöst zu werden. Im *Alfred* vertritt der Held selbst die moralistische Position: wenn die Regierung tugendhaft sei, sei ihre Form gleichgültig; in *Fabius und Cato* Catos Gesprächspartner Scipio: die Menschen trügen ihre Laster auch in die weiseste Staatsverfassung. In beiden Fällen erwidern ihnen die Dialogpartner Amund bzw. Cato, daß gerade die Regierungsform die Sitten (und damit das Glück) eines Volkes maßgeblich beeinflusse. Doch wird ebenfalls in beiden Fällen das Problem weniger alternativ entschieden, als daß durch den Tatbestand der sich jeweils anschließenden intensiven Diskussion institutioneller Regelungen selbst eine Lösung im Sinne staatsrechtlicher Konsequenzen nahegelegt wird.

Noch deutlicher wird Haller in seinem Briefwechsel mit Gemmingen. Zwar setzt er zunächst große Hoffnungen auf den neuen französischen König, Ludwig XVI.; denn »ein friedlicher und wohlmeinender Despote könte in Frankreich vieles thun«.[109] Jedoch klingt die nächste Äußerung bereits wesentlich skeptischer: »Die Freunde der despotischen Herrschafft frolocken über die Nachrichten von Paris, und den guten Gebrauch, den der dortige Despot von seiner Macht bis hieher gemacht hat.«[110] Nicht alle Menschen, die vielmehr dem Wohlverhalten eines Despoten um der möglichen Stützung des Despotismus willen mißtrauen (etwa im Sinne Diderots: der gute Despot ist schlimmer als ein böser, da er das Volk an der prinzipiellen Einsicht in das Übel des Despotismus hindert – eine Denkfigur, die dann später in den verschiedenen geschichtsphilosophischen Eklat-Theorien wiederkehren wird), frohlocken (der mißfällige Beiklang dieses Wortes ist unverkennbar) über die guten Nachrichten, sondern nur die Freunde des Despotismus, die dazu auch allen Grund haben. Auch hat der französische König nur »bis hieher« seine Macht nicht mißbraucht: ein künftiger Mißbrauch ist offenbar zu erwarten, wie ja auch »bis hieher« der König z. B. keineswegs aufgehört hat, die Protestanten zu verfolgen. In der letzten diesbezüglichen Äußerung Hallers schließlich heißt es, daß der »elenden Verfassung« des Pachtsystems gegenüber »der wohlgesinnte, obwohl despotische König« keinen Rat wisse.[111] Der Despotismus, der hier in einem gewissermaßen apriorischen Spannungsverhältnis zur Moral steht (der König ist wohlgesinnt, *obwohl* despotisch), stößt an seine eigenen Schranken. Daher behauptet Haller denn auch in explizitem Gegensatz zu den im *Usong* ausgesprochenen Ansichten, daß »bey der despotischen Regierung keine wahre Hülfe« sei, woran auch die gute Erziehung des Fürsten nichts ändern könne[112]; dadurch könne der Verfall allenfalls verlangsamt, aber nicht aufgehalten werden. Alle Fürsten sind »Despoten, auch diejenigen, die Philosophen sein wollen«[113], und für Gemmingen, der Hallers *Usong* so tränenreich begrüßt hat, sind aktuelle Vorfälle am dänischen Hof »ein neuer Beweis, dass der beste Despotismus nichts tauget«[114], was aber eben des Beweises auch stets noch bedarf. Das nicht endgültig geklärte Verhältnis von bloß moralischer oder auch institutioneller Kritik erlaubt es Haller, den Standpunkt je nach dem zu befehdenden Gegner zu wechseln. So ist es ihm etwa möglich, das Diderotsche Argument umzukehren und den englischen *Republikanern* vorzuwerfen, sie haßten ihren König gerade um seiner Tugend willen. Allerdings, es handelt sich um den englischen König, und der ist kein Despot. Insofern deutet der variable Einsatz des moralischen bzw. institutionellen Arguments den institutionellen Kompromiß bereits an.

Entsprechend nimmt sich Hallers Auseinandersetzung mit dem Persönlichkeitsideal aus, wie es etwa Montesquieu als für die Monarchie typisch dargestellt hat und wie es später unter identitätsphilosophischen Prämissen von der romantisch-idealistischen (und noch der historisch-materialistischen) Philosophie zu einer geschichtsphilosophischen Utopie entwickelt werden sollte.[115] Der edle Anstand der Erscheinung, die »Schönheit« oder, wie man es später nennen wird, die »Identität« kann dann risikolos gepriesen werden, wenn sie nicht mit dem verfassungspolitischen Ideal kollidiert, so in den Fällen Usongs, Alfreds und Hannibals. Sobald jedoch, wie im Falle Scipios, die große Persönlichkeit ihren Autonomieanspruch artikuliert und auf Grund ihrer Anziehungskraft für das Volk zur Gefahr für die etablierte gesetzliche Ordnung wird, gerät das beschriebene Ideal ins Zwielicht. Eine ähnliche Konstellation offenbart die Bewertung der äußeren Prachtentfaltung. Diese ist dann gerechtfertigt, wenn es gilt, dem »Pöbel«, der zur Selbstregierung bekanntlich unfähig ist und im Falle der Machtübernahme lediglich einen anderen, nämlich demokratischen, Despotismus praktizieren würde, die »Augen zu füllen«[116]; denn das »Volk« vermag die Herrscher nun einmal »nicht nach dem innern Werthe ihrer Herzen«, sondern nur nach »den Zeichen der Macht und Größe« zu ehren.[117] Analog dem Wunder in der Religion, dessen Notwendigkeit ebenso funktionalistisch begründet wird, soll die höfische Prachtentfaltung allein der Beschaffung von Massenloyalität dienen. Sobald sie zum Selbstzweck wird, verfällt sie der Kritik. Denn prinzipiell sind Manufakturen und Bürgerhäuser natürlich wichtiger als Prachtbauten, und auch Usong beschränkt aus diesem Grund die Ausgaben für Zeremonien auf das Notwendige. Cato ist »in öffentlichen Gebäuden prächtig«[118]; aber diese Gebäude symbolisieren nicht die Macht eines Herrschers, sondern die Macht des Staates oder des Vaterlands, wie es Haller des öfteren nennt. »Wert haben und ihn zu zeigen verstehen heißt zweimal Wert haben«, heißt es bei Gracian[119], und in konsequenter Fortsetzung dieser Verdoppelung soll der Kluge zulassen, »daß man ihn kenne, aber nicht, daß man ihn ergründe«.[120] Die *Erscheinung* soll wiederum zum *Schein* werden. Dagegen genügt es bei Haller, wenn man »durch die Tugend vor seinen Mitbürgern« scheint[121]; einer äußerlichen

Draperie bedarf es nicht.

In diesem Sinne wird auch das von Montesquieu als für die Monarchie charakteristisch herausgestellte Prinzip der Ehre uminterpretiert. Die indirekte Kritik an bestimmten, vom Staatsrecht her betrachtet sekundären, Phänomenen greift, der Montesquieuschen Einteilung folgend, vom Despotismus (den Haller allerdings im Gegensatz zu seinem Gewährsmann von der Monarchie nicht klar unterscheidet) auf Monarchie und Aristokratie über. Die Adligen sollen »mit den lebhaftesten Empfindungen der Ehre angefüllt« werden.[122] Aber die Mutter der Ehre ist die Arbeit, und in dieser nur besteht die Ehre des Fürsten, denn, wie bereits zitiert, ein träger Fürst ist schlimmer als ein böser. »Wo man vormahls nur die Ehre des Königs nennen hörte, da wird der Nahmen des Vaterlands nunmehr gehört.«[123] So skeptisch Haller der Regierungsform der Demokratie gegenüber ist, ihre Prinzipien, wie sie z. B. Montesquieu aufgestellt hat, universalisiert er. Nicht nur Fürst und Adel, sondern das ganze Volk muß nach der im obigen Sinne verstandenen Ehre streben. Tugend und Vaterlandsliebe werden aus für nur eine Regierungsform spezifischen zu allgemeinen Desideraten (in der Montesquieuschen Monarchie dagegen bedarf der Staat der »Vaterlandsliebe« und der »heroischen Tugenden« keineswegs[124]). Die Ehre wird im stoischen Sinne verinnerlicht. Der der absolutistischen Theorie nach ohnehin unverdächtige Schein des persönlichen Ehrgeizes wird in Grenzfällen sogar zum Adiaphoron, womit sich der Kreis gewissermaßen schließt. Fabius scheut den Verdacht persönlichen Machtstrebens nicht, als es gilt, den seiner Ansicht nach unfähigen Otacilius vom Konsulat fernzuhalten. Nur die Tugend soll scheinen; aber auch dieser Schein der Tugend wird ihrem Sein gegenüber letzten Endes unwichtig. In Analogie zur höfischen Machtelite etabliert sich eine stoische Tugendelite, die auf die öffentliche Resonanz nicht mehr angewiesen ist.

Unter diesem Aspekt sieht Haller vor allem den Adel. Zwar rechtfertigt er einerseits die Privilegien des Adels aus seiner ursprünglichen Beschützerfunktion gegenüber dem Volk; doch gilt: »die Gemeinen machen das Volk am eigentlichsten aus«[125], das »Volk« hier in umfassendem Sinn verstanden. Die Skepsis Hallers gegenüber Volk und Herrscher erstreckt sich auch auf den Geburtsadel. Diese generelle Vorsicht gebietet es ihm, die Argumentation je nach der drohenden Dominanz einer der gesellschaftlichen Partialgewalten von dem einen auf den anderen Pol zu verlagern. Regulativ ist nicht ein apriorisches Ideal, sondern die jeweils mögliche Entartung. Haller argumentiert primär gegen, nicht für etwas. Der Zusammenhang dieses Verfahrens mit der oben beschriebenen wissenschaftlichen bzw. historischen Methode ist evident. So kommt denn dem Geburtsadel gegenüber das Volk wieder zu Ehren. Das Volk soll vom Adel ökonomisch und rechtlich unabhängig werden. Haller plädiert sowohl für eine Unabhängigkeit der Rechtsprechung als auch für eine Einebnung des Unterschiedes zwischen Arm und Reich, den er vor allem für ein englisches Übel hält. In ökonomischen Fragen nimmt Haller einen durchaus liberalen Standpunkt ein. Pachtsystem und Majoratwesen sollen aufgehoben werden, die Landgüter frei verkäuflich sein. Gegen Großgrundbesitz, der zu »Gräserey« führe[126], und Tagelöhnerarbeit statuiert Haller das Ideal des Kleinbesitzes freier Bauern. Die kleine Warenproduktion akzeptiert Haller zwar nicht als Tatbestand, wohl aber als Modell. Darüber hinauszugehen hindert ihn seine Fixierung auf den Staat. Daher rührt auch seine ambivalente Haltung den »Fabriken« gegenüber[127]; es ist zwar vernünftiger, Fabriken zu gründen, als Prachtbauten zu errichten, und Wohlstand schaffen jene auch, andrerseits aber sind sie den Wechselfällen der Konjunktur unterworfen und produzieren »ungesunde, gebrechliche und zum Kriege untaugliche Bürger«.[128] Das etatistische Stabilitäts- und Stärkeideal setzt sich gegenüber dem liberalen Marktmodell durch. Das Volk ist ein Volk von freien Bauern und Bürgern; aber auch ein solches Volk bedarf, wie noch weiter auszuführen sein wird, der die Interessengegensätze regelnden neutralen Instanz.

Von der beschriebenen Relation von Adel und Volk her ist es verständlich, daß Haller vor allem das egalitäre Moment des Absolutismus betont. Die (im Briefwechsel mit Gemmingen) gegen die neumodische Philosophie der Voltaire, Diderot und Rousseau immer wieder beschworenen Gewährsmänner sind nicht etwa konservative Apologeten vom Schlage der Verteidiger des Gottesgnadentums[129], sondern Commines, Sully und Montaigne, Skeptiker und Regierungspraktiker der frühen bürgerlichen Phase des Absolutismus (Commines war Ratgeber Ludwigs XI., Sully Minister Heinrichs IV.; beide dienten also denjenigen Königen, die den feudalen Traditionalismus am entschiedensten bekämpft haben). Als sich Alfred bei Amund über die Untreue der Großen beklagt, preist ihm dieser das chinesische Modell, in dem unter dem Kaiser alle gleich sind, und als Alfred gleichwohl am Adel festhalten will, da nur dieser nach Ehre streben könne, führt Amund die Spartaner ins Feld, bei denen »das Gefühl der Ehre [nicht] in einen Stand eingesperrt« gewesen, sondern eine Eigenschaft des ganzen Volkes gewesen sei.[130] Diese virtuelle Nivellierung der gesellschaftlichen Hierarchie (auch die Kirche wird natürlich im Gefolge der lutherischen Tradition dem Staat untergeordnet) ist jedoch kein Selbstzweck im Sinne eines Egalitätsideals, sondern dient der Etablierung einer neuen Elite.

b. Elite, Gesetzlichkeit und Gleichgewicht

Gegenüber der Gesellschaft, und zwar sowohl gegenüber der überkommenen ständischen Ordnung als auch der aufkommenden Vermittlung des gesellschaftlichen Verkehrs über den Markt, spielt Haller den Staat als eine gewissermaßen autonome Person aus. Er steht damit vor dem Problem, die Integrität der staatlichen Sphäre personell und institutionell hinreichend abzusichern, ohne dadurch ihre Wirksamkeit zu beeinträchtigen. Dabei verbietet sich ihm sowohl qua Verpflichtung die despotische als auch qua Autonomie die demokratische Lösung. Haller privilegiert daher, was die personelle Rekrutierung der staatlichen Verwaltung angeht, trotz der im vorigen Abschnitt dargestellten Bedenklichkeiten und trotz der später zu erörternden Modifikationen, den Adel bzw. das Patriziat; in diesem sieht er eine Vereinbarung von faktischer Autonomie und moralischer Verpflichtung am ehesten gewährleistet.

Zwar sind die Seelen gleich, aber nur die »Seelen der Kinder. Die Seelen der Männer werden, grossen theils, wozu die Auferziehung sie gebildet hat«.[131] (Die ursprüngliche Gleichheit – Gleichheit im faktischen, nicht im normativen Sinn verstanden – wird zu einer gesellschaftlichen Ungleichheit, wie bei Rousseau. Aber im Gegensatz zu diesem leitet Haller, seiner historischen Methode entsprechend, aus *beidem* rechtliche Konsequenzen ab. Denn die Gleichheit der Kinderseelen äußert sich vor allem, wie oben ausgeführt, im Kinderkrieg. Ursprüngliche Gleichheit und gesellschaftliche Ungleichheit bilden zusammen die Legitimationsgrundlage für die Privilegierung einer gleichwohl auf das Gemeinwohl verpflichteten Elite.) Was nun den eigentlichen Argumentationszusammenhang des obigen Zitats betrifft, so gewährleistet das Vorhandensein eines Adels eine Traditionsbildung, die über die Nachahmung der verdienstvollen Vorfahren dem Staat genügend Personen zur Verfügung stellt, die schon aus Gewohnheit nicht ihren eigenen Interessen folgen, sondern nur das des Staates im Auge haben. An die Herausbildung einer staatstragenden Schicht von unten her, durch die Konkurrenz der Tüchtigen, vermag Haller aus Skepsis gegenüber dem Volk, das sich leicht von einem bloßen Ehrgeizling verführen lasse, nicht recht zu glauben. Gleichwohl ist er sich in diesem Punkt seiner Sache nicht ganz sicher. Das wird schon daran deutlich, daß er die Forderung nach einem sich aus dem Volk ergänzenden Amtsadel gegen Fabius von der anderen Hauptperson Cato vertreten läßt; auch läßt er den letzteren später ein Verfahren ersinnen, das eine personelle Ausweitung durchaus zuläßt. Zwar soll (entsprechend dem Berner Modell) nur der Rat das aktive Wahlrecht ausüben und neue Mitglieder kooptieren, aber das passive Wahlrecht kann über die Hauptstadt hinaus auf den ganzen Staat ausgedehnt werden. In diese Richtung deuten auch die weiteren Vorschläge. So fordert Cato die Gründung von Akademien, die den Verwaltungsnachwuchs heranbilden sollen, und bei Amtsantritt hat dieser sich einer öffentlichen Prüfung zu unterziehen. Auf die Rechtsförmigkeit der Verfahren wird großer Wert gelegt, und daß Scipio in seiner Karriere gegen diese verstoßen hat, gereicht ihm trotz seiner Erfolge zum schweren Vorwurf.

Für die Absicherung der von privaten Interessen unbeeinflußten Sachgerechtigkeit des politischen Handelns kann Haller nicht genug tun. Dem Rat, der ohnehin nur aus Experten bestehen soll, werden je nach der zu entscheidenden Frage noch besondere Expertenkommissionen zugesellt, die ihm beratend zur Seite stehen sollen. Die Privilegierung des Adels bzw. Patriziats ist kein Dogma. Alfred verbeamtet den Adel, dem zugleich Delegierte des Volks an die Seite treten, deren Unabhängigkeit durch die lange Dauer der Mandate sowie durch einen das aktive und das passive Wahlrecht einschränkenden Grundbesitz-Zensus gesichert wird. Zwar hauptsächlich von oben, aber auch von unten her soll sich eine Schicht formieren, die die Neutralität des Staates den gesellschaftlichen Gruppeninteressen gegenüber zu gewährleisten vermag.

Die ungebrochene Herrschaft des Volkes führt zur Tyrannei (»denn der ist ein Tyrann, der seinen Willen zum Geseze macht«[132]), und in Frankreich herrscht eine »despotische Anarchie«.[133] Gegen solche Paradoxe führt Haller eine autonome Gesetzlichkeit ins Feld. Die »freyen Menschen« sollen weder selbst regieren noch einem Monarchen unterworfen sein, sondern unter den Gesetzen und den Fahnen des Vaterlandes stehen.[134] Damit jedoch steht Haller vor einem analogen Problem wie bei seiner Etablierung einer Beamtenelite, nämlich die notwendige Autonomie der Gesetze zugleich vor ihrem Mißbrauch zu beschützen. Die Gesetze sollen die Belange aller schützen und dürfen doch nicht von allen verabschiedet werden, denn letzteres würde angesichts des Chaos widerstreitender Interessen die notwendige Allgemeinheit und Widerspruchsfreiheit des Gesetzeswerks verhindern; die Gesetze zu verfertigen ist daher

> »ein Werk der erfahrensten Weisheit, die viele Fälle erlebt hat, die diese Fälle in allgemeinen Regeln zu sammlen, die Gesetze zu entwerfen weiß, die sich zu den verschiedenen Fällen schicken, keinen ausschließen, und keines Wiederspruchs wieder sich selber schuldig sind«.[135]

Die Gesetzgebung vollzieht sich nach einem Verfahren, das der Aufstellung naturwissenschaftlicher Gesetze analog ist. Nun garantiert ein solches Verfahren natürlich nur die Funktionsfähigkeit der Gesetze – und es ist bezeichnend, daß Haller vor allem an dieser, an der durch sie instituierten Ordnung an sich, interessiert ist, nicht an ihrer naturrechtlichen Verankerung –; gleichwohl wird es darüber hinaus erforderlich, den notwendigen Expertismus *politisch* so zu fundieren, daß eine gesetzliche Privilegierung von Gruppeninteressen verhindert wird.

Am schwierigsten stellt sich dieses Problem naturgemäß im *Usong* dar, da hier eine dezidierte Unterordnung des Herrschers unter die Gesetze dem vorgegebenen Modell des Despotismus nicht gemäß gewesen wäre. Deshalb kann hier die

Gleichheit aller – und das bedeutet: auch des Herrschers – vor dem Gesetz nur auf der Selbstbeschränkung des Souveräns beruhen und ihre Einführung diesem letztlich nur empfohlen werden. Daß diese Empfehlung ausgesprochen wird, ist selbstverständlich; darüber hinaus legt Haller besonderen Wert auf eine möglichst große Konstanz des Rechts, das nicht ohne Not geändert werden darf.

Demgegenüber bietet sich in den beiden anderen Staatsromanen Hallers von vornherein die Möglichkeit, die Unabhängigkeit der Gesetzlichkeit auch politisch zu fundieren. Das geschieht durch die Übernahme des von Montesquieu an Hand der idealisierten englischen Verfassung entwickelten Prinzips der Gewaltenteilung; der Nachdruck, den Haller auf dieses Prinzip legt, wird schon daraus ersichtlich, daß er im nachhinein auch den *Usong* in diesem Sinne interpretiert. Er habe dort, heißt es in der Vorrede zum *Alfred*, den Versuch machen wollen,

»ob eine despotische Regierung nicht erträglicher werden könte, wann der Fürst ein solches Gleichgewicht in den verschiedenen Zweigen der Staatsverwaltung einführte, daß durch seine Diener niemand leicht vergewältigt, und der Wahrheit der Zugang zum Throne offen gehalten werden könte«.[136]

Mag hier auch das Prinzip der Machtbalance sozusagen nach unten verschoben sein, indem es nur für die Verwaltung, die die Gesetze anwendet, gilt, nicht für den Staat selbst, so ist die Tendenz doch deutlich genug. Es wird denn auch in den beiden letzten Romanen Hallers mit wechselnder Stoßrichtung das Prinzip des Gleichgewichts verkündet. In der konstitutionellen Monarchie Alfreds des Großen geht es vor allem um die Entmachtung des Adels, gegen den durch das Volk ein Gegengewicht geschaffen werden soll. Die Rückbindung des Königs an die Gesetze versteht sich dabei von selbst, mag auch die dafür zunächst gegebene Begründung einigermaßen paradox erscheinen: daß der König den Gesetzen unterworfen sein soll, liegt nämlich in seinem eigenen Interesse, da er nur durch den Schutz der Gesetze, nicht durch sich selbst, dem Schicksal des Despoten, der gerade durch sein willkürliches Regiment in dauernder Unsicherheit lebt, stets mit seinem Sturz rechnen muß und früher oder später untergehen wird, entgehen kann. Der König wird selbst zu einer Institution des Staates. Nicht der König, sondern der Staat besitzt das Gewaltmonopol, denn der König ist lediglich der Vormund des Staates, wie das Gesetz sein Wille ist. Daher akzeptiert Haller im *Alfred*, wenn auch mit Zittern und Zagen (er *irre* »um den leidenden Gehorsam«, schreibt Haller in diesem Zusammenhang an Gemmingen und offenbart dabei durch die terminologische Anknüpfung an die lutherische Tradition das Ausmaß des inneren Widerstands, den er in diesem Fall zu überwinden hatte[137]), das Widerstandsrecht des Volkes bzw. der Stände, falls der König die Gewalt des Staates für seine Person usurpiert und damit dessen Grundgesetze – ein Terminus, der bei Haller des öfteren vorkommt – verletzt. Und mit entgegengesetzter Stoßrichtung, der Sache nach jedoch analog darf auch in *Fabius und Cato* der Souverän zwar nicht »ohne die schwersten Verbrechen« gestürzt werden[138], was aber seine prinzipielle Absetzbarkeit gerade impliziert. Um eine einseitige Ausrichtung der Gesetzgebung an bestimmten Gruppeninteressen zu verhindern, bedürfen im *Alfred* die Gesetze der Zustimmung aller Stände. Die Gesetze werden mit einfacher Mehrheit eingeführt, können jedoch nur mit einer Zweidrittel-Mehrheit wieder abgeschafft werden – auch hier das Bestreben, vor allem die Konstanz der Gesetzlichkeit zu sichern; diese ist vor willkürlichen Eingriffen von oben ebenso zu schützen wie vor permanenten Änderungen von unten, in diesem Fall durch die Ständeversammlung.

Der Despotismus ist in jeder Regierungsform möglich. Es kommt daher darauf an, ein Gleichgewicht der Gewalten zu schaffen, das einen Mißbrauch der Gesetze verhindert. Dabei wird die genaue verfassungsrechtliche Auskristallisierung dieses Gleichgewichts-Prinzips virtuell gleichgültig und gehorcht vor allem pragmatischen Erwägungen. Da es im *Alfred* vor allem um die Beschränkung der Macht des Adels geht, wird das Gegengewicht des Volkes betont, während in *Fabius und Cato,* in dem zum Zweck der Abwehr des Rousseauschen Prinzips der Volkssouveränität die Bedrohung des Staats durch eine Diktatur des »Pöbels« bzw. seiner Anführer demonstriert werden soll, die Herrschaft des Adels gerade verteidigt wird; denn die Macht des Volkes versteht sich von selbst. So vermag die Aristokratie per se schon die Regierungsform des Gleichgewichts zu werden, denn »die Herrschaft der wenigen Edlen hat allemahl sein [sic!] Gleichgewicht in der größern Anzahl der untergebenen, deren Gewalt wesentlich, und nach den Gesetzen der Natur, größer als die Gewalt der wenigen ist«.[139] Insofern sich die einzelnen Gewalten gegenseitig ausbalancieren, erkennt Haller einer solchen Regierung sogar das Prädikat der »Vollkommenheit« zu. Diese »besteht in der *Lastung* des Staats durch genugsame Gegengewichte, so daß er sich selbst wieder hebe, wenn er auf eine Seite sich zu sehr geneigt«.[140] Das Gesetzlichkeit garantierende Gleichgewicht der gesellschaftlichen Kräfte, in dem der Staat seine vollkommene Form erreicht, ist nicht ein aus naturrechtlichen Prinzipien deduziertes Ideal, sondern soll vor allem die Wendung zum Schlimmeren verhindern. Das impliziert eine geschichtsphilosophische Perspektive, die einen aufklärerischen Fortschrittsoptimismus nur noch gebrochen in Erscheinung treten läßt. Darauf ist abschließend kurz einzugehen.

c. Reform und Evolution

Die zugleich autonome und optimistische Geschichtsphilosophie ist, wie auch der (von Voltaire eingeführte) Terminus selbst, ein Produkt der Aufklärung. Im 17. Jahrhundert noch sind solche Konzeptionen nicht präsent. Bei Hobbes ist ein Fortschritt allenfalls im Bereich des Staates möglich, nicht jedoch in der Geschichte, und auch in jenem ist er stets von Rückschlägen bedroht. Und in den Fällen, in denen die Geschichte zu einer eigenständigen Kategorie wird, wie etwa in der Universalgeschichte des Bischofs Bossuet, wird sie das nur um den Preis ihrer Rückbindung an die Heilsgeschichte. Die Geschichte demonstriert das Walten der göttlichen Providenz; aber diese Demonstration erzeugt kein Vertrauen in einen wie immer gearteten geschichtlichen Fortschritt, sondern dient allein der Einsicht in die grundsätzliche Unbeständigkeit aller irdischen Dinge. Anthropologischer Pessimismus und theologischer Voluntarismus, auf deren Korrelation oben bereits eingegangen wurde, legten allenfalls zyklische Konzeptionen nahe. Sobald nun einerseits der Mensch nicht mehr als Triebwesen oder Sündenpfuhl, sondern als ein autonomes Vernunftwesen aufgefaßt, andererseits Gott aus der Geschichte entlassen wurde, konnte die Geschichtsphilosophie auf Grund ihrer letztlich moralphilosophischen Verankerung neu, d. h. im Sinne eines ewigen Progresses, konzipiert werden.

Innerhalb dieses Rahmens nun nimmt Haller eine relativ konservative Position ein. Die Wendung von der Auffassung der Geschichte als eines Arsenals moralischer und politischer Lehren zur autonomen Geschichts*philosophie,* die das 18. Jahrhundert prägt, macht Haller nicht mit. Wie bei Hobbes soll man auch bei ihm vor allem aus der Geschichte lernen. Die wenigen Aussagen, die in dem Briefwechsel zwischen Haller und Gemmingen auf eine autonome Gesetzmäßigkeit geschichtlicher Verläufe hindeuten, sind durchweg das Eigentum Gemmingens. Mit der Idee des Fortschritts haben sie ohnehin nichts zu tun, und sie stehen zudem in einem Kontext, der sie primär als Warnungen vor einem allzu hastigen Reformismus erscheinen läßt. Als Haller Gemmingen gegenüber erwähnt, daß die Wissenschaften in seinem Staat nicht besonders aufgemuntert würden, meint dieser, daß das nur gut sei, denn wenn ein Staat zu schnell zu seiner Vollkommenheit steige, werde er zu geschwind reif, »und was einmal reif ist, nähert sich wiederum seinem Todte«.[141] Die Beiläufigkeit, mit der Gemmingen dieses Argument einführt, und die mangelnde Reaktion Hallers weisen darauf hin, daß »geschichtsphilosophische« Konzeptionen, und seien es auch nur solche wie die eines (auf den einzelnen Staat beschränkten, nicht auf die Geschichte ausgedehnten) organischen Kreislaufs, außerhalb des eigentlichen Interesses stehen. Allenfalls haben sie, wie etwa auch die Vorstellung, daß alles Gute seine natürliche Grenze habe, oder die, daß in der Größe der Dinge schon der Keim des Verderbens liege, im Gegensatz zu der eine Verschärfung der indirekten Kritik am absolutistischen Staat anzeigenden spätaufklärerischen Geschichtsphilosophie die Funktion, zu Vorsicht und Skepsis gegenüber allzu voreiligen Reformen zu ermahnen.

Vor allem die beiden letzten Staatsromane Hallers wenden sich gegen »unruhige Bürger [. . .], die das Gute verschmähen, weil es nicht das Beste ist«.[142] Und das Übel zu beschränken ist wichtiger, als das Gute herbeizuführen. Die Gewaltenteilung ist vielleicht nicht so vollkommen wie die unumschränkte Gewalt eines guten Fürsten, macht jedoch »die Fälle überaus selten [. . .], in denen ein Fürst ausnehmend böse zu seyn waget«[143], und in einer durch das Gegengewicht des Volkes ausbalancierten Aristokratie werden die Edlen nicht immer »den besten Raht erwählen, aber das schlimste wird selten bey ihnen durchdringen«.[144] Die Unruhen in Genf, die Haller dem Einfluß Rousseaus zuschreibt, motivieren ihn dazu, mittels seiner Staatsromane »die freyen Menschen unter die Gesetze, und unter die Fahnen des Vaterlands zurückzuruffen, sie zu bereden, das gegenwärtige Gute müsse dem möglichen Bessern nicht aufgeopfert werden«.[145] Für geschichtsphilosophische Katastrophenmodelle, wie die von ihm des öfteren erwähnte Vorstellung des »Wielandianers« Leuchsenring, daß eine Generation zugunsten der nächsten aufgeopfert werden müsse, hat Haller kein Verständnis. Radikale Reformen provozieren nur um so radikalere Reaktionen. Unter Verwendung desselben medizinischen Vergleichs wie in Morus' *Utopia,* aber in diametralem Gegensatz zu diesem, bei dem die partielle Heilung nur neue Wunden aufreißt, belehrt Alfred die »Erfahrung«, daß die »Krankheiten« des Staates, in diesem Fall die Übermacht des Adels, »nicht durch ein heftiges Arzneymittel könten gehoben werden, und daß eine lange Folge gelinderer erfordert würde, den Staat zu verbessern, ohne ihn in eine unvermeidliche Gefahr zu sezen«.[146] Führten die aufklärerischen Naturrechtskonstruktionen zum geschichtsphilosophischen Utopismus, so erlaubt Haller die Berufung auf die historische Erfahrung allenfalls ein Plädoyer für einen vorsichtigen Reformismus; doch auch bei diesem liegt die Betonung eher auf Vorsicht als auf Reform. Zwar muß man »streben, als wenn man keine Gedult hätte«[147], aber gleichwohl ist die Unvollkommenheit (nicht die Gebrechlichkeit, wie bei Bossuet) der menschlichen Dinge mit Geduld zu ertragen.

III. Noch einmal »Konservativismus«

Die Staatsromane Hallers haben wenig Wirkung gezeigt. Schon vor dem Erscheinen des *Usong* vermutet Herder in einem Brief an Merck, daß der Roman zwar »der vortreflichste Zusammendrang von Gedanken und Auswahl von lehrreichen Situationen seyn [werde], aber ohne Herz und Genie, für den Verstand vortrefflich und nie ein Wort für den ganzen Menschen«.[148] Und gemessen an dem Totalitätspostulat der neueren Ästhetik, das dann, in die politische Sphäre transponiert, in die geschichtsphilosophische Utopie des Idealismus und der Frühromantik hineinwandert, mußten die Romane Hallers in der Tat als Ausdruck eines extremen Traditionalismus erscheinen. Sowohl auf ästhetischem als auch theologischem und anthropologischem wie schließlich auf staatstheoretischem Terrain weigert sich Haller, die von ihm konstatierten Dualismen in einer wie immer gearteten Synthesis aufgehen zu lassen. Das (stets bedrohte) Gleichgewicht scheint ihm das Maximum des Erreichbaren. An diesem Postulat allerdings hält er fest. So skeptisch Haller gegenüber identitätsdemokratischen Vorstellungen Rousseauscher Provenienz ist, nicht nur der Mensch ist böse, sondern ganz besonders der mächtige Mensch. Zwar treibt Haller seinen Liberalismus nicht so weit, daß er den demokratischen Verfassungsstaat forderte (daran hindert ihn sein anthropologischer Pessimismus), aber den Verfassungsstaat immerhin, und zwar einen, in dem auch das Volk eine, wenn auch begrenzte, Rolle spielen soll. Mit Konservativen vom Schlage seines Enkels Carl Ludwig hat Haller jedenfalls wenig gemein. Vielmehr befindet er sich im Einklang mit jener geschichtlichen und staatstheoretischen Entwicklung, die in den preußischen Reformen und Gesetzeswerken kulminieren, die staatliche von der monarchischen Souveränität ablösen und damit dem parlamentarischen Rechtsstaat die Bahn ebnen sollte; und gemessen an dem Sozialdarwinismus seines Enkels ist das nicht wenig. Gewiß nimmt sich der Rousseauschen Identitätsdemokratie und dem geschichtsphilosophischen Utopismus gegenüber das Hallersche Gleichgewichtsprogramm überaus konservativ aus. Ob allerdings angesichts des möglichen Umschlags der Identitätsdemokratie in permanente Revolution und Diktatur bzw. der geschichtsphilosophischen Utopie der absoluten Synthesis in positive Hierarchie die auf halbem Wege zwischen Etatismus und Liberalismus schwankenden Inkonsistenzen und Halbheiten des Berner Patriziers nicht auch ihr historisches Recht haben, mag eine offene Frage bleiben.

1 Christoph Siegrist, *Albrecht von Haller*, Stuttgart 1967, S. 45.

2 Carl Ludwig von Haller, *Restauration der Staats-Wissenschaft oder Theorie des natürlich-geselligen Zustands; der Chimäre des künstlich-bürgerlichen entgegengesetzt*, Winterthur 1816 ff., Bd. 1, S. 36. – Der rüde Ton dieser Polemik, der sein Pendant in der empathischen Beschreibung der eigenen Inspirationen hat, ist bezeichnend für den aufgeschwollenen Stil des Buches.

3 Daß allerdings auch Haller an der an der aufklärerischen Staatstheorie monierten Dichotomie »Theorie und Praxis, Vernunft und Erfahrung« (Haller, *Restauration*, Bd. 1, S. VI) nicht vorbeikommt, ist evident. Denn natürlich ist auch das revolutionäre Recht, ist es erst einmal in Kraft getreten, geltendes Recht.

4 Haller, *Restauration*, Bd. 1, S. XVI.

5 Ebd., Bd. 1, S. X.

6 Ebd., Bd. 1, S. XLVI.

7 Georg Wilhelm Friedrich Hegel, *Grundlinien der Philosophie des Rechts*, Hamburg 1955, S. 211.

8 Um Mißverständnissen vorzubeugen: es handelt sich bei den in Hallers Staatsromanen ausgebreiteten Theoremen trotz deren einheitlicher Tendenz natürlich nicht um ein zusammenhängendes System, dessen einzelne Momente logisch auseinander folgten und das daher in seiner Reaktion auf mögliche Inkonsistenzen der Vorgänger in bestimmter Weise dingfest zu machen wäre, wie es etwa in bezug auf Kant und die vorkantische Philosophie der Aufklärung oder auch im Verhältnis des deutschen Idealismus zu Kant möglich ist. Es kann sich daher im folgenden nur darum handeln, den allgemeinen Rahmen zu konstruieren, innerhalb dessen Haller sich bewegt, nicht darum, eventuelle systematische Bruchstellen der Aufklärungsphilosophie nachzuweisen, für die Haller bestimmte Lösungen parat hätte. Er hat sie nicht.

9 Montesquieu, *Vom Geist der Gesetze*, Stuttgart 1967, S. 122 ff.

10 Hierzu grundlegend: Reinhart Koselleck, *Kritik und Krise. Ein Beitrag zur Pathogenese der bürgerlichen Welt*, Freiburg/München 1959 u. ö.

11 Das mag die Ursache dafür sein, daß die Hobbessche Theorie, abgesehen von ihrer durchgängigen Perhorreszierung durch die Staatstheorie der Aufklärung, auch bei der absolutistischen Apologetik niemals recht populär wurde. »Hobbes dachte nicht wohl daran, daß seine Nachfolger aus dem nemlichen Princip delegirter Gewalt ganz entgegengesezte Consequenzen ziehen würden«, schreibt Carl Ludwig von Haller (*Restauration*, Bd. 1, S. 39) und benennt damit den Stein des Anstoßes, nämlich die dem Anspruch nach rational deduzierte Theorie des Gesellschaftsvertrages.

12 Zum Wandel in der Begründung des Königtums vgl. Otto Brunner, *Vom Gottesgnadentum zum monarchischen Prinzip. Der Weg der europäischen Monarchie seit dem hohen Mittelalter*. In: ders., *Neue Wege der Verfassungs- und Sozialgeschichte*, Göttingen [2]1968.

13 Auf die Argumentationslücken dieser Ableitung einzugehen ist hier nicht der Ort. Vgl. dazu Wolfgang Röd, *Rationalistisches Naturrecht und praktische Philosophie der Neuzeit*. In: Manfred Riedel (Hrsg.), *Die Rehabilitierung der praktischen Vernunft*, Freiburg 1972, Bd. 1.

14 Vgl. Koselleck, *Kritik und Krise*, S. 135 ff.

15 Vgl. ebd., S. 135.

16 Das permanente Umschlagen von Revolution in Diktatur und umgekehrt, das

in der Konsequenz dieser Theorie liegt, hat als erster Hegel gesehen und kritisiert (vgl. Georg Wilhelm Friedrich Hegel, *Phänomenologie des Geistes*, Hamburg 1952, S. 418).

17 Montesquieu, *Geist der Gesetze*, S. 101.

18 Jean-Jacques Rousseau, *Emile oder Über die Erziehung*, Stuttgart 1968, S. 590.

19 Für die der Verschärfung der aufklärerischen Kritik entsprechende zunehmende Verschleierung ihrer politischen Bedeutung, die Koselleck beschrieben hat, ist das ein Beispiel.

20 John Barclay, *Argenis*. Übers. von Gustav Waltz, München 1891, S. 194. – »Krieg, Ehebündnisse, Blutvergießen, heitere Scenen« sollen bunt gemischt werden, heißt es dort weiter.

21 Die Rationalität der Handlungsführung im barocken Staatsroman, die die einzelnen Episoden mit Motivationen geradezu gepanzert erscheinen läßt, hat Lugowski ausführlich beschrieben (vgl. Clemens Lugowski, *Die märchenhafte Enträtselung der Wirklichkeit im heroisch-galanten Roman*, in: Richard Alewyn [Hrsg.], *Deutsche Barockforschung*, Köln und Berlin 1965).

22 Die Vorrede zu Hunolds *Europäischen Höfen*, einer Aneinanderreihung von nur oberflächlich verschlüsseltem Hofklatsch, etwa geht als selbstverständlich davon aus, daß die »curiosité« des Publikums sich nur auf die Liebesgeschichte richtet, nicht auf die Heldengeschichte. Der Schlüsselloch-Perspektive dieser Romane, die das geheime Liebeskabinett der Welt darstellen wollen, entspricht es, daß sie sich an ein aus Kleinadel und Großbürgertum gemischtes Publikum wenden, das zwar vom Hof, von der politischen Mitwirkung ausgeschlossen ist, aber zugleich parahöfische Lebensformen entwickelt.

23 *Briefwechsel zwischen Albrecht von Haller und Eberhard Friedrich von Gemmingen*. Hrsg. von Hermann Fischer, Tübingen 1899, S. 26.

24 Ebd., S. 86.

25 *Hallers Literaturkritik*. Hrsg. von Karl S. Guthke, Tübingen 1970, S. 43.

26 Albrecht von Haller, *Tagebuch seiner Beobachtungen über Schriftsteller und über sich selbst*, Bern 1787, Bd. 1, S. 172.

27 Ebd., S. 170 f.

28 *Hallers Literaturkritik*, S. 58.

29 Ebd., S. 59.

30 In *Fabius und Cato* wird diese Einschätzung modifiziert. Zwar sind auch hier die Schauspiele von vornherein verdächtig, und daß der junge Scipio Aemilianus sich zuweilen eine Lust macht, »des Terentius Schauspiele mit den Zügen des adelichen Lebens, und mit den feinern Gesinnungen auszuzieren, die vielleicht in den Gedanken eines Sclaven nicht hatten entstehen können« (Albrecht von Haller, *Fabius und Cato. Ein Stück der römischen Geschichte*, Bern und Göttingen 1774, S. 178), reicht für ihre Legitimation nicht aus (man vergleiche damit den berühmten Brief Wilhelms an Werner aus dem *Wilhelm Meister*, in dem umgekehrt bereits das Schauspielen als Schauspielen der Verwirklichung einer der adeligen analogen Persönlichkeit dienen soll), auch besteht die Gefahr, daß das Laster, wie bei Plautus, lediglich komisch dargestellt wird, gleichwohl: die Schaubühne kann immerhin, wie die Satire, dazu dienen, das »Laster zu bestraffen, indem sie es lächerlich macht« (ebd., S. 179).

31 Haller, *Fabius und Cato*, S. XIII.

32 *Sammlung kleiner Hallerischer Schriften*, Bern 1772, Bd. 3, S. 321 f.

33 *Briefwechsel zwischen Haller und Gemmingen*, S. 53.

34 Ebd. S. 11.

35 Albrecht von Haller, *Usong. Eine Morgenländische Geschichte*, Bern 1771,

S. 19.

36 Albrecht von Haller, *Alfred König der Angel-Sachsen,* Göttingen und Bern 1773, unpagnierte Vorrede.

37 Ebd., S. 253.

38 Ebd., unpaginierte Vorrede.

39 Haller, *Usong,* unpaginierte Vorrede.

40 Albrecht von Haller, *Briefe über die wichtigsten Wahrheiten der Offenbarung,* Bern 1772, unpaginierte Vorrede. – Auf die Differenzierungen und Abstufungen, die Haller hier vornimmt (Liebe, Kriege, Geschäfte des gemeinen Lebens, Tugend) und deren Reihenfolge nicht zufällig ist, komme ich unten in anderem Zusammenhang zurück.

41 Albrecht von Haller, *Gedichte.* Hrsg. und eingeleitet von Ludwig Hirzel, Frauenfeld 1882, S. CDLIX.

42 Ebd.

43 Exemplarisch für das letztere ist etwa Goethes *Mahomets Gesang,* der zudem die Interdependenz zwischen pantheistischem Rahmen und dynamistischem Persönlichkeitsideal demonstriert.

44 Haller, *Usong,* S. 194.

45 Ebd., S. 274.

46 Vgl. *Historisches Wörterbuch der Philosophie.* Hrsg. von Joachim Ritter, Darmstadt 1972, Bd. 2, Sp. 45 (Art. *Deismus*).

47 Haller, *Fabius und Cato,* S. 259.

48 Vgl. *Historisches Wörterbuch der Philosophie,* Bd. 2, Sp. 45.

49 Haller, *Offenbarungsbriefe,* S. 160.

50 Ebd.

51 Ebd., S. 12.

52 Ebd., S. 210.

53 Ebd., S. 211.

54 Toellner hat darauf hingewiesen, daß der in der theologischen Tradition geläufige Begriff der »Übernatur« bei Haller völlig fehlt (vgl. Richard Toellner, *Albrecht von Haller. Über die Einheit im Denken des letzten Universalgelehrten,* Wiesbaden 1971, S. 55).

55 *Sammlung kleiner Hallerischer Schriften,* Bd. 3, S. 311.

56 Daher kann auch das sogenannte *Tagebuch* keineswegs als Ausdruck religiösen Zweifels gedeutet werden. Es gibt bei Haller keinen Rollenkonflikt zwischen dem Wissenschaftler und dem Theologen. Die Zerknirschung, die er in dem Tagebuch äußert, entspringt der *Ver*zweiflung, dem Anspruch des christlichen Glaubens existentiell nicht zu genügen, und ist kein Dokument irgendeines intellektuellen Zweifels.

57 *Sammlung kleiner Hallerischer Schriften,* Bd. 3, S. 333.

58 Haller, *Tagebuch,* Bd. 2, S. 97.

59 Ich pole hier und im folgenden die Stoßrichtung der angezogenen Vorrede um, ohne daß dadurch jedoch die grundsätzliche Konstellation verändert würde. Haller geht es vor allem darum, gegenüber einer radikalen Verwerfung der Metaphysik deren *Nutzen* als eines Hypothesenlieferanten für die experimentellen Wissenschaften zu betonen, und er plädiert daher für einen Mittelweg (er zieht im Anschluß an sein bekanntes Gedicht die ausdrückliche Parallele zu einem vernünftigen Christentum, das ja auch die Mitte zwischen den Extremen des Aberglaubens und des Unglaubens, der Askese und der Üppigkeit darstelle).

60 Haller, *Tagebuch,* Bd. 2, S. 111.

61 Selbstverständlich nur in der Grundkonstellation. Denn natürlich würde die Wissenschaftstheorie des kritischen Rationalismus die Identifikation von metaphysischen Systemen, die ja prinzipiell unüberprüfbar sind, mit empirisch prüfbaren Hypothesen vom Standpunkt der Forschungs*logik* aus nicht akzeptieren. Davon bleibt jedoch unberührt, daß *genetisch*, forschungs*psychologisch* die Metaphysik sehr wohl zur Formulierung von wissenschaftlichen Theorien beitragen kann, wie etwa das berühmte Kopernikusbeispiel zeigt. Haller steht in dem Ausgliederungsprozeß der Naturwissenschaften aus dem aristotelischen Wissenschaftskosmos sozusagen noch mitten darin, und von daher ist seine Vermengung logischer und genetischer Argumente erklärlich. Daß es ihm ohnehin mehr auf die letzteren ankam, zeigt etwa seine rein psychologische Deutung des wissenschaftsfördernden Philosophenstreits (»Streitende Sekten sind wie Stahl und Feuersteine; sie zeugen zwar Feuer, aber auch Licht dabey, uns zu erleuchten« [Haller, *Tagebuch*, Bd. 2, S. 114] – auch eine Funktion der Aufklärung).

62 Haller, *Gedichte*, S. 58 f.

63 Vgl. Toellner, *Haller*, S. 154 f.

64 Vgl. ebd., S. 193 f.

65 *Sammlung kleiner Hallerischer Schriften*, Bd. 3, S. 283 ff.

66 Daher auch die Anknüpfung an Montesquieu, der Haller vor allem als Erfahrungswissenschaftler gilt.

67 Haller, *Offenbarungsbriefe*, S. 22.

68 Ebd., S. 23.

69 Ebd. – Die Distanzierung von Hobbes ist im übrigen wenig überzeugend. Denn auch Hobbes hat den Krieg aller gegen alle weder als rechtmäßig bezeichnet, da von Recht im Naturzustand ja noch gar keine Rede sein kann, noch als erwünscht, wie hier offenbar unterstellt wird.

70 Ebd., S. 36.

71 In abgeschwächter Form findet sich diese Konstellation auch in der Relativierung der Laster, die Haller vornimmt. Vielleicht sei gerade die »Unvollkommenheit ein Mittel, noch größere Uebel zu verhüten«, nämlich die Sünde des Hochmuts (Haller, *Offenbarungsbriefe*, S. 197). Der theologisch motivierte Lastergradualismus führt sozusagen zum kleineren Übel.

72 *Sammlung kleiner Hallerischer Schriften*, Bd. 2, S. 212.

73 Daß die Differenz zwischen Hobbes und Haller (bzw. Kant), d. h. die gestiegene Wertschätzung der Konkurrenz, in Zusammenhang steht mit der zunehmenden Emanzipation des Kapitalismus vom Absolutismus, auf dessen Schutz er zunächst noch angewiesen gewesen war, ist evident.

74 *Sammlung kleiner Hallerischer Schriften*, Bd. 1, S. 28.

75 Haller, *Usong*, S. 191.

76 Vgl. *Geschichtliche Grundbegriffe. Historisches Lexikon zur politisch-sozialen Sprache in Deutschland*. Hrsg. von Otto Brunner, Werner Conze, Reinhart Koselleck, Bd. 1, S. 560 (Art. *Brüderlichkeit*).

77 Haller, *Alfred*, S. 125.

78 Haller, *Usong*, S. 224.

79 Ebd., S. 110.

80 Ebd., S. 269.

81 Immanuel Kant, *Kleinere Schriften zur Geschichtsphilosophie, Ethik und Politik*, Hamburg 1964, S. 86 f.

82 Ebd., S. 87.

83 Haller, *Alfred*, S. 167 f.

84 Sozusagen um der Übersichtlichkeit willen akzentuiere ich in diesem Zusammenhang die rabiatere, »absolutistische« Variante der Hobbesschen Konstruktion. Daneben und im Widerspruch dazu findet sich bei Hobbes auch die Vorstellung eines in den Gesellschaftszustand hinüberreichenden Rechts auf Selbsterhaltung, mit der Konsequenz eines allerdings nur individuellen Widerstandsrechts im Falle der Bedrohung an Leib und Leben auch seitens des Souveräns. Auf letzteres hat sich vor allem die liberale Hobbesrezeption berufen (vgl. dazu Koselleck, *Kritik und Krise,* S. 165).

85 Haller, *Fabius und Cato,* S. 220. – Auf die weiteren Folgerungen, die Haller daraus zieht, komme ich unten zurück. Hier geht es zunächst nur um die Formulierung des Ziels.

86 Ebd., S. V f.

87 Damit soll natürlich nicht gesagt sein, daß Haller diese Dreizahl von vornherein geplant habe. Zwar ist die Vorrede zu *Fabius und Cato* in diesem Sinne interpretierbar, doch ist in der Vorrede zum *Usong,* wo man, falls ein solches Projekt bestanden hätte, einen Hinweis hätte erwarten können, von den anderen Romanen nicht die Rede.

88 Haller, *Tagebuch,* Bd. 2, S. 135.

89 Ebd.

90 Ebd., S. 136.

91 Natürlich ist die geographische Differenzierung nur der Intention Hallers nach, nicht tatsächlich ein Argument gegen den *Geltungs*anspruch universeller Prinzipien, sondern modifiziert lediglich deren Anwendung. Gleichwohl ist das Vorgehen Hallers insofern verständlich, als ja auch das aufklärerische Naturrecht Aussagen über (ursprüngliche) Tatsachen zu machen beanspruchte und insofern auch durch Aussagen über (vorfindliche) Tatsachen konterkariert werden konnte. Der naturalistische Fehlschluß machte den empirischen Fehlschluß plausibel.

92 Haller, *Fabius und Cato,* S. 211.

93 Ebd., S. 203. – Cato-Haller identifiziert hier fälschlicherweise die Rousseausche Theorie des Gesellschaftsvertrages der Bürger mit sich selbst mit der älteren Theorie des Herrschaftsvertrages der Untertanen mit dem Fürsten, gegen die jene sich gewendet hatte. Diese Identifikation indiziert einen konservativen Pragmatismus, dem es mehr auf die historische Kritik universaler Rechtsansprüche überhaupt ankommt als auf die konsistente Kontrastierung der einzelnen Positionen. So hat Haller denn auch an anderer Stelle, worauf ich noch zurückkommen werde, die Theorie des Herrschaftsvertrages und des Widerstandsrechts, wenn auch mit Zögern, durchaus akzeptiert.

94 Auf den Inhalt dieser Argumentation gehe ich unten näher ein; hier kommt es zunächst nur auf ihren methodischen Aspekt an.

95 Haller, *Fabius und Cato,* S. 224 f.

96 Ebd., S. 226.

97 Ebd., S. 217.

98 Ebd., S. 28.

99 Ebd., S. 63.

100 Ebd., S. 74.

101 Ebd., S. 216.

102 Haller, *Alfred,* S. 169. – Eine fast gleichlautende Formulierung findet sich in *Fabius und Cato,* S. 212.

103 *Briefwechsel zwischen Haller und Gemmingen,* S. 115.

104 Ebd., S. 121.

105 Ebd.

106 Haller, *Offenbarungsbriefe,* unpaginierte Vorrede.

107 Haller, *Usong,* S. 19.

108 Haller, *Fabius und Cato*, S. 279. – Auch die theoretischen Darlegungen Hallers zum Thema Stadt und Land gehorchen ausschließlich gesundheitspolitischen Überlegungen; die schöne Natur kommt als Argument gar nicht erst vor (vgl. Haller, *Tagebuch*, Bd. 2, S. 78 ff.).

109 *Briefwechsel zwischen Haller und Gemmingen*, S. 73.

110 Ebd., S. 78 f.

111 Ebd., S. 97.

112 Ebd., S. 34.

113 Ebd., S. 23.

114 Ebd., S. 19.

115 Vgl. dazu Heinz Otto Burger, *Europäisches Adelsideal und deutsche Klassik*, in: ders., *›Dasein heißt eine Rolle spielen‹*, München 1963.

116 Haller, *Usong*, S. 376.

117 Haller, *Alfred*, S. 80.

118 Haller, *Fabius und Cato*, S. 175.

119 Balthasar Gracian, *Handorakel*, Stuttgart 1968, S. 65.

120 Ebd., S. 48.

121 Haller, *Fabius und Cato*, S. 137.

122 Ebd., S. 85 f.

123 Ebd., S. VIII.

124 Montesquieu, *Geist der Gesetze*, S. 122.

125 Haller, *Alfred*, S. 153.

126 Haller, *Tagebuch*, Bd. 1, S. 203.

127 Ebd., Bd. 1, S. 204.

128 Ebd.

129 Haller betont ausschließlich das Moment der sittlichen Verpflichtung des Herrschers (der Thron ist ein Lehen Gottes, die Erde ist die Schaubühne, auf der auch der Herrscher vor Gott Proben seiner Gaben ablegen muß), nicht seinen göttlichen Ursprung.

130 Haller, *Alfred*, S. 112.

131 Haller, *Fabius und Cato*, S. 83.

132 Haller, *Alfred*, S. 173.

133 *Briefwechsel zwischen Haller und Gemmingen*, S. 26.

134 Haller, *Fabius und Cato*, S. XI.

135 Ebd., S. 215.

136 Haller, *Alfred*, unpaginierte Vorrede.

137 *Briefwechsel zwischen Haller und Gemmingen*, S. 50.

138 Haller, *Fabius und Cato*, S. 207.

139 Ebd., S. 235.

140 Haller, *Tagebuch*, Bd. 2, S. 181.

141 *Briefwechsel zwischen Haller und Gemmingen*, S. 49.

142 Haller, *Alfred*, S. 201.

143 Ebd., S. 205.

144 Haller, *Fabius und Cato*, S. 238. – Vgl. auch den *Briefwechsel zwischen Haller und Gemmingen*, S. 59: »Wir könnten weit mehr Gutes thun, aber thun wenig Böses.«

145 Ebd., S. X f.

146 Haller, *Alfred*, S. 180.

147 *Briefwechsel zwischen Haller und Gemmingen*, S. 21.

148 Haller, *Gedichte*, S. CDXLVIII.

Ralph-Rainer Wuthenow
Lichtenbergs Skepsis

> »Durch das planlose Umherstreifen durch die planlosen Streifzüge der Phantasie wird nicht selten das Wild aufgejagt, das die planvolle Philosophie in ihrer wohlgeordneten Haushaltung gebrauchen kann.« (J 1550)

Die Bemerkungen, die aus Lichtenbergs *Sudelbüchern* erst nach seinem Tode (1800 ff.) veröffentlicht wurden und nicht für andere, sondern wohl ohne Seitenblick auf den möglichen Leser für ihn selbst geschrieben worden waren, bezeichnen, von heute aus gesehen, den Beginn der deutschen Aphoristik, obschon es sich keineswegs um Aphorismen in dem strengen Sinne handelt, wie sie die französische Literatur damals bereits in reicher Folge besitzt. Vielmehr handelt es sich oft genug nur um sporadische und scharfsinnige Einfälle, lockere Vermutungen, überraschende Assoziationen, um Wortspiele, Einwände und Fragen. Wir haben es also gewissermaßen mit einer Materialsammlung zu einem umfangfreichen Denkbuch, nicht mit einem als aphoristische Sammlung geplanten Werk zu tun, also mit Bruchstücken aus weiteren Zusammenhängen, so daß hier ganz besonders die Warnung zu beachten ist, die ein zeitgenössischer französischer Schriftsteller ausspricht, die nämlich, daß der Faule und der Mittelmäßige sich davon entbunden glauben, über die Maxime hinauszugehen und ihr leicht eine Allgemeinheit zuerkennen, die der Autor ihr gar nicht habe geben wollen.[1] Es bietet sich, scheint es, bei Lichtenberg der Vergleich mit den unvollendeten *Pensées* von Pascal[2] eher an als der mit den Maximen und Sentenzen der ›bewußten‹ Moralisten. Dies aber gilt zunächst nur in einem äußerlichen Sinne, dem der Entstehung und der mangelnden Vollendung, keineswegs gilt es auch immer thematisch. In der Haltung ergeben sich vielmehr wiederholt Analogien zu den *Essais* von Montaigne.[3]

Mißtrauen herrscht vor, Zweifel, der produktiv zu werden beginnt, wo aus ihm die Neigung zum intellektuellen Experiment erwächst; es finden sich Beobachtungen, ironische Vergleiche, Vermutungen und Fragen, aber kaum Grundsätze und Forderungen, selten nur Definitionen. Ursprung der Notizen ist die Haltung der fortgesetzten Selbstbeobachtung; noch wo die Gegenstände anvisiert werden, führt, was sie von ihrer Eigentümlichkeit dem fremden Blick preiszugeben bereit sind, oft genug wieder auf das Ich des Beobachters zurück. Die kritische und lockere Form der Mitteilung wird freigeistig, die der Sprache abgelauschte, scheinbar unverbindliche Witzigkeit wird boshaft und rebellisch; die Einsichten des Verfassers widersetzen sich deutlich der herrschenden Konvention.

Aber als Gegner der zu seiner Zeit modisch gewordenen Empfindsamkeit und Schwärmerei registriert Lichtenberg an sich selbst die von ihm verspotteten Regungen des Enthusiasmus und heftige Gefühlsausbrüche; die Einsicht in die eigenen Widersprüche wirkt als dauernde Spannung, die ihn wachsam, beweglich und vorsichtig macht. Es sind dies Eigentümlichkeiten, die sich auch seiner Prosa mitteilen und das damals bei uns noch unansehnliche, bald aber immer wirksamer werdende und auf den deutschen Meridian umvisierte Genre deutlich prägen. Lichtenberg unternimmt es, auf kleinstem Raum Kontraste auszuprobieren, er findet den unnachahmlichen, den individuellen Ausdruck für das Selbstempfundene, Selbstgemeinte, Selbstgedachte, das nun wiederum als wirksamer Anstoß zum Selbstdenken erscheint, das sich auf alle Gegenstände der Welt richtet, die also nur zum Anlaß werden, den Prozeß der Welterfahrung und der Selbsterkenntnis des Menschenwesens fortzuführen. Der bewußt hypothetische Charakter zahlloser Bemerkungen deutet Relativierungen und kritische Korrekturen oder doch deren Notwendigkeit an: der Mensch erscheint hier als eine Fehlentwicklung, und es gilt erst noch, seine wahre Gestalt aus der älteren Geschichte herauszuholen (F 385).[4] Die konsequente Selbsterforschung und fragmentarische Selbstdarstellung, die seinen Notizen Zusammenhang verleiht, wird beispielhaft; vorbildlich wird aber auch die rasche, geistreiche, gelenkige und dabei nüchterne Prosa, an der sich immer wieder einzelne bedeutende Leser von Jean Paul und Hebbel über Schopenhauer und Nietzsche bis zu Musil, Kraus, Benjamin und Heissenbüttel zu entzünden vermochten.[5] Das von vielen aufklärerischen Zügen gekennzeichnete Selbstgespräch des einsamen Lichtenberg, die Selbstbeobachtung, die dem pietistischen Erbe wahrscheinlich nicht mehr als der Neugier des Naturforschers verdankt, wird begleitet von einem niemals ermüdenden und einem sozusagen munteren Zweifel.

Wie aber Skepsis bei Lichtenberg sich äußert, das gehört in gleicher Weise zu seinem Denken wie zu seinem Stil.

Die Form des Aphorismus und die Skepsis selbst werden bei Lichtenberg nicht zum Problem und in den Notizen als solches reflektiert; das geschieht, noch zu seinen Lebzeiten, Ende des Jahrhunderts, bei der jüngeren Generation – und was vorausgeht, faßt Platner zusammen.[6] In der *Blüthenstaub* betitelten Aphorismenreihe bemerkt Novalis einen Zusammenhang von Unwissenheit und »Kapazität des Wissens«, einen Zustand, in dem jede neue Erkenntnis nur nachhaltiger wirkt; fortschreitendes Studium, vermehrtes Wissen mindern diese Kapazität, Ergebnis ist eine der ersten, ursprünglichen entgegengesetzte Unwissenheit, die aus dem Überfluß, besser: aus der Übersättigung stammt, wie jene aus dem Mangel. Diese letztere nun »pflegt die Symptome des Skeptizismus zu haben«, eines Skeptizismus, den Novalis deshalb als unecht bezeichnet, weil er einer individuellen, d. h. einer durch die je eigene Entwicklung verursachten Schwäche des menschlichen Erkenntnisvermögens entstammt.[7]

Bei Friedrich Schlegel ist in den *Philosophischen Lehrjahren* der Skeptizismus zunächst bloße Kritik, ist, wie Empirismus, Kritizismus und Mystizismus, nur eine Art der Darstellung des Geistes, nicht ein System. Skepsis erscheint aber schon wenig später als Ursprung der Philosophie – an anderer Stelle freilich auch wieder als Leugner aller Erkenntnis und aller Philosophie. Die »furchtsame Nüchternheit« dieser Haltung entfernt sie von Kunst und Poesie, sie führt F. Schlegel zum Begriff einer negativen Philosophie.[8] Als Übergangszustand durchaus geeignet, den Trieb zur absoluten Philosophie zu fördern, bedeutet er doch zunächst nur Resignation, Enthaltsamkeit, Ruhe und Selbstbeschränkung, er steht nach Schlegel der Polemik dabei näher als der eigentlichen Philosophie. Er muß, will er produktiv sein, Kritik werden und diese als eine Hauptwissenschaft begreifen. Es besteht aber nach Schlegel das Wesen der Skepsis »im Schweben«, sie leidet keine andere als nur »rhetorische Ironie«. Zwar gibt es keine skeptische

Wissenschaft, aber Skepsis hält sich nicht nur im Vorhof, sondern im Zentrum der Philosophie auf.[9] Das bedeutet weiter, daß Skepsis keine Ansicht ist, sondern ein Zustand des Subjektes. Hegel nennt in seinem Skeptizismus-Aufsatz von 1802 den Skeptizismus – Vorbild ist die Gestalt, die er im Parmenides-Dialog gefunden hat – jedem echten System implizit, »denn er ist die freie Seite einer jeden Philosophie«.[10] Als solche hatte sie auch Diderot verstanden.

Was F. Schlegel wie Hegel in ihrer Stellungnahme verschweigen, ist der oft sichtbar experimentierende Charakter dieser neuen Art von Skepsis; dies, weil es in beiden Fällen um eine Auseinandersetzung mit den Möglichkeiten und mit der Zielsetzung der Philosophie geht, nicht um solche mit einem vorwiegend skeptischen Autor. Dafür hat nun allerdings Goethe wieder den Blick besessen, der an Lichtenberg, über den er sich gelegentlich auch mißmutig geäußert hat, bewundert, wie er die Karten zur Verfügung gehabt und sie habe ausspielen können und dem er dann nachrühmt, man könne sich seiner als der »wunderbarsten Wünschelrute« bedienen, denn »wo er einen Spaß macht, liegt ein Problem verborgen«.[11] Goethe findet in ähnlichem Zusammenhang, in den *Maximen und Reflexionen,* die Vorstellung einer tätigen Skepsis, die unablässig bemüht sei,

> »sich selbst zu überwinden, um durch geregelte Erfahrung zu einer Art von bedingter Zuverlässigkeit zu gelangen.« Hierzu paßt auch die Einsicht: »Es ist mit Meinungen, die man wagt, wie mit Steinen, die man voran im Brette bewegt: sie können geschlagen werden, aber sie haben ein Spiel eingeleitet, das gewonnen wird.«

Der hier angedeutete spielerisch-experimentierende Charakter der aphoristisch präzisierten Ansicht und Meinung, die mehr Denkempfehlung als Vorschrift und Lehre ist, scheint wie auf Lichtenberg gemünzt zu sein und hätte sogar aus seinen Notizen abgeleitet werden können. –

Das behutsam bohrende Vorgehen, das stets wachsame Mißtrauen gegen Autoritäten, Dünkel, Übertreibung, Vorurteil und Unduldsamkeit äußert sich in den *Sudelbüchern* in skeptischen Fragen, launischen Formulierungen und kritischen Mutmaßungen, deren heimliche Stärke eben darin besteht, daß sie nicht fordernd und bestimmend, sondern zurückhaltend, bescheiden und in wohlüberlegter Unscheinbarkeit sichtbar werden; Lichtenberg nennt sie »Pfennigswahrheiten« und bloße »Ideen-Körner«. Das »Que sçais-je?« Montaignes wird gewissermaßen in die Frage übersetzt: Wie ginge es anders?, und nicht selten wird die Erwiderung scheinbar unverbindlich vorweggenommen. Der Versuch, nachdrückliche Formulierungen zu vermeiden, wird um so auffälliger, als nur selten die Maximen Lichtenbergs *eine* wirklich entschiedene und dann allerdings wiederholt variierte Formulierung erhalten: die nämlich, den Mut zum Zweifel aufzubringen, und die andere, damit zusammenhängende, stets selbst zu denken, unabhängig von Lehrmeinungen und überalterten Autoritäten:

»Bei unsrem frühzeitigen und oft gar zu häufigen Lesen, wodurch wir so viele Materialien erhalten ohne sie zu verbauen, wodurch unser Gedächtnis gewöhnt wird die Haushaltung für Empfindung und Geschmack zu führen, da bedarf es oft einer tiefen Philosophie unserm Gefühl den ersten Stand der Unschuld wiederzugeben, *sich* aus dem Schutt fremder Dinge herauszufinden, *selbst* anfangen zu fühlen, und *selbst* zu sprechen und ich mögte fast sagen auch einmal selbst zu existieren.« (B 264)[12]

Wenig später wird diese Forderung schon wieder in der harmlosen Verkleidung eines alltäglichen Sachverhalts in das Witzige überführt: das Selbstdenken wird nunmehr seiner Bequemlichkeit wegen angepriesen, als Selbstbelehrung und Selbstprüfung, und ist, so heißt es weiter,

doch »nicht so gefährlich als sich selbst zu rasieren, jedermann sollte es in einem gewissen Alter lernen, aus Frucht irgendeinmal der Raub eines übelgeführten Schermessers zu werden«. (B 279)

Der Vergleich liefert sofort auch die Metapher für die Gefahren geistiger Abhängigkeit und Unmündigkeit. Die kürzeste Aufforderung zum Zweifel aber ist ein Lichtenbergischer Imperativ, der herausfordernd noch das Axiom der Überprüfung ausliefern möchte: »Zweifle an allem wenigstens einmal, und wäre es auch der Satz: zweimal 2 ist 4.« (K. 303)
In dem aber, was man gemeinhin ihre Schwäche nennen würde, erkennt Lichtenberg die eigentliche Stärke der Vernunft: »Wahrhaftes unaffektiertes Mißtrauen gegen menschliche Kräfte in allen Stücken ist das sicherste Zeichen von Geistesstärke.« (F 326)
Also gilt es, die Dinge anders zu betrachten, als die Gewohnheit es gelehrt hat; die Maxime lautet eher wie eine ironische

Empfehlung an sich selbst denn wie eine wirklich herrische Devise: »Neue Blicke durch die alten Löcher.« (F 879)[13] Dieser neue Blick ist der böse Blick des Zweifels: »Dinge zu bezweifeln, die ganz ohne weitere Untersuchung jetzt geglaubt werden, das ist die Hauptsache überall.« (J 1276)[14]

Doch auch diese Aufforderung findet noch eine anschauliche Einkleidung in die Alltagssprache, die dann fast vergessen lassen könnte, daß es sich um eine Metapher handelt. Es gilt, die eigenen Wege zu finden, sich um das zu kümmern, was scheinbar nur die Sache der andern ist, denn, und das steckt hinter Lichtenbergs Formulierung, im Gebiet des Denkens stehen wir mündig auf republikanischem Boden:

> »Verlasse hier einmal die Landstraße, und glaube ja nicht daß diese Sache nur für andere Leute auszumachen gehöre, denke immer du bist ein Mitglied des Rates.« (J 1331)

Hingegen ist der gewöhnliche Kopf stets einverstanden mit der herrschenden Meinung und denkt über den gegebenen Zustand nicht hinaus; er weiß weder, was er denken soll, noch weiß er, was er sein könnte. Dem großen Genie hingegen (nicht dem sogenannten Original-Genie der Epoche!) fällt immer wieder ein: *»könnte auch dieses nicht falsch sein?«* (C 194)

Allerdings ist, was so durch neue Ansicht, neue Beleuchtung, unbefangene Neuprüfung erreicht werden kann, auch nur Stückwerk, denn:

> »Wir sehen in der Natur nicht Wörter sondern immer nur Anfangsbuchstaben von Wörtern, und wenn wir alsdann lesen wollen, so finden wir, daß die neuen sogenannten Wörter wiederum bloß Anfangsbuchstaben, von andern sein.« (J 2154)

Daß wir entziffernd an kein Ende kommen im Studium des großen Dictionnaire, das die Natur uns vorlegt und wir immer nur buchstabieren können, ist eine entmutigende Erfahrung; sie führt aber bei Lichtenberg keineswegs zur Niedergeschlagenheit. Die Erfahrung der Endlichkeit wie der Vorläufigkeit unserer Feststellungen macht ihn keineswegs verzagt: docta ignorantia erscheint ihm als Weisheit, als der Anfang des Wissens, denn schließlich ist es die Unwissenheit, die sich selbst ignroiert. Vorteil dieser Haltung der docta ignorantia ist der Verzicht auf Rechthaberei und Verabsolutierung fragmentarischer Einsichten. So bleibt auch, was Lichtenberg ausspricht, durchaus vorläufig; die Sprache wird geschmeidiger im Übergang von der der Affirmation zu der der Vermutung. Auch dic Negation äußert sich noch mit aller Vorsicht, an die Stelle der Gegenbehauptung tritt die Einschränkung:

»Ich glaube kaum, daß es möglich sein wird zu erweisen, daß wir das Werk eines höchsten Wesens, und nicht vielmehr zum Zeitvertreib von einem sehr unvollkommenen sind zusammengesetzt worden.« (D 412)[15]

Lichtenberg weicht einer Entscheidung aus; formal steht hier Aussage gegen Aussage, der Kontrast erscheint als ausgewogen, aber die antithetisch nachgestellte Möglichkeit hat neben dem von der Negation regierten Nebensatz das stärkere Gewicht für sich, das beschwerende »vielmehr« und den wirksameren Rhythmus: das letzte Wort gehört nicht der nachdrücklichen Verneinung einer überlieferten Vorstellung, sondern eben jener anderen Möglichkeit, mit allen Vorbehalten formuliert, die den Menschen auf beunruhigende Weise als ein Geschöpf der Willkür und des Zufalls hervortreten läßt: als bloß »zusammengesetzt« und noch einmal abwertend durch das finale »zum Zeitvertreib«, das uns der Zufälligkeit unterstellt.

Lichtenbergs Prüfen und Bohren erklärt sich durch diese Wachsamkeit gegenüber der Welt der Gegenstände nicht nur, sondern auch der Vorstellungen und Meinungen und selbst der der Worte. Er will von den Dingen weit mehr erfahren als die Bestätigung der geprägten Formeln; der entlarvende Blick, der die konventionelle Ansicht als Illusion durchschaut hat, deckt andere Motive an den Gesinnungen und Handlungen auf, als die, welche man gemeinhin unterstellt:[16]

»Ich möchte was darum geben, genau zu wissen, für wen eigentlich die Taten getan worden sind, von denen man öffentlich sagt, sie wären *für das Vaterland* getan worden.« (K 292).

Der Zweifel zielt auf die Diskrepanz von Wortgebrauch und Sache, er wendet sich gegen falsches Bewußtsein.

Das hier so nachdrücklich hervortretende Mißtrauen, das allgemeinen Sprachgebrauch in Frage stellt, wird dann weiter ausgedehnt auf das Medium der Erkenntnis und des Denkens, d. h. auf die Sprache und auf das erkennende Subjekt als erkennende wie als moralisch handelnde Person. Alles

Sprechen stellt sich für Lichtenberg bereits als Philosophieren dar, d. h. hier wohl als ein Interpretieren von Welt, für das die akademische Philosophie als die offizielle eine fortlaufende Berichtigung des Sprachgebrauchs zu liefern sucht (H 146). Die wahre Philosophie wird in der Sprache der falschen gelehrt. Lichtenberg hat auch Freude an den materiellen Beeinflußbarkeiten und Abhängigkeiten unseres Denkens und Empfindens, er berührt sich hier zuweilen mit Diderot.[17] Sein Pragmatismus vergleicht die Gottesvorstellung, die der Mensch sich entwickelt, mit jener Zweckmäßigkeit, aus der heraus die Spinne das Netz zum Fliegenfangen webt. Auch hier versteckt sich im unscheinbaren Vergleich der entlarvende Zug eines im wesentlichen kühnen Denkens:

»sollte es nicht Wesen geben, die uns wegen unsrer Ideen von Gott und Unsterblichkeit eben so bewunderten wie wir die Spinne und den Seidenwurm?« (L 952)

Aber die Kühnheit wird durch die Vorsicht des Ausdrucks verschleiert, und der scheinbar unverbindliche Scherz weiß sie immer wieder zu mildern:

»Es ist als wenn unsere Sprachen verwirrt wären; wenn wir einen Gedanken haben wollen, so bringen sie uns ein Wort, wenn wir ein Wort fordern, einen Strich, und wo wir einen Strich erwarteten, steht eine Zote.« (F 503)

So ist alle Erkenntnis eine Übersetzung in die dem Menschen eigene Sprache und Vorstellungswelt; aber erschwerend tritt hinzu, daß auch die Sprache ihr Eigenleben hat, die Wörter ihre Bedeutung verändern und der Mensch sie also niemals völlig zu ›beherrschen‹ lernen kann. Derartige Warnungen und Einwände erkenntniskritischer Art sind in eben dem Maße ein Schritt auf die Wahrheit hin, als sie zur vorurteilslosen Überprüfung auffordern und Zeichen des Aufbegehrens gegen intellektuelle Trägheit heißen dürfen.

Es geht auch nicht darum, den Menschen zu verkleinern, aber es könnte falsch sein, ihn ohne weitere Überlegung voreilig zu erhöhen. Seine *grandeur* und seine *misère* gehören auch bei Lichtenberg untrennbar zusammen; es ist der Widerspruch des Menschenwesens selbst, den er in vielen Gegensätzen auseinanderfaltet. Wo ein ›aber‹ stehen könnte, da setzt er, als wäre es ganz selbstverständlich, das verbindende ›und‹ ein, was nicht heißen kann, daß der Widerspruch noch gar nicht bewußt geworden ist, sondern eher, daß Lichtenberg ihn durch eine boshafte Selbstverständlichkeit verstärken möchte:

»Der Mensch. – Jede Größe ist sich selbst gleich, sagt er, und wiegt endlich die Sonne mit allen Planeten ab. Er weiß die Zeit der Bedeckung entfernter Planeten und weiß den Untergang einer Welt nicht, die seinen Körper ausmacht. Ich bin nach Gottes Bild geschaffen, sagt er, und dort schlurft er den Urin des unsterblichen Lama. Staunt eine Bienen-Zelle mit Verwunderung an, und kann selbst Peterskirchen bauen. Wirft Hirsenkörner durch das Ohr einer Nadel oder bestreicht sie mit einem Stein und findet auf dem Meer seinen Weg. Nennt Gott bald das tätigste Wesen, bald den Unbeweglichen, gibt dem Engel bald Sonnenlicht zum Gewand und bald Vielfraß-Pelz (Kamtschatka), betet bald Mäuse und Würmer an, glaubt hier an einen Gott vor dem tausend Jahre sind, wie der Tag der gestern vergangen ist, und bald an gar keinen. Ermordet sich selbst, kastriert sich selbst, brennt und hurt sich zu Tode, tut Gelübde der Keuschheit, und verbrennt einer . . . wegen Troja. Frißt seine Mitbrüder, seinen Mist.« (*Mehr verdaut und besser geordnet*) (F 191; eine Vorform s. unter D 398).

Die absichtsvolle Häufung der Kontraste erscheint ihm offenbar noch als ungegliedert, und in der Tat: zum Schluß des Abschnittes hin verschiebt sich die Technik der Gegenüberstellung zuungunsten des Menschen und endet in einer Akkumulierung nicht mehr seiner Widersprüche, die prüfend in ein Gleichgewicht zu bringen wären, sondern seiner Wahnsinnstaten, so daß die Schale, mit den Widersinnigkeiten beschwert, zu sinken beginnt. Wo freilich die Weisheit Gottes, auf die sich die Menschen so gern berufen, nur die ihres eigenen Verstandes ist –

»Aus der Weisheit Gottes manche Sachen schließen zu wollen ist nicht viel besser, als es aus seinem eignen Verstand zu tun« (C 103) –,

wo unreflektiert fortbestehende Achtung vor überlieferten Bräuchen und unbefragten Vorschriften die Quelle allen Übels in der Welt heißen muß (D 369), wo der Mensch sich weigert, die unbequeme, oft erschreckende Einsicht in sich selbst zu tun, gilt es zunächst, sein Selbstvertrauen, seinen Stolz zu erschüttern, um ihn für die unerfreuliche Wahrheit empfänglich zu machen, wie dies Montaigne in der *Apologie de Raimond Sebond* bereits unternommen hatte. Das heißt wiederum nicht, ihn zu entwürdigen, sondern ihm die Spannungen, in denen er steht, bewußt zu machen. Stärke und Schwäche, Licht und Blindheit, Kleinheit und Größe des Menschen aufzählen, das bedeutet auch bei Diderot in den *Pensées philosophiques* nicht, ihm den Prozeß zu machen – »c'est le définir«.[17]

Lichtenberg nimmt das Recht zu solchem Verfahren aus sich selbst, da er doch nicht allein das Subjekt, sondern auch das Objekt seiner Aufzeichnungen und Beobachtungen ist; allen Einsichten liegt die Selbsterkenntnis zugrunde, die er im Mosaik der Nachrichten über sich selbst festgehalten hat, ohne Hintergedanken, Verschleierung und Beschönigung, wie es ihn an de Retz und Rousseau beeindruckt hatte, nur daß er nicht zu einem Ergebnis kommt, sondern lediglich Momente eines Prozesses festzuhalten vermag. Aber auch hier sind Vorsicht, radikale Aufrichtigkeit und die Imagination des Ausgefallenen am Werk: so erklärt er von sich (in der dritten Person), er sei vom Leben »zwar kein allzu ökonomischer, aber doch kein ruchloser Besitzer« gewesen (B 81) und möchte seine Geschichte gern so sehen, wie sie sich in den Köpfen der anderen darstellt (B 257). Er gesteht aber, gleichsam ergänzend durch seinen Widerspruch, das, was die anderen nicht von ihm wissen können:

»Findet oft ein Vergnügen darin, Mittel auszudenken wie er diesen oder jenen Menschen ums Leben bringen könnte, ohne daß es gemerkt würde, oder Feuer anzulegen ohne daß man es merkte. Ohne jemals den festen Entschluß gefaßt zu haben so etwas zu tun, oder auch ohne nur die mindeste Neigung zu haben, ist [er] sehr oft mit solchen Gedanken eingeschlafen.« (F 1217)

Nach eigenem Geständnis hätten seine Bemühungen, das Herz des Menschen zu kennen, doch besser minder glücklich sein sollen (F 511). Merkwürdige Einsichten sammeln sich in solchem Zusammenhang: seine Hypchondrie nennt er eine

»Fertigkeit aus jedem Vorfalle des Lebens, er mag Namen haben wie er will, die größtmögliche Quantität Gift zu eigenem Gebrauch auszusaugen.« (K 23)

Für die Neuauflage seines Lebens, wenn der Himmel sie für richtig halten wollte, möchte er nur einige Bemerkungen anbringen, die hauptsächlich dann die Wiedergabe des Porträts, aber auch den »Plan des Ganzen« betreffen (J 659).

Dann aber, weiter lotend aus den Zusammenhängen der Unzufriedenheit heraus:

»Mein Körper ist derjenige Teil der Welt, den meine Gedanken verändern können. Sogar *eingebildete* Krankheiten können wirkliche werden. In der übrigen Welt können meine Hypothesen die Ordnung der Dinge nicht stören.« (J 1208)

Der Nachsatz, der die Besonderheit solcher Einwirkung unterstreicht, zielt auf einen Vorzug des Menschen, den Lichtenberg zu seinem Nachteil auszumünzen weiß. Die positive Ansicht der Erscheinung zu erwägen, fällt ihm nicht ein. Er ahnt weiter, daß er selbst, das Ich, nicht der Schreiber sei, der alles Gehörte und Geschaute notiert. Jedenfalls stellt er vorsichtig die Frage nach den verschiedenen Wirklichkeiten dieses Ich, die auf verschiedenen Ebenen des Bewußtseins agieren: »Wer ist dieser Ich? bin ich und der Schreiber nicht einerlei?« (K 38)

Schließlich reflektiert er noch den Grundzug seines Denkens und erklärt, indem er den Vorzug in Schwäche zu verkehren vorgibt:

»Wenn auch meine Philosophie nicht hinreicht, etwas Neues auszufinden, so hat sie doch Herz genug, das längst Geglaubte für unausgemacht zu halten.« (K 49)[18]

Nichts ist stärker bezeichnend für seine doppelte Vorsicht, der den Konventionen gegenüber wie der, die er noch vor dem eigenen Denken bewahrt, als diese einschränkende Versicherung (wenn auch . . . so doch), wobei natürlich der abschließende Hauptsatz den Akzent trägt und damit das im Vorsatz gemachte Geständnis der Schwäche in gewisser Weise wieder zurückgenommen wird. Es bleibt, aller versicherten Bescheidenheit zum Trotz, die widerspenstige Selbstbehauptung in der Reduktion auf die eigene, als solche anerkannte Unzulänglichkeit, doch noch immer des Mutes gewiß zu sein, der der unbefragten Überlieferung und Lehrmeinung mit den Waffen der Vernunft gegenübertritt und so die Schwäche in einen wie immer relativierten Vorzug verkehrt. Hier ist die Reflexion nach einem Wort F. Schlegels wirklich zugleich Phänomen und Experiment.[19] –

Mit dem modernen Stilbegriff, der von der Identität von künstlerischem Subjekt und darzustellendem Objekt ausgeht

(Marcel Proust), mit dem Nietzsches, der vom klassischen und großen Stil die Darstellung von »Ruhe, Vereinfachung, Abkürzung, Konzentration« verlangt, ja nicht einmal mit dem Goethes, dem zufolge der Stil »auf den tiefsten Grundfesten der Erkenntnis, auf dem Wesen der Dinge« – soweit in sichtbaren Gestalten erkennbar – beruht, kommen wir hier allerdings nicht weiter.[20] Solche Anwendung wäre reine Willkür. Lichtenbergs Stilbegriff ist, seinem Denken entsprechend, anders, und nur der, den wir von außen herantragen, der Personalstil, der die Äußerungen eines Schriftstellers in einer ungefähr gleichen Weise kennzeichnet, läßt sich hier anwenden. Lichtenberg zeigt mehr eigene Individualität als das Wesen der Dinge, deren Zugänglichkeit er gerade bezweifelt; aber er zeigt sie in einer Haltung, die eigentümlich, also unverwechselbar ist, und bedient sich dabei einer stets neu überprüften Sprache, die dieser Haltung, die diesem vorsichtigen Denken in vollkommener Weise entspricht. Wie er den heroischen und den leidenschaftlichen Empfindungen mißtraut, so auch den großen und schönen Worten, den Versuchen, das Unsägliche zu beschwören, der »Pracht-Prose«, die ihm als verlogen erscheint (F 1138). Er plädiert für die »simple Schreibart«, die auf das Kunstvolle und Gewaltsame verzichten kann (G 126). So setzt er aus Mißtrauen gegen die Worte und den Selbstbetrug, den sie anbieten, Simplizität gegen Pathos (L 107), Genauigkeit gegen Lyrismus (vgl. E 240, F 802), Ehrlichkeit gegen Eleganz (B 20, B 405), Knappheit und Raschheit gegen Weitläufigkeit und Fülle (E 39). Wie zur Bestätigung notiert er sich eine Stelle aus Buffon, die für das unbefangene beau naturel argumentiert: »Le stile doit graver des pensées [. . .]« (F 709). Der Stil steht im Dienste des Gedankens. Aber nicht nur die Gedanken will Lichtenberg festhalten, sondern auch die Weise, sie zu denken. Haltung und Ausdruck, wo sie nicht identisch sind, korrespondieren doch miteinander.

»Es soll Menschen gegeben haben, die, sogleich wenn sie einen Gedanken niederschreiben, auch sogleich die beste Form getroffen haben sollen. Ich glaube wenig davon. Es bleibt allemal die Frage ob der Ausdruck nicht besser geworden wäre, wenn sie den Gedanken mehr gewendet hätten, ob nicht kürzere Wendungen wären getroffen worden, ob nicht manches Wort weggeblieben wäre was man anfangs für nötig hielt, welches aber eigentlich doch nur unnütze Erläuterung war, wenigstens für den verständigen Leser.« (J 283)

Nicht um die Fixierung des Gegenständlichen geht es in Lichtenbergs Notizen, sondern um die schwierigere des Verhältnisses eines Subjekts zu den realen und imaginären Gegenständen und ihren wechselnden Wirkungen. Daher rühren die stets geübte Vorsicht in der Darstellung der nicht unmittelbar wahrnehmbaren Beziehungen zwischen Subjekt und Objekt, die Restriktionen und Selbstkorrekturen, die Hilfsverben, die unpersönlichen Ausdrücke, die formelhafte Einleitung zu partikularen Urteilen oder die Verkleidung des Urteils in einen Vergleich. Imaginäre Gegenstände und hypothetische Vorgänge haben hier ihren Platz; ihnen entsprechen die adverbialen Zusätze, die konjekturalen Wendungen wie der Gebrauch des 1. Futurs im Sinn der Mutmaßung. Mit solchen Stilmitteln wie mit direkten Fragen und den Äußerungen einer angedeuteten Wahrscheinlichkeit rückt der Autor den Konventionen und den Vorurteilen zu Leibe. Auch die absurde Perspektive, spöttische Umkehrungen, die scheinbar schon die Nähe zum Adynaton herstellen – so der Blick des Krebses auf den Menschen, der sich also seltsamerweise vorwärts bewegt (D 125) –, gehören in diesen Zusammenhang. Die absurde Perspektive stellt das Selbstverständliche in Frage:

»Gäbe es nur lauter Rüben und Kartuffeln in der Welt, so würde einer vielleicht einmal sagen, es ist schade daß die Pflanzen verkehrt stehen.« (C 272)

Noch auf das Medium des Denkens, die Sprache eben, erstreckt sich sein Mißtrauen (F 776); aber es gilt hier wie in anderen Zusammenhängen, daß sich keine langsame und nachkontrollierbare Entwicklung zu einer abschließenden Klärung vollzieht, sondern, da Lichtenberg im Medium der Sprache die Sprache prüfen und ausprobieren muß, die widersprechenden und widersprüchlichen Einsichten zu jedem Zeitpunkt seines Lebens gleichzeitig in ihm herrschen. Und weil er auch dies weiß, hat alles, was er ausspricht, den absichtsvollen Charakter des Vorläufigen.

Die Form dieser Vorläufigkeit und Vorsicht ist der Konjunktiv; die Kategorie der Ungewißheit wird in ihm aktualisiert. Dies geschieht bei der Wiedergabe fremder Meinungen, die als solche nicht ungeprüft übernommen werden sollen:

»Die Menschen können nicht sagen, wie sich eine Sache zugetragen, sondern nur wie sie meinen, daß sie sich zugetragen hätte.« (G 375)

Es geschieht dies weiter bei der zurückhaltenden Fixierung der eigenen Ansicht, wo dann die Aussage einen gewissen Probecharakter erhält oder sogar in die Form des Wunsches gekleidet wird (A 137). Teile seines Werkes selbst sind der Versuch, die Erfüllung eines solchen Optativs zu finden:

»Ich wollte, daß ich mich alles entwöhnen könnte, daß ich von neuem sehen, von neuem hören, von neuem fühlen könnte. Die *Gewohnheit* verdirbt unsere Philosophie.« (H 21)

Die Verwendung des Irrealis dient der versuchsweisen Aufhebung von bedingenden, meist einschränkenden Umständen, die zur Verdeutlichung eines verschleierten Tatbestandes führen soll:

»Wir würden gewiß Menschen von sonderbarer Gemüts-Art kennen lernen, wenn die großen Striche, die jetzo Meer sind, bewohnt wären, und wenn vielleicht in einigen Jahrhunderten unser gegenwärtig festes Land Meer und unsere Meere Länder sein werden, so werden ganz neue Sitten entstehen, über die wir uns jetzo sehr wundern sollten.« (A 39)

Der Übergang in den Indikativ kann in der Folge die Möglichkeit, die als solche noch kaum vorstellbar war, erhalten oder verstärken. Dann bleibt die Prämisse hypothetisch, das Resultat hingegen erscheint bereits als real. Die Form des Potentialis tritt beim Ausprobieren, Antizipieren oder Andeuten von noch zweifelhaften Resultaten ins Gedankenspiel ein (F 301). Zuweilen ist sie auch von einem Konditionalsatz gefolgt wie in der Feststellung:

»Die Menschen schreiben viel über das Wesen der Materie, ich wünschte, daß die Materie einmal anfinge über das menschliche Gemüt zu schreiben. Es würde herauskommen, daß wir einander bisher gar nicht recht verstanden haben, (muß besser und menschlicher ausgedrückt werden NB)« (L 908).

Bei grundsätzlicher Unsicherheit der Erfahrung soll der Konjunktiv offenbar eine Form der Überraschung und der bereits reflektierten Betroffenheit ausdrücken: »Was würde es geben, wenn man einmal in London die 10 Gebote während als (es) 12 schlüge aufhübe.« (F 301)

Lichtenbergs Skepsis, die das überlieferte Urteil, die gedruckte Lehrmeinung, die gewohnte Ansicht, das Vorurteil, aber auch die Anmaßungen der Vernunft stets neu in Frage stellt, bedient sich nur weniger Imperative, Postulate und Ermahnungen, selten der nachdrücklich erscheinenden Wunschform. Die Experimente seines Denkens stehen im Konjunktiv; noch die eigene Meinung wird, behutsam genug, in den Modus der Möglichkeit gehoben. So erscheint selbst die Welt noch als Versuch von einem, der die Sache noch nicht recht verstanden haben kann (K 69). Das Gegebene wird als Anlaß zum denkerischen Experimentieren verstanden, zum Erwägen und Überprüfen neuer Möglichkeiten; die Wirklichkeit selbst scheint, unvollkommen, immer wieder zum Antizipieren von richtigeren Varianten und – wenn auch nur theoretisch – zu Veränderungen aufzufordern, da sie doch schon in jedem Subjekt als eine andere erscheint (F 760). Das geht bis zum Erdenken nur scheinbar spielerischer Irrealitäten, die das nachdrücklichere Adynaton Lichtenbergisch übersetzen. Zwischen dem schematischen Ja/Nein und dem Entweder/Oder erlaubt es der Konjunktiv dem Denken, die Welt als Bereich von Möglichkeiten zu behandeln, sie als veränderbar zu betrachten, Ausgleich für das Versäumte und Versagte zu suchen und zwischen bloßem Verzicht und starrer Zuversicht die Welt nicht einfach als ›nur-gegeben‹ hinzunehmen. So wird, scheint es, dem skeptischen Geist die Welt nicht etwa ärmer, wie man oft gemeint hat, sondern vielmehr reicher: dem Abbau von Vorurteilen entspricht ein Aufschließen neuer Möglichkeiten.

Lichtenbergs Zweifel richtet sich in wesentlich kritischer Funktion nicht nur auf die Erscheinungen, die sich anders darstellen, als man gemeinhin anzunehmen sich gewöhnt hat, nicht nur auf die Beschränkungen des Instrumentes, mit dem wir aufnehmen und denken, messen, vergleichen und erkennen, und die es nach seinen Worten immer besser zu durchschauen gilt (A 137). Denn nicht nur die Einschränkungen, sondern eben auch Möglichkeiten weiß diese Skepsis ausfindig zu machen. Sie richtet sich weiter auf die Sprache, die nicht wiedergeben kann, was das Subjekt, noch undeutlich, jenseits des Bekannten und Gewohnten zu erfassen wähnt. Doch eben hier wird seine Skepsis auch lähmend und hindert ihn, so weit zu gehen, wie wenig später schon Jean Paul und Novalis. Wie sehr ihn Tod und Traum auch immer faszinieren, so sehr schreckt er stets von neuem davor zurück, sich Mächten hinzugeben, die sich der Erklärung und der Kontrolle entziehen.[21] So macht ihn die Skepsis auf der Tagesseite produktiv, weil wachsam und zu spöttischen Reaktionen bereit, sie lähmt ihn vielleicht, wo ihm von der Nachtseite Einsichten zuströmen, die zu formulieren er nicht wagt oder nicht liebt.

Doch versagt sich Lichtenberg damit auch jede Gewaltsamkeit; seine Skepsis wird niemals zur anmaßenden Indifferenz, die sich der Mühe enthoben glaubt, weiterzufragen; sie ist vielmehr eine zögernde Beunruhigung, offene Wachsamkeit, die niemals steril bleibt, sondern entdeckerisch wird. Man kann nachverfolgen, wie aus dem Zweifel selbst eine neue Ansicht der Gegenstände hervorgeht, sei es vielleicht zunächst auch nur probeweise, spekulativ oder gar spielerisch. Gegen das Vorgeformte und Hergebrachte erhebt sich das Mögliche, bis die Dinge neuartig, verändert oder doch modifizierbar erscheinen. Man möchte fast annehmen, daß dies auch auf seine Selbstbetrachtung anzuwenden sein sollte, und daß so ein Mensch wie Lichtenberg schreibend erst Ansichten und Möglichkeiten seiner selbst zu entfalten vermochte, an die zuvor überhaupt nicht zu denken war. Wie er durch seine Urteile und Aussagen nicht überzeugen oder vorschreiben, sondern allein zum Stutzen, zum Nachdenken, hin und wieder zu Korrekturen ermutigen wollte, so wird er sich selbst nicht fest und überzeugend, sondern nachdenklich und zuweilen auch stutzend gegenübergestanden sein, immer neu und anders überrascht von dem Unerwarteten und Befremdenden, das ihm aus dem scheinbar Bekannten entgegentrat und das definierend festzuhalten ihm nicht möglich war. Dennoch bleibt das Ich die Basis, erste Positivität, die auch, wo sie sich zu entziehen scheint, als ein Entgleitendes noch vorhanden ist.

* Lichtenbergs Notizen werden zitiert nach der neuen kritischen Ausgabe von W. Promies: *Lichtenberg. Schriften und Briefe,* Band 1 u. 2., München 1968 u. 1971.

1 So beginnt die Maximensammlung von Nicolas Chamfort wie folgt: »Les maximes, les axiomes, sont, ainsi que les abrégés, l'ouvrage des gens d'esprit, qui ont travaillé, ce semble, à l'usage des esprits médiocres ou paresseux. Le paresseux s'accomode d'une maxime qui le dispense de faire lui-même les observations qui ont mené l'auteur de la maxime au résultat dont il fait part à son lecteur.« (*Oeuvres choisies de N. Chamfort* publ. par M. de Lescure, Tome Premier, Paris 1892, p. 1)

2 Vgl. in diesem Zusammenhang die Bemerkung von Condorcet: »Pascal prouve très bien que l'homme est fort imparfait, mais il ne prouve pas du tout que ce mélange de grandeur et de faiblesse ne soit pas une suite nécessaire soit de la nature de l'homme, soit de la manière dont nos institutions le modifient.« Zit. nach E. Madlung, *Die kulturphilosophische Leistung Condorcets,* Diss. Jena, Weida in Thüringen, 1912, S. 21.

3 Montaigne fordert Zweifel als Grundhaltung, die es zu lehren gilt, schon den Heranwachsenden: »Qu'il luy face tout passer par l'estamine et ne loge rien en sa tête par simple autorité et à crédit.« *Essais,* texte par A. Thibaudet, Paris 1950 (ed. d. la Pléiade), p. 183; ferner ib., p. 581: »L'homme ne peut estre que ce qu'il est, ny imaginer que selon sa portée.« Skepsis als Methode ist die Unruhe im Denken. Im 18. Jahrhundert wird Skepsis geradezu ein Modethema der europäischen Philosophie. Diderot, den Herder vorwurfsvoll einen »Allanzweifler« nennt, bestimmt den skeptischen Denker in den *Pensées Philosophiques* XXX: »C'est un philosophe qui a douté de tout ce qu'il croit, et qui croit ce qu'un usage légitime de sa raison et de ses sens lui a démontré vrai. Voulez-vous quelque chose de plus précis? Rendez sincère le pyrrhonien, et vous aurez le sceptique.« (*Oeuvres Phil.* Texte par P. Vernière, Paris 1961, p. 27 sq.)

4 Vgl. Diderot, *Lettre sur les aveugles à l'usage de ceux qui voient,* in: *Oeuvres Phil.,* a.a.O., geht von denselben Grundsätzen aus und endet bei der Feststellung: »Nous ne savons donc presque rien; [. . .]« (p. 146)

5 Das jüngstveröffentlichte Beispiel hierfür ist die Hörspiel-Montage von W. Benjamin unter dem Titel *Lichtenberg. Ein Querschnitt,* in: *Gesammelte Schriften,* Band IV, 2, hg. v. Tillmann Rexroth, Frankfurt am Main 1972, S. 696 ff. Vgl. auch *Aufklärung über Lichtenberg,* Göttingen 1975.

6 *Ernst Platners ›Philosophische Aphorismen‹ nebst einigen Anleitungen zur philosophischen Geschichte,* Leipzig 1776, S. 120: »Die Skeptiker leugnen nicht die Wirklichkeit der Ideen, sondern die Erweislichkeit ihrer Wahrheit, d. h. ihrer Übereinstimmung mit den Dingen selbst. Der Charakter des ächten Scepticismus ist die völlige Unentschiedenheit (Hae epochae).« (Par. 687). Herder nennt wenig später den Zweifel den neuesten »Modeton der neuesten, insonderheit französischen Philosophen«, und in einer Anmerkung dazu heißt es: » – es ist das große Jahrhundert des Zweifelns und Wellenerregens.« Siehe *Auch eine Philosophie der Geschichte zur Bildung der Menschheit,* Nachw. v. H. Gadamer, Frankfurt am Main 1967 (Theorie 1), S. 47. Kant hat dann im II. Teil der Elementarlehre bei der Darstellung der Antithetik der reinen Vernunft die skeptische Methode und den Skeptizismus unterschieden. Das Verfahren, »einem Streite der Behauptungen zuzusehen oder vielmehr ihn selbst zu veranlassen, nicht, um endlich zum Vorteile des einen oder des andern Teils zu entscheiden, sondern, um zu untersuchen, ob der Gegenstand desselben nicht vielleicht ein loses Blendwerk sei, wonach jeder vergeb-

lich hascht und bei welchem er nichts gewinnen kann [. . .], dieses Verfahren, sage ich, kann man die skeptische Methode nennen.« Er stellt ihr den Skeptizismus entgegen, welcher der Grundsatz einer »kunstmäßigen und szientifischen Unwissenheit« genannt wird und welcher »die Grundlagen aller Erkenntnis untergräbt, um, womöglich, überall keine Zuverlässigkeit und Sicherheit derselben übrigzulassen«. Die skeptische Methode geht auf Gewißheit, sucht Belehrung aus den Schwierigkeiten der Urteilsfindung zu ziehen, sie ist es also auch, die das Denken Lichtenbergs in besonderer Weise kennzeichnet. Siehe Kant, *Kritik der reinen Vernunft*, neu hrsg. v. R. Schmid, 2. Aufl., Leipzig 1944, S. 511.

7 *Athenäum* I, S. 99 (Photomechan. Neudruck), Darmstadt 1960. Vgl. hierzu im selben Bande aus den Fragmenten von F. Schlegel die Bemerkung auf S. 299: »Es giebt noch gar keinen Skeptizismus, der den Nahmen verdient.« F. Schlegel, *Krit. Ausg.*, Bd. 18, S. 247, nennt Aphorismen treffend die »Notizen der innern Symphilosophie.« Für Novalis ist nunmehr Skeptizismus »nichts als unreifer Idealismus.« Siehe *Schriften* II, Stuttgart 1960, S. 605, ferner 668 f.

8 *Kritische F. Schlegel-Ausgabe*, hg. v. E. Behler, 18. Bd. 2. Abtlg. München-Paderborn-Wien 1963, S. 12 f., dann S. 409: »Wir sind nicht zufrieden zu wissen, wir wollen auch unser Wissen wieder wissen. σκεψις ist d[er] Ursprung der φι (Philosophie). Das Wissen hat kein Ideal sondern nur eine Tendenz.«

9 F. Schlegel, a.a.O., S. 266: »Der neuere σκ (Skeptizismus) ist immer nur provisorisch.« Skepsis als »Zustand der schwebenden Reflexion«, ib., S. 400; Skepsis als Zentrum der Philosophie: ib., S. 562, S. 344. Vgl. hierzu Diderot, *Pensées Phil.*, a.a.O. In XXXI wird die skeptische Haltung konsequent bestimmt: »Ce qu'on n'a jamais mis en question n'a point été prouvé.« (p. 28)

10 *G. W. F. Hegels Werke*, 16. Band, Berlin 1834, S. 86.

11 Artemis-Gedenkausgabe, hg. v. E. Beutler, Bd. 14, S. 791 sowie Hamburger Ausgabe, Bd. 12, S. 422, S. 406 und S. 421.

12 Vgl. hierzu F. 439 und F. 761. In F. 734 heißt es dementsprechend: »Studiert euch selbst erst, mögt ich sagen, das ist, lernt euer Gefühl entwickeln und den augenblicklichen Wink desselben figieren und Buch darüber halten, laßt euch euer Ich nicht stehlen, das euch Gott gegeben hat, nichts vordenken und nichts vormeinen, aber untersucht euch auch erst selbst recht, und widersprecht nicht aus Neurungssucht. Hierzu ist Gelegenheit überall ohne Griechisch und ohne Latein und ohne Englisch. Die Natur steht euch allen offen mehr als irgend ein Buch wozu ihr die Sprache 25 Jahr getrieben habt. Ihr seids selbst. Dieses hat man so oft gesagt, daß es jetzt fast so gut ist, als wäre es niemals gesagt worden.«

13 Vgl. J. 1363: »An jeder Sache etwas zu sehen suchen was noch niemand gesehen und woran noch niemand gedacht hat.« J 1459: »Ist noch in diesem Fache ein Herschel möglich?«

14 S. hierzu auch J 1389: »Die Frage: *Ist dieses auch wahr?* ja bei allem zu tun, und dann die Gründe aufzusuchen warum man Ursache habe zu glauben, daß es nicht wahr sei.«

15 In K 69 heißt es: »Vielleicht sind die Nebelsterne, die Herschel gesehen hat, nichts als eingelieferte Probestücke, oder solche, an denen noch gearbeitet wird. Wenn ich Krieg, Hunger, Armut und Pestilenz betrachte, so kann ich unmöglich glauben, daß alles das Werk eines höchst weisen Wesens sei; oder es muß einen von ihm unabhängigen Stoff gefunden haben, von welchem es einigermaßen beschränkt wurde; so daß dieses nur respektive die beste Welt wäre, wie auch schon häufig gelehrt worden ist.«

16 Hierzu auch F 809: »Ich begreife gar zu wohl, daß es Leute gibt, denen ihre

Einbildungskraft und ihre Schwärmerei nicht einen Augenblick Zeit läßt etwas vorsätzliches Böses zu tun, allein sie tun ihre Portion desto reichlicher ohne Vorsatz aus guter Absicht, von – ich sage es nicht gerne – von einem schwachen Kopf gelenkt.«

17 Zur materiellen Beeinflußbarkeit des Denkens s. A 43, A 49, B 253, F 152, F 557. Diderot spricht davon auch im *Lettre sur les aveugles* . . ., a.a.O. Der Registrierung der Widersprüche, die Lichtenberg vornimmt, wird bei Condorcet (vgl. Anm. 2) der Gedanke der Perfektibilität und zugleich der möglichen Korruptibilität, auf die Rousseau hingewiesen hatte, entgegengehalten. Auch für Diderot war, wie für Lichtenberg, der Widerspruch im Menschen gewissermaßen endgültig. In den Nachträgen zu den *Pensées Philosophiques* (Diderot a. a. O.) findet sich die Bemerkung: »Dire que l'homme est un composé de force et de faiblesse, de lumière et d'aveuglement, de petitesse et de grandeur, ce n'est pas lui faire son procès, c'est le définir.« (XLI, p. p. 65). Auch hier dürfte der Einfluß Montaignes nachwirken: denn die *Apologie de Raimond Sebond* ist eine Darstellung von Größe und Elend des Menschen.

18 Im Entwurf *Über die Macht der Liebe* (*Schriften und Briefe* III, hg. v. W. Promies, München 1972) heißt es: »Der Mensch ist ein solches Wunder von Seltsamkeit, daß ich überzeugt bin, es gibt Leute, die oft meinen, sie glauben etwas und glaubens doch nicht, die sich selbst belügen, ohne es zu wissen, und Dinge einem andern nachzumeinen und nachzufühlen glauben, die sie ihm bloß nachsprechen. Daß das wahr ist, davon, sage ich, bin ich sicher überzeugt, denn ich habe mich ehemals selbst darüber ertappt. Dieses hat mich sehr mißtrauisch gegen mich selbst und noch mehr gegen die Versicherungen anderer gemacht, deren Interesse, Gattung von Eigenliebe und Verstandeskräfte ich nicht kenne, und von denen ich also nicht weiß, ob sie ein Votum haben, oder ob sie bloße Herolde sind.« (S. 516)

19 F. Schlegel, *Kritiksche Gesamt-Ausgabe,* a.a.O., S. 363: »Die Reflexion ist Phänomen und Experiment zugl[eich].«

20 Vgl. Marcel Proust, *Über den Stil,* in: *Neue Schweizer Rundschau* XXIII, 8, S. 603 f.; ferner Walter Pater, *Style,* in: *Appreciations,* London 1910, p. 22. p. 29, Nietzsche, *Der Wille zur Macht,* Stuttgart 1952, S. 534 (Nr. 799), und Goethe, *Artemis Gedenk-Ausgabe,* Bd. 13, S. 68.

Auch Sprache ist bei Lichtenberg Resultat der stets erneuerten Erfahrung von Welt; neugesehene Welt erfordert eine neue, gereinigte oder erweiterte Sprache, sie ist Mittel, die originelle Erfahrung des Menschen festzuhalten und auszudrücken, ist situationsgebunden und zugleich historisch durch Gebrauch belastet, von dem sie stets wieder erleichtert werden muß.

21 Vgl. hierzu das Lichtenberg-Kapitel in Albert, Béguin, *L'âme romantique et le rêve,* 15e Mille, Paris 1963, p. 10 ssq.

334 Ricarda Huch, Michael Bakunin und die Anarchie
335 Bertolt Brecht, Svendborger Gedichte
336 Francis Ponge, Im Namen der Dinge
337 Bernard Shaw, Wagner-Brevier
338 James Joyce, Stephen der Held
339 Zbigniew Herbert, Im Vaterland der Mythen
341 Nathalie Sarraute, Tropismen
342 Hermann Hesse, Stufen
343 Rainer Maria Rilke, Malte Laurids Brigge
344 Hermann Hesse, Glück
345 Peter Huchel, Gedichte
346 Adolf Portmann, Vom Lebendigen
348 Knut Hamsun, Mysterien
350 James Joyce, Ein Porträt des Künstlers
351 Franz Kafka, Die Verwandlung
352 Hans-Georg Gadamer, Wer bin Ich und wer bist Du?
353 Hermann Hesse, Eigensinn
354 Wladimir W. Majakowskij, Ich
356 Werner Kraft, Spiegelung der Jugend
357 Edouard Roditi, Dialoge über Kunst
358 Miguel Angel Asturias, Legenden aus Guatemala
359 Bernard Shaw, Der Kaiser von Amerika
360 Bohumil Hrabal, Moritaten und Legenden
361 Ödön von Horváth, Glaube Liebe Hoffnung
362 Jean Piaget, Weisheit und Illusionen der Philosophie
363 Richard Hughes, Ein Sturmwind auf Jamaika
365 Wolfgang Hildesheimer, Tynset
366 Stanisław Lem, Robotermärchen
367 Hans Mayer, Goethe
368 Günter Eich, Gedichte
369 Hermann Hesse, Iris
370 Paul Valéry, Eupalinos
371 Paul Ludwig Landsberg, Die Erfahrung des Todes
372 Rainer Maria Rilke, Der Brief des jungen Arbeiters
373 Albert Camus, Ziel eines Lebens
375 Marieluise Fleißer, Ein Pfund Orangen
376 Thomas Bernhard, Die Jagdgesellschaft
377 Bruno Schulz, Die Zimtläden
378 Roland Barthes, Die Lust am Text
379 Joachim Ritter, Subjektivität
380 Sylvia Plath, Ariel

381 Stephan Hermlin, Der Leutnant Yorck von Wartenburg
382 Erhart Kästner, Zeltbuch von Tumilat
383 Yasunari Kawabata, Träume im Kristall
384 Zbigniew Herbert, Inschrift
385 Hermann Broch, Hofmannsthal und seine Zeit
386 Joseph Conrad, Jugend
387 Karl Kraus, Nestroy und die Nachwelt
388 Ernst Bloch, Erbschaft dieser Zeit
389 Thomas Mann, Leiden und Größe der Meister
390 Viktor Šklovskij, Sentimentale Reise
391 Max Horkheimer: Die gesellschaftliche Funktion der Philosophie
392 Heinrich Mann, Die kleine Stadt
393 Wolfgang Koeppen, Tauben im Gras
394 Cesare Pavese, Das Handwerk des Lebens
395 Theodor W. Adorno, Noten zur Literatur IV
397 Ferruccio Busoni, Entwurf einer neuen Ästhetik der Tonkunst
398 Ernst Bloch, Zur Philosophie der Musik
399 Oscar Wilde, Die romantische Renaissance
400 Marcel Proust, Tage des Lesens
402 Paul Nizan, Das Leben des Antoine B.
403 Hermann Heimpel, Die halbe Violine
404 Octavio Paz, Das Labyrinth der Einsamkeit
405 Stanisław Lem, Das Hohe Schloß
406 André Breton, Nadja
407 Walter Benjamin, Denkbilder
409 Rainer Maria Rilke, Über Dichtung und Kunst
410 Ödön von Horváth, Italienische Nacht
411 Jorge Guillén, Ausgewählte Gedichte
412 Paul Celan, Gedichte I
413 Paul Celan, Gedichte II
414 Rainer Maria Rilke, Das Testament
415 Thomas Bernhard, Die Macht der Gewohnheit
416 Zbigniew Herbert, Herr Cogito
417 Wolfgang Hildesheimer, Hauskauf
418 James Joyce, Dubliner
419 Carl Einstein, Bebuquin
420 Georg Trakl, Gedichte
421 Günter Eich, Katharina
422 Alejo Carpentier, Das Reich von dieser Welt
423 Albert Camus, Jonas
424 Jesse Thoor, Gedichte
425 T. S. Eliot, Das wüste Land
426 Carlo Emilio Gadda, Die Erkenntnis des Schmerzes
427 Michel Leiris, Mannesalter
428 Hermann Lenz, Der Kutscher und der Wappenmaler

429 Mircea Eliade, Das Mädchen Maitreyi
430 Ramón del Valle-Inclán, Tyrann Banderas
431 Raymond Queneau, Zazie in der Metro
433 William Butler Yeats, Die geheime Rose
434 Juan Rulfo, Pedro Páramo
435 André Breton, L'Amour fou
436 Marie Luise Kaschnitz, Gedichte
437 Jerzy Szaniawski, Der weiße Rabe
438 Ludwig Hohl, Nuancen und Details
439 Mario Vargas Llosa, Die kleinen Hunde
440 Thomas Bernhard, Der Präsident
441 Hermann Hesse – Thomas Mann, Briefwechsel
442 Hugo Ball, Flametti
443 Adolfo Bioy-Casares, Morels Erfindung
444 Hermann Hesse, Wanderung
445 Ödön von Horváth, Don Juan kommt aus dem Krieg
446 Flann O'Brien, Der dritte Polizist
447 Giuseppe Tomasi di Lampedusa, Der Leopard
448 Robert Musil, Törleß
449 Elias Canetti, Der Überlebende
450 Robert Walser, Geschwister Tanner
451 Alfred Döblin, Berlin Alexanderplatz
452 Gertrude Stein, Paris Frankreich
453 Johannes R. Becher, Gedichte
454 Federico García Lorca, Bluthochzeit/Yerma
456 Boris Pasternak, Kontra-Oktave
458 Anna Seghers, Die schönsten Sagen vom Räuber Woynok
464 Franz Kafka, Der Heizer
465 Wolfgang Hildesheimer, Masante
466 Evelyn Waugh, Wiedersehen mit Brideshead
467 Gershom Scholem, Walter Benjamin
468 Rainer Maria Rilke, Duineser Elegien
470 Alain, Die Pflicht glücklich zu sein
471 Wolfgang Schadewaldt, Der Gott von Delphi und die Humanitätsidee
472 Hermann Hesse, Legenden
473 H. C. Artmann, Liebesgedichte
474 Paul Valery, Zur Theorie der Dichtkunst
476 Erhart Kästner, Aufstand der Dinge
477 Stanisław Lem, Der futurologische Kongreß
478 Theodor Haecker, Tag- und Nachtbücher
479 Peter Szondi, Satz und Gegensatz
480 Tania Blixen, Babettes Gastmahl
481 Friedo Lampe, Septembergewitter
482 Heinrich Zimmer, Kunstform und Yoga
489 Thomas Bernhard, Amras

627 Marina Neumann-Schönwetter, Psychosexuelle Entwicklung und Schizophrenie
628 Lutz Winckler, Kulturwarenproduktion
629 Karin Struck, Klassenliebe
630 Alfred Sohn-Rethel, Ökonomie und Klassenstruktur des deutschen Faschismus
631 Bassam Tibi, Militär und Sozialismus in der Dritten Welt
632 Aspekte der Marxschen Theorie I
633 Aspekte der Marxschen Theorie II
636 Paul A. Baran, Paul M. Sweezy, Monopolkapital. Ein Essay über die amerikanische Wirtschafts- und Gesellschaftsordnung
637 Alice Schwarzer Hrsg., Frauenarbeit – Frauenbefreiung
638 Architektur und Kapitalverwertung
639 Oskar Negt, Alexander Kluge, Öffentlichkeit und Erfahrung
640 Probleme des Sozialismus und der Übergangsgesellschaft.
Herausgegeben von Peter Hennicke
642 Martin Walser, Wie und wovon handelt Literatur
643 Arzt und Patient in der Industriegesellschaft. Herausgegeben von Otto Döhner
644 Rolf Tiedemann, Studien z. Philosophie Walter Benjamins
645 Hans Manfred Bock, Geschichte des »linken Radikalismus«
in Deutschland. Ein Versuch
646 H. J. Schmitt, Expressionismus-Debatte
647 Über Peter Huchel
648 Information über Psychoanalyse
649 Renate Damus, Entscheidungsstrukturen und Funktionsprobleme in der DDR-Wirtschaft
650 Hans Ulrich Wehler, Geschichte als Historische Sozialwissenschaft
651 Segmente der Unterhaltungsindustrie
652 Peripherer Kapitalismus. Herausgegeben von Dieter Senghaas
654 Richard Lorenz, Sozialgeschichte der Sowjetunion 1
655 Basaglia (Hrsg.), Die negierte Institution
657 Warenästhetik. Beiträge zur Diskussion, Herausgegeben von W. F. Haug
658 Frank Böckelmann, Theorie der Massenkommunikation
659 Heinar Kipphardt, Stücke I
660 Peter v. Oertzen, Die soziale Funktion des staatsrechtlichen
Positivismus
661 Kritische Friedenserziehung
662 Hennig, Thesen z. dt. Sozial- und Wirtschaftsgeschichte 1933/38
663 Gerd Hortleder, Ingenieure in der Industriegesellschaft
664 Hans Setzer, Wahlsystem und Parteienentwicklung in England
665 Alexander Kluge, Lernprozesse mit tödlichem Ausgang
670 Peter Bulthaup, Zur gesellschaftl. Funktion der Naturwissenschaften

671 Materialien zu Horváths ›Glaube Liebe Hoffnung‹. Herausgegeben von Traugott Krischke
672 Reform des Literaturunterrichts. Eine Zwischenbilanz. Herausgegeben von H. Brackert und W. Raitz
673 Boris A. Uspenskij, Poetik d. Komposition
674 Ebbighausen (Hrsg.), Monopol und Staat
675 Autorenkollektiv Textinterpretation und Unterrichtspraxis, Projektarbeit als Lernprozeß
677 Heinar Kipphardt, Stücke II
678 Erving Goffman, Asyle
679 Dieter Prokop, Massenkultur und Spontaneität
680 Die Kommune in der Staatsorganisation
681 M. Dubois-Reymond / B. Söll, Neuköllner Schulbuch, 2 Bände
682 Dieter Hoffmann-Axthelm, Theorie der künstlerischen Arbeit
683 Dieter Kühn, Unternehmen Rammbock
685 Frerichs/Kraiker, Konstitutionsbedingungen des bürgerlichen Staates und der sozialen Revolution bei Marx und Engels
687 Rossana Rossanda, Über die Dialektik von Kontinuität und Bruch
688 Evsej G. Liberman, Methoden der Wirtschaftslenkung im Sozialismus
689 Martin Walser, Die Gallistl'sche Krankheit
694 Schule und Staat im 18. u. 19. Jahrhundert. Herausgegeben von K. Hartmann, F. Nyssen, H. Waldeyer
695 Gesellschaft, Beiträge zur Marxschen Theorie 1
696 Hans Magnus Enzensberger, Palaver
697 Psychoanalyse der weiblichen Sexualität. Herausgegeben von Janine Chasseguet-Smirgel
698 R. Goldscheid/J. Schumpeter, Die Finanzkrise des Steuerstaates
699 Wolfgang Lempert, Berufliche Bildung als Beitrag zur gesellschaftlichen Demokratisierung
700 Peter Weiss, Gesang vom Lusitanischen Popanz
701 Sozialistische Realismuskonzeptionen.
702 Claudio Napoleoni. Ricardo und Marx. Herausgegeben von Cristina Pennavaja
703 Claus Rolshausen, Wissenschaft und gesellschaftliche Reproduktion
704 Joachim Hirsch, Staatsapparat und Reproduktion des Kapitels
705 Neues Hörspiel O-Ton. Der Konsument als Produzent. Herausgegeben von Klaus Schöning
707 Franz Xaver Kroetz, Oberösterreich, Dolomitenstadt Lienz, Maria Magdalena, Münchner Kindl
708 Was ist Psychiatrie? Herausgegeben von Franco Basaglia
709 Kirche und Klassenbindung. Herausgegeben von Yorick Spiegel
710 Rosa Luxemburg oder Die Bestimmung des Sozialismus. Herausgegeben von Claudio Pozzoli
711 Rudolf Rocker, Aus den Memoiren eines deutschen Anarchisten
712 Hartwig Berger, Untersuchungsmethode und soziale Wirklichkeit
713 Werkbuch über Tankred Dorst. Herausgegeben von Horst Laube

715 Karsten Prüß, Kernforschungspolitik in der Bundesrepublik Deutschland
718 Perspektiven der kommunalen Kulturpolitik. Herausgegeben von Hilmar Hoffmann
719 Peter M. Michels, Bericht über den polit. Widerstand in den USA
720 Lelio Basso, Gesellschaftsformation u. Staatsform
722 Jürgen Becker, Umgebungen
723 Paul Mattick/Alfred Sohn-Rethel/Helmuth G. Haasis, Beiträge zur Kritik des Geldes
724 Otwin Massing, Politische Soziologie
726 Ernst Bloch, Ästhetik des Vor-Scheins 1
727 Peter Bürger, Theorie der Avantgarde
728 Beulah Parker, Meine Sprache bin ich
729 Probleme der marxistischen Rechtstheorie. Herausgegeben von H. Rottleuthner
730 Jean-Lux Dallemagne, Die Grenzen der Wirtschaftspolitik
731 Gesellschaft, Beiträge zur Marxschen Theorie 2
732 Ernst Bloch, Ästhetik des Vor-Scheins 2
733 Alexander Kluge, Gelegenheitsarbeit einer Sklavin
734 Henri Lefebvre, Metaphilosophie. Prolegomena
735 Paul Mattick, Spontaneität und Organisation
736 Noam Chomsky, Aus Staatsraison
737 Louis Althusser, Für Marx
738 Spazier/Bopp, Grenzübergänge. Psychotherapie
739 Gesellschaft, Beiträge zur Marxschen Theorie 3
740 Bertolt Brecht, Das Verhör des Lukullus. Hörspiel
741 Klaus Busch, Die multinationalen Konzerne
742 Methodologische Probleme einer normativ-kritischen Gesellschaftstheorie. Herausgegeben von Jürgen Mittelstraß
744 Gero Lenhardt, Berufliche Weiterbildung und Arbeitsteilung in der Industrieproduktion
745 Brede/Kohaupt/Kujath, Ökonomische und politische Determinanten der Wohnungsversorgung
746 Der Arzt, sein Patient und die Gesellschaft. Herausgegeben von Dorothea Ritter-Röhr
747 Gunnar Heinsohn, Rolf Knieper, Theorie des Familienrechts
749 Rudolf zur Lippe, Bürgerliche Subjektivität
751 Brechts Modell der Lehrstücke. Herausgegeben von Rainer Steinweg
756 Hannelore/Heinz Schlaffer, Studien zum ästhetischen Historismus
758 Brecht-Jahrbuch 1974. Herausgegeben von J. Fuegi, R. Grimm, J. Hermand
759 Der Weg ins Freie. Fünf Lebensläufe überliefert von H. M. Enzensberger
760 Lodewijk de Boer, The Family
761 Claus Offe, Berufsbildungsreform
762 Petr Kropotkin, Ideale und Wirklichkeit in der russischen Literatur
764 Gesellschaft, Beiträge zur Marxschen Theorie 4

766 Laermann/Piechotta/Japp/Wuthenow u.a., Reise und Utopie
767 Monique Piton, Anders Leben
769 Jahoda/Lazarsfeld/Zeisel, Die Arbeitslosen von Marienthal
770 Herbert Marcuse, Zeit-Messungen
771 Brecht im Gespräch, Herausgegeben von Werner Hecht
772 Th. W. Adorno, Gesellschaftstheorie u. Kulturkritik
773 Kurt Eisner, Sozialismus als Aktion
775 Horn, Luhmann, Narr, Rammstedt, Röttgers, Gewaltverhältnisse und die Ohnmacht der Kritik
776 Reichert/Senn, Materialien zu Joyce »Ein Porträt des Künstlers«
777 Caspar David Friedrich und die deutsche Nachwelt. Herausgegeben von Werner Hofman
779 Literatur und Literaturtheorie. Hrsg. von Peter U. Hohendahl und Patricia Herminghouse
780 Piero Sraffa, Warenproduktion mittels Waren
782 Helmut Brackert, Bauernkrieg und Literatur
784 Friedensanalysen 1
787 Gesellschaft, Beiträge zur Marxschen Theorie 5
790 Gustav W. Heinemann, Präsidiale Reden
791 Beate Klöckner, Anna oder leben heißt streben
792 Rainer Malkowski, Was für ein Morgen
793 Von deutscher Republik. Hrsg. von Jost Hermand
794 Döbert R./Nunner-Winkler, G., Adoleszenzkrise und Identitätsbildung
795 Dieter Kühn, Goldberg-Variationen
797 Brecht Jahrbuch 1975
798 Gespräche mit Ernst Bloch. Herausgegeben von Rainer Traub und Harald Wieser
799 Volker Braun, Es genügt nicht die einfache Wahrheit
801 Wlodzimierz Brus, Sozialistisches Eigentum und politisches System
802 Johannes Gröll, Erziehung im gesellschaftlichen Reproduktionsprozeß
803 Rainer Werner Fassbinder, Stücke 3
804 James K. Lyon, Bertolt Brecht und Rudyard Kipling
806 Gesellschaft, Beiträge zur Marxschen Theorie 6
808 Ulrike Prokop, Weiblicher Lebenszusammenhang
809 G. Heinsohn / B. M. C. Knieper, Spielpädagogik
811 Ror Wolf, Auf der Suche nach Doktor Q.
815 Giselher Rüpke, Schwangerschaftsabbruch und Grundgesetz
816 Rainer Zoll, Der Doppelcharakter der Gewerkschaften
817 Bertolt Brecht, Drei Lehrstücke: Badener Lehrstück, Rundköpfe, Ausnahme und Regel
827 Gesellschaft, Beiträge zur Marxschen Theorie 7
828 Rolf Knieper, Weltmarkt, Wirtschaftsrecht und Nationalstaat
834 Friedensanalysen 2
835-838 Bertolt Brecht, Gedichte in 4 Bänden
852 Über Max Frisch II

Alphabetisches Verzeichnis der edition suhrkamp